Kontaktadresse nach EU-Produktsicherheitsverordnung:
produktsicherheit@droemer-knaur.de

DROEMER

Über die Autorin:

Irina Scherbakowa, geboren 1949 in Moskau, ist Historikerin, Publizistin und Übersetzerin. Sie war als Redakteurin unter anderem bei der renommierten »Literaturnaja Gaseta« tätig. Sie ist eine der Mitbegründerinnen von »Memorial«, die sich für die Aufklärung der sowjetischen Repressionen und den Schutz der Menschenrechte in Russland einsetzt. Die Organisation wurde 2021 im Zuge der zunehmenden Unterdrückung regierungskritischer Stimmen liquidiert und erhielt 2022 den Friedensnobelpreis. Irina Scherbakowa ist die Übersetzerin der Werke vieler bekannter deutscher Autoren ins Russische, darunter Franz Kafka, Heinrich Böll und Christa Wolf. Sie war Fellow am Wissenschaftskolleg in Berlin. Irina Scherbakowa erhielt zahlreiche Preise und Auszeichnungen und lebt seit 2022 in Tel Aviv im Exil.

Irina Scherbakowa

Die Hände meines Vaters

Eine russische Familiengeschichte

Aus dem Russischen von Susanne Scholl

DROEMER

Besuchen Sie uns im Internet:
www.droemer.de

Vollständige Taschenbuchausgabe August 2019
Droemer Taschenbuch

Ein Imprint der Verlagsgruppe
Droemer Knaur GmbH & Co. KG, München

Redaktion: Heike Gronemeier
Covergestaltung: ZERO Werbeagentur, München
Coverabbildung: Photo by © CORBIS/Corbis via Getty Images;
FinePic/shutterstock
Satz: Adobe InDesign im Verlag
Printed in Germany
ISBN 978-3-426-30133-3

4 5 3

Gewidmet meinen Eltern

Inhalt

4
Versteckt euch nicht im jüdischen Hinterhof

5
Lesebuch ohne Stalin

6
Große Erwartungen

7
Fremde Sprache

8
Eine verlorene Generation und gewonnene Zeit

Epilog

Anhang

Urgroßmutter Etlja Jakubson, die erste Frau in unserer Familienmatrjoschka des 20. Jahrhunderts

1
Ein Heft für zwei

Die Urgroßmutter spielt Schach

Vor hundert Jahren, im Februar 1917, kaufte meine Großmutter ein dickes Heft und gab es einem Buchbinder. Der fertigte dafür einen kunstvollen Einband aus schwerer dunkelroter Seide mit einem Rücken aus braunem Leder, auf dem in silbernen Lettern das Wort »Heft« stand und darunter die Initialen der Großmutter: MS für Mira Skepner. Das Heft war für zwei vorgesehen, für die Großmutter und ihren zukünftigen Mann Jakow Roskin, den sie im Herbst 1916 kennengelernt hatte.

Nicht alle Seiten dieses Heftes sind erhalten geblieben, viele Jahre später sollte meine Großmutter fast alle herausreißen, die sie beschrieben hatte. Sie wollte nicht, dass ihre Kinder und Enkel Einträge einer Gymnasialschülerin lasen, die ihnen sentimental und überschwänglich erscheinen mochten. Es blieben nur die Einträge des Großvaters erhalten. Aber eine ihrer Notizen überdauerte doch, und ich denke, dass das nicht zufällig geschah. Am 15. April 1917, kurz nach ihrem 19. Geburtstag, schrieb sie:

Die Ereignisse erfolgen mit schwindelerregender Geschwindigkeit. So viel Neues, Aufregendes! Das Leben klopft an die Türe, das neue Leben. Man muss die Türen weit aufreißen und dem neuen Gast mutig und freudig entgegentreten. Ich bin unendlich glücklich, dass ich jetzt lebe, jetzt Zeitung lese!

Mit diesen euphorischen Worten im Heft der Großmutter beginnt das Leben meiner Familie im 20. Jahrhundert. Die Ereignisse, über die Großmutter Mira in den Zeitungen las, waren auch wirklich unglaublich. Im März hatte Zar Nikolaus II. abgedankt und die Provisorische Regierung war gebildet worden, die unter anderem sogleich Presse- und Versammlungsfreiheit verkündet hatte sowie die Gleichheit aller Bürger Russlands ohne Unterschied des Geschlechts, des Glaubens oder der ethnischen Zugehörigkeit. Für meine Großmutter und meinen Großvater – junge Juden aus einer kleinen Kreisstadt im Südwesten des russischen Imperiums – bedeutete das eine entscheidende Veränderung. Alle diskriminierenden Einschränkungen, die 120 Jahre lang die Situation der Juden im Zarenreich bestimmt hatten, waren aufgehoben. Jetzt konnten sie sich frei in jeder Stadt des Landes ansiedeln und an jeder Universität studieren. Weil so etwas bis dahin absolut unvorstellbar gewesen war, hatte meine Großmutter an jenem 15. April 1917 vom Beginn eines neuen Lebens gesprochen, dem man »die Türen weit aufmachen« müsse. Wie neu dieses neue Leben tatsächlich sein würde, dass schon sehr bald nicht einmal mehr Spuren des vorangegangenen zurückbleiben sollten, das konnte sie sich allerdings nicht vorstellen.

Die Erinnerung meiner Familie, die ich hier nach bestem Vermögen aufzeichne, reichen nicht sehr weit zurück. Belegen lässt sich die Geschichte dieser für die damalige Zeit typischen jüdischen Familie in Russland von der zweiten Hälfte des 19. Jahrhunderts an. In der alten Kreisstadt Starodub im Gouvernement Tschernigow finden sich erste Spuren meiner Vorfahren.

Die jüdische Bevölkerung, die sich hier innerhalb einiger Jahrhunderte angesiedelt hatte, kam aus Polen, der Ukraine und aus Weißrussland. Das Leben, das die Juden führten, war nicht leicht, immer wieder wurden sie Opfer blutiger Verfolgung, wie zum Beispiel im 17. Jahrhundert während des Kosaken-Aufstandes unter Bogdan Chmelnizki*. Regelmäßig gab es Pogrome, man

* Bogdan Chmelnizki war ein ukrainischer Kosakenhetman und der Gründer des ersten Kosakenstaates. Er ist bekannt für seinen erbitterten Kampf gegen die Herrschaft Polens und Litauens und den Anschluss seines Staates an das zaristische Russland.

jagte sie aus einem Schtetl weg, und kaum hatten sie sich in einem neuen angesiedelt, wurden sie wieder vertrieben.

Hier, im Südwesten des Russischen Reiches, waren Juden nach der zweiten Teilung Polens 1793 aufgetaucht. Durch den Petersburger Vertrag zwischen Preußen, Russland und Österreich war die Teilung besiegelt worden, und große Teile des Landes waren an das russische Kaiserreich gefallen. Nach einem Erlass der Zarin Katharina II. gestattete man den Juden, sich im sogenannten Rayon anzusiedeln. Der Ansiedlungsraum, ein ehemals zu Polen und Litauen gehörendes Gebiet von mehr als einer Million Quadratkilometern, erstreckte sich von der Ostsee bis zum Schwarzen Meer. Im Juni 1794 war dieses Territorium um das Gouvernement Tschernigow erweitert worden.

Ende der 1830er Jahre lebten in Starodub, einem wichtigen Knotenpunkt für den Handel zwischen polnischen, ukrainischen und russischen Städten, 2000 Juden. Zu Beginn des 20. Jahrhunderts waren es schon 5000 von insgesamt 12 000 Bewohnern.

Es ist schwer zu sagen, wann genau sich meine Vorfahren in Starodub niedergelassen haben. Ich weiß nur, dass meine Urgroßmutter Etlja Jakubson – die erste Frau in unserer Familienmatrjoschka des 20. Jahrhunderts – 1866 in der Stadt Pogar geboren wurde, wo die Familie ihres Vaters Naum Jakubson lebte. Russland befand sich damals in einer Zeit des Umbruchs. Unter Zar Alexander II. waren Reformen eingeleitet worden, die auch das Leben der jüdischen Bevölkerung ein wenig erleichterten. Sie durften sich nun auch außerhalb des Ansiedlungsrayons niederlassen, was bis dahin nur sehr reichen oder Juden mit akademischem Grad vorbehalten war. Auch die Beschränkungen, mit denen gewisse Berufe belegt waren, wurden gelockert. Juden hatten nur bestimmte Handwerke ausüben und Kleinhandel treiben dürfen. So wie meine Ururgroßmutter, die mit Porzellangeschirr handelte. Aus dieser Zeit ist ein kleiner ausgeschlagener Teller mit grünen Blümchen erhalten geblieben, den meine Großmutter Mira ihr Leben lang aufbewahrte.

Die Ehe meiner Urgroßmutter Etlja Jakubson kam durch einen Heiratsvermittler zustande. Man hatte sie nicht nach ihrer Meinung gefragt, und meine Großmutter erzählte später, Chaim Skepner sei nicht der Mann ihrer Träume gewesen. Aber die weiteren Entscheidungen in ihrem Leben sollte sie fortan selbst treffen.

Wir besitzen ein Foto von ihr, auf dem sie schon an die vierzig Jahre alt ist und das sie gemeinsam mit ihrem Mann und der Schwiegermutter zeigt. Während die beiden in angespannter Haltung vor ihr sitzen, die Hände auf dem Schoß, blickt meine Urgroßmutter Etlja selbstbewusst in die Kamera. Dem Betrachter wird sofort klar, wer hier das Sagen hatte. Sogar auf dieser gestellten Fotografie lässt sich ihr Charakter erkennen. Die kleinen tief liegenden Augen blicken ernsthaft und wach, an dem dunklen Kleid findet sich nichts Überflüssiges, sie trägt weder Hut noch Brosche, wie das auf Fotografien jener Zeit für Frauen üblich war.

Etlja starb 1921, und was ich über sie weiß, habe ich von meiner Großmutter und ihren Schwestern erfahren. Aber da es hieß, von allen sechs Töchtern der Etlja Jakubson sei ihr meine Großmutter am ähnlichsten gewesen, kann ich mir die Stärke ihres Charakters sehr gut vorstellen, denn auch meine Großmutter war eine starke Frau. Wenngleich sie immer versicherte, mit ihrer Mutter könne sie sich nicht messen.

Ich weiß nicht, ob Urgroßmutter Etlja in eine Schule für jüdische Mädchen ging oder ob sie zu Hause unterrichtet wurde. Großmutter Mira erzählte, ihre Mutter habe die Bücher der russischen Klassiker, die sie in Warschau bestellte, nicht auf Russisch, sondern auf Jiddisch gelesen. Sie war jedenfalls nicht nur gebildet, sondern der Wohlstand der Familie und die gesamten Lebensumstände hingen von ihr ab. Etljas Mann, mein Urgroßvater Chaim, war religiös, etwas wunderlich und zerstreut und mischte sich nicht besonders in die Dinge des täglichen Lebens ein. Meine Großmutter erzählte, dass keines der Geburtsdaten ihrer sechs

Die Ururgroßmutter, deren Namen ich leider nicht weiß, Urgroßmutter Etlja und ihr Mann Chaim Skepner, um 1910

Schwestern und zwei Brüder gesichert war, denn es war stets Aufgabe des Vaters, in die Stadt zu fahren, um die Neugeborenen registrieren zu lassen. Und Chaim, ein zerstreuter und vergesslicher Mensch, bestimmte Jahr und Tag der Geburt ziemlich vage – er erinnerte sich zum Beispiel, dass eines seiner Kinder am Tag vor Pessach auf die Welt gekommen war. Deshalb steht in den Papieren meiner Großmutter auch, dass sie nur wenige Monate nach ihrer älteren Schwester geboren wurde, was in der Familie immer wieder für Gelächter sorgte.

Ich weiß nicht genau, wann Urgroßmutter Etlja beschloss, die Stadt Starodub zu verlassen, in der alle ihre Verwandten lebten. Es mag sein, dass die angespannte Atmosphäre in der übervölkerten Stadt, wo im ausgehenden 19. Jahrhundert fast die Hälfte der Bewohner Juden waren, zum Ortswechsel beigetragen hat. 1891 jedenfalls kam es in Starodub zu einem Pogrom, ausgelöst durch die Erlaubnis für die Juden, am Sonntag auf dem Marktplatz Handel zu treiben. In der Stadt brannten jüdische Häuser, jüdische Geschäfte wurden ausgeraubt, Fenster gingen zu Bruch, und Juden, die sich nicht rechtzeitig hatten verstecken können, wurden verprügelt.

Irgendwann um diese Zeit ging Etlja mit ihrem Mann und den älteren Kindern nach Iwaitenki. In diesem Dorf, 30 Kilometer von Starodub entfernt, wo die jüngeren Kinder geboren wurden, wollte sie sich in der Landwirtschaft betätigen. Ein erstaunlicher Schritt, als Frau und als Jüdin. Alexander III. hatte die Reformen, die sein Vater Alexander II. für die jüdische Bevölkerung auf den Weg gebracht hatte, weitgehend zurückgenommen. De facto war es Juden im Russischen Reich bis 1917 verboten, Land zu bestellen. Allein schon für die Pacht brauchte Urgroßmutter einen Strohmann – einen russischen Kaufmann –, der für seine Dienste eine monatliche Zahlung erhielt. Das Land, das sie in Iwaitenki pachtete, war seit dem 17. Jahrhundert im Besitz der inzwischen verarmten Familie des Grafen Gudowitsch. Hier wollte sie Tabak anbauen, eine wirtschaftlich gesehen sehr kluge Entscheidung: In jenem Teil des Landes gedieh Tabak gut, und Pogar, die Geburtsstadt meiner Urgroßmutter, lag kaum 50 Kilometer entfernt und schickte sich gerade an, ein Zentrum der Tabakverarbeitung zu werden. Bald sollte die dortige Tabakfabrik zu einer der wichtigsten in Russland werden. Die Bevölkerung in der Gegend war sehr arm, es gab also genügend Arbeitskräfte, die Etlja anheuern konnte. Und sie schien ein glückliches Händchen gehabt zu haben, denn das Geld aus dem Tabakanbau reichte, um die stetig wachsende Familie zu ernähren.

In den 1890er Jahren traf meine Urgroßmutter eine weitere und für die Familie lebenswichtige Entscheidung. In einer Zeit, da der Antisemitismus im Russischen Reich wieder deutlich zunahm, wählte sie für ihre Kinder den Weg der Assimilation. Für sie war das eine klare, eine naheliegende Entscheidung. Im Gegensatz zu ihrem Mann Chaim war ihr die Religion gleichgültig, sie hielt die jüdischen Feiertage nur formell ein und sprach mit den Kindern nur russisch. Weil auch die Kinderfrau Russin war, wuchs meine Großmutter auf, ohne Jiddisch oder auch nur das hebräische Alphabet zu lernen. Ein Kind nach dem anderen wurde ab dem zehnten Lebensjahr zur Ausbildung nach Starodub geschickt, wo es nicht nur ein Jungengymnasium, sondern ab 1902 auch eines für Mädchen gab.

Urgroßmutter wollte ihnen alle Chancen offenhalten, nach Möglichkeit sollte auf den Schulabschluss ein Studium folgen. Das war wichtig, denn bis 1917 durften außerhalb des Siedlungsrayons nur Juden mit höherer Ausbildung oder großem Besitz leben. An die Universität zu gelangen war damals nicht leicht, denn an den Universitäten galten Quoten für Juden, die bis 1917 mehrmals verschärft wurden. Im Ansiedlungsrayon lag sie bei 10 Prozent, obwohl Juden dort 40 Prozent der Bevölkerung stellten. In anderen Teilen galt eine 5-Prozent-Quote, in Moskau und St. Petersburg lag sie bei nur 3 Prozent.

Doch bis für die Kinder die Schulausbildung begann, ließ Urgroßmutter Etlja ihnen in Iwaitenki viele Freiheiten. Meine Großmutter Mira, das fünfte Kind von 14, von denen allerdings nur acht überlebten, stromerte stundenlang über die Felder und durch die Wälder der Umgebung. Sie hatte vor nichts Angst, weil sie immer von ihrem riesigen Hund Mischka begleitet wurde, der in den Erzählungen meiner Großmutter über ihre Kindheit eine wichtige Rolle spielte. Die Gegend rund um Iwaitenki war für sie bis zum Ende ihrer Tage die schönste auf der Welt. Ich glaube, dass in jenen jungen Jahren und in dieser Umgebung in ihr die Überzeugung reifte, ein glückliches Leben führen zu können.

Nicht nur die Großmutter liebte jene Gegend. So hat ein Reisender sie beschrieben, der am Beginn des 19. Jahrhunderts dorthin gelangt war:

Je näher man Iwaitenki kommt, umso eindrücklicher erhebt sich die Landschaft, die fruchttragenden Felder, auf denen der Buchweizen wächst, der junge Wald von wunderschönen sauberen Birken. Je weiter man geht, umso deutlicher sieht man die Freundlichkeit und das Wunderbare des ganzen Ortes. Die ununterbrochene Vielfältigkeit des Landes und der Hügel, der Wälder, Wiesen und Felder, des wunderbaren Blicks macht einen unvergesslichen Eindruck. Schade nur, dass es dem Unterfertigten nicht gegeben ist, lange Zeit in diesem herrlichen Erdenfleckchen zu verweilen. Ich glaube, dass, wer sich im Frühling oder zur besten Zeit des Sommers hier aufhält, keine Sehnsucht nach dem Süden Europas haben kann!

Ebendort entstand auch die ewige Sehnsucht der Großmutter nach Land. Wenn wir auf unserer Datscha außerhalb von Moskau waren und sie die dortige Lehmerde sah, zog sie immer einen Vergleich zu Iwaitenki: »Die Erde dort war schwarz und so fett, dass man sie hätte aufs Brot streichen können!« Als Kind brachte mich diese Aussage etwas durcheinander, denn ich stellte mir das buchstäblich vor: eine Semmel mit einem großen Klacks schwarzer Erde drauf.

Meine Großmutter verbrachte ihre Kindheit weder im Schtetl noch in Starodub, wo sie in einem jüdischen Umfeld gelebt hätte, sondern auf dem Land. Deshalb hatte sie auch keine Probleme, mit den »einfachen Leuten« zu reden. Sie war weder arrogant noch von den Ängsten der Intelligenzija geplagt, sie unterwarf sich weder noch spielte sie sich auf. Und sie fühlte sich in Russland nie fremd, nie als »Zugereiste«, sondern betrachtete sich von klein auf als Teil des Volkes.

Die Urgroßmutter führte ein offenes Haus, sie war sehr gastfreundlich und konnte Leere nicht ertragen. Was hin und wieder zu Verwerfungen mit der Kinderfrau geführt haben muss. Meine Großmutter erinnerte sich daran, dass die Kinderfrau sich sehr aufregte, wenn Etlja mit ihrem ältesten Sohn Lew und dessen Studentenfreunden Schach spielte und über das Leben redete, anstatt dafür zu sorgen, dass die jüngeren Kinder gefüttert und ins Bett gebracht wurden.

Lew war, wie die Mehrheit der jüdischen Jugend, Sozialrevolutionär und ein entschiedener Gegner des Zarenregimes. Die Sozialrevolutionäre – ein besonderer Zweig der breiten Bewegung der »Narodniki« (nach dem russischen Wort »narodnik«, Volksfreund) – wollten Russland erneuern, das Land unter den Bauern aufteilen und diese zum Sozialismus führen.

Im Jahrzehnt nach der Revolution wurde Lew mehrmals verhaftet. Im Gefängnis wurde er krank, und nachdem er schließlich wieder freigelassen wurde, starb er Ende der 1920er Jahre. Meine Großmutter war von klein auf überzeugt, dass ihr Bruder in Bezug auf das Land und die Lage der Bauern vor 1917 recht gehabt hatte. Viele Jahre später, in den 1960er oder 1970er Jahren, als meine Eltern und ich einmal darüber redeten, wohin die Machtergreifung der Bolschewiki Russland geführt hatte, wiederholte die Großmutter immer nur eines: »Ihr habt nicht gesehen, wie das russische Dorf vor der Revolution lebte und wie sehr wir uns nicht langsame, sondern sofortige Veränderungen gewünscht haben!«

Bei einem der örtlichen Narodniki fand ich eine Beschreibung der Dörfer rund um Iwaitenki vom Beginn des 20. Jahrhunderts, so wie die Großmutter sie gesehen hatte:

Armut, Elend und Schmutz springen sofort ins Auge. Aber trotz der wirklich ganz offensichtlichen Armut – welcher unglaubliche Alkoholismus! Manche haben ein halbes Jahr lang kein Brot, die ganze Familie ernährt sich ausschließlich von Kartoffeln, es gibt kein Futter für das Vieh, keine warme und ordentliche Kleidung, eine Menge anderer Probleme, für deren Lösung das Geld nicht reicht, das man auch nirgends aufbringen kann, aber für Wodka reicht es immer, der ist bei jeder möglichen und unmöglichen Gelegenheit vorhanden. Und erstaunlicherweise trinken die Ärmsten, die Elendsten manchmal mehr als die wohlhabenderen Menschen! Sie tränken aus Kummer, sagen die einfachen Dörfler.

Die Großmutter musste natürlich zugeben, dass die harte Politik Stalins den Bauern nicht nur nichts gebracht hatte (wonach die Sozialrevolutionäre gestrebt hatten, die von den Bolschewiki gleich nach der Machtergreifung ausgeschaltet wurden), sondern ihre Lage stark verschlechterte. Aber damals, 1917, wirkten auf sie und meinen Großvater die sehr einfachen politischen Losungen Lenins: das Land den Bauern, Friede den Völkern und Brot den Hungernden.

Was die Zigeunerin vorhersagte

Als Großmutter Mira zehn Jahre alt wurde, war es mit ihrem freien Leben in Iwaitenki vorbei. Die Mutter setzte sie in die Kutsche, die schon voll war mit Lebensmitteln für die Verwandten und die Direktorin des Mädchengymnasiums, und brachte sie nach Starodub. In ihr geliebtes Iwaitenki kam sie jetzt nur noch in den Ferien, die sie immer ungeduldig erwartete. (Als diese Gegend siebzig Jahre später an die Sperrzone um Tschernobyl grenzte, war sie zum Glück nicht mehr am Leben.)

Meine Großmutter liebte es, von ihrem ersten Tag am Gymnasium zu erzählen, das ihre ältere Schwester Rachel kurz zuvor abgeschlossen hatte. Rachel war schlank, hatte einen wunderbaren Zopf, war sehr gebildet, zurückhaltend und von ausgeglichenem Charakter. Nie beteiligte sie sich an den kleineren oder größeren Streitereien, die es ständig und vor allem zwischen Esfir und Lija gab, den anderen älteren Schwestern meiner Großmutter. Rachel ließ sich aber auch nicht erweichen, die zwei miteinander zu versöhnen, was meine Großmutter ihr Leben lang versuchte.

Die Direktorin des Gymnasiums erwartete in Mira eine kleinere Ausgabe ihrer älteren Schwester, doch darin hatte sie sich gründlich getäuscht. Die neue Schülerin war rothaarig, sommersprossig, nicht besonders erzogen, lachte gerne, hatte eine hässliche Schrift und machte unglaubliche Fehler. Aber da es am Mädchengymnasium keine Beschränkungen für die Aufnahme jüdischer Schülerinnen gab und die Urgroßmutter immer pünktlich für den Unterricht ihrer Töchter zahlte und die Direktorin beschenkte, wurde auch Mira in die Vorbereitungsklasse aufgenommen.

Sie lebte von nun an in der Stadt bei ihrer Tante, der Schwester der Urgroßmutter, und freundete sich sehr mit ihrer Cousine an, die dasselbe Gymnasium besuchte. (Es war 1902 im neoklassizistischen Stil gebaut worden, so wie man zu jener Zeit in der Provinz solche öffentlichen Gebäude eben baute. Während des Zweiten Weltkrieges wurde die Schule schwer beschädigt, in den 1950er Jahren aber wiederaufgebaut, und noch heute befindet sich die örtliche Schule dort.)

Mira kam 1908 nach Starodub, einige Jahre nach einem besonders schrecklichen Pogrom an den Juden. Am 17. Oktober 1905, während der ersten russischen Revolution, sah sich Zar Nikolaus II. genötigt, das sogenannte Oktobermanifest zu verkünden, das die Bildung einer Volksversammlung beinhaltete und den

Untertanen eine ganze Reihe bürgerlicher Freiheiten versprach.* Die Bevölkerung war aufgerüttelt, überall fanden Kundgebungen statt. Die Ersten forderten weitergehende Reformen, erstmals wurden auch Stimmen laut, die die Abschaffung judenfeindlicher Gesetze wie die des Ansiedlungsrayons verlangten. Die russischen Ultrarechten, die sogenannten Schwarzen Hundertschaften, die sich den Monarchismus, den Großmacht-Chauvinismus und den Antisemitismus auf ihre Fahnen geschrieben hatten, strömten auf die Straßen. Unter ihren Anhängern verbreitete sich das Gerücht, die Juden hätten den Zaren gezwungen, seine Macht einzuschränken und das Oktobermanifest zu verkünden. In unzähligen Städten und Schtetln kam es daraufhin zu blutigen Pogromen, in deren Verlauf Hunderte Menschen getötet wurden und Tausende verletzt. Auch an Starodub ging das nicht spurlos vorbei: die Synagoge wurde niedergebrannt, ebenso die meisten jüdischen Geschäfte, es gab Tote.

Unsere Familie hatte Glück, keiner unserer Verwandten kam damals zu Schaden. Und meine Großmutter erzählte, dass es ihrem Großvater sogar gelungen sei, der marodierenden Meute ein Schnippchen zu schlagen. Während die noch durch die Nachbarstraße zog, zerschlug er die Fenster des Hauses, warf Kleider in den Hof und zerschnitt die Federbetten, damit es so aussah, als sei die Meute schon da gewesen. Solche Geschichten wurden in vielen Familien erzählt und ich bin mir nicht sicher, ob es wirklich so gewesen war.

Wie auch immer, diese Pogrome hatten Folgen, auch in Starodub. Zum einen radikalisierte sich die jüdische Jugend sehr stark, nach 1917 waren viele aktiv an der Revolution beteiligt, darunter

* Der ernsthafte Wille zur Umsetzung darf bezweifelt werden, es war eher ein Versuch, die breite Opposition gegen das Regime zu spalten. Tatsächlich dauerte es nicht lange, bis das Militär die alte Ordnung wiederhergestellt hatte. Und Entscheidungen der Duma, die den Anschein einer konstitutionellen Regierung erwecken sollten, konnten jederzeit vom Zaren ausgehebelt werden. Er hatte Vetorecht und regierte de facto weiter autokratisch.

auch mein Großvater. Zum anderen setzte eine Emigrationswelle ein: Großmutter erinnerte sich daran, in den Gesprächen der Erwachsenen oft das Wort »Schiffskarte« gehört zu haben. Es ging um Passagen nach Amerika oder Argentinien, die jüdische Organisationen für jene bezahlten, die emigrieren wollten. Die Frage der Emigration wurde auch in unserer Familie besprochen. Mein Urgroßvater Chaim Skepner legte plötzlich Entschlossenheit an den Tag und reiste nach Palästina, um auszuloten, ob man sich dort niederlassen konnte. Er trat die Reise nicht alleine an, sondern mit einer ganzen Gruppe von Juden, die den gerade aus dem Gefängnis freigelassenen Menachem Beilis begleitete. Beilis, Aufseher einer Kiewer Ziegelbrennerei, war 1911 wegen des angeblichen Ritualmordes an einem ukrainischen Knaben verhaftet worden, der Fall wurde politisch instrumentalisiert und zu einer Art russischer Dreyfus-Affäre. Er spaltete die russische Gesellschaft und war ähnlich wie die berühmte französische Affäre von Antisemiten in der russischen Regierung inszeniert und, unterstützt von der Schwarzen Hundertschaft, zu einem Politikum gemacht worden. Im Unterschied zu Dreyfus wurde Beilis aber freigesprochen und reiste sofort mit seiner Familie nach Palästina, um nie mehr nach Russland zurückzukehren.

Anders mein Urgroßvater. Ich weiß nicht, warum meine Familie am Ende nicht nach Palästina übergesiedelt ist. Vielleicht war dem Urgroßvater das Leben dort zu schwer erschienen, oder die Urgroßmutter hatte nicht ohne ihre älteren Kinder weggehen wollen, die gar nicht daran dachten, Russland zu verlassen. Vielleicht hat aber auch der wenig später beginnende Erste Weltkrieg entsprechende Pläne zunichtegemacht.

Während ihrer Zeit im Gymnasium von Starodub hatte meine Großmutter Heimweh nach zu Hause, nach Iwaitenki. Zum Glück fand sie in der Stadt viele Freundinnen, mit einigen von ihnen war sie ihr weiteres Leben lang befreundet. Ein paar von ihnen lernte ich noch persönlich kennen, andere kannte ich nur von alten Fotos. Allerdings war es schwer, in den Gesichtern dieser vom sowjetischen Leben gezeichneten alten Frauen die hübschen Gymnasialschülerinnen wiederzuerkennen, die der immer gleiche Fotograf damals in Starodub aufgenommen hatte.

Als sie ungefähr 13 Jahre alt waren, spazierten die Mädchen einmal in einer größeren Gruppe durch die Stadt. Eine Zigeunerin trat in ihren Weg und bot ihnen an, die Zukunft aus der Hand zu lesen. Sie waren alle neugierig, und die Zigeunerin, wie es ihr jahrhundertealter Beruf verlangte, versprach ihnen für wenig Geld Wunderbares für die Zukunft: weite Reisen, bildschöne Bräutigame, Reichtum. Doch als die Reihe an meiner Großmutter war, sagte sie: »Dir sind kein Geld und keine großen Reisen vorherbestimmt. Aber du wirst mit deinen Kindern und Enkelkindern Glück haben!«

Die Mädchen kicherten, wer kann sich in diesem Alter schon Enkel vorstellen? Meine Großmutter war natürlich enttäuscht. Den anderen hatte die Zigeunerin ein interessantes, ja sogar romantisches Leben in Wohlstand versprochen, ihr »nur« Kinder und Enkel! Aber wenn sie sich später an diese Geschichte erinnerte, sagte sie immer: »Die Zigeunerin hat doch recht gehabt!«

Im Herbst 1916 lernte meine Großmutter Jakow Roskin kennen. Er war schon 22, vier Jahre älter als sie. Aber gemäß seinen Einträgen in jenem gemeinsamen dunkelroten Heft spielte der Altersunterschied keine Rolle: Die Großmutter war damals bereits die Dominierende in ihrer Verbindung, und daran sollte sich auch nichts mehr ändern.

Im Gegensatz zur verhältnismäßig wohlhabenden Familie meiner Großmutter (was nur der Energie und Geschäftstüchtigkeit meiner Urgroßmutter zu verdanken war) kam mein Großvater aus einer sehr armen Familie. Jakow musste später keine vorrevolutionären Besitztümer verschweigen, wie das viele taten, um ihre soziale Herkunft in den Fragebogen zu vertuschen, nach-

Großmutter Mira (vorne rechts) mit ihren Schulfreundinnen, 1915

dem die Zugehörigkeit zur besitzenden Klasse zu einem großen Makel geworden war. Mein Großvater war das älteste von vier Kindern. In der Biografie für seine Kaderakte schrieb er 1939: »In der Kleinstadt lebte die jüdische Familie eines Kleinhändlers in der ewigen Angst vor Verelendung. Aber als ich, sein ältester Sohn, zehn Jahre alt wurde, brachte mich mein Vater im örtlichen Gymnasium unter.«

Wie in vielen jüdischen Familien, so sah man auch in der meines Großvaters in der Bildung die einzige Möglichkeit, die Armut zu überwinden. Allerdings hatten die Roskins nicht genügend Geld, um das Schulgeld zu bezahlen. »Mit 14 Jahren begann ich, Geld zu verdienen, indem ich schlechtere Schüler unterrichtete. Mit meinem Verdienst erhielt ich mich nicht nur selbst, ich half auch der Familie«, schrieb mein Großvater.

Jakow beendete das Gymnasium zwei Jahre vor Beginn des Ersten Weltkrieges, aber wegen der Beschränkungen, die für die Aufnahme jüdischer Studenten galten, konnte er nicht wie erhofft an der Kiewer Universität sein Studium aufnehmen. Ein Jahr lang gab er weiter Nachhilfeunterricht, und als er ein wenig Geld zusammengespart hatte, fuhr er im Herbst 1913 ins mährische Brünn, wo er in das Polytechnikum eintrat.

Doch schon ein Jahr später, im Sommer 1914, musste Jakow nach Starodub zurückkehren. Das ärmliche, halbverhungerte Leben, das er führte, hatte seine Gesundheit angegriffen, er bekam Lungentuberkulose. Er wurde von der Armee zurückgestellt und schlug sich irgendwie durch, indem er verschiedene Gelegenheitsarbeiten übernahm. Aus den späteren Briefen an Mira geht hervor, dass das für ihn eine sehr schwere Zeit gewesen war. Immer wieder kam er ins örtliche Krankenhaus, in ein Zimmer mit anderen Tuberkulose-Patienten, von denen einer nach dem anderen starb.

Wie ihm schien, war die Begegnung mit meiner Großmutter seine Rettung. Mira war sehr optimistisch und lebensfroh, und das, so meinte er, habe ihn ins Leben zurückgeholt.

In jenem Herbst 1916, als sie sich zum ersten Mal begegneten, ging meine Großmutter in die letzte Klasse des Gymnasiums und hatte nichts mehr mit jenem Dorfmädchen gemein, das man acht Jahre zuvor in die Stadt gebracht hatte. Sie war eine schöne junge Frau mit rotbraunem Haar, die Hamsun und Ibsen liebte und inzwischen auch eine schöne Schrift hatte. Vor allem aber war sie für ihr Alter sehr erwachsen, energisch und entschieden. Das

Großvater Jakow (obere Reihe Mitte) als Gymnasiast in Starodub, 1912

erkannte sogar die strenge Direktorin des Gymnasiums an, die nach ihrer Abschlussprüfung zu ihr sagte: »Dass aus so einer Bauerngretel so ein gebildetes Mädchen geworden ist!«

Wie die plötzlich zwischen Mira und Jakow entflammte Liebe von meiner Urgroßmutter aufgenommen wurde, weiß ich nicht. Jakow, der nur wenige Straßen von Mira entfernt lebte und ihr trotzdem täglich mehrere Briefe schrieb, konnte aber eigentlich nicht als akzeptabler Bräutigam angesehen werden: Er war arm, hatte keinen Beruf und war krank. Doch meine Urgroßmutter hatte ihre Kinder nicht umsonst so frei erzogen – ihre Töchter durften selbst entscheiden, mit wem sie ihr Schicksal verbinden wollten. Aber wer weiß, vielleicht hätte die Geschichte eine andere Wendung genommen, wenn nicht im Februar 1917 die Revolution begonnen hätte, die alles veränderte.

»Freiheit! Freies Leben!«, schrieb mein Großvater am 3. März 1917* in jenes dunkelrote Heft. »Was für eine Freude, was für ein Glück! Vor uns liegt die Freiheit – vor allen 200 Millionen Menschen!« Das klingt sogar noch enthusiastischer und naiver als der Eintrag der Großmutter.

Natürlich konnten sich zu jenem Zeitpunkt, unmittelbar nach der Abdankung des Zaren, nicht nur meine Großeltern – junge Menschen aus der Provinz –, sondern auch jene, die in Russland die Macht übernommen und die Provisorische Regierung eingesetzt hatten, nicht vorstellen, was ein halbes Jahr später, im Oktober 1917, geschehen würde. Gut möglich, dass mein Großvater damals wirklich noch nichts von jenem Menschen gehört hatte, der genau einen Monat nach der Abdankung des Zaren aus der Schweizer Emigration kommend mit einer Gruppe Gleichgesinnter in einem versiegelten Waggon am Finnischen Bahnhof in Petrograd ankommen sollte. Die kleine ultralinke Partei, der sie vorstanden, zählte zu jenem Zeitpunkt in ganz Russland nicht einmal 25 000 Mitglieder. Schon ein Jahr später sollten die Bolschewiki einen blutigen Bürgerkrieg vom Zaun brechen, dessen wichtigster Schauplatz die Ukraine sein würde.

Im Sommer 1917 verbesserte sich der Gesundheitszustand meines Großvaters – vielleicht hat auch seine revolutionäre Euphorie dazu beigetragen, die Krankheit zu besiegen. Nach der Februarrevolution herrschte in Russland ein Nebeneinander von Provisorischer Regierung und Arbeiter- und Soldatenräten. Solche Räte waren landesweit ins Leben gerufen worden, und Jakow

* Das Datum bezieht sich auf den julianischen Kalender; der gregorianische wurde erst 1922 in der Sowjetunion eingeführt. Nach diesem würde die Notiz vom 16. März stammen.

Mira, Jakow und Miras Cousine (rechts) 1917 in Starodub

war mit Feuereifer dabei. Er stand der Provisorischen Regierung immer kritischer gegenüber, zumal der Weltkrieg, der ihm sinnlos erschien, weiterging. Weder er noch meine Großmutter teilten jene Verehrung und jenen Enthusiasmus, der in jenen Monaten Alexander Kerenski zuteilwurde, der zunächst Kriegsminister und dann Vorsitzender der Provisorischen Regierung wurde.*

Die Zeitungen wetteiferten damals darum, den selbstverliebten, ständig posierenden und am Ende nur allzu leicht von den

* Während der neue Außenminister den Krieg fortsetzen wollte und einen Sieg über die Mittelmächte anstrebte, favorisierte Kerenski Friedensverhandlungen, der eine militärische Offensive vorausgehen sollte, um die Verhandlungsposition zu stärken. Lenin wiederum forderte eine sofortige Beendigung des Krieges. Kerenski versuchte in dieser komplizierten politischen Situation die Rolle eines Vermittlers zwischen den verschiedenen Parteien zu spielen, was ihm letztendlich nicht gelang. Später machte man ihn aus propagandistischen Gründen zu einer Witzfigur, es gab Karikaturen, die ihn als Frau verkleidet und vor den Bolschewiken aus dem Winterpalast fliehend zeigen.

Bolschewiki abgesetzten Anführer der Februarrevolution mit Komplimenten zu überschütten. Kerenski wurde als »Ritter der Revolution«, »Volkstribun«, »Geist der russischen Freiheit«, »Volksführer«, »Retter des Vaterlandes« und so weiter beschrieben. Selbst meine Großmutter hatte keinen Monat nach der Absetzung des Zaren zu ihrer Abschlussprüfung das Thema »Alexander Kerenski – ein Ideal als Mensch und Bürger« bekommen. Als ich sie später fragte, was sie geschrieben und wie sie sich da rausgeredet habe, sagte sie schmunzelnd: »Ich hab einfach beschrieben, wie ich mir dieses Ideal vorstelle, und am Ende hab ich gesagt, dass es Menschen gibt, die meinen, dass Kerenski diesem Ideal entspricht.«

Nach ihren Briefen zu urteilen hatte meine Großmutter einen sehr genauen Plan für die Zeit nach ihrer Abschlussprüfung. Sie wollte nach Kiew gehen und sich dort an der medizinischen Fakultät einschreiben. Denn im März 1917 waren alle Einschränkungen für Juden abgeschafft worden. Jakow, der sich nicht von ihr trennen wollte, kam mit.

Natürlich kannte er damals die Bilder nicht, die Marc Chagall zu dieser Zeit in der weißrussischen Stadt Witebsk malte, ja er wusste nicht einmal, dass es diesen Maler gab. Aber gerade, als Chagall sein berühmtes Bild »Über der Stadt« malte, in dem ein junges Paar über die kleinen Häuser eines Städtchens wie Starodub fliegt, schrieb mein Großvater eine Notiz in das dunkelrote Heft, die wie eine Unterschrift zu Chagalls Bild wirkt: »Meine Liebste, wir fliegen! Wir betrachten das uns umgebende Leben jetzt von oben. Wir sind so stark, dass uns die Schwierigkeiten des Lebens nicht erschrecken dürfen. Wir sind immer beisammen ...«

Im Strudel des Bürgerkrieges

Meine Großmutter liebte Michail Bulgakows Roman »Die weiße Garde«*, in dem das Leben in Kiew in den Jahren 1918/1919 beschrieben wird. Es schien ihr, als ob nur Bulgakow imstande gewesen wäre, das Chaos und das Durcheinander zu beschreiben, das damals in dieser Stadt herrschte. Der Beginn des Romans war für sie wie eine Metapher auf ihr damaliges Leben in Kiew:

> *Groß war es und fürchterlich, das eintausendneunhundertachtzehnte Jahr nach Christi Geburt, das zweite nach Beginn der Revolution. Reich war es im Sommer an Sonnenschein und im Winter an Schnee, und besonders hoch standen am Himmel zwei Sterne: der abendliche Hirtenstern Venus und der rote, flimmernde Mars. [...] Über dem Dnepr ragte das mitternächtliche Wladimir-Kreuz von der sündigen, blutüberströmten und verschneiten Erde in die düstere Höhe. Von Weitem schien es, als wäre der Querbalken verschwunden und mit dem senkrechten Balken verschmolzen und als hätte sich das Kreuz in ein drohendes scharfes Schwert verwandelt.*

Als sie im September 1917 in Kiew ankamen, waren Mira und Jakow noch voller Hoffnungen. Sie hatten sich ein Zimmerchen bei Bekannten gemietet und genossen das Leben in der Stadt. Doch bald schon war klar, dass sie nicht lange studieren würden. Bereits im Spätsommer hatte sich angedeutet, dass der nach wie vor andauernde Krieg die Arbeiter- und Soldatenräte spaltete. Es

* Michail Bulgakow (geboren 1891 in Kiew, gestorben 1940 in Moskau) gilt als einer der bedeutendsten russischen Autoren des 20. Jahrhunderts. Sein Roman »Die weiße Garde« gehört zu den bekanntesten Darstellungen des Bürgerkrieges in der Ukraine. Bulgakow ist auch ein großer Satiriker; in seinen Werken, die phasenweise verboten waren, übt er über den Umweg der Groteske Gesellschaftskritik. Einige seiner Stücke wurden in der Sowjetunion erst nach 1987 veröffentlicht.

kam zu einem Linksruck, Lenins Bolschewiki beherrschten die Sowjets – die Arbeiter- und Soldatenräte – von Moskau, Petrograd und anderen großen und wichtigen Arbeiterstädten. Und im Oktober schließlich erfolgte der Putsch unter Lenins Führung in Petrograd gegen die Provisorische Regierung.

Bis zu ihrem endgültigen Sieg im Jahr 1920 versuchten die Bolschewiki zweimal, die Sowjetmacht in Kiew zu errichten. Und in all dieser Zeit kämpften in Kiew und der gesamten Ukraine verschiedene Kräfte gegeneinander: Anhänger der Provisorischen Regierung, darunter vor allem Tausende Offiziere der russischen Armee, die nach dem Waffenstillstand mit Deutschland dort feststeckten. Das waren andererseits deutsche Einheiten, die Kiew und andere Teile der Ukraine besetzt hatten und die die 1918 ausgerufene Ukrainische Volksrepublik mit dem Hetman Skoropadskyj an der Spitze unterstützten. Und die sogenannte dritte Kraft – verschiedene Gruppierungen unter der Führung von Ataman Petljura.

Für die Zeitgenossen war es schwer, sich in diesem Durcheinander zurechtzufinden. Von 1917 bis 1920 wechselten die Machthaber in Kiew 14-mal! Am ruhigsten war die Zeit von März bis Dezember 1918, als die Stadt von den Deutschen besetzt war. Die Kiewer Bürger sind sich in ihren Erinnerungen an jene dunkle Zeit in einem einig: »Unter den Deutschen« habe Ordnung geherrscht, es sei ungefährlich gewesen, sich auf der Straße aufzuhalten, in den Geschäften habe es Waren zu kaufen gegeben, und die Restaurants und Theater seien voll gewesen. (Diese Erinnerungen an die ruhige Zeit der deutschen Besatzung sollten noch eine verhängnisvolle Rolle spielen, als 23 Jahre später eine ganz andere deutsche Armee in Kiew einmarschierte.)

Kiew war 1918 voll mit Leuten aus Moskau und Sankt Petersburg, die vor dem beginnenden roten Terror der Bolschewiki geflüchtet waren. Unglaublich, wie viele Großmütter und Großväter meiner Bekannten und Freunde damals in Kiew waren! Meine hingegen entschieden sich, nach Starodub zurückzukeh-

»Demonstration für die Freiheit«, wie auf dem Transparent zu lesen ist, im März 1917 in Petrograd

ren. In ihrer Heimatstadt erschien es ihnen sicherer als in diesem blutigen Durcheinander des beginnenden Bürgerkrieges.

Allerdings war es auch in Starodub alles andere als ruhig. Die Stadt war in der Hand deutscher Einheiten, nur einige Dutzend Kilometer entfernt lag die Macht wiederum in der Hand der Roten Armee. Meine Großeltern hätten sich auch nicht im bis dahin so friedlichen Iwaitenki verstecken können. Das gräfliche Landgut war abgebrannt, das Haus der Urgroßmutter zerstört, die Felder verwüstet. Ihres Eigentums und ihrer Lebensgrundlage beraubt, hatte Etlja mit den jüngeren Kindern Zuflucht bei Verwandten in Starodub gefunden.

Die kleine Stadt war hoffnungslos überfüllt mit Flüchtlingen, Jakow und Mira hatten kein Geld, sodass ihnen nichts anderes übrigblieb, als bei Jakows Eltern unterzuschlüpfen. Meine Großmutter hätte sich nicht träumen lassen, dass sie jemals mit solchem Elend konfrontiert sein würde. Ihre Schwiegermutter verließ das Bett kaum noch, und im Haus gab es praktisch nichts, nicht einmal Bettwäsche. Mira krempelte die Ärmel hoch und versuchte nach Kräften, die schlimme Lage zu verbessern. Die Rettung kam in Form von Säcken mit Meersalz, die sie im Schuppen fanden. Irgendwann einmal hatte der Arzt Jakows Mutter Bäder mit diesem Salz verschrieben, und seit jener Zeit lagen diese Säcke da. Im Hungerjahr 1918 war Salz unglaublich rar, und sie verkauften es nach und nach auf dem Markt.

Vor diesem ohnehin schon düsteren Hintergrund ereignete sich eine Familientragödie, von der meine Großmutter, die so viel über jene Zeit sprach, nie genau erzählte. Vielleicht weil sie bis ans Ende ihrer Tage der Meinung war, dass die Verantwortung für die Familie und alle ihre Mitglieder bei ihr lag. Auch wenn sie in diesem Fall machtlos war. In der Familie meines Großvaters Jakow gab es Tuberkulose, eine Krankheit, die oft das Elend begleitet. Ihm selbst war es zum Glück gelungen, die Tuberkulose zu besiegen, aber für seinen jüngeren Bruder mündete sie in den Tod. Der talentierte junge Künstler hatte wegen der Lungenkrankheit sein Studium an der Kunstakademie in Kiew abbrechen und nach Hause zurückkehren müssen. Damit konnte er sich nicht abfinden. Die Krankheit schien ihm jede Perspektive genommen zu haben, er kämpfte mit Depression, und während eines seiner Anfälle erschoss er sich. Wir haben kein Foto von ihm, nur eine Mappe mit wunderschönen Zeichnungen. Auf einer ist meine Großmutter Mira zu sehen, wie sie sich im Hof ihr langes Haar in einer Schüssel wäscht.

In den Jahren 1918 und 1919 sympathisierte mein Großvater vielleicht nicht direkt mit den Bolschewiki, sehr wohl aber mit den linken Sozialisten. Gemeinsam mit einigen seiner Freunde trat er der Jüdischen Sozialdemokratischen Arbeiterpartei »Poale Zion« (»Arbeiter Zions«) bei. Diese Partei, die damals unter jungen Juden sehr populär war, machte aktiv Propaganda für den Zionismus und warb für die Idee einer Übersiedlung nach Palästina. In den Jahren von 1919 bis 1922 entbrannten in der Partei heftige ideologische Diskussionen. Es herrschte Uneinigkeit, ob man der Sozialistischen Internationalen beitreten und auf die

Zeichnung von Haim Roskin, 1919: Mira wäscht sich die Haare in einer Schüssel

zionistische Ideologie verzichten sollte. Im Dezember 1922 löste die Partei sich schließlich auf. Ein Teil der Mitglieder, die sich zu bolschewistischen Positionen bekannten, wurde in die Reihen der Kommunistischen Partei Russlands, KPR (B)* aufgenommen.

Großvater vollzog diesen Schritt schon nach einem Jahr bei »Poale Zion«. Sein Weg war jetzt der der neuen Machthaber, wobei er sich in der Folge immer wieder wegen seiner vorangegangenen »kleinbürgerlichen und mit den Ideen des Zionismus zusammenhängenden Verwirrung« rechtfertigen musste. Mit der Machtübernahme der Bolschewiki in Starodub im Jahr 1919 begann er, wie er in seiner Autobiografie schreibt, »aktiv in den Organen des Sowjets zu arbeiten«. Er wurde Vorsitzender des

* Der Zusatz (B) steht für Bolschewiki. 1925 wurde aus der KPR (B) die Kommunistische Allunions-Partei, abgekürzt WKP (B).

städtischen Rates der Gewerkschaften und Herausgeber der örtlichen Zeitung *Kommunist.* Ein Jahr später wurde er auf Verfügung des Gouvernement-Komitees der Kommunistischen Partei zum Chefredakteur der Zeitung *Polesskaja Prawda* ernannt. Diese Zeitung existiert in Weißrussland unter anderem Namen bis heute, und im Internet kann man Artikel aus den ersten Exemplaren finden und sehen, was mein Großvater damals publizierte.

Da die Zeitung in der rund 150 Kilometer entfernten Stadt Gomel erschien, musste Großvater umziehen. Großmutter blieb noch in Starodub, wo 1921 ihre ältere Tochter geboren wurde, die sie Edlja nannte, zu Ehren meiner Urgroßmutter Etlja. Obwohl meine Großeltern Atheisten waren, blieben in der Familie doch einige jüdische Bräuche erhalten: zum Beispiel der, dass man Kinder nicht nach noch lebenden nahen Verwandten benennen durfte. Mira musste also einen Trick anwenden und änderte einen Buchstaben im Namen.

Aber auch noch in Starodub erreichte sie das Echo des Bürgerkrieges, in dem nicht nur ihr Familiennest in Iwaitenki zerstört wurde, sondern der meine Urgroßmutter am Ende auch ihr Leben kostete. In den Jahren 1920 und 1921 gab es eine Typhusepidemie im Land, bei der Millionen Zivilisten starben. Allein in der Stadt Gomel erkrankten mehr als siebentausend Menschen – ungefähr jeder Zehnte. Auch Mira und die kleine Edlja, damals noch kein Jahr alt, bekamen Typhus. Meine Großmutter erinnerte sich, wie sie mit 40 Grad Fieber im Bett lag und ihre Mutter versuchte, ihr langes Haar zu bürsten, das ihr wegen des Typhus auszufallen begann. Als sich Mutter und Tochter langsam erholten, erkrankte auch Etlja an Typhus. Sie hatte sich bei der Pflege der beiden angesteckt. Etlja, die immer so stark und ausdauernd erschienen war, hatte diesmal keine Kraft mehr, sich der Krankheit entgegenzustellen.

Mit dem Tod meiner Urgroßmutter im Jahr 1921 zerriss das Band, das die Familie bis dahin zusammengehalten hatte. Von da an musste meine Großmutter diese Rolle übernehmen. Gemein-

Großvater Jakow und Großmutter Mira 1919 in Starodub

sam mit ihrer kleinen Tochter folgte sie Jakow nach Gomel, wo die kleine Familie bis 1924 blieb. Dann wurde mein Großvater nach Moskau versetzt, zur Arbeit im Exekutivkomitee der Komintern, der Kommunistischen Internationale. Damit begann eine neue Periode im Leben meiner Großeltern – Mira und Jakow sollten nie mehr an ihren Geburtsort zurückkehren.

Hotel Lux

2
Im Wohnheim
»Proletarier aller Länder ...«

Im gleichen Zimmer

Ende Juli 2007, an meinem letzten Arbeitstag vor dem Urlaub, riefen mich Journalisten vom holländischen Fernsehen an und baten um ein Interview. Sie bereiteten einen Beitrag zum siebzigsten Jahrestag des Beginns des Großen Terrors vor. So werden in der Geschichtsschreibung jene 14 Monate vom August 1937 bis zum November 1938 genannt, in denen das Volkskommissariat für innere Angelegenheiten (NKWD) mehr als eineinhalb Millionen Menschen verhaftete und fast 700 000 erschoss. Es war die intensivste und schlimmste Periode der Stalin-Repressionen.

Ich reagierte nicht sehr erfreut auf die Anfrage, ich hatte vor dem Urlaub noch jede Menge zu tun. In dem kleinen und vollgestopften Gebäude von »Memorial«* konnten wir uns nirgends niederlassen, und ich sagte ziemlich unwirsch, dass ich bereit wäre, ihnen eine halbe Stunde zuzugestehen, wenn sie irgendwo um den Puschkin-Platz herum in einem Café einen passenden Ort fänden. Dann legte ich den Hörer auf und hoffte, nichts mehr von

* »Memorial« ist eine NGO mit Sitz in Moskau. Entstanden ist die Organisation aus einer Graswurzelbewegung im Zuge von Gorbatschows Glasnost und Perestroika. Ziel war es, den Opfern des Stalin-Terrors eine Stimme zu verleihen. Zeitzeugen wurden befragt, ihre Erinnerungen aufgezeichnet. 1989 schließlich wurde »Memorial« zur Internationalen Gesellschaft für historische Aufklärung, Menschenrechte und soziale Fürsorge. Heute gehören ihr über siebzig Organisationen in Russland und anderen postsowjetischen Staaten an.

ihnen zu hören. Aber die Holländer riefen schon bald zurück: Sie hätten im Hotel »Zentralnaja« für 50 Dollar ein Zimmer für zwei Stunden gemietet, wo wir das Interview aufnehmen könnten.

Es ist erstaunlich, welche merkwürdigen Zufälle es doch gibt. Dieses Hotel im Haus Nummer 10 an der Twerskaja-Straße war jenes bekannte Hotel »Lux«, wo die Familie meiner Mutter von 1924 bis 1945 lebte. Damals lautete die Adresse noch Gorki-Straße Nummer 36, und sie findet sich auf Dutzenden Briefen aus dem familiären Briefwechsel wieder.

Das Wort »Lux« habe ich gehört, solange ich denken kann. Dieses Wort, oder besser, dieser Ort, war in meiner Kindheit und Jugend das, was man heute ein echtes »Memo« in der Familienerinnerung nennt. Sogar fast alle unsere Möbel stammten aus dem »Lux«. Wenn man sich unter die Sessel und Tische bückte, konnte man metallene Plättchen finden, auf denen »Hotel Lux. Wohnheim der Komintern« geschrieben stand.

Worte wie Lux oder Komintern, die in den Gesprächen der Erwachsenen häufig fielen (vor allem seitens der Großmutter), waren für mich als Kind völlig unverständlich. Was denn für ein Luchs? Und warum hatten sie in einem Hotel gelebt und nicht in einer normalen Wohnung? Später erfuhr ich natürlich, was es mit alldem auf sich hatte. Das »Lux«, erbaut zu Beginn des 19. Jahrhunderts, hatte wunderbarerweise den Brand Moskaus während des napoleonischen Vormarsches 1812 überstanden. Angeblich soll Stendhal hier kurz abgestiegen sein, der damals in der französischen Armee diente. Von diesem ursprünglichen Gebäude blieb dennoch kaum etwas erhalten. Es wurde mehrfach umgebaut und erweitert. So befand sich zu Beginn des 20. Jahrhunderts im Erdgeschoss die in ganz Moskau berühmte Bäckerei des Kaufmanns Filippow mit einem dazugehörigen Café, das von bekannten russischen Künstlern gestaltet worden war. Nach der Revolution wurde das Hotel verstaatlicht, man baute erneut an und um. Von 1921 an fungierte es als Gästehaus der Kommunistischen Internationalen.

Mit anderen Worten: Das »Lux« war das Wohnheim der Komintern und blieb es bis zu deren Auflösung 1943. In seinen 300 Zimmern lebten zu manchen Zeiten an die 600 Menschen, vor allem politische Emigranten, Parteifunktionäre, die in die UdSSR geflüchtet waren. 1954 wurde der normale Hotelbetrieb wiederaufgenommen, unter dem Namen »Zentralnaja«.

Merkwürdigerweise war niemand aus meiner Familie – weder die Großmutter, noch die ältere Schwester meiner Mutter, noch meine Mutter selbst – nach 1945 je wieder in dieses Hotel gegangen, das eine so wichtige Rolle im Leben unserer Familie gespielt hat. Dabei waren es von der Wohnung, in der ich aufwuchs und wo meine Eltern bis zu ihrem Tod lebten, gerade einmal drei Haltestellen mit dem Trolleybus oder 15 Minuten zu Fuß. Mein Vater arbeitete viele Jahre in der Redaktion einer Zeitschrift, die ihren Sitz auf der anderen Straßenseite hatte. Und ich selbst schaute oft in der Bäckerei im Erdgeschoss vorbei, die nach wie vor sehr beliebt war, um gutes Brot zu kaufen oder Kuchen oder um einen Kaffee zu trinken. Wir alle gingen also häufig am ehemaligen »Lux« vorbei, aber wir überschritten nie seine Schwelle.

Dieser Ort lebte in der Erinnerung der Familie wie ein Mythos, und ihn real werden zu lassen, war offenbar nicht nur schwer, sondern auch schmerzhaft. Für die Großmutter wahrscheinlich, weil es sie an ihre zwanzig Lebensjahre erinnerte, die sie dort mit meinem Großvater verbracht hatte. Und an den erlebten Schrecken der 1930er Jahre, als viele Nachbarn durch den NKWD festgenommen wurden. Für meine Mutter vielleicht, weil das ehemalige »Lux« die Kulisse für die längst verschwundene Welt ihrer Kindheit gebildet hatte, mit ihrem romantischen Glauben an die Weltrevolution und den Kommunismus, den sie später entschieden abgelegt hatte.

Wie auch immer, ich traf mich jedenfalls mit den holländischen Journalisten in der Hotelhalle mit ihren vielen Kiosken und kleinen Geschäften, die dort wie überall anderswo in den 1990er Jahren aus dem Boden geschossen waren und hier überlebt hatten.

Sonst war dieses Hotel im Jahr 2007 noch genauso, wie es zu Sowjetzeiten gewesen war. Man hatte es nicht renoviert, und deshalb waren die Zimmer auch recht günstig. Sie hatten weder Bad noch Toilette, alle sanitären Einrichtungen befanden sich auf dem Gang wie zu Zeiten meiner Mutter: Um duschen zu können, musste man sich damals beim Kommandanten erst einen Bon holen und sich dann anstellen, bis das Bad frei war.

An der Rezeption gab man uns einen großen alten Schlüssel und nannte uns die Zimmernummer. Wir stiegen in den Lift (der allerdings nicht mehr der alte war, sondern zu Breschnews Zeiten ausgetauscht worden war), fuhren in den 4. Stock, gingen durch den langen Korridor und machten vor einem Eckzimmer halt. Noch bevor die Türe geöffnet war, begriff ich, dass dies das Zimmer meiner Mutter gewesen war. Wir (ich schreibe automatisch »wir«, obwohl ich erst vier Jahre nach dem Auszug meiner Familie aus dem »Lux« geboren wurde) hatten zwei nebeneinanderliegende Zimmer und dieses Eckzimmer hatten sich meine Mutter und ihre Schwester geteilt.

Obwohl ich nie dort gewesen war, erkannte ich sofort alles wieder, so viel hatte ich über dieses Zimmer gehört. Nichts hatte sich verändert, nur die Wände waren hellgrün übermalt worden, so wie in billigen Provinzhotels, und es gab zwei Betten. Die Nische war auch noch vorhanden, in der die Großmutter einen kleinen Spirituskocher stehen hatte, auf dem sie schnell etwas zubereiten oder Tee machen konnte. Für größere Kochaktionen gab es eine Gemeinschaftsküche. Ich erkannte das alte Holzparkett wieder, das meine Mutter mit fünf Jahren hatte wischen wollen, wofür sie statt eines Lappens aber das weiße Filzbarett der Schwester des Großvaters verwendet hatte. Ich erkannte die Fensterrahmen und die breiten steinernen Fensterbretter, auf denen meine Mutter seinerzeit ihre Spielsachen aufbewahrt hatte. Ich wusste zum Beispiel, dass sie eine »Negerpuppe« aus Zelluloid besessen hatte, die allerdings nicht erhalten geblieben ist. Wir haben aus jener Zeit im »Lux« (von den Möbeln einmal abgesehen) nur Weihnachtsschmuck aufgehoben, den man 1936 zu produzieren begann, als die UdSSR offiziell das Feiern unter dem Weihnachtsbaum erlaubt hatte. Bis dahin war der Weihnachtsbaum als bürgerlich und religiös abgelehnt worden.

Ich sah nach, ob ich auf dem Fensterbrett vielleicht von meiner Mutter eingeritzte Buchstaben oder Zeichen finden konnte, aber dort gab es nur Flecken und Risse. Dann trat ich auf den kleinen Balkon hinaus. Von diesem Balkon hatte meine Mutter im Juni 1934 mit nicht einmal sieben Jahren »Flugblätter« hinuntergeworfen. An jenem Tag waren die geretteten Teilnehmer einer Expedition triumphal in Moskau empfangen worden. Ihr Schiff, die »Tscheljuskin«, war denkbar schlecht für eine solche Reise gerüstet und – nach einer monatelangen Drift im Packeis – im Nordpolarmeer gesunken. 104 Seeleute und Passagiere hatten einen Monat auf einer Eisscholle ausgeharrt, bis sie ausgeflogen werden konnten. Zuvor hatte Stalin ein Hilfsangebot der Vereinigten Staaten abgelehnt. Die Rettung durch sowjetische Piloten wurde von der Propaganda groß aufgebauscht und man feierte die Helden: Man fuhr sie in offenen Autos zum Empfang im Kreml, wo ihnen die Auszeichnung »Held der Sowjetunion« verliehen wurde (die man eigens für die Rettung der Schiffbrüchigen ins Leben gerufen hatte), und diese Autos fuhren langsam genau unter dem Balkon meiner Mutter vorbei. Sie war so aufgeregt wegen dieses Ereignisses, dass sie rasch in Blockbuchstaben auf mehrere herausgerissene Seiten ihres Schulhefts geschrieben hatte: »Es leben die Tscheljuskiner!«, und die Blätter freudig vom Balkon aus auf den unten vorbeifahrenden Konvoi warf. Sie vermischten sich mit den offiziellen Jubelflugblättern, die von Flugzeugen herab auf den Konvoi und die Straße segelten. Dennoch war ihre Aktion bemerkt worden. Wenig später klopfte der Hausvorsteher des »Lux« an die Zimmertüre und hielt meiner Mutter eine Strafpredigt.

Solange sie im »Lux« lebten, hatte meine Mutter immer das Gefühl, sich im Zentrum der wichtigsten Ereignisse auf der Welt zu befinden. Schließlich lebte sie in der UdSSR, in Moskau, der wichtigsten Stadt, und noch dazu an der wichtigsten Straße: Hier führten die Paraden entlang, die vor dem Kreml auf dem Roten Platz endeten. Da sah man Demonstranten mit Flaggen und Transparenten, Truppen mit Kanonen und Panzern oder auch Gruppen von Turnern vorbeiziehen, die Stalin und Genossen, die das Geschehen von einer Tribüne vor dem Mausoleum verfolgten, die neuesten sportlichen Fortschritte demonstrierten. Vom Balkon aus sah meine Mutter hinunter auf die festliche Beleuchtung und die zu solchen Anlässen geschmückten Häuser. Besonders eindrucksvoll war das im November 1937, auf dem Höhepunkt des Großen Terrors. Entlang der gesamten Gorki-Straße hatte man riesige leuchtende lateinische Ziffern aufgestellt – XX, zum zwanzigsten Jahrestag der Oktoberrevolution. Als ich diesen alten Balkon betrat, hatte ich das Gefühl, die roten Fahnen und die Stalin-Porträts unten auf der Straße sehen zu können.

Ich holte mein Mobiltelefon hervor. Meine Mutter hob sofort ab und ich fragte sie ohne weitere Erklärungen: »Mama, das Eckzimmer im vierten Stock im ›Lux‹ war doch deines?«

»Ja«, antwortete sie, »warum fragst du?«

»Sag ich dir später«, entgegnete ich. »Nur so viel: Man hat mich hierhergebracht, um über das Jahr 1937 zu reden.«

Inzwischen hatten die Holländer die Kamera aufgestellt und alles für die Aufnahmen vorbereitet. Ich konnte es nicht fassen, dass sie mich ausgerechnet in dieses Zimmer gebracht hatten. Aufgeregt versuchte ich ihnen zu erklären, wo wir uns hier befanden und warum ich dieses leere Hotelzimmer so genau inspiziert hatte. Aber ich glaube, sie haben nicht verstanden, wovon ich sprach, sie nickten nur höflich und drängten darauf, mir endlich die vorbereiteten Fragen stellen zu können.

An das Interview kann ich mich heute kaum noch erinnern, aber das Gefühl, dass es eigentlich kein Zufall gewesen sein konnte, dass es ausgerechnet hier geführt worden war, hallte noch lange nach. Hier an diesem Ort über den Großen Terror und über das Jahr 1937 zu sprechen war eine merkwürdige Koinzidenz. Im »Lux« waren siebzig Jahre zuvor Dutzende Menschen verhaftet worden. Und in diesem Zimmer hatten meine Nächsten gelebt, die nur mit viel Glück diese schwere Zeit überstanden hatten.

Ich war froh, dass ich das Hotel ein letztes Mal betreten hatte, bevor es für lange Zeit leer stehen sollte. Inzwischen ist es von einem Investor gekauft worden, doch schon seit einigen Jahren hinter Gerüsten und Bauvorhängen versteckt, auf denen »Wiederaufbau« geschrieben steht. Es soll dort ein neues Hotel entstehen, aber es gibt Gerüchte über Schwierigkeiten mit dem Investor. Wenn man hinter den Bauzaun schaut, sieht man, dass dort nur noch Teile der Fassade stehen, der Rest des Gebäudes ist verschwunden. In einigen Jahren wird sich in der Millionenstadt Moskau wohl niemand mehr an dieses merkwürdige Hotel erinnern (abgesehen vielleicht von dem einen oder anderen Historiker), in dem einst Hunderte Menschen gelebt haben, die der Glaube an die Weltrevolution hier zusammengeführt hat.

Und es kann schon sein, dass nur wir noch Bruchstücke der Familienerinnerung aufheben, die Adresse auf den alten Couverts und die Sessel aus dem »Lux«.

Der sowjetische Wecker

Im Oktober 1924 wurde mein Großvater auf Beschluss des Zentralkomitees der Partei von Gomel nach Moskau versetzt, in den Apparat des Exekutivkomitees der Komintern. Die Komintern oder auch »Dritte Internationale« war 1919 auf Lenins Veranlassung gegründet worden, als weltweit gemeinsames Zentrum für die Führung der Weltrevolution, an deren Unausweichlichkeit die Bolschewiki glaubten. Über die Komintern ist viel geschrieben worden, und ich werde mich hier nicht auf die schweren und sogar tragischen Details einlassen, wie zunächst die Bolschewisierung und später die Stalinisierung der kommunistischen Parteien vor sich ging; nicht darauf, wie »die Revolution ihre Kinder fraß« und was aus vielen Führern der weltweiten kommunistischen Bewegung wurde, die die Säuberungen unter Stalin überlebt hatten und die nach dem Zweiten Weltkrieg nach Hause zurückkehrten, um dort kommunistische Regime zu errichten. Aber gleichzeitig kann ich die Geschichte der Familie meiner Mutter nicht ohne diesen Hintergrund erzählen. Er begleitete und begleitet bis zu einem gewissen Grad bis heute unser Leben. Familiäre Bindungen, enge Freundschaften, unsere Wohnung, das alles hat auf die eine oder andere Weise etwas mit der Komintern zu tun.

Mein Großvater Jakow hat – abgesehen von den Einträgen in jenem dunkelroten Heft – weder Tagebücher noch Erinnerungen hinterlassen. Er starb Anfang 1957, noch vor jener Epoche, in der einige seiner Zeitgenossen Memoiren zu schreiben begannen. Wobei ich mir gar nicht sicher bin, dass mein Großvater, hätte er länger gelebt, seine Erinnerungen niedergeschrieben hätte. Er war ein sehr bescheidener Mensch, immer an sich selbst zweifelnd, und überdies nahm er Literatur und Text sehr ernst. Das sieht man an seiner Bibliothek, die nichts mit der Bibliothek eines Parteifunktionärs gemein hat und ihn als Intellektuellen zu erkennen gibt, der sich nicht nur für die russische Poesie interessierte – für Pasternak oder Achmatowa –, sondern auch für die zeitgenössische westliche Literatur und sogar für den Modernismus. Unter seinen Büchern finden sich die »Dubliners« von James Joyce und Zeitschriften, in denen zum ersten Mal Ausschnitte aus Joyce' »Ulysses« und aus »Manhattan Transfer« von John Dos Passos abgedruckt waren.

In den Briefen meiner Mutter an den Vater (und beide Töchter schrieben ihm sehr oft, denn für sie war er die wichtigste intellektuelle und moralische Autorität) finden sich ständig Erwähnungen der Bücher, die sie gerade las. Im Sommer 1942 – meine

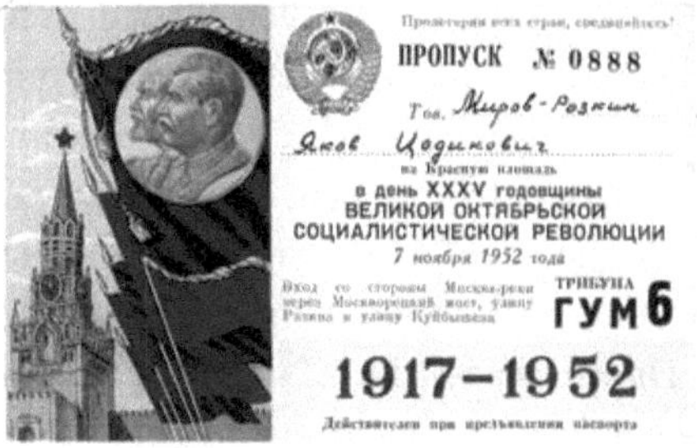

Die Eintrittskarte meines Großvaters für die Feier am Roten Platz, die im Gedenken an die Oktoberrevolution am 7. November 1952 stattfand

Mutter war gerade 15 Jahre alt geworden und aus Moskau evakuiert – schrieb sie ihm, welch großen Eindruck Dostojewskis »Schuld und Sühne« auf sie gemacht habe. (Das sollte ihr ganzes Leben so bleiben – mein Vater fühlte sich mehr zu Tolstoi hingezogen, meine Mutter zu Dostojewski.) Und als sie in die Universität eintrat, beschrieb meine Mutter in einem Brief an ihren Vater einen Poesieabend im Jahr 1945, bei dem sie zum ersten Mal hörte, wie Boris Pasternak seine Gedichte las.

Ich denke, mein Großvater hatte instinktiv begriffen, welches literarische Talent man besitzen musste, um jene schwer zu erklärenden, furchtbaren Vorgänge zu beschreiben, deren Zeuge er gewesen war. Dabei war für ihn die Bewahrung der Erinnerung an die verschiedenen Ereignisse in seinem Leben ganz sicher sehr wichtig, denn er legte eine Art Archiv an. In einem alten Lederkoffer, der nach seinem Tod auf einem Kofferboden aufbewahrt wurde, fand ich seine Publikationen, Artikel und Broschüren, Papiere und Zeugnisse, sogar Einladungen und Eintrittskarten zu verschiedenen Festlichkeiten. Dank dieses Koffers weiß ich jetzt, dass mich meine kindliche Erinnerung nicht getrogen hat: Ich war tatsächlich mit ihm am 7. November 1952 auf dem Roten Platz. Der Großvater hat die Eintrittskarte aufgehoben!

Mit einer großen Truppenparade wurden damals die Feierlichkeiten zum 35. Jahrestag der Großen Sozialistischen Oktoberrevolution eingeläutet. An Stalin erinnere ich mich allerdings nicht, obwohl er sicher auf der Tribüne vor dem Mausoleum stand – zum letzten Mal vor seinem Tod.

Der Großvater hob auch Mitteilungen auf, die ihm die Führer des Exekutivkomitees der Komintern gesandt hatten, Georgi Dimitrow und Dmitri Manuilski.* Zweifellos hat er sein Archiv mehrmals ausgemistet, denn dort finden sich weder Notiz- noch Telefonbücher aus den 1930er Jahren, nur die Hüllen ohne den entsprechenden Inhalt hat er aufbewahrt. Es ist naheliegend, warum er sich davon getrennt hat. Notizbücher waren bei Hausdurchsuchungen während des Großen Terrors wichtige Indizien – sie konnten Beweise für Verbindungen zu Volksfeinden liefern. Daher finden sich auch in den Briefen, die er in jenen Jahren an seine Frau und die Töchter schrieb – meistens auf kleinen Briefbogen mit sehr exakter und kleiner Schrift –, kaum Konkretes über seine Arbeit. Er wusste genau, dass jede zusätzliche Information gefährlich sein konnte.

Ich habe es immer bedauert, dass ich ihn nicht habe ausfragen können (er starb ja, als ich erst sieben Jahre alt war), und als ich sah, was sich in diesem alten Koffer befand, bedauerte ich das umso mehr. Von allen meinen Nächsten habe ich die meisten Fragen an meinen Großvater. Immerhin fand ich unter seinen Papieren einige offizielle Lebensläufe und sehr genau ausgefüllte Fragebogen aus unterschiedlichen Zeiten. Solche Fragebogen mussten alle sowjetischen Bürger ausfüllen, bei sehr vielen Gelegenheiten und ganz besonders, wenn es um die Arbeit oder die Aufnahme in die Partei ging. Ein »schlechter« Fragebogen – wegen »gefährlicher« Familienangehöriger, der Abstammung und später auch der Nationalität – konnte den Weg zum Studium versperren,

* Dmitri Manuilski war von 1921 bis 1923 Erster Sekretär der Kommunistischen Partei der Ukraine, parallel dazu wurde er 1921 in die Komintern entsandt. Von 1929 bis 1934 hatte er die Leitung der Komintern inne. Auf ihn folgte Dimitrow, er war von 1935 bis 1943 Generalsekretär der Komintern.

eine Karriere verhindern oder sogar zum Anlass einer Verhaftung werden. Darüber hinaus konnte ich Dokumente aus seiner Kaderakte sichten, die im ehemaligen Parteiarchiv aufbewahrt wird (im heutigen Russischen Staatsarchiv für soziopolitische Geschichte, RGASPI), sodass ich eine genauere Vorstellung davon bekam, womit er beschäftigt war.

Großvater kam 1924 nach Moskau.

Zu dieser Zeit war es Stalin schon gelungen, sehr viel Macht in seinen Händen zu bündeln, denn Lenin befand sich nach einem schweren Gehirnschlag seit fast zwei Jahren völlig isoliert auf einem ehemaligen Adelsgut in Gorki. Nach Lenins Tod begann Stalin, aktive junge Kader in den Parteiapparat zu holen. Die neuen Funktionäre, die vornehmlich aus der Provinz zur Parteiarbeit nach Moskau kamen, verdrängten nach und nach die »alten Bolschewiki«, die Parteimitglieder der ersten Stunde aus der Zeit vor der Revolution. Auf diese neuen Kader stützte Stalin sich später bei seinem Kampf gegen Leo Trotzki, Grigori Sinowjew und Lew Kamenew, mit denen er nach Lenins Tod das Triumvirat gebildet hatte, den engsten Machtzirkel der Kommunistischen Partei. Meinen Großvater, der gebildet war und Fremdsprachen sprach (in einem Fragebogen schreibt er: Deutsch – fließend, Französisch – ausreichend), versetzte man aus der Redaktion der Zeitung, die er in Gomel herausgegeben hatte, nach Moskau zur Komintern. Von diesem Augenblick an bis zum Jahr 1943 war er Mitarbeiter des Sekretariats, politischer Assistent des Sekretärs des Exekutivkomitees (1924 war das Grigori Sinowjew) und Redakteur der Zeitschrift *Die Kommunistische Internationale*. Er gab Bücher für die Komintern heraus und schrieb Reden für Dmitri Manuilski, den wichtigsten Vertreter der stalinschen Politik in der Komintern. Und er verfasste Artikel und Broschüren, die sich mit der Außenpolitik und den aktuellen Aufgaben der ausländischen kommunistischen Parteien befassten.

In seinem Koffer fand ich auch ein Büchlein mit Erzählungen von Schutzbündlern, das er 1935 herausgegeben hatte. Die Schutzbündler waren eine paramilitärische Organisation der österreichischen Sozialdemokratischen Arbeiterpartei (SDAP), die 1934 am Februaraufstand in Wien gegen die Regierung Dollfuß teilgenommen hatte. Der Bundeskanzler hatte oppositionelle Organisationen verboten und ein quasifaschistisches Regime errichtet. Nach der Niederschlagung des Aufstandes waren viele führende Mitglieder hingerichtet worden, andere waren in die Tschechoslowakei und in die UdSSR geflüchtet, wo wiederum drei Jahre später viele von ihnen Opfer des Stalinterrors wurden.

In den Erzählungen der Schutzbündler finden sich viele Details, die diese Zeit lebendig werden lassen und auch für den heutigen Leser die Tragödie ihrer Niederlage im Jahr 1934 nachvollziehbar machen. Andere Texte aus dem Koffer meines Großvaters kann heute wohl nur noch ein Historiker einordnen, obwohl sie leicht verständlich und klar geschrieben sind. Sie spiegeln die propagandistische Aufgabe wider, die die Führung der Komintern ihm gestellt hatte.

Wie weit glaubte mein Großvater an das, was er schrieb? Hat er sich ständig selbst überzeugt von der politischen Zielrichtung der stalinschen Außenpolitik? Hat er den im August 1939 zwischen Stalin und Hitler geschlossenen Nichtangriffspakt befürwortet, der den wichtigsten Grundgedanken der Komintern, die antifaschistische Idee, zunichtemachte?

Ich habe viele solcher Fragen an meinen Großvater. Und es fällt mir nicht leicht, sie zu beantworten. Er war zweifellos ein kluger und verstehender Mensch. Nicht umsonst fragten ihn ständig Verwandte und Bekannte um Rat und später auch die Freunde seiner heranwachsenden Kinder. Aber er war eben auch ein Idealist. Dass ihm sein Glaube an die Sowjetmacht und den Kommunismus trotz allem bis Ende der 1940er Jahre erhalten blieb, geht sehr deutlich aus seinen Briefen hervor. In einem Brief an meine Mutter schreibt er im Jahr 1947 aus Bulgarien, dass er gerade den Roman »Mutter« wieder gelesen habe und über die prophetischen Worte Maxim Gorkis nachdenke, dass

»Russland irgendwann die leuchtendste Demokratie der Welt« sein werde.

Heute ist es schwer zu begreifen, wie Menschen wie mein Großvater all diese Widersprüche mit sich vereinbaren konnten – einerseits den tiefen Glauben an den Kommunismus und andererseits das Wissen darüber, wie viele Grausamkeiten und Ungerechtigkeiten in dessen Namen begangen wurden. Wie konnten sie mit diesem »geteilten Bewusstsein« leben?

Es scheint mir, als sei es nur Wassili Grossman in seinem Roman »Leben und Schicksal« gelungen, diese Spaltung treffend aufzuzeigen. Immer, wenn ich dieses Buch lese (und es gehört zu den einigen wenigen, die ich immer wieder lese), erkenne ich in einigen Personen Züge meines Großvaters. Grossman kannte und verstand jene Welt, in der Jakow lebte und arbeitete, sehr gut. Seine Romanhelden – der alte Bolschewik und der Komintern-Mitarbeiter – müssen auch stets mit sich selbst kämpfen und sich einreden, dass die Partei trotz allem recht hat. Auch wenn es um unschuldige Opfer geht, darf man den Glauben an die kommunistische Idee nicht verlieren.

Ein wirkliches Porträt meines Großvaters zeichnete der bekannte Komintern-Funktionär und österreichische Kommunist Ernst Fischer (der in den 1960er Jahren mit seiner kommunistischen Partei brach). Fischer lebte ebenfalls im »Lux«. Für ihn verkörperte mein Großvater in den 1930er Jahren den Typus des überzeugten Kommunisten und Idealisten, der dem typischen Stalin-Funktionär so gar nicht ähnelte:

> *Mirow war einer dieser russischen Juden, deren Existenz auf eine Menschheit hindeutet, wie sie noch nicht existiert. »Er ist ein hoffnungsloser Mensch«, sagte dann und wann seine Frau nicht ohne Kummer, doch voller Liebe: so klug für andere, so dumm für sich selbst. Er bringt es zu nichts. Und so war es. Stets für andere denkend, kam er nie zu sich. Niemals vergaß er, was er für andere zu tun sich vornahm, alles, was ihn be-*

traf, im radikalen Sinn des Wortes: selbstvergessen. Er brachte es zu nichts, nur zu Freunden ...
Einmal traf ich ihn mit einer Weckuhr spielend, den Kopf schüttelnd, immer wieder in ein Lachen der Verwunderung ausbrechend. »Die ersten Weckeruhren, die wir selber machen in Leningrad. Ein Schutzbündler gab mir die Uhr; und sehen Sie, wie sollen die Leute zurecht zur Arbeit kommen, sehen Sie doch, nicht nur der Zeiger der Zeit bewegt sich, nein auch der Zeiger des Weckers, langsamer als der andere, aber sehen Sie, wenn er den Zeiger auf 6 stellt, wird er um 8 geweckt. So was gibt es nur bei uns, das sind wir. Aber auch den Oktober 1917 hat es nur bei uns gegeben.«[1]

Das Loch in der Tasche

Es gibt ein Foto meines Großvaters aus dem Jahr 1926, das ihn hinter seinem Schreibtisch sitzend in seinem Arbeitszimmer zeigt. Auf dem Foto sieht man einen schönen und ernsten Mann, der sich der ihm übertragenen Verantwortung bewusst ist. Der Großvater ist da etwas mehr als dreißig Jahre alt, auch wenn er auf dem Foto jünger wirkt. Er trägt ein gestreiftes Hemd und eine Krawatte, in der Hand hält er eine Zigarette.

Wenn ich ein anderes Foto danebenlege, aus dem Jahr 1938, sieht man einen ganz anderen Menschen. Obwohl zwischen den beiden Aufnahmen gerade einmal zwölf Jahre liegen, könnte man ihn auf diesem Bild für sechzig halten. Er trägt Uniform, in sein Gesicht haben sich tiefe Falten eingegraben, sein Blick ist angespannt, die Schultern eingesunken. Als hätte er in den dazwischenliegenden Jahren Furchtbares durchgemacht.

Dabei hatte er im Vergleich zu vielen seiner Freunde und Mitstreiter unglaubliches Glück. Viele waren zu dieser Zeit schon verhaftet, erschossen oder in Lager geschickt worden. Im Appa-

Großvater in den Jahren 1926 und 1938

rat der Komintern wurden seit Beginn der 1930er Jahre ständig Säuberungsaktionen durchgeführt. In einer Atmosphäre des Misstrauens und der Spionagehysterie befanden sich Komintern-Mitarbeiter, deren Arbeit mit dem Ausland verbunden war, in doppelter Gefahr. Und das umso mehr, als die Tätigkeit der ausländischen Kommunisten in ihren Heimatländern ja oft nur im Untergrund stattfinden konnte, sie sich verstecken mussten und häufig unter falschem Namen lebten. Die Kuriere der Komintern brachten Geld und geheime Materialien, und das war auch einer der Kanäle, die die sowjetische Aufklärung benutzte. Und sehr leicht konnte der Verdacht entstehen, dass die Komintern-Leute ihrerseits im Ausland zu Agenten des Feindes geworden sein könnten. In dieser angespannten Atmosphäre war es ganz einfach, einen Menschen zu beschuldigen, er sei ein feindlicher Agent.

Terror war stets der Hauptmechanismus stalinscher Macht, und er wurde im Laufe der Zeit gegen verschiedenste Kategorien von Sowjetbürgern und Ausländern angewandt. Ab Mitte der 1930er Jahre wurde die UdSSR zu einer Festung erklärt, die von

Feinden umringt sei, die ihre Agenten und Spione schicken würden, um die »Fünfte Kolonne« zu bilden. Schon Mitte der 1930er Jahre, aber vor allem in den Jahren 1937/38 wurden Polen, Litauer, Letten und viele andere Mitglieder verschiedener kommunistischer Parteien, die sich in der UdSSR aufhielten (Österreicher, Ungarn, Italiener, Rumänen, Bulgaren, Jugoslawen, Finnen) Opfer der Repressionen.

In einer besonders schwierigen Situation befanden sich die politischen Emigranten aus Deutschland, sowohl die einfachen Parteimitglieder als auch die Funktionäre. Sie konnten nicht zurück nach Nazideutschland, zudem hatten viele die deutsche Staatsbürgerschaft abgelegt. Nur ganz wenigen gelang es damals, die Sowjetunion zu verlassen. Untertauchen und sich verstecken, um der Verhaftung zu entgehen, war hier kaum möglich. Man stand überall unter der aufmerksamen Beobachtung der Staatssicherheitsorgane: auf der Arbeit, in der Gemeinschaftswohnung, in der Gesellschaft von Freunden. Und für Ausländer, die sich in einem fremden Land befanden, die Sprache nicht beherrschten und verdächtige Papiere hatten, war das eine völlig hoffnungslose Situation.

Bis Februar 1937 war mein Großvater (so heißt es in seinen Fragebogen) politischer Mitarbeiter des Sekretärs des Exekutivkomitees der Komintern, Dmitri Manuilski. Danach nahm sein Schicksal eine ziemlich merkwürdige Wendung: Auf Befehl des Volkskommissariats für Verteidigung wurde er, ein absoluter Zivilist, zum Kriegskommissar einer Spezialschule für spanische Flieger in Kirowabad (heute heißt die Stadt wieder Gjandscha) ernannt. Die bergige Region, die diese Stadt in Aserbaidschan umgibt, ähnelt in ihrem geografischen Relief und auch hinsichtlich des Klimas Spanien. Dort leistete die sowjetische Regierung seit 1936 immer aktiver Militärhilfe im Spanischen Bürgerkrieg. Die Flugschule war überstürzt im Januar 1937 gegründet worden, als um Madrid schon schwer gekämpft wurde.

Am Himmel über Spanien kämpften anfangs vor allem Deutsche, Italiener und Sowjetpiloten, daher war beschlossen worden, so schnell wie möglich spanische Piloten auszubilden. Warum ausgerechnet mein Großvater als Politkommissar dorthin geschickt wurde, ist mir nicht ganz klar. Vielleicht hing es damit zusammen, dass er sich seit 1935 in der Komintern mit Spanien beschäftigte, dass er Französisch sprach und Spanisch zu lernen begonnen hatte.

Meine Großmutter betrachtete diese Ernennung eher als Verbannung, sie befürchtete Schlimmeres: Ihr Mann war jetzt in der Armee, fern von Moskau, und es war nicht klar, wie lange er dort bleiben würde. Zu jener Zeit war es gebräuchliche Praxis, dass man jemanden aus dem Zentrum an die Peripherie schickte, um ihn dort zu verhaften. Genau das war mit dem Mann der besten Freundin meiner Großmutter geschehen. Der Dekan der Philosophischen Fakultät der Leningrader Universität war zu einem großen Bauprojekt nach Kasachstan geschickt worden, wo er verhaftet und zum Tode verurteilt wurde. Und dann wurde auch die Freundin meiner Großmutter verhaftet, als Ehefrau des »Volksfeindes«.

Ich weiß nicht, wie der Großvater selbst diese Versetzung aufnahm. Wahrscheinlich meinte er einfach, es müsse alles getan werden, um der spanischen Republik zu helfen. Wie auch immer, als in den beiden Jahren 1937/38 in der Komintern und im »Lux« massenweise Verhaftungen stattfanden, war er weit weg von Moskau.

Viele Jahre später, als wir überlegten, wie es dem Großvater gelungen war, jene Zeit zu überleben, sprach meine ungläubige Großmutter nicht von einem Schutzengel, sondern von riesigem Glück. Und sie hatte recht, auch wenn sie gar nicht wusste, wie die Repressionsmaschinerie funktionierte. Denn darin bestand ja der Sinn des stalinschen Terrors: Es war eine Lotterie, jeder konnte zum Opfer werden – das allmächtige Politbüromitglied ebenso wie das kleine Licht. Vieles hing davon ab, ob man zu

Großvater mit zwei Dolmetscherinnen an der Schule für spanische Flieger in Kirowabad, 1937

dieser oder jener Kategorie gehörte, die gerade unter Beschuss stand: Kulaken* oder Oppositionelle, Polen oder Deutsche, Frauen von »Volksfeinden« oder »Kosmopoliten«.

Wie stark Großvaters Glaube an die Sowjetmacht auch gewesen sein mag, dass sein Leben und Schicksal und folglich auch das seiner Nächsten damals an einem Haar hing, wusste er – zumindest nach jenem Foto aus dem Jahr 1938 zu urteilen – sehr genau. Obwohl er natürlich nicht wusste, dass bereits eine Akte Nr. 325 über ihn existierte und man Material gesammelt hatte, das mehr als ausreichend für eine Verhaftung gewesen wäre.

Folgendermaßen sieht ein Ausschnitt aus diesem Material in seiner Kaderakte aus: »Von 1918 bis 1919 war er Parteimitglied

* Im Zuge der stalinschen Zwangskollektivierung der Landwirtschaft waren bis dahin selbstständige und eher wohlhabende Bauern (Kulaken) zu Klassenfeinden erklärt und schon während der Jahre 1929 bis 1932 deportiert oder umgebracht worden. Zur Zeit des Großen Terrors gerieten sie wieder ins Visier. Der NKWD setzte den Geheimbefehl 00447 um, die sogenannte Kulakenoperation, der Bauern, einfache Bürger und auch frühere Angehörige von Oppositionsparteien zum Opfer fielen.

von ›Poale Zion‹. Von 1924 bis 1926 arbeitete er im Sekretariat des Volksfeindes Sinowjew und redigierte dessen Artikel. 1923 äußerte er trotzkistische Zweifel.«

Die größte Gefahr ging allerdings von der Aussage eines Komintern-Mitarbeiters aus, noch dazu ein halber Namensvetter des Großvaters: Alexander Abramow-Mirow. Der war eine ganz andere, sehr viel wichtigere Figur als mein Großvater: Er leitete die Abteilung der internationalen Verbindungen der Komintern, die ein Agentennetz aufbaute. Während des Spanischen Bürgerkrieges organisierte er die Arbeit der Aufklärung. Und im August 1937 machte er während eines Verhörs folgende Aussage:

> *1929 bekam ich den Auftrag, mit Mirow Kontakt aufzunehmen [...] Von Mirow sollten wir Informationen über das EKKI [Exekutivkomitee der Kommunistischen Internationale] erhalten und auch Hilfe bei der Einführung und Einsetzung der Leute, die für die deutsche Aufklärung im Apparat der EKKI arbeiten. Mirow half mir mehrmals, Agenten der deutschen Aufklärung einzusetzen. Mirow war mit mir bis zu meinem Ausscheiden aus dem OMS* verbunden. Er ist jetzt in Kirowabad in der Schule für spanische Piloten.*

Man muss sich über diese Aussage nicht wundern, es ist hinreichend bekannt, dass man die Verhafteten zwang, sich selbst und andere zu beschuldigen, und dass solche Aussagen unter Folter erpresst wurden. Teils führte das zu einer sofortigen Verhaftung der (fälschlich) Beschuldigten, teils wurde das Material gesammelt zur späteren Verwendung. Abramow-Mirow wurde schließlich angeklagt, eine trotzkistische Organisation innerhalb der Komintern gegründet und geleitet zu haben und ein Resident der

* Abteilung des EKKI für internationale Verbindungen; die Abteilung bestand von 1921 bis 1937 und hielt Kontakte zu kommunistischen Parteien außerhalb der Sowjetunion.

deutschen Aufklärung gewesen zu sein. Er wurde im Winter 1937 erschossen.

Mein Großvater wusste nichts über diese konkreten und belastenden Aussagen. So wie er auch nicht wusste, dass in einer speziellen Kartothek des NKWD kompromittierendes Material über Hunderttausende Menschen gesammelt wurde, um dieses zum gegebenen Zeitpunkt zu verwenden. (Diese Kartei wurde erst unter Chruschtschow vernichtet.) Aber dass man jederzeit etwas gegen ihn vorbringen könnte, das wusste er sehr gut. Schließlich waren so viele verhaftet worden, mit denen er befreundet war oder gearbeitet hatte. Genau das hatte den gesunden Vierzigjährigen in jenen gequälten älteren Menschen verwandelt, der auf dem Foto aus dem Jahr 1938 zu sehen ist.

In seinem Lebenslauf für die Kaderabteilung, den er Anfang 1939 schrieb, versuchte Großvater alle möglichen Anschuldigungen abzuwehren, wobei er der Meinung war, der schwärzeste Fleck in seiner Biografie sei seine Arbeit 1924 im Sekretariat von Grigori Sinowjew gewesen. Grigori Sinowjew wurde, nachdem Stalin 1927 die alleinige Macht an sich gerissen hatte, wegen einer angeblichen Verschwörung verhaftet, aus der Partei ausgeschlossen und in die Verbannung geschickt. Nach seiner Rückkehr und Wiederaufnahme in die Partei war er sechs Jahre später einer der Hauptangeklagten im Ersten Moskauer Schauprozess. Sinowjew wurde zum Tode verurteilt und 1936 erschossen.

Der Großvater schreibt in seinem Lebenslauf:

Angesichts meiner Bildung wurde ich damit beauftragt, die Stenogramme der Sinowjew-Reden sowohl in grammatikalischer als auch in stilistischer Sicht zu korrigieren. Nach meinen Korrekturen wurden sie abgeschrieben und ihm zur endgültigen Redaktion vorgelegt. [...] Als mir klar wurde, dass Sinowjew gegen die Partei kämpfte, trat ich in der Parteiorganisation des Exekutivkomitees der Komintern entschieden gegen die Opposition und für die Parteilinie auf.

Im Sekretariat wurde ich malträtiert, man nannte mich einen Speichellecker, Karrieristen und so weiter – es waren die üblichen Ausfälle der Opposition gegen die Verfechter der Linie des ZK der Partei. [...] Ich bat bei der Komintern darum, von meiner Arbeit im Sekretariat freigestellt zu werden. Zu Beginn des Jahres 1926 wurde ich aus dem Sekretariat in die Redaktion der Komintern als Redakteur für russische Ausgaben versetzt und 1928 wurde ich dann zum Politmitarbeiter des Sekretärs des Exekutivkomitees der Komintern ernannt. Ich arbeitete in dieser Funktion bis Ende Januar 1937.
1935 wurde ich gleichzeitig zum stellvertretenden Leiter der romanischen Sektion der EKKI ernannt. Als Parteisekretär führte ich den Kampf gegen die sinowjewsche Opposition, gegen den trotzkistisch-sinowjewschen Block und gegen die bucharinsche-rykowsche Opposition * *weiter. Ende Januar 1937 schickte mich die Führung der Komintern vorübergehend zur Arbeit in eine Spezialschule, wo ich jetzt arbeite. Während meiner Zugehörigkeit zur WKP (B) habe ich nie irgendeiner Opposition angehört.*

Sosehr ich mich auch mit den 1930er Jahren befasst habe, so viele Erinnerungen von Augenzeugen und Opfern des Stalinterrors ich auch aufgezeichnet oder gelesen habe – ich werde diese

* Nikolai Bucharin unterstützte Stalin 1926 dabei, Kemenew, Sinowjew und Trotzki aus dem Politbüro zu entfernen. Im gleichen Jahr wurde er Chef der Komintern. Zwei Jahre später stellte er sich gegen Stalins Maßnahmen zur Zwangskollektivierung der Landwirtschaft. Er musste seinen Posten räumen, durfte aber in der Partei bleiben und wurde 1934 rehabilitiert. Nur drei Jahre später wurde er im Dritten Moskauer Schauprozess wegen angeblicher Spionage und der Beteiligung an einem Komplott gegen Stalin verurteilt und 1938 erschossen. Auch Alexei Rykow hatte sich gegen Stalins Zwangskollektivierung gewandt und wurde als »Helfershelfer des Kulakentums« aus dem Politbüro ausgeschlossen. Wie Bucharin wurde er nach der Verurteilung im Dritten Moskauer Schauprozess hingerichtet. Und wie Bucharin hatte er alle ihm zur Last gelegten Taten eingeräumt. Von beiden waren bereits im Vorfeld teils abenteuerliche Geständnisse erpresst worden.

immer beklemmender werdende Atmosphäre der Angst, in der Menschen wie mein Großvater damals lebten, nie ganz nachvollziehen können. Eine Atmosphäre, in der man das Gefühl hatte, dass jeder falsche Schritt, jeder noch so kleine Fehler zum Untergang führen konnte.

Wie präsent diese Angst noch Jahre später war, zeigt sich an der folgenden Geschichte, die sich schon nach dem Ende des Zweiten Weltkriegs zugetragen hat. Großvater war inzwischen Referent von Georgi Dimitrow. Eines Tages verlor er die Schlüssel zum Safe in seinem Büro. Und obwohl sich in dem Safe nur seine persönlichen Dinge befanden, musste er die Erlaubnis einholen, den Safe mit einem Ersatzschlüssel öffnen zu dürfen. Er schrieb an den Leiter der Abteilung für Außenpolitik des ZK, Michail Suslow. (Zu Breschnews Zeiten sollte Suslow zum wichtigsten Ideologen und de facto zum zweitwichtigsten Mann im Staat werden):

> *Vor wenigen Tagen habe ich die Schlüssel zum Safe verloren. Ich habe den Verlust bemerkt, als ich von zu Hause ins ZK kam. Gleichzeitig habe ich festgestellt, dass meine Hosentasche zerrissen ist, in der ich die Schlüssel aufbewahrte. Offensichtlich sind die Schlüssel aus der Tasche gefallen. Im Safe befinden sich keine geheimen Dokumente. Ich bitte Sie eindringlich, die Öffnung des Safes anzuordnen.*

Eine solche Notiz wirkt aus heutiger Sicht lächerlich, das war sie ja eigentlich auch, wenn man die Folgen nicht bedachte, die die Ungeschicklichkeit des Großvaters nach sich hätte ziehen können. Eine Parteirüge wäre das Mindeste gewesen. Offenbar gestattete Suslow die Öffnung des Safes, aber ich kann mir sehr gut vorstellen, wie meine Großmutter auf dieses Loch in der Hosentasche reagierte …

Weniger komisch als die Geschichte mit dem Schlüssel ist da schon die folgende: Wahrscheinlich seit seiner Zeit in der spanischen Pilotenschule hatte mein Großvater eine kleine Pistole bei sich aufbewahrt. Natürlich wusste niemand davon. Meine Kinder entdeckten die Waffe in den 1990er Jahren auf dem Dachboden der Datscha zwischen alten Zeitungen und Büchern. Eine Waffe bei sich aufzubewahren, ohne sich jedes Jahr von Neuem eine spezielle Genehmigung dafür geben zu lassen, war sehr gefährlich. Und obwohl mein Großvater immer sehr genau war, was Dokumente betraf, haben wir eine solche Genehmigung unter seinen Papieren nicht gefunden. Wenn bei einer Verhaftung und der dazugehörigen Hausdurchsuchung eine Waffe gefunden wurde, dann war das ein schwerwiegendes Indiz, mit dessen Hilfe man dem Betreffenden problemlos die Planung eines Attentates auf einen der Mächtigen andichten konnte. Trotzdem hat der Großvater diese Pistole behalten.

Aus meiner Sicht gibt es dafür nur eine Erklärung: Wahrscheinlich hat er gehofft, sie rechtzeitig benutzen zu können, wenn man ihn eines Tages holen käme, und dass sein Selbstmord die Familie retten würde. Sie wäre dann nämlich nicht die Familie eines »Volksfeindes«.

Nach dem Fall der Spanischen Republik kehrte der Großvater im Herbst 1939 nach Moskau zurück und wurde Herausgeber der Zeitschrift *Kommunistische Internationale*. Die spanischen Piloten, die es nach ihrer Ausbildung noch geschafft hatten, in ihrer Heimat zu kämpfen, befanden sich entweder in Francos Gefängnissen oder wurden in Frankreich, wohin sie geflogen waren, interniert. Diejenigen, denen es nicht gelang, nach dem Ende des Spanischen Bürgerkrieges die Sowjetunion zu verlassen – weil man sie einfach nicht mehr rausließ –, suchten sich Arbeit oder begannen zu studieren. Einige von ihnen kämpften später in der Roten Armee gegen die Deutschen. Nach Hause zurück konnten die, die überlebt hatten, erst viele Jahre später.

Nach dem Hitler-Stalin-Pakt herrschte in der Komintern völlige Verunsicherung. Halb Europa war bereits von Hitler besetzt, aber die antifaschistische Propaganda, ja der Kampf gegen den Faschismus selbst, sollte nun auf Befehl Stalins von der Tagesordnung der kommunistischen Parteien verschwinden. Wozu man die Kommunisten in den Ländern, die schon von Nazi-Deutschland besetzt waren, jetzt aufrufen sollte, war unklar. Da sich auch alle Einrichtungen, die in der UdSSR mit Außenpolitik zu tun hatten, lange auf nichts einigen konnten, wurde die Herausgabe der *Kommunistischen Internationale* immer schwieriger. Irgendwelche Anweisungen aus dem Volkskommissariat für Äußeres (wo man Maxim Litwinow, der den Deutschen wegen seiner jüdischen Herkunft nicht genehm war, durch den Stalin-Mitstreiter Wjatscheslaw Molotow ersetzt hatte) oder aus der Propagandaabteilung des ZK zu erhalten, war praktisch unmöglich. Das zeigt eine Notiz, die mein Großvater am 3. Januar 1941 an Dimitrow schickte und in der er darum bat, diese Situation aufzulösen. Dimitrow leitete diese Notiz an das Politbüromitglied Andrei Schdanow weiter, damals einer der wichtigsten Mitstreiter Stalins und verantwortlich für die ideologische und außenpolitische Ausrichtung des Zentralkomitees. Versehen mit folgendem Kommentar:

> *Ich schicke Ihnen hier eine Notiz des verantwortlichen Redaktionssekretärs unserer Zeitschrift J. Mirow-Roskin über die Durchsicht der Materialien der Zeitschrift in der verantwortlichen Abteilung des NKID [Volkskommissariat für Auswärtiges]. Ich denke, und darüber habe ich ja schon mit Ihnen gesprochen, dass es dringend nötig wäre, die Arbeit bei der Überprüfung der Zeitschrift zu verbessern, damit wir in Zukunft nicht mehr mit jenen unnötigen Schwierigkeiten und Ungereimtheiten zu tun haben, die jetzt auftreten. Die größte Hilfe für die Redaktion würde es bedeuten, wenn man rechtzeitig die wichtigsten Punkte wissen könnte, das heißt, was und wie im Augenblick besser nicht zu schreiben wäre, damit die Redaktion bei der Vorbereitung und Überarbeitung der Materia-*

lien für die jeweilige Nummer der Zeitschrift dies berücksichtigen könnte.

Der Knoten wurde allerdings erst ein halbes Jahr später aufgelöst – am 22. Juni 1941, als Deutschland die Sowjetunion überfiel und es klar wurde, dass der Pakt mit Hitler und die gesamte Politik Stalins vor dem Krieg das Land in eine Katastrophe geführt hatte. Die Großmutter erinnerte sich, wie sie am Morgen des 22. Juni von Lärm aufgeweckt wurde. Sie hatte mit meiner Mutter in der Komintern-Datscha in Kunzewo, 20 Kilometer außerhalb von Moskau, übernachtet und ging auf die Veranda. Dort sah sie, dass die Deutschen aus ihren Häuschen hinausgeeilt waren, darunter Wilhelm Pieck und Walter Ulbricht.[*] Von ihnen erfuhr sie, dass der Krieg begonnen hatte. Und der Kampf gegen den Faschismus nun wieder das Hauptziel war.

Pädologie verboten

Meine Großmutter erzählte gerne, wie sie 1924 aus Gomel nach Moskau gekommen waren und sich im Zentrum der Stadt in der prunkvollen Lobby des »Lux« wiederfanden. »Da waren wir«, sagte die Großmutter, »mit unseren Bündeln und Paketen, provinziell und abgetragen.« Erst drei Jahre waren seit dem Ende des Bürgerkrieges vergangen, der die Bevölkerung in bittere Ar-

* Wilhelm Pieck war seit 1934 in Moskau im Exil, Walter Ulbricht seit 1938. Pieck, 1919 Mitbegründer der KPD Deutschlands, war von 1931 bis 1943 Präsidiumsmitglied des Exekutivkomitees der Kommunistischen Internationale, 1945 kehrte er nach Berlin zurück, wo er 1949 Präsident der DDR wurde. Ulbricht arbeitete während des Exils beim deutschsprachigen Programm von Radio Moskau und war 1943 Mitbegründer des »Nationalkomitees Freies Deutschland«. Nach der Gründung der DDR stand er von 1950 bis 1971 an der Spitze des Zentralkomitees der SED. Unter seine Ägide wurde 1961 die Mauer gebaut.

mut gestürzt hatte. Doch nun begann die Zeit der NÖP, der »Neuen ökonomischen Politik«.*

Privathandel war wieder erlaubt und in den Geschäften tauchten wie von Zauberhand wieder Waren auf.

Der Luxus im Hotel »Lux« war nichts im Vergleich zum großartigen »Jelissejew«-Kaufhaus, dem wichtigsten Feinkostladen im ganzen Land. Die Jelissejews hatten ihre Dynastie mit Kolonialwarenläden 1813 in der damaligen Hauptstadt Sankt Petersburg begründet. Als der Enkel die Geschäfte übernahm, wurden auch Gourmettempel in Moskau und später in Kiew eröffnet. Die Moskauer Dependance war 1901 eingeweiht worden, sie war im russischen Jugendstil erbaut, mit Säulen, vergoldeten Bogen und riesigen Kristalllüstern, und besser ausgestattet als alle anderen Lebensmittelgeschäfte im Land. Nach der Oktoberrevolution waren die Läden zwangsverstaatlicht worden, aber 1921, seit der Einführung der »Neuen ökonomischen Politik«, war das Kaufhaus wieder voll und die Großmutter begeistert darüber, was es dort alles zu kaufen gab: »Das war wie ein Wunder«, erzählte sie, »in den Regalen gab es Ananas (es war der einzige Laden in Moskau, wo es Ananas gab), Kaviar, gedörrten Stör – Lebensmittel, die wir längst vergessen hatten. Allerdings waren auch die Preise so, dass das Geschäft eher einem Museum glich, wohin man zum Schauen gehen konnte und auch wieder wegging, ohne etwas gekauft zu haben.«

Zusammen mit meinem Großvater, meiner Großmutter und der damals dreijährigen älteren Schwester meiner Mutter kamen auch die kranke Mutter meines Großvaters (sie hatte schwere Arthritis und konnte sich kaum bewegen) und seine jüngere Schwester mit nach Moskau. Vor dem Hintergrund des damaligen sow-

* Sie sah eine Dezentralisierung und Liberalisierung im Handel und in der Industrie vor, wobei man teilweise auch marktwirtschaftliche Methoden gestattete. Die Phase der NÖP dauerte bis 1928 und führte zu einer vorübergehenden Verbesserung der kritischen Versorgungslage.

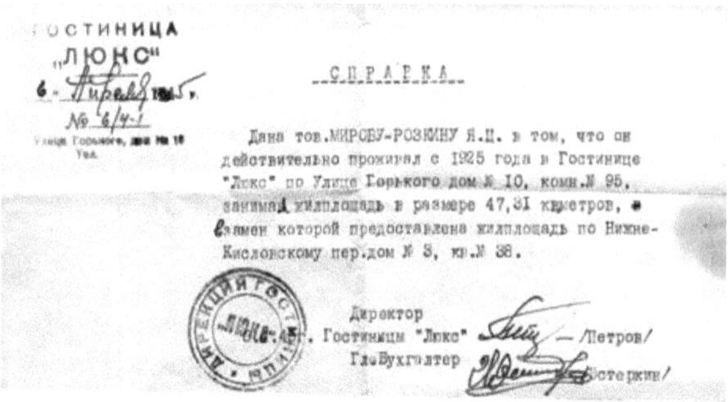

ГОСТИНИЦА
„ЛЮКС"
6 - Апреля 1945 г.
№ 6/4-1

СПРАВКА

Дана тов. МИРОВУ-РОЗКИНУ Я.Ц. в том, что он действительно проживал с 1925 года в Гостинице "Люкс" по Улице Горького дом № 10, комн. № 95, занимал жилплощадь в размере 47,31 кв.метров, взамен которой предоставлена жилплощадь по Нижне-Кисловскому пер. дом № 3, кв. № 38.

Директор
Гостиницы "Люкс" — /Петров/
Гл. Бухгалтер /...стеркин/

Mit diesem Schreiben wurde bestätigt, dass mein Großvater und seine Familie 47,31 Quadratmeter Wohnfläche im Hotel »Lux« zugeteilt bekamen

jetischen Alltags und des katastrophalen Wohnungsmangels war die Unterkunft im »Lux« zwar privilegiert, aber doch auch sehr bescheiden. Erst nach der Geburt meiner Mutter 1927 gelang es dem Großvater – auf Druck der Großmutter –, für seine Mutter und Schwester ein zusätzliches kleines Zimmer zu bekommen. Anfang der 1930er Jahre verschlechterte sich die Versorgungslage im ganzen Land dramatisch – wegen der Zwangskollektivierung der Landwirtschaft und der Vernichtung des eigenständigen Bauernstandes. An der Wolga, in der Ukraine und in Kasachstan brach eine Hungersnot aus. Die Moskauer Bahnhöfe waren voll mit Obdachlosen, die die Miliz nicht in die Stadt lassen wollte und wegen »fehlender Ausweise« verhaftete. Jeder wusste, dass diese Menschen gar keine Papiere haben konnten, sie waren ja entweder aus den Kolchosen davongelaufen oder aus Orten, wohin sie verbannt worden waren.

Der Großvater erhielt wie alle Parteifunktionäre Lebensmittelzuteilungen. Das Versorgungssystem funktionierte in der ersten Hälfte der 1930er Jahre vor allem über Lebensmittelkarten. Die Großmutter versuchte nach Kräften, immer wieder etwas für zwei ihrer sechs Schwestern abzuknapsen, denen es viel schlechter ging als ihr. (Im Lauf der Zeit waren alle ihre Geschwister

Großvater, Großmutter und meine Tante im Sommer 1924

nach Moskau gekommen.) Aber auch für unsere Familie war das Leben nicht leicht, die Rationen waren nicht üppig, das Geld war ständig knapp und es war äußerst schwierig, Kleidung oder Schuhe zu bekommen. Als mein Großvater später in Aserbaidschan war, ging es im Briefwechsel zwischen ihm und Großmutter häufig um diese Alltagssorgen. Meine Mutter stapfte in den ersten Jahren in ihren Eislaufstiefeln in die Schule, weil sie keine anderen hatte. Und als sie 1940 (sie war damals fast 13) in das im ganzen Land berühmte Pionierlager Artek auf der Krim fahren durfte, hatte sie nur ein Paar Stoffschuhe mit. In fast jedem Brief, den sie nach Hause schrieb, zeigte sie sich beunruhigt, ob die Schuhe wohl bis zum Ende ihres Aufenthaltes halten würden. Kurz vor der Rückreise nach Moskau wurde ihre Gruppe zu einer Wanderung in die Berge geschickt. Und wieder schrieb meine Mutter über ihre Schuhe: »Ich bin in meinen Stoffschuhen gegangen und erstaunlicherweise haben sie durchgehalten. Jetzt brauche ich sie aber auch nicht mehr, wir machen keine Wanderung mehr, und hier kann ich sehr gut barfuß laufen!« Es gibt ein Foto, auf dem meine Mutter in Artek auf der Terrasse am Meer steht – barfuß.

»Not macht erfinderisch«, sagte meine Großmutter gerne, und wie erfinderisch sie war, konnte sie 1937 zeigen, als ihre ältere Tochter die Schule abgeschlossen und kein Kleid für den Abschlussabend hatte. Da es im freien Handel keinen anderen Stoff gab, kaufte Großmutter viele schmale Schals aus Crêpe de Chine. Sie nähte sie zusammen und schneiderte ihrer Tochter daraus ein Kleid für den Abschlussabend. Meine Tante war ein großes und ziemlich kräftiges Mädchen, und ich, die ich diese Geschichte seit meiner Kindheit kannte, fragte mich immer, wie viele Schals meine Großmutter für dieses Kleid wohl gebraucht haben mag.

Auch wenn die Menschen in der Sowjetunion später nicht mehr ganz so ärmlich lebten wie damals, so forderte das Leben doch bis in die 1990er Jahre Erfindungsgeist und allerlei Kniffe, um mit dem Mangel an Waren zurechtzukommen. Es war vor allem schwierig, Schönes oder Ungewöhnliches zu finden. Meine Schwiegermutter war viele Jahre lang Ansagerin bei den Konzerten in der Philharmonie, und sie brauchte Abendkleider, Schmuck und Schuhe, alles Dinge, die man in den 1950er Jahren nirgends fand. Also wurden eben alte Vorhänge, abgetrennte Knöpfe und Schnallen verwendet, aus denen sie sich entsprechende Kleider zusammenstückelte. (Die berühmte Episode aus dem Film »Vom Winde verweht«, in der sich Scarlett O'Hara aus einem grünen Samtvorhang ein Ballkleid näht, konnte in der UdSSR niemanden überraschen – wobei man von einem solch luxuriösen Stoff hier nur träumen konnte.)

Zum Glück besaß meine Schwiegermutter noch einen großen Lederkoffer mit Kleidern aus vorrevolutionären Zeiten. Da gab es Straußenfedern, Spitzen und Stickereien, die sie erbarmungslos verwendete. Zu meinem dreißigsten Geburtstag zum Beispiel zerschnitt sie ein wunderschönes Spitzenhemd ihrer Großmutter und nähte mir daraus ein Sommerkostüm, das ich noch lange trug und immer wieder vorsichtig stopfte, wenn die Spitze zu zerfallen begann. Viele Jahre später habe ich die unversehrten Kleider, die noch in jenem Koffer waren, dem Museum von »Memorial« gegeben – als modische Erinnerung an die Zeit vor der Revolution.

Meine Großmutter wollte in Moskau unbedingt ihr Universitätsstudium beenden, in Kiew hatte sie ja weniger als ein Jahr an der medizinischen Fakultät studiert. Aber da man ihr in Moskau an der Medizinischen Fakultät diese Zeit nicht anrechnen wollte, beschloss sie, stattdessen Psychologie zu studieren. Eine große Rolle bei dieser Entscheidung spielte die Bekanntschaft und spätere Freundschaft zu einem Mann, der erst viele Jahre nach seinem Tod weltberühmt werden sollte: Lew Wygotski, der eine ganz eigene Richtung in der Psychologie begründet hatte.*

Auch er war 1924 von Gomel, seiner Geburtsstadt, nach Moskau gegangen, wo er am Psychologischen Institut der Universität sowie an anderen Institutionen in den Bereichen Psychologie und Pädagogik lehrte und forschte. Großmutter studierte und arbeitete parallel dazu (und auch nach ihrem Abschluss) in einer Forschungseinrichtung von Wygotski. Sie beschäftigte sich mit Pä-

* Lew Wygotski (1896–1934) gilt als Begründer der Kulturhistorischen Schule und der Tätigkeitstheorie, entwickelte u.a. neue Ansätze zur Theorie des Bewusstseins, zur Sprachentwicklung und zur Entwicklungspsychologie des Kindes.

dologie, einer experimentellen Richtung in der Kinderpsychologie, in der es um Entwicklung und Wachstum geht.

1934 starb Lew Wygotski mit knapp vierzig Jahren an Tuberkulose. Trotz seiner schweren Krankheit hat er viel in der Wissenschaft vorangebracht. Für meine Großmutter war das ein schwerer Schlag. Bald nach Wygotskis Tod erklärte das ZK die Pädologie mit einem speziellen Erlass zum schädlichen Experiment, und die Tätigkeit der Pädologen – bisher eher belächelt – wurde verboten.

Ihr ganzes Leben hat meine Großmutter bedauert, dass sie sich nicht entschlossen hatte, noch einmal mit dem Medizinstudium zu beginnen und Ärztin zu werden. Aber Wygotski, den sie immer mit Namen und Vatersnamen ansprach – Lew Semjonowitsch –, blieb für sie die wichtigste Autorität in allem, was die Psychologie, vor allem die kindliche Psychologie betraf. »Lew Semjonowitsch hat gesagt …, Lew Semjonowitsch hat gemeint …«, das hörte ich von ihr seit Kindertagen, und natürlich verstand ich nicht, von wem die Großmutter sprach und was sie meinte. Aber ich erinnere mich gut, wie wir Mitte der 1950er Jahre seine Witwe besuchten. Sie wohnte in einem dunklen Zimmer im Keller eines Hauses, es war eine sehr ärmliche, fast elende Situation, die mich traurig stimmte.

Die Großmutter hat den Moment, als Wygotski weltberühmt wurde, leider nicht mehr erlebt. Seine Arbeiten zur Psychologie wurden herausgegeben und nachgedruckt und in viele Sprachen übersetzt, und seine wissenschaftlichen Ideen wurden unter seinen Schülern und Nachfolgern heftig diskutiert. Ich las Wygotskis Schriften erst nach dem Tod der Großmutter in den 1980er Jahren. Beeindruckt haben mich vor allem die Arbeiten, in denen er sich mit dem Problem der Erinnerung befasst. Und erst da begriff ich, warum Großmutter Wygotski so oft erwähnt und warum sie seine Gedanken und Ideen für so wichtig gehalten hatte.

Da die Pädologie nun kein Betätigungsfeld mehr bot, begann meine Großmutter 1936 als Redakteurin und Konsulentin bei

»Sojusdetfilm« zu arbeiten, einem neugegründeten Filmstudio für Kinderfilme.* Natürlich hatte sie während ihres Studiums ganz andere Vorstellungen von ihrer späteren Tätigkeit, aber sie erzählte immer sehr lebendig über ihre Arbeit. Sie war Redakteurin bei einigen Filmprojekten, die Motive bekannter russischer Märchen aufgriffen und zu Klassikern des sowjetischen Kinos werden sollten. Als ich klein war, wurden sie häufig im Fernsehen gezeigt.

Ganz besonders liebte ich die Erzählung der Großmutter, wie sie 1938 bei den Filmaufnahmen zu »Auf des Hechtes Geheiß« unter freiem Himmel ihren Drehplan dermaßen überzogen, dass aus dem Winter plötzlich Frühling geworden war. Der Held dieses Märchens ist der Bauernsohn Emelja, den man in seinem Dorf für einen Nichtsnutz hält, bis er im tiefsten Winter einen Zauberhecht aus einem Eisloch angelt, der ihm verspricht, seine Wünsche zu erfüllen, wenn er ihn nur freilässt. Er muss lediglich die Zauberworte aussprechen: »Auf des Hechtes Geheiß, es ist mein Wunsch ...«

Wegen des anbrechenden Frühlings mussten die Dreharbeiten unterbrochen werden, es drohten Unannehmlichkeiten und der Regisseur wusste nicht, was er tun sollte. Meine Großmutter hatte eine einfache Lösung parat. »Das ist doch ein Märchen«, sagte sie, »da kann doch alles Mögliche passieren. Soll unser Emelja sich einfach wünschen: »Auf des Hechtes Geheiß ist es mein Wunsch, dass sich der Winter in den Sommer wandelt. Und dann können wir wieder drehen!«

* Vorläufer von »Sojusdetfilm« war die deutsch-sowjetische Gesellschaft »Meschrabpom-Film« (gegründet 1923), die von 1928 bis 1936 viele bekannte Filme produzierte. 1934 war die Produktionsfirma in »Rot Front« umbenannt worden, deutsche Emigranten auf der Flucht vor den Nazis sollten hier tätig werden und den Film »Kämpfer« über den Reichstagsbrand drehen. Aber etliche der deutschen Mitwirkenden wurden noch während der Dreharbeiten verhaftet und fielen dem stalinschen Terror zum Opfer. 1936 wurde das Studio geschlossen und im gleichen Jahr unter »Sojusdetfilm« die neue Kinder- und Jugendfilmsparte ins Leben gerufen.

Tatsächlich wirkt diese Szene in dem Film, den ich als Kind viele Male gesehen habe, sehr eindrucksvoll: wie von Zauberhand verwandelt sich der tiefste Winter plötzlich in den Frühling, und dann sofort in den Sommer. Es wirkte so natürlich, weil sich in Russland ja jeder im Winter den Frühling herbeisehnt.

Es gab mehrere solcher Episoden aus der Zeit, als meine Großmutter beim Film arbeitete. Einige Dankesschreiben von damals sind erhalten geblieben, die ihr Mitarbeiter der Drehbuchabteilung schickten und in denen sie Großmutter »unsere Fee des Drehbuches« nannten. Das passte sehr gut, da sie ja tatsächlich an Inszenierungen von Märchen für Kinder beteiligt war.

Kurz nachdem sie angefangen hatte, beim Film zu arbeiten, schlug man ihr vor, der Partei beizutreten, ihre Arbeit galt als »mit der Ideologie« in Zusammenhang stehend, und die Parteimitgliedschaft hätte ihre Autorität gefestigt. Die Großmutter glaubte ohne Zweifel an die Sowjetmacht, andernfalls hätte sie nicht mit meinem Großvater leben können, aber jeder Dogmatismus und jeder Glaube an irgendeine abstrakte kommunistische Zukunft waren ihr fremd. Sie war bodenständig, tatkräftig und interessierte sich für die Menschen, vor allem für die Kinder, schließlich hatte sie nicht zufällig Kinderpsychologin werden wollen. Die Vorstellung, die Partei über alles andere stellen zu müssen, widersprach ihrem Charakter. (Unter den Briefen der Großmutter entdeckte ich einen von Rosa Thälmann, der Witwe Ernst Thälmanns aus dem Jahr 1957, wo diese ihr zum Tod des Großvaters kondoliert. Als Trost schrieb sie ihr: »Natürlich ist das ein schwerer Verlust, aber es bleibt Dir immer noch die Partei ...« Das war keine Heuchelei, so waren diese Leute einfach gestrickt. Der Großmutter allerdings musste ein solcher Brief absolut blödsinnig erscheinen.)

Gleichwohl war die Frage der Parteimitgliedschaft sehr wichtig und die Ablehnung hätte ihr jede Möglichkeit, beim Film aufzusteigen, genommen. Interessanterweise lehnte der Großvater ihren Beitritt zur Partei kategorisch ab. Die Großmutter war damals beinahe beleidigt, dachte er vielleicht, sie sei eine Kleinbürgerin, die der Parteimitgliedschaft nicht würdig war? Erst später verstand sie, warum er so sehr dagegen gewesen war. Der Große Terror stand Ende 1936 zwar noch bevor, aber endlose Säuberungen innerhalb der Partei hatte es bereits gegeben – Verurteilungen wegen verschiedener ideologischer Abweichungen. Die Repressionen gegen Parteimitglieder haben sich nach dem Mord an dem Leningrader Politbüromitglied Sergei Kirow im Winter 1934 rapide verstärkt und seitdem ein immer größeres Ausmaß angenommen. Der Mord an Kirow wurde nie ganz aufgeklärt, lieferte aber einen willkommenen Anlass für Säuberungsaktionen im Partei- und Staatsapparat.

Der Großvater selbst hatte keine Wahl, er war Parteifunktionär, aber er wollte die Großmutter aus allem heraushalten, was ihr und der ganzen Familie gefährlich werden könnte. Er hatte zweifellos Angst, dass sie wegen ihrer geradlinigen und offenen Art irgendetwas Unvorsichtiges sagen oder tun könnte; außerdem war er generell dagegen, dass sie »herausstach«. Später, 1938, schrieb sie in einem Brief an den Großvater in Kirowabad, dass die Mädchen nun schon groß seien (meine Mutter war damals elf, ihre Schwester 18 Jahre alt) und dass sie gerne mehr arbeiten und mit dem Kamerateam herumreisen würde. In seiner Antwort erklärte er ihr vorsichtig, aber sehr nachdrücklich, dass die Kinder sie bräuchten, dass man sie gerade jetzt nicht alleine lassen könne in dieser sehr angespannten und schwierigen Zeit.

Was für eine Zeit da längst angebrochen war, sah die Großmutter genau so klar wie der Großvater. Nachdem man ihn nach Kirowabad versetzt hatte und sie alleine mit den Kindern im Hotel »Lux« zurückgeblieben war, musste sie mit den schrecklichen und unerklärlichen Dingen, die um sie herum passierten, allein fertigwerden. Begonnen hatte diese schwierige Phase schon im Sommer 1937.

Die Großmutter verliert ihre Freundinnen

Die Großmutter gehörte zu den alteingesessenen Bewohnern des Hotels, sie kannte viele hier sehr gut, aber da sie keine Politemigrantin war, blieb sie eine Außenseiterin. Sie stand außerhalb der verschiedenen internen Konflikte unter den Emigranten, außerhalb der Intrigen, Beziehungskrisen und Betrügereien, außerhalb des Neides gegenüber jenen, die größere Zuteilungen erhielten. Was im »Lux« besonders schwer auf ihr lastete, war die unfreiwillige Isolation, die sie mit ihrer offenen fröhlichen Art zu durchbrechen suchte, was allerdings große Anstrengungen erforderte: denn niemand, nicht einmal die Schulfreundinnen meiner Mutter konnten zu Besuch kommen, ohne dass man zuvor einen speziellen Passierschein für sie angefordert hatte.

Die Großmutter hatte in der Komintern zwei enge Freundinnen, die beide Ende des Sommers 1937 Opfer der »polnischen Operation« wurden. Das war eine der weitgehendsten Operationen des Großen Terrors, die damals fast 140 000 Polen traf, die in der UdSSR lebten. Marylja Krajewskaja (polnisch: Kraewska), genauso alt wie die Großmutter, wurde kurz nach der Festnahme ihres Mannes verhaftet. Anton Krajewski war Leiter der Kaderabteilung des Exekutivkomitees der Komintern. Als man sie aus dem »Lux« abholte, war die Großmutter auf der Datscha, die sie in jenem Sommer gemeinsam mit ihrer anderen Freundin, Elena Antonowna Tautkaite gemietet hatte. Elena war eine litauische Kommunistin und die Witwe des sehr bekannten litauischen kommunistischen Funktionärs Vincas Mickevicius-Kapsukas. (Er war schon 1935 gestorben, und sehr bald schon sollte man einen solch ruhigen und friedlichen Tod als besonderes Glück betrachten.)

Marylja musste nach der Verhaftung ihres Mannes den Weg beschreiten, der den Frauen der »Volksfeinde« vorgeschrieben war. (Der Großvater sollte sich irren, die Parteilosigkeit half diesen Frauen nicht, die man nur deshalb in den GULAG schickte, weil sie Ehefrauen der »Volksfeinde« waren. Zwischen August 1937 und November 1938 kamen 20 000 Frauen wegen ihrer Ehemänner in Haft.)

Natürlich war Marylja von der Unschuld ihres Mannes überzeugt, Krajewski war schließlich einer der Führer der Komintern. Sie konnte sich nicht vorstellen, dass nicht nur sein Schicksal, sondern das Schicksal aller Polen in der Komintern von Stalin längst besiegelt worden war. In einem Brief aus dem August 1937 an die Mitarbeiter des NKWD wird klar und deutlich erklärt, dass Agenten des polnischen Generalstabes »schon längst die Führung der Kommunistischen Partei Polens und der polnischen Sektion der Komintern übernommen und sich in allen Bereichen des sowjetischen Staatsapparates breitgemacht haben; mit ihrer Hilfe wurden Tausende neue Agenten als Politemigranten aus Polen in die Sowjetunion geschickt, die ihrerseits wiederum eine Menge Spionage- und Sabotagegruppen gebildet haben«.

Die Vorbereitungen für die Verhaftung der polnischen Kommunisten und Politemigranten hatte Maryljas eigener Mann, Anton Krajewski, getroffen, der eine spezielle Kommission leitete und ab 1936 Listen aller verdächtigen Personen erstellt hatte. Er wurde selbst eines der ersten Opfer der »polnischen Operation«.

In ihren Erinnerungen aus den 1960er Jahren schreibt Marylja:

Einige Tage nach Wladeks Verhaftung [Krajewski hieß in Wirklichkeit mit Vornamen Wladislaw] ging ich zur Lubjanka [das Zentralgefängnis des NKWD in Moskau], um zu erfahren, wo Wladek ist und was ich ihm bringen könnte. An der Lubjanka standen lange Schlangen. Ich wartete von 7 Uhr früh bis 7 Uhr abends. Der Mitarbeiter des NKWD, an den ich mich wandte, sagte sehr grob, dass sie keine Auskünfte geben und keine Pakete annehmen würden, wo Wladek sei und was mit ihm passiert, würde mir niemand sagen, und ich solle sie nicht belästigen, sonst würde alles noch schlimmer werden. Solche Antworten erhielten alle ...

Man warf mich sofort aus der Akademie [sie arbeitete damals in der Militärakademie und leitete dort den Lehrstuhl für Fremdsprachen] hinaus, und ich lief durch Moskau auf der Suche nach Arbeit. Aber ich konnte keine Arbeit finden – sobald ich den Fragebogen ausgefüllt hatte, bekam ich eine Absage. Man nahm mich nicht einmal als Eisverkäuferin auf der Straße. Ich war in einem schrecklichen Zustand. Was ist mit Wladek, wo ist er? Diese Unklarheit über sein Schicksal brachte mich um. Ich wartete jede Nacht auf ihn, horchte nach seinen Schritten. Aber er kam nicht. [...]
Jede Nacht fuhren vor dem »Lux« Autos vor. Und dann waren im Korridor schwere Schritte zu hören. Vom Balkon aus sahen wir, wie sie unsere Genossen, unsere Freunde in die Autos zwangen. Und sie brachten sie weg – für immer. Und in der Früh gingen verweinte Frauen und Kinder durch die Korridore. Wir hatten alle Angst, Angst voreinander, Angst vor allem und vor allen.

Sehr bald wurde Marylja selbst aus dem »Lux« abgeholt. Sie schreibt:

20, 30 Minuten nachdem ich ins »Lux« gegangen war, kamen zwei Mitarbeiter des NKWD zu mir und sagten, dass sie noch eine Hausdurchsuchung machen müssten. Mit ihnen kam auch der Kommandant des »Lux« – Gurewitsch. Wie ich später erfuhr, wurde er bald nach mir ebenfalls verhaftet.
Nach einer sehr genauen Durchsuchung sagten sie mir, ich solle mich anziehen, ich würde mit ihnen zu einem Treffen mit Wladek fahren, ich solle nichts mitnehmen. Aber als ich schon hinausging, drückte mir Gurewitsch noch eine dünne Baumwolldecke in die Hand. Sie setzten mich ins Auto und einer der Mitarbeiter sagte mit zynischem Lächeln: »So, jetzt sind Sie verhaftet.«
Auf die Frage »Was wird jetzt mit den Kindern?« sagte er

grob: »Das geht Sie nichts an. Die Kinder der Volksfeinde erziehen jetzt wir!«

Ihre Kinder sollte Marylja erst 1945 – nach acht Jahren Lagerhaft – wiedersehen. Anton Krajewski wurde im September 1937 erschossen.

Fast zur gleichen Zeit wurde auch die zweite Freundin meiner Großmutter verhaftet. Elena Antonowna war einige Jahre älter als meine Großmutter, die über sie immer als eine der klügsten und stärksten Frauen sprach, die sie in ihrem Leben getroffen habe. Im Gegensatz zu Marylja wurde Elena nicht als Ehefrau verhaftet, sondern man beschuldigte sie selbst konterrevolutionärer, trotzkistischer Aktivitäten.

Am meisten belastete die Großmutter damals die Frage, was mit den Kindern ihrer Freundinnen geschehen sollte, die alleine zurückgeblieben waren. Sie konnte sie ja nicht zu sich nehmen und heimlich im »Lux« behalten, das war schließlich ein Wohnheim und keine normale Wohnung. Einige der älteren ließ sie vorübergehend außerhalb der Stadt bei einer ihrer Schwestern registrieren. Den jüngeren Kindern blieb mit viel Glück das Kinderheim erspart. Den kleinen Sohn Maryljas nahm die selbstlose Haushaltshilfe der Krajewskis, Marusja, mit in ihr Dorf, wo er bis zur Befreiung der Mutter aus dem Lager aufwuchs. Die jüngeren Kinder von Elena Antonowna nahm deren Schwester zu sich.

Großmutters Freundschaft zu Elena Antonowna sollte auch ihrer älteren Tochter Probleme bereiten. Um dem Komsomol, der Jugendorganisation der KPdSU beitreten zu können, brauchte man damals eine Empfehlung eines Parteimitgliedes. Für meine Tante hatte Elena Antonowna besagte Empfehlung abgegeben. Nun drohte der Schwester meiner Mutter der Ausschluss aus dem Komsomol, weil sie in Elena Antonowna nicht rechtzeitig den »Volksfeind« erkannt hatte. Aber meine Tante hatte Glück. Der

Sekretär des Komsomol verteidigte sie, bürgte für sie und überzeugte alle, dass man ihr vertrauen könne.

Ganz anders verhielt sich der Mann der älteren Schwester meiner Großmutter, der Professor für Marxismus-Leninismus war: Vor lauter Angst schrieb er selbst an seine Parteiorganisation, dass meine Großmutter ihn mit Elena Antonowna Tautkaite bekannt gemacht habe. Zum Glück hatte das keine Folgen, aber die Großmutter vergaß ihm diese Feigheit nie. Mir war er schon als Kind widerwärtig – ein typischer stalinscher Kleingeist und Anpasser.

Mitte der 1950er Jahre kehrte Marylja nach ihrer Rehabilitierung zurück nach Moskau. Ich kann mich erinnern, dass sie oft zu uns zu Besuch kam. Bei ihr hörte ich zum ersten Mal einen polnischen Akzent, mit dem sie immer noch sprach. Sie war stets sorgfältig gekleidet, gut frisiert und ging sehr aufrecht, trotz der Jahre im Lager. Sie war so, wie man sich eine richtige polnische Dame vorstellt – aber die Spuren ihrer einstigen Schönheit, die Großmutter so oft rühmte, waren in ihrem Gesicht nicht mehr zu finden. Später sollte ich lernen, anhand des Netzes von Falten in den Gesichtern jene zu erkennen, die lange im Norden in der Verbannung oder im GULAG gewesen waren, denn die Arbeit im Freien bei klirrendem Frost hinterließ auf der Haut sehr typische Spuren. Marylja mochte es nicht, über das Lager zu sprechen, aber die Großmutter kannte ihre GULAG-Geschichte sehr gut und erzählte manche Episoden.

Die ganze Tragik und die schrecklichen Verhältnisse in den verschiedenen Lagern, in denen sie gewesen war, begriff ich erst viel später, als ich ihre Erinnerungen las. Aber damals bewegte mich vor allem, dass sie fast zwei Jahre lang keine Nachricht von ihren Kindern erhalten hatte und nicht wusste, was mit ihnen geschehen war. Und dass man ihnen, den Frauen der »Volksfeinde« versprochen hatte, die Zeit im Lager zu verkürzen, wenn sie die Norm übererfüllten – bei der Arbeit in der Schneiderei, wo die Frauen Blusen, Kleider und Tischdecken mit Stickereien verzie-

Sommer 1938 am Schwarzen Meer – meine Großmutter, meine Mutter und meine Tante

ren sollten. Marylja fertigte in einem dunklen und kalten Raum bunte Blumen und andere Muster bis zum Umfallen an, um ihre Kinder schneller sehen zu können. Die Sache mit der Übererfüllung der Norm war natürlich nichts als eine Lüge. Marylja wurde noch viel tiefer in den Norden gebracht, nach Komi, wo das Lagerleben noch viel schwieriger war. Diese Stickereigeschichte merkte ich mir deshalb, weil ich solche bestickten Deckchen oder Kleidungsstücke oft sah – noch in den 1950er Jahren wurden sie getragen. Und jedes Mal musste ich bei ihrem Anblick daran denken, dass sie womöglich von Häftlingen gefertigt worden waren.

Elena Antonowna wurde wenige Monate nach ihrer Verhaftung im Winter 1937 erschossen. Die Großmutter sprach oft davon, was für ein kluger und bedeutender Mensch sie gewesen war, aber sie sprach nie darüber, wie entsetzlich die Ermittlungen gegen sie gewesen sein mussten. Nach Stalins Tod wurde ja schließlich bekannt, dass damals in den Gefängnissen des NKWD gefoltert wurde.

Bis zu den Massenverhaftungen mochte die Großmutter noch gedacht haben, dass die festgenommenen ausländischen Mitarbeiter der Komintern in irgendetwas verwickelt sein könnten, doch im Fall ihrer beiden Freundinnen war sie absolut von deren Unschuld überzeugt. Meine Mutter erinnerte sich an einen Urlaub am Schwarzen Meer im Sommer 1938; der Großvater war aus Kirowabad gekommen, doch die glücklichen Wochen wurden überschattet von den nächtlichen Gesprächen ihrer Eltern, die sie durch die dünne Trennwand hindurch hörte.

Die Großmutter wiederholte immer wieder, sie könne nicht glauben, dass derart der Partei ergebene Menschen plötzlich zu Feinden geworden sein sollten und spurlos in den Gefängnissen oder sonst wo verschwanden. Und dass sie nicht verstehe, was vor sich gehe und wem das nütze.

Der Großvater wiederum versuchte diese Verhaftungen als Fehler der Organe des NKWD in einer schwierigen internationalen Lage zu erklären; die Organe würden falschen Anzeigen aufsitzen. Selbst wenn er anders denken mochte (und nach dem Foto von 1938 zu urteilen, hatte auch er große Zweifel), versuchte er die Großmutter zu überzeugen, dass es sich genau so verhielt, weil jede andere Schlussfolgerung viel zu gefährlich gewesen wäre.

Dutzende Menschen, die im Hotel »Lux« verhaftet worden waren, verschwanden für immer, den wenigen, die nach Stalins Tod zurückkehrten, half mein Großvater, wieder in die Partei aufgenommen und rehabilitiert zu werden.

Seit jener dunklen Zeit verwendete meine Großmutter den immer gleichen Satz, wenn sie von jenen Jahren sprach: Welches Glück unsere Familie damals gehabt habe und dass es an ein Wunder grenzte, dass sie heil aus diesem Fleischwolf herausgekommen waren. Auch wenn ihnen ein glückliches Los beschieden war – die Großmutter konnte nie vergessen, was damals mit ihren Freunden und Nachbarn geschehen war. Meine gesamte Kindheit wurde begleitet von den Erzählungen über all diese Menschen und ihr Schicksal.

Die Folgen der Angst, der quälenden Fragen und der Verdrängung sollte ich viele Jahre später selbst deutlich sehen. In den 1990er Jahren fuhr ich oft nach Wien und besuchte eine Nachbarin der Großmutter aus dem »Lux«. Hilde Koplenig war die Frau des Vorsitzenden der Kommunistischen Partei Österreichs Johann (Hans) Koplenig, der ab 1935 Mitglied des Exekutivkomitees der Komintern war. Gegen Ende ihres Lebens verwechselte sie mich mit meiner Großmutter, versuchte mit mir russisch zu sprechen und wiederholte endlos immer den gleichen Satz: »Wir haben nichts gewusst!« Ein Außenstehender hätte nicht verstanden, was sie meint, aber ich wusste sehr gut, was sie zu sagen versuchte. Und sie rief ja nicht mich, sondern meine Großmutter als Zeugin dafür an, dass weder sie noch ihr Mann etwas davon wussten, dass man unschuldige Menschen verhaftet, gefoltert und ermordet hatte. Dieses nachdrückliche »Wir haben nichts gewusst« hieß natürlich eigentlich etwas ganz anderes: Sie hatten vieles gewusst und erahnt, aber sie hatten alles irgendwie zu erklären und zu rechtfertigen versucht – und das quälte sie ihr ganzes Leben lang.

Die Kinder der Komintern

Meine Mutter lebte von Geburt an im »Lux«. Und im Vergleich zu vielen Gleichaltrigen kann man sagen, dass sie eine glückliche Kindheit hatte. Die Eltern waren immer für sie da, auch wenn sie durch ihre Arbeit stark eingespannt waren. Vor allem der Großvater war abends fast nie da, er arbeitete nachts. Der gesamte

Parteiapparat passte sich Stalins Gewohnheit an: Der große »Führer« schlief nachts nicht. Und wenn meine Mutter in die Schule ging, schlief der Großvater noch, da er erst gegen Morgen nach Hause gekommen war. Aber er schaffte es trotzdem immer, über das Leben seiner Kinder Bescheid zu wissen und ihnen bester Freund, Ratgeber und Gesprächspartner zu sein.

Die Briefe seiner Töchter sind voll mit detaillierten Erzählungen darüber, womit sie sich gerade beschäftigten. Und sie fragten ihn darin um seinen Rat oder seine Meinung. Umgekehrt hielt ihr Vater viel von den Ansichten der Töchter. Die ältere Schwester meiner Mutter war von klein auf besonders selbstständig und entscheidungsfreudig. Im Sommer 1934, mit 13 Jahren, schrieb sie aus dem Pionierlager einen Brief an ihren Vater, und da sie wusste, dass er an einem Buch über die Schutzbündler arbeitete, gab sie ihm gleich einen klaren Auftrag mit auf den Weg: »Wie geht es mit Deinem Buch? Wird es interessant sein? Schreib es so, dass es auch für mich interessant ist! Einfach und mit kleinen Erzählungen über jeden Einzelnen, schreib nicht über viele – sondern über jeden Einzelnen konkret! Wähl das Interessanteste aus und schreib nicht allgemein.« Am Ende fügte sie immerhin noch hinzu: »Bitte sei nicht gekränkt, dass ich Dir etwas anordne.«

Das Buch wurde genau so, wie meine Tante es eingefordert hatte. Mit kleinen Erzählungen über jeden Teilnehmer des österreichischen Aufstandes im Februar 1934.

Die Eltern meiner Mutter – der Großvater mit seinem Verständnis und seinem Mitgefühl und die Großmutter mit ihrer Entscheidungsfreudigkeit, ihrer Energie und einer sehr viel kritischeren und fordernderen Beziehung zu ihren Töchtern – hatten Glück. Sie konnten für ihre Kinder da sein, während viele andere im »Lux« lange Zeit ohne Eltern blieben und vor allem, ohne zu wissen, wo diese waren. Einige kamen manchmal überraschend und für kurze Zeit zurück, verschwanden dann aber wieder, und niemand wusste, wohin und für wie lange, weil sie meistens mit falschen Papieren irgendwo in westlichen Ländern untertauchten. Die Kinder lebten bei Parteifreunden, bei Pflegeeltern oder im Komintern-Kinderheim in Iwanowo, 350 Kilometer von Moskau entfernt. In diesem Kinderheim lebten einige Jahre auch die Freunde meiner Mutter, Tanja und Wlad Pauker. Sie waren die Kinder der bekannten rumänischen Kommunistin Ana Pauker. Sie saß von 1935 an in einem rumänischen Gefängnis und kehrte erst kurz vor dem Krieg nach Moskau zurück.

Nach Iwanowo sollte auch die Freundin meiner Mutter Lisa Markstein, als deren Eltern Hilde und Hans Koplenig ein weiteres Mal aus Moskau wegmussten. Sie beschreibt ihr damaliges Leben alleine im »Lux«, sie war damals acht Jahre alt: »Hilde und Hans mussten wieder los. Bei aller Bitterkeit habe ich ihnen diesmal zu danken: sie gaben mich nicht ins Komintern-Kinderheim in Iwanowo … Die Entfernung wird nicht der Grund dafür gewesen sein, eher meine schlimmen Prager Kinderheim-Erfahrungen …«

Lisa blieb alleine im »Lux«, allerdings unter der Aufsicht der österreichischen Gruppe: »Nach gemachten Schulaufgaben zog ich durch die Gänge des Hauses und tat, was bei erwachsenen Lux-Bewohnern Usus war: klopfte an Türen, suchte mir Gesellschaft.«[2]

Unter solchen Umständen zerbrachen Ehen leicht, nicht alle ertrugen die Prüfungen, die ihnen die Emigration auferlegte. Ihre Kinder behandelten die Parteifunktionäre oft wie Erwachsene; sie betrachteten sie fast von Geburt an als Mitstreiter in ihrem Kampf. Und die meisten Kinder der Komintern fügten sich nicht nur in diese Situation, sondern sie waren überzeugt, dass ihre Eltern einen schweren, gefährlichen, aber zwingend notwendigen Kampf führten.

1934 war meine Mutter sieben Jahre alt, aber sie wusste schon, dass in Deutschland Faschismus herrschte, gegen den man kämpfen musste. Einmal sagte ihr eine ältere Freundin, dass sie in Moskau einen Ort gefunden habe, an dem Faschisten lebten. Die Mutter wollte ihr keinesfalls glauben – in unserem Land konnte es so etwas nicht geben! Die Freundin führte sie zur Leontjewski-Gasse auf der gegenüberliegenden Seite der Twerskaja-Straße, wo meine Mutter zu ihrem Entsetzen sah, dass nur zehn Gehminuten vom »Lux« entfernt tatsächlich Faschisten lebten – an dem Haus dort hing eine große Hakenkreuz-Fahne. Die Mutter konnte sich lange nicht beruhigen, mitten in Moskau, das wollte ihr nicht in den Kopf gehen. Dass sich in diesem Gebäude die deutsche Botschaft befand, die anlässlich irgendeines Feiertages die Fahne gehisst hatte, wusste sie damals nicht.

Als meine Mutter neun Jahre alt wurde, begann der Bürgerkrieg in Spanien. Sie fasste diesen Krieg als erste direkte Konfrontation mit dem Faschismus auf, woran ihr Vater ebenfalls seinen Anteil hatte, schließlich bereitete der ja die spanischen Piloten auf die Verteidigung des republikanischen Spaniens vor. Viele Kinder der Komintern verfolgten den Bürgerkrieg mit großer Anspannung. Lisa Markstein erinnerte sich später so daran:

> *Ich bastelte mir eine Wandzeitung. Genauer gesagt waren es Bilder aus Zeitungen und eine Karte der Fronten im Spanischen Bürgerkrieg. Als ich ein Lebensalter später zum ersten Mal in Spanien war, fuhr ich sozusagen durch meine Wandzeitung: Madrid und »No pasarán!« Die Parole meiner Generation; Guadalajara, Teruel, Almería, Valencia, Tarragona, Barcelona ...*[3]

Im Sommer auf der Datscha der Komintern spielten meine Mutter und Lisa nicht mit Puppen, sie spielten Soldaten, verteidigten die Grenze vor ausgedachten Feinden, die das Sowjetland überfallen wollten, wobei Lisa immer die Rolle des verwundeten Rotarmisten zufiel.

Meine Mutter war der Meinung, dass die besten Menschen um sie herum an den Kommunismus und die Sowjetmacht glaubten. Diejenigen, denen Politik gleichgültig war und die sich nur mit

Meine Mutter im Sommer 1938 in Abchasien und 1939 in der Schule beim Absolvieren des Pioniergrußes (Zweite von links)

dem Alltag befassten, schienen ihr kleingeistige Spießer zu sein. Sie war überzeugt, dass auch die Mehrheit in ihrer Schule und in ihrer Klasse genauso dachte und glaubte wie sie. Lernten dort nicht die Kinder der höchsten Parteifunktionäre, die Töchter Stalins und Molotows? (Wobei das für sie damals nichts Besonderes war.) Umso mehr, als meine Mutter in den Korridoren des »Lux« ständig Leute traf, die in ihren Ländern Chefs Kommunistischer Parteien waren.

Meine Großmutter sagte später oft im Spaß, dass diese beiden Swetlanas (Swetlana Stalina und Swetlana Molotowa) sehr nützlich für meine Mutter gewesen seien, die sich oft verspätete und natürlich keine Armbanduhr hatte. Sie gingen zu Fuß zur Schule, vom Kreml die Twerskaja hinauf, und wurden dabei von einem sehr langsam auf der Straße neben dem Gehsteig fahrenden Auto begleitet. Wenn meine Mutter morgens aus dem Fenster sah und feststellte, dass der Konvoi schon recht nah war, nahm sie die Beine unter den Arm, rannte hinunter und hinüber in die Schule, denn sie wusste, dass die beiden immer sehr pünktlich waren.

Meine Mutter war ihr ganzes Leben lang eine gute Sportlerin (ein Kennzeichen der neuen sowjetischen Generation), und wären da nicht ihr Charakter und ihre Gewohnheit gewesen, alles zu hinterfragen und an sich selbst zu zweifeln, hätte sie durchaus eine sportliche Karriere machen können. Wenn wir in meiner Kindheit ans Meer fuhren, gab es am ganzen Strand niemanden, der besser schwamm als meine Mutter. Das war schrecklich: Ich saß stundenlang am Strand und wartete darauf, dass sie zurückkam, denn sie schwamm immer so weit hinaus, dass es mir schien, als sei sie für immer hinter dem Horizont verschwunden. Sie war übrigens auch eine großartige Skilangläuferin. Das war vielleicht das einzige Menschliche an Walter Ulbricht, dass er den Kindern aus dem »Lux« in Kunzewo das Langlaufen beibrachte. (Sport war ihm schon immer sehr wichtig!) Und meine Mutter war seine beste Schülerin, was sie an uns weiterzugeben versuchte. Meine ganze Kindheit hindurch schleppte sie mich und meine Schwester trotz unserer (schwachen) Proteste zu kilometerlangen Skiwanderungen ins Umland von Moskau.

Ulbricht entsprach in den Augen meiner Mutter natürlich nicht einmal damals dem romantischen Bild eines revolutionären

Für meine Mutter ein Vergnügen, für mich ein Graus –
auf einer Skiwanderung im Winter 1958

Kämpfers, aber es gab andere, denen sie im »Lux« begegnete und die dieser Vorstellung deutlich näherkamen. Sie konnte sich ja nicht im Entferntesten vorstellen, was in der geheimen Komintern-Küche brodelte, dass sich darin stalinsche Intrigen, Machtkämpfe, Verrat an Freunden und Mitkämpfern abspielten. Und dass die berühmten Zeilen der Komintern-Hymne nach der Musik von Hanns Eisler einen schrecklichen doppelten Sinn im stalinschen Terror haben konnten: »Wir haben die Besten zu Grabe getragen, zerfetzt und zerschossen und blutig geschlagen. Von Mördern umstellt und ins Zuchthaus gesteckt …«

Von 1939 an war mein Großvater einer der engsten Mitarbeiter von Georgi Dimitrow, dem Generalsekretär der Komintern. Der Bulgare hatte 1923 einen Aufstand gegen die Regierung seiner Heimat organisiert und war nach dessen Niederschlagung ins Exil nach Österreich gegangen, wo er als politischer Instrukteur der Kommunistischen Internationale für die Balkanstaaten agierte. Weltweit bekannt wurde sein Name nach dem Leipziger Prozess, in dem er wegen des Reichstagsbrandes 1933 angeklagt worden war. Dimitrow stellte während des Prozesses mehrfach

Göring und Goebbels bloß – nicht nur ein persönlicher Sieg, sondern dadurch war er weltweit zum Symbol des antifaschistischen Widerstandes geworden. Er wurde freigesprochen und 1934 nach Moskau abgeschoben.

Dimitrow war offenbar nicht so ein Betonkopf wie Ulbricht, sondern den familiären Erinnerungen zufolge ein guter und ansprechender Mensch. Aber zu jener Zeit, als er die Komintern führte (von 1935 bis 1943), opferte er nicht nur seine Mitstreiter, darunter jene des Leipziger Prozesses, sondern bewilligte auch die Verhaftung vieler Kommunisten. Er betrieb eine harte stalinistische Politik, doch jeder, der sich jene Zeit nur ein bisschen vorstellen kann, wird verstehen, dass Dimitrow selbst sich in den Händen Stalins und vor eine tödliche Wahl gestellt wiederfand. Was in keiner Weise seine Verantwortung für das, was damals vor sich ging, mindert. Und die Tatsache, dass er von Natur aus ein verständnisvoller Mensch war, verstärkt nur das traurige Gefühl, das jene Rolle hervorruft, die er nach dem Jahr 1935 in der Geschichte spielte.

Manchmal allerdings passen das politische Profil und das Bild eines Menschen zusammen. Dmitri Manuilski war ein schlauer und harter stalinscher Apparatschik, der auch in der kindlichen Erinnerung meiner Mutter eine unangenehme Spur hinterließ. Im Juli 1941, schon nach Kriegsbeginn, fuhr sie auf die Komintern-Datscha in Kunzewo, um irgendwelche Dinge abzuholen. Und wie ihr das häufig passierte, verspätete sie sich und verpasste den Dienst-Autobus, der sie in die Stadt bringen sollte. Eine andere Möglichkeit, nach Moskau zu gelangen, gab es nicht. Meine Mutter konnte sich gut vorstellen, welche Sorgen sich die Großmutter machen und wie böse sie sein würde.

Plötzlich sah sie ein Auto mit Chauffeur, in das Manuilski einstieg, der auf dem Weg in die Stadt war. Sie rannte also zum Wagen, sie kannte ihn ja seit ihrer Kindheit: »Dmitri Sacharowitsch, nehmen Sie mich mit in die Stadt?«, bat meine Mutter.

»Hast du einen Passierschein?«, fragte er sie kalt. »Wenn du keinen Passierschein hast, dann kann ich dich nicht mitnehmen, dann musst du eben hier übernachten.« Das war natürlich Quatsch. Zwar bestand in Moskau zu jener Zeit bereits die Passierscheinpflicht, nicht aber für Kinder.

Im Endeffekt passierte nichts Schlimmes, meine Mutter übernachtete allein auf der Datscha und fuhr am nächsten Tag mit dem Autobus zurück, aber sie hat sich an diese Episode nicht zufällig immer wieder erinnert. Sie sagt mehr über den wahren Charakter dieses Menschen aus als die naive Erzählung von Marylja Krajewska. Nach der Verhaftung ihres Mannes hatte sie sich sofort an Manuilski gewandt, dessen Anordnungen Anton Krajewski als Zuständiger für die Kader der Komintern skrupulös ausgeführt hatte. In ihren Erinnerungen schreibt sie: »In der Früh kam ich zu Manuilski, er wohnte auch in Kunzewo. Ich erzählte ihm, was geschehen war. Er regte sich sehr auf und sagte zu mir: ›Ich fahre jetzt zu Jeschow.* Keine Angst, ich bin überzeugt, dass Wladek in einigen Tagen zurückkehrt.‹« Selbst viele Jahre später hatte Marylja immer noch nicht begriffen, dass diese Antwort eine reine Lüge und die Verhaftung ihres Mannes mit dem »sehr aufgeregten« Manuilski abgesprochen war.

Ob meine Mutter die Atmosphäre des Jahres 1937 im »Lux« gespürt hat? Sie selbst sah nur einmal, wie jemand verhaftet wurde. Das geschah ja meistens nachts, und zudem verschwanden die Komintern-Leute ständig »irgendwohin«. Es war nie klar, wohin genau. Es konnte sein, dass sie wieder zur Untergrundarbeit ins Ausland gefahren waren. Es konnte sein, dass sie einfach nur so im Land unterwegs waren. Es konnte sein, dass …

Bei jenem einen Mal wusste meine Mutter aber sofort, dass sie Zeugin einer Verhaftung geworden war: Mitarbeiter des NKWD zerrten einen ihr unbekannten Menschen in ein Auto, nicht an der belebten Gorki-Straße (so war die Twerskaja-Straße inzwischen

* Nikolai Jeschow (1895–1940) war Volkskommissar für innere Angelegenheiten der UdSSR und für die Umsetzung des Großen Terrors verantwortlich.

umbenannt worden), sondern um die Ecke in einer Gasse. Bis auf diese konkrete Episode erinnerte sie sich eher an die Atmosphäre. 1937 und 1938, als der Großvater nicht in Moskau war und die Großmutter oft bis spät arbeitete, harrte meine Mutter bis tief in die Nacht hinein auf der Treppe beim Aufzug aus und ging erst schlafen, wenn entweder ihre ältere Schwester oder die Großmutter nach Hause kamen. Und zwar nicht, weil sie Angst gehabt hätte vor dem Alleinsein, das wäre ja unsinnig gewesen in einem Wohnheim voller Leute. Sie hatte Angst, dass auch ihre Nächsten plötzlich verschwinden könnten, wie so viele andere Leute rundherum verschwunden waren. Fast jeden Morgen kamen in jenen Monaten Kinder in die Schule, deren Eltern man in der Nacht verhaftet hatte. Am meisten aber erschreckte meine Mutter die Erzählung einer Klassenkameradin, deren Vater 1939 aus dem Gefängnis entlassen worden war. (Das geschah in der kurzen Zwischenphase nach dem Ende des Großen Terrors, als man jene freiließ, die man noch nicht hatte verurteilen können.) Die Freundin meiner Mutter hatte gehört, wie ihr Vater nachts ihrer Mutter erzählte, dass man ihn im Gefängnis gefoltert hatte und dass dort alle geschlagen wurden. (So, wie er nach seiner Rückkehr aussah, konnte es daran keinen Zweifel geben.) Zu ihrem eigenen Erstaunen glaubte meine Mutter ihr sofort. Um sich das selbst erklären zu können, einigten sich beide Freundinnen darauf, dass eine Verschwörung innerhalb des NKWD im Gang sein musste, und wahrscheinlich Feinde, die die Menschen folterten, dorthinein gelangt waren.

Die Angst, die sich damals in den Menschen einnistete, verschwand nicht mehr. Das beweisen die Briefe meiner Mutter aus dem Pionierlager, wohin sie im Sommer 1940 fuhr. Während sie selbst jeden Tag schrieb, hatte sie eine Zeit lang keine Briefe von zu Hause bekommen, was vermutlich an der Post lag. In jedem ihrer Briefe fragt sie: »Warum schreibt Ihr mir nicht?« Für ein 13-jähriges Mädchen wäre das unter normalen Umständen ein ziemlich merkwürdiges Verhalten. (Ich erinnere mich noch gut daran, wie sehr meine Mutter in Sorge war, als ich in die Ferien fuhr und lange nicht schrieb.) Unter diesen Umständen war das jedoch etwas ganz anderes, die ausbleibenden Briefe schreckten sie sehr: »Heute ist der 8. und ich habe immer noch keinen Brief von Euch! Ich habe beschlossen: Wenn ich bis zum 10. von Euch keinen Brief bekommen habe, dann schicke ich ein Telegramm, denn ich beginne mir große Sorgen zu machen.«

Die Briefe kamen schließlich alle auf einmal – aber das ständige Bangen um die Nächsten blieb meiner Mutter für ihr ganzes Leben. Damit war sie nicht allein. Die Ängste, die die Kinder im »Lux« in jenen Jahren durchlebten, erwiesen sich auch bei anderen als sehr hartnäckig. Meine Tante, die zu Beginn des Großen Terrors 16 Jahre alt war, lebte danach ein langes und gutes Leben. Im Gegensatz zu meiner Mutter hatte sie eine sehr ausgeglichene Psyche, und um ihre unerschütterliche Ruhe ranken sich einige Familienlegenden. Mit 13 war sie einmal mit der Großmutter irgendwohin mit dem Zug gefahren. Bei einer Station stieg die Großmutter kurz aus. Als der Zug plötzlich wieder anfuhr, konnte sie gerade noch auf den letzten Waggon aufspringen. Sie brauchte ziemlich lange, bis sie sich zu ihrem Abteil durchgekämpft hatte. Als sie endlich dort angekommen war, sah sie, dass ihre Tochter noch immer ganz ruhig in ihrem Buch las. Es dauerte, bis sie die Lektüre beiseitelegte und zu ihrer keuchenden Mutter sagte: »Ich dachte mir schon, dass du den letzten Waggon noch erwischen würdest.«

Meine Tante sprach nie darüber, ob Angst sie gequält hatte, als im »Lux« rundherum die Eltern ihrer Freunde verhaftet wurden. Aber in den letzten Wochen vor ihrem Tod, als sie schon neunzig war, machten sich diese lange verdrängten Ängste plötzlich wieder bemerkbar. Sie war überzeugt, es kämen nicht Ärzte und Schwestern zu ihr, sondern Mitarbeiter des NKWD, die sie verhaften wollten.

Das Ende des »Lux«

Im Herbst 1941 wurde meine Familie zusammen mit den anderen Komintern-Mitarbeitern nach Ufa in Baschkirien evakuiert. Die Großmutter nahm auch die ältere Tochter Marylja Krajewskajas mit, die gerade ein Kind bekommen hatte. Ihr Mann, ein ehemaliger Schulkamerad, war an der Front, sie hatte niemanden. Der Vater erschossen, die Mutter im Lager. (Das Kind, ein Bub, war sehr schwach und es gelang leider nicht, ihn zu retten.)

Der Großvater kehrte schon im Frühjahr 1942 zurück nach Moskau, aber die Großmutter blieb mit meiner Mutter und ihrer Schwester noch fast ein Jahr in Ufa.

Es war eine schwere Zeit, sie lebten eng zusammengedrängt in einem kleinen Zimmer mit der sterbenden Schwiegermutter. Meine Mutter musste nach der Schule in einem Chemielaboratorium arbeiten, wo Vitamine hergestellt wurden, die an der Front dringend benötigt wurden. An schulfreien Tagen musste sie manchmal sogar zwölf Stunden arbeiten, während des Krieges war das nicht ungewöhnlich, auch Halbwüchsige wurden zur Arbeit gezwungen. Die ältere Schwester meiner Mutter machte einen Kurs als Krankenschwester und arbeitete danach in der neurochirurgischen Abteilung des Kriegsspitals, wo Soldaten mit schweren Kopf- und Gehirnverwundungen lagen. Jeden zweiten Tag hatte sie Nachtdienst. Im Herbst 1942 sollte sie eigentlich zur Armee einberufen werden. Aber in Ufa gab es eine Diphtherie-Epidemie, und meine Tante wurde tatsächlich einen Tag, bevor sie an die Front gehen sollte, krank. Infolge der Diphtherie stellte man ein Herzproblem bei ihr fest, und das rettete ihr mit Sicherheit das Leben, denn alle Krankenschwestern aus ihrem Spital, die man an die Front geschickt hatte, waren direkt nach Stalingrad gekommen.

Nach dem Weggang des Großvaters wünschten sich alle – die Großmutter, meine Mutter und meine Tante – nur noch, ebenfalls nach Moskau zurückzukönnen. Doch dafür bedurfte es einer offiziellen Aufforderung, und die zu erhalten stellte sich als sehr schwierig heraus. Der Großvater war kein besonders durchsetzungsfähiger Mensch, und es fiel ihm schwer, seine Chefs um irgendetwas zu bitten. Die Großmutter wiederum, die ihm in jedem Brief seine Tatenlosigkeit und Passivität vorwarf, hatte vermutlich keine Ahnung, wie schwer es war, die Erlaubnis zur Rückkehr aus der Evakuierung nach Moskau zu erhalten. Sogar Dimitrow war es nicht sofort gelungen, die Erlaubnis von Stalin zu erhalten, aus der Evakuierung nach Moskau zurückzukehren, zumal Stalin entschieden hatte, die Komintern aufzulösen. Er wollte den Alliierten beweisen, dass er nicht vorhatte, mit Hilfe der Komintern kommunistische Regime in Europa zu errichten. Was die Normalsterblichen betraf, so war die Hauptstadt für die Rückkehrwilligen faktisch gesperrt. Moskau war überfüllt mit Militärs. Hinzu kam, dass die Wohnungen der Evakuierten häufig von anderen Leuten übernommen worden waren.

Es sollte ein Jahr dauern, bis sie dem Großvater nach Moskau folgen konnten. Sie wohnten wieder im »Lux«, die Mutter ging wieder in ihre alte Schule, ihre ältere Schwester hatte inzwischen die Universität beendet und begann die Aspirantur. Anfang 1945 heiratete sie Peter Florin, den Sohn des deutschen Kommunisten Wilhelm Florin, einer ihrer Nachbarn im »Lux«. Und zum tiefen Bedauern der ganzen Familie folgte sie ihm 1946 nach Deutschland, in die zukünftige DDR.

Nach der Auflösung der Komintern 1943 wurde das Exekutivkomitee de facto zur außenpolitischen Abteilung des ZK der WKP (B) umgewandelt, die Dimitrow leitete. Und mein Großvater war sein Referent.

Als das Kriegsende näher rückte, kehrten die Komintern-Mitarbeiter, die den stalinschen Säuberungen entgangen waren, in ihre von den deutschen Besatzern befreiten Länder zurück. Der Sieg der UdSSR über Nazi-Deutschland gab ihnen Kraft und bewies, dass sie in den 1930er Jahren die richtige Seite gewählt hatten. Hitler war besiegt, wenn auch zu einem gewaltigen Preis, und damit waren in den Augen der Komintern-Mitglieder auch die Opfer des Stalin-Terrors der 1930er Jahre gerechtfertigt. Für viele Heimkehrer eröffnete sich jetzt ein weites politisches Betätigungsfeld. Aber fast alle waren gebrochen, litten unter der Angst, die sie vor und während des Krieges erlebt hatten. Unter Stalins Druck agierten sie weiter und errichteten jetzt bei sich in der Heimat kommunistische Regime, wobei sie ihrerseits auf die Mittel der Repressionen zurückgriffen. So war es in Ungarn und Rumänien, in Polen, der Tschechoslowakei und in Bulgarien – in ganz Osteuropa, das sich jetzt unter Stalins Einfluss befand.

Alle Ausländer verließen nach und nach das »Lux«, das Wohnheim der Komintern wurde aufgelöst, und es war unklar, wohin meine Familie übersiedeln sollte – die Wohnsituation hatte sich in Moskau nach dem Krieg noch verschlimmert. Dass es dann doch gelang, eine für jene Zeit große Wohnung im Zentrum in einer der Gassen des Altstadtviertels Arbat zugeteilt zu bekommen, war ein weiterer Glücksfall für unsere Familie. Die Wohnung in dem 1944 fertiggestellten Gebäude war eigentlich Dolores Ibaruri zugedacht, der Sekretärin der spanischen Kommunistischen Partei. Im Unterschied zu den anderen Komintern-Mitarbeitern konnten die Spanier ja nicht ins Land Francos zurückkehren. Zu unserem Glück gefiel ihr die Wohnung nicht, die dank der Fürsprache Dimitrows an meinen Großvater weitergegeben wurde. Eigene Möbel hatte meine Familie nicht, abgesehen von einer alten Anrichte mit geschnitzten Hasen auf den Türen und einem Klavier. Neue Möbel gab es nicht zu kaufen, und es hätte auch das Geld dafür gefehlt. Die Großmutter wusste wie immer einen Ausweg. Sie einigte sich mit dem Hausvorsteher des »Lux« und tauschte unser Klavier gegen Tische, Diwane und Sessel, die in ihren Zimmern gestanden und die sie viele Jahre lang genutzt hatten. So kam es, dass in unserer Wohnung Möbel mit kleinen Etiketten standen, auf denen geschrieben stand: »Lux, Wohnheim der Komintern«.

Der Umzug stellte sich als nicht gerade leicht heraus und dasselbe galt auch für den Abschied vom »Lux«. Meine Mutter fand, sie würden jetzt in irgendeinen »Hinterhof« übersiedeln, obwohl die neue Adresse viel näher zum Kreml lag. Aber das Haus stand nun mal in einer Gasse, nicht an einer Moskauer Hauptstraße.

Für meine Familie begann ein neues Leben. Mein Großvater ging im Herbst 1945 für zwei Jahre als Mitarbeiter Dimitrows nach Bulgarien, wo dieser ein Jahr später Ministerpräsident und Generalsekretär der Kommunistischen Partei wurde. Im Herbst 1947 kehrte der Großvater zurück – oder besser, man holte ihn zurück nach Moskau. In seiner Kaderakte vom November 1947 finden sich alle möglichen kompromittierenden Zeugnisse: Kontakte zur Opposition in den 1920er Jahren, Kontakte zu Volksfeinden und Agenten der deutschen Aufklärung in den 1930er Jahren, sogar seine »schwache politische Arbeit« während seiner Zeit unter den spanischen Piloten in Kirowabad wurde erwähnt. Der entscheidende Makel war aber offensichtlich, dass er ein Jude war. Denn zu dieser Zeit begann man, alle Juden aus dem Parteiapparat hinauszudrängen. Der Großvater wurde aus dem ZK zum Sowinformbüro SIB versetzt, der sowjetischen Nachrichtenagentur der Jahre 1941 bis 1961.

Dimitrow starb nach langer Krankheit 1949 in einem Sanatorium des ZK bei Moskau. (Nach seinem Tod und bis heute gibt es Gerüchte, dass er dem Kreml unbequem geworden war, weil er versucht hatte, sich dem jugoslawischen Führer Tito anzunähern, der für Stalin zum Staatsfeind Nummer eins geworden war.) Er wurde einbalsamiert, und um Michail Bulgakows Worte aus »Meister und Margarita« abzuwandeln, verdiente er sich lange keine Ruhe. Das Symbol dafür ist das marmorne Mausoleum, das man für ihn in Sofia errichtete und in dem seine sterblichen Überreste bis in die 1990er Jahre lagen. Als das Mausoleum 1999 abgerissen wurde, wurde er auf dem Zentralfriedhof von Sofia beigesetzt. Nur in Moskau steht noch bis heute nahe dem Kreml

Meine Mutter (links) mit Lisa Markstein und mir, 1952

sein Denkmal – wobei die Mehrheit der Vorübergehenden meiner Überzeugung nach keine Ahnung hat, wen dieses Denkmal verkörpert und warum es dort steht.

Für meine Mutter klang die Zeit im »Lux« lange nach. Es blieb nicht nur die lebenslange Freundschaft mit Lisa Markstein, die eine bekannte Slawistin und eine der Übersetzerinnen von Solschenizyn wurde.

Es blieb auch das, was den Kindern der Komintern quasi in die Wiege hineingelegt worden war. Sogar als sie schon längst alle ihren Glauben an kommunistische Illusionen verloren hatten, blieb das politische Denken, die Wahrnehmung von allem, was in ihrem Land vor sich ging und wie die Menschen davon betroffen waren, bestehen. Es bestimmte den Sinn ihres Lebens – und daran sollte sich bis zu ihrem Lebensende nichts ändern.

Mein Vater an der Südfront, 1943

3
Der Krieg meines Vaters

Die Deutschen waren ganz nah

Kinder glauben ja oft, dass alles, was vor ihrer Geburt passierte, sehr, sehr weit zurückliegt. Ich kam vier Jahre nach Kriegsende zur Welt, aber es schien mir immer, als sei der Krieg fernste Vergangenheit. Natürlich hörte ich immer wieder: Das war »vor dem Krieg«, »während des Krieges«, »während der Evakuierung«, »nach dem Krieg«. In den Familiengesprächen war der Krieg wie ein Fixpunkt, wie eine Art Wasserscheide, von der an sich das Leben radikal geändert hat. Für mich war das schwer nachvollziehbar, ich wuchs im Zentrum Moskaus auf und hier sah man keine äußeren Spuren des Krieges. Nur am Stadtrand konnte man zu Beginn der 1950er Jahre noch jede Menge deutscher Kriegsgefangener sehen, die auf dem Bau eingesetzt wurden. (Der Bezirk im Nord-Westen, in dem ich heute lebe, wurde nach dem Krieg von ihnen erbaut. Die Bewohner dieser »deutschen« Häuser kämpfen seit einigen Jahren verzweifelt gegen die Moskauer Behörden, die diese niedrigen, heimeligen Bauwerke mit ihren schönen Innenhöfen nach und nach abtragen lassen, um sie durch hässliche Hochhäuser zu ersetzen.)

Ein weiterer Fixpunkt in den Gesprächen der Erwachsenen waren »die Deutschen« (man sprach immer von »den Deutschen«). Meistens ging es darum, wie nahe die Deutschen im Herbst 1941 an Moskau herangekommen waren. Wenn wir zu unserer Datscha fuhren, die sich gerade einmal 30 Kilometer vom Zentrum der Stadt entfernt befindet, murmelte meine Großmutter oft mehr zu sich selbst als zu uns: »Noch ein paar Haltestellen mit dem Vorortzug weiter und dort standen schon die Deutschen.« Auch wenn ich mir das als Kind nur schwer vorstellen konnte, war es sehr beängstigend.

An den 16. Oktober 1941, als in Moskau der Belagerungszustand ausgerufen wurde, erinnern sich viele Zeitzeugen. Unter Stalin war es verboten, darüber zu sprechen, welche Panik damals in Moskau herrschte. Und auch später wollten die Mächtigen nicht daran erinnern, um das schöne Bild von der »heldenhaften Verteidigung Moskaus« nicht zu zerstören. Seit meiner Kindheit hörte ich die Erzählungen über das Chaos und darüber, dass die leitenden Parteifunktionäre einfach davongerannt waren und die Leute ihrem Schicksal überlassen hatten. Wer damals nicht mit der Fabrik, dem Institut oder irgendeiner anderen öffentlichen Einrichtung evakuiert wurde, konnte Moskau nicht verlassen, es sei denn zu Fuß. Die Metro arbeitete nicht mehr (was in Moskau undenkbar ist), über der Stadt hing dichter, schwarzer Rauch. Zusammen mit dem Schnee, der in diesem Jahr sehr früh fiel, rieselte auch Asche vom Himmel, denn in den verschiedenen staatlichen Einrichtungen wurden eilig Dokumente verbrannt. Später rankten sich darum viele Gerüchte. Es hieß, der NKWD habe in jenen Tagen die Geheimarchive verbrannt, auf dass niemand mehr die vielen und vor allem dunklen Geheimnisse würde lüften können. In den 1990er Jahren stellten die Historiker allerdings fest, dass in dieser Hinsicht nichts Wesentliches verbrannt worden war. Und schon gar nicht waren die Untersuchungsakten vernichtet worden, die die Aufschrift »Ewig aufbewahren« trugen.

Die ganze Stadt war in Aufruhr, Geschäfte wurden geplündert, Porträts von Lenin und Stalin verbrannt, es schien, als ob die eiserne Macht des Sowjetführers zerbreche, die auf Angst gegründet war – es waren schließlich erst drei Jahre seit dem Ende des Großen Terrors vergangen, einer Zeit, in der allein in Moskau mehr als 30 000 Menschen erschossen worden waren.

Die Familie meiner Mutter hat das Chaos nicht unmittelbar erlebt, sie war ja damals gemeinsam mit allen anderen Komintern-Mitarbeitern nach Ufa im Ural evakuiert worden. Aber meine zukünftige Schwiegermutter, die zu jener Zeit am Theaterinstitut studierte, musste in Moskau ausharren. Sie lebte in der Petrowka-Straße im Zentrum der Stadt und sie erzählte, wie an jenem 16. Oktober plötzlich aus allen Löchern Leute hervorkrochen, die hoffnungsvoll auf die Deutschen warteten. Und auch, dass einige Nachbarn plötzlich Juden schief ansahen.

Aber all diese Dinge konnte ich als Kind nicht wissen und selbst die Möglichkeit, dass Moskau dem Feind hätte übergeben werden können, erschien mir undenkbar. Genauso unvorstellbar war es für mich, dass man viele Gebäude im Zentrum der Stadt vermint haben könnte (was erst in den 1990er Jahren überhaupt bekannt wurde) und dass man diese in die Luft gesprengt hätte, falls die Deutschen Moskau eingenommen hätten – so wie die Hauptstraße Kiews, der Kreschtschatik, gesprengt wurde. Auch die Moskauer Metro sollte gesprengt werden. Wie sich herausstellte, waren direkt unter dem Hotel »Moskwa« am Manege-Platz, 300 Meter vom Kreml entfernt, Bomben platziert worden. Man hatte nach dem Krieg allerdings versäumt, sie wieder zu entfernen. Die Bomben wurden erst gefunden, als das Hotel 2006 abgerissen wurde. Das war für mich besonders schwer vorstellbar, weil ich in den 1980er Jahren im Friseurladen des Hotels »Moskwa« Kundin war. Man sitzt auf Tonnen Sprengstoff und lässt sich die Haare machen …

Wäre ich in Leningrad aufgewachsen, wo man die Einschusslöcher des Artilleriebeschusses und die Folgen der Blockade durch die Deutschen noch in den 1960er Jahren deutlich sehen konnte, wäre mir der Krieg sicher näher gewesen. Als ich mit zwölf Jahren zum ersten Mal nach Leningrad kam, war ich zutiefst beeindruckt von den immer noch gut lesbaren Aufschriften an den Häuserwänden: »Bei Beschuss ist diese Seite der Straße gefährlicher!« Oder wenn ich in Kiew groß geworden wäre, das die deutsche Besatzung und die Judenvernichtung in Babi Jar durchlebt und durchlitten hatte. Aber in Moskau schien Mitte der 1950er Jahre nichts mehr an den Krieg zu erinnern.

Ganz andere Erfahrungen machte ich, als ich 1961 mit meinen Eltern in die DDR fuhr. Es waren schon 16 Jahre seit Kriegsende vergangen, aber Ostberlin war noch immer voller Bombentrichter. Am meisten aber entsetzte mich Dresden. Bei uns zu Hause gab es ein Album aus den 1930er Jahren mit Fotos der Stadt, das uns irgendjemand geschenkt und das ich mir oft angesehen hatte. Aber als ich mit den Eltern von Ostberlin nach Dresden fuhr, war alles anders. Als wir den Bahnhof verließen, schien es mir, als seien wir in der Wüste gelandet. Diese schöne Stadt, die ich auf den Fotos gesehen hatte, war plötzlich nicht mehr da.

Die Hände meines Vaters

Dabei hatte ich die anschaulichsten Folgen des Krieges immer vor Augen: die Folgen der Verwundungen meines Vaters. Dass es Kriegsverletzungen waren, war mir aber lange nicht bewusst, denn ich war an die Hände meines Vaters gewöhnt, ich hatte ihn nie anders kennengelernt, vor seinen Verwundungen. Am linken Unterarm fehlte die Speiche, wodurch er insgesamt viel dünner war. An der rechten Hand fehlten einige Finger und ich kann nicht sagen, dass man das nicht bemerkte. Doch für mich war es nun einmal so. Seine Bücher und Artikel schrieb mein Vater mit zwei Fingern auf der Schreibmaschine. Aber einer »männlichen« körperlichen Arbeit konnte er nicht nachgehen. Wäre er von Natur aus ein handwerklich begabter Mensch gewesen, dann hätte er sich wahrscheinlich auch nach seiner Verwundung irgendwie zurechtgefunden. Doch er hatte die »untalentierten« Hände der jüdischen Talmudschüler und Bücherwürmer und nicht die der fähigen Handwerker.

Im sowjetischen Alltag versuchte man jede Art der Invalidität aus der Öffentlichkeit fernzuhalten. Allerdings war das nach dem Krieg schwer, denn es gab mehr als zwei Millionen Kriegsversehrte. Aus meiner Kindheit kenne ich den Anblick vieler Invaliden, die meisten hatten wesentlich schwerere Verstümmelungen als mein Vater. Mit leeren Ärmeln oder Hosenbeinen und auf Krücken gehend. Am erschreckendsten waren die sogenannten Samoware – so nannte man Invaliden, die beide Beine verloren hatten und sich auf hölzernen Wägelchen fortbewegten, indem sie sich mit den Händen vom Boden abstießen. An den Händen trugen sie dafür Gestelle, die wie hölzerne Bügeleisen aussahen. Ich sah sie in den Vorortszügen, sie fuhren durch die Höfe, sangen Lieder und bettelten. Sie tummelten sich vor allem auf den Märkten und Bahnhöfen oder neben Bierkneipen, betrieben Kleinsthandel oder warteten auf eine milde Gabe. Und dann verschwanden diese Menschen auf den Wägelchen und überhaupt alle bettelnden und obdachlosen Invaliden nach und nach. Natürlich wusste ich damals nicht, wohin sie verschwanden, und ich dachte auch nicht darüber nach. Später machten Gerüchte die Runde, dass man alle obdachlosen Invaliden – und die »Samowary« waren in der Regel obdachlos – in Heime auf Inseln verfrachtet habe, die nur schwer zu erreichen seien. Mit anderen Worten: man habe sie in die Verbannung geschickt.

So wie immer lag die Wahrheit in der Mitte. Tatsächlich wurden obdachlose Invaliden auf den Märkten und Bahnhöfen aufgegriffen und in Heime gebracht. 1951 wurde ein Regierungserlass »über die Mittel zum Kampf gegen gesellschaftsfeindliche, parasitäre Elemente« verabschiedet. In diesem Erlass wurde die Landstreicherei verboten: »Es ist vorgesehen, jene Personen in entlegene Regionen der UdSSR in die Verbannung zu schicken und in den Arbeitsprozess einzugliedern, die sich mit Bettelei beschäftigen, sich weigern, einer gesellschaftlich wichtigen Tätigkeit nachzugehen, und ein parasitäres Leben führen, und ebenso Landstreicher, die keiner bestimmten Tätigkeit nachgehen.«

Mit dieser drakonischen Maßnahme Stalins sollten die Städte gesäubert werden, damit nicht mehr sichtbar war, wie viele im Elend lebende Krüppel es fünf Jahre nach Kriegsende immer noch gab. Allerdings war es kaum möglich, die obdachlosen Invaliden »in den Arbeitsprozess einzugliedern«. Außerdem waren es so viele, dass Innenminister Kruglow noch 1954, drei Jahre nach Stalins Tod, an Chruschtschow meldete: »Das Innenministerium der UdSSR teilt mit: trotz der ergriffenen Maßnahmen zeigt sich in den großen Städten und den Industriezentren immer noch das Phänomen der Bettelei. In der zweiten Hälfte des Jahres 1951 wurden 107766 Personen festgenommen, 1952 waren es 156817, 1953 (waren es) 182342. 70 Prozent der Festgenommenen sind Kriegs- oder Arbeitsinvaliden.«

Kruglow als typischer stalinscher GULAG-Minister* schlug folgende für das damalige System übliche Strafmaßnahmen vor: »Um zu verhindern, dass Personen, die dort nicht leben wollen, Invaliden- und Altersheime verlassen und der Landstreicherei nachgehen, ist es sinnvoll, einen Teil dieser Heime in Heime geschlossenen Typs umzuwandeln.«

Dazu sollte es allerdings nicht mehr kommen. Die ersten Ausläufer des chruschtschowschen »Tauwetters« waren zu spüren und Kruglow wurde entlassen. Für obdachlose Invaliden blieb das Leben dennoch schwer. Selbst aus »normalen«, nicht geschlossenen Heimen wegzukommen war problematisch, die Lebensumstände dort waren hart, und außerhalb der Mauern gab es kaum Möglichkeiten, zu überleben. In den Zeitungen wurde über ihre Schicksale erst mit dem Beginn der Perestroika geschrieben.

* Sergej Kruglow (1907–1977) war von 1941 bis 1945 zuständig für das GULAG-System und in dieser Zeit auch für massive ethnische Säuberungen verantwortlich, vor allem in den kaukasischen Provinzen Tschetschenien und Inguschetien. 1944 war er an der Vorbereitung des »Katyn-Reports« des NKWD beteiligt, der die Hinrichtung von fast 4500 polnischen Kriegsgefangenen, vornehmlich Offizieren, der Wehrmacht zuschob. Die Tat gehörte zu einer Reihe von Massenmorden, die von Stalin befohlen und an zwei Orten in Russland und einem in der Ukraine umgesetzt wurden. Kruglow war einer der wenigen, die auch nach Stalins Tod Karriere machten. Unter Chruschtschow war er bis zu seiner Entlassung 1956 für zwei Jahre Leiter des Ministeriums für Innere Angelegenheiten.

Mein Vater hat nie über seine Verwundung gesprochen, und auch über »seinen« Krieg begann er erst in den letzten Jahren seines Lebens zu erzählen und zu schreiben. Bis dahin hatte ich nicht viel mehr gewusst, als dass er vor dem Krieg gerne Volleyball gespielt und sogar zur Schulmannschaft gehört hatte und dass ihm jetzt nur noch das Billardspiel geblieben sei: die zwei Finger, die er noch hatte, der Mittel- und der Zeigefinger genügten, um den Queue festzuhalten.

Es gibt eine Geschichte, die ich viele Jahre später hörte und die klarmacht, was es für meinen Vater bedeutet hatte, mit 19 Jahren Invalide zu sein: 1946 kam mein Vater – er studierte damals schon in Moskau an der Universität – in den Ferien zu seinen Eltern nach Kuibyschew (heute heißt die Stadt wieder wie vor der Revolution Samara). Zu jener Zeit fand dort gerade die sowjetische Volleyball-Meisterschaft statt und mein Vater ging zu einem der Matches. Der Schiedsrichter war ein ehemaliger Star des sowjetischen Volleyballs, den mein Vater gut kannte. An der Front hatte er beide Hände verloren, die Zeit als Spieler war vorbei. Nach seiner eigenen Verwundung hatte mein Vater viele Monate lang in verschiedenen Spitälern zugebracht, er hatte vieles gesehen, und auch nach dem Krieg gab es ringsum so viele Krüppel, dass man sich daran gewöhnt hatte. Aber als er diesen ehemaligen Volleyball-Star ohne Hände sah, brach er zusammen. Mein Vater ging mit einer Bekannten in ein Restaurant und betrank sich. Und da sah er plötzlich in dem Restaurant eine Gruppe von Deutschen: Sie waren – zumal für jemanden, der die sowjetische Nachkriegsarmut erleben musste – außerordentlich gut gekleidet, hatten mehrere Tische zusammengestellt, redeten laut und lachten. Dem Vater erschienen sie so gar nicht als Besiegte, sondern selbstbewusst und frech, beinahe zynisch in ihrem Benehmen nach diesem blutigen Krieg, in dem man sich als Todfeinde gegenübergestanden hatte. Er bekam einen richtigen Wutanfall und seine Begleiterin konnte ihn nur mit Mühe davon abhalten, für einen handfesten Skandal zu sorgen.

Später erfuhr der Vater, dass diese Deutschen Flugzeugingenieure waren: Am Stadtrand von Kuibyschew gab es eine große Fabrik, in der auch mein Großvater arbeitete.

Heute wissen wir, was die Deutschen dort machten. Natürlich waren sie nicht freiwillig in der UdSSR. Nach Kriegsende waren rund 2000 deutsche Ingenieure in die Sowjetunion gebracht und auf verschiedene Konstruktionsbüros verteilt worden. Die einen, die Raketenbauer, brachte man auf die Insel Gorodomlja im Seligersee, wo sie sich in vollkommener Isolation befanden. Andere, wie jene in Kuibyschew, unterlagen weniger der strengen Geheimhaltung und konnten sich in der Stadt frei bewegen. Die Männer, an deren Verhalten sich mein Vater so sehr gestört hatte, waren Spezialisten der Firma Henkel für turboreaktive Motoren.

Zu Beginn der 1990er Jahre zeichnete ich die Erinnerungen von Aldona Wolynskaja auf. Während des Krieges war sie zur Zwangsarbeit nach Deutschland verschleppt worden und nach der Befreiung als Dolmetscherin in einer operativen Gruppe des NKWD in der sowjetischen Besatzungszone tätig. Von ihr erfuhr ich, wie man damals die deutschen Ingenieure und Wissenschaftler in die Sowjetunion brachte. Und zwar vor allem aus Rostock, wo sich die Henkel-Werke befanden. Faktisch waren das Entführungen:

Man hat uns gesagt, dass auf Befehl Stalins eine Operation durchgeführt werde. Man brachte uns nach Halle, wo man uns in mehreren Wohnungen unterbrachte. Wir lebten da eine Woche, keiner wusste, was los war. Man brachte uns alle zum Flughafen und teilte uns in Gruppen ein. In jeder gab es einen Offizier und uns Dolmetscher, eine Einheit Soldaten und zwei Studebaker.*

* Vermutlich handelte es sich um Lkws der Baureihe US6, die von 1941 bis 1945 in den USA hergestellt wurden, von 1942 an auch in der Sowjetunion.

Man gab uns Karten, einen Reiseplan und wir fuhren sehr weit weg über Berlin nach Norden. Wir kamen spät am Abend an, gingen in irgendein Haus und dort war ein Deutscher mit seiner Frau und der Offizier übergab ihm eine vorgedruckte Erklärung: »Ich will freiwillig in die UdSSR ausreisen.« Der Offizier hielt die Pistole in die Höhe und sagte: »Unterschreib!« Und der Deutsche zitterte und unterschrieb.
In der Zwischenzeit luden die Soldaten die Habseligkeiten der Deutschen auf die zwei Studebaker. Und wir begriffen, dass das ein Ingenieur ist, den wir da wegbringen ... keiner wusste etwas davon, das war ein strenges Geheimnis.

Die deutschen Spezialisten konnten ihre Familien mitnehmen, sie wurden mit allem Notwendigen versorgt, aber in ihrer neuen »Heimat« befanden sie sich in einem Käfig (wenn auch in einem goldenen). Die letzten konnten erst nach Stalins Tod heimkehren.

Aber ich will hier nicht über die Deutschen sprechen, sondern über meinen Vater, der sich deshalb an diese Episode im Restaurant erinnerte, weil er selbst von seiner Reaktion so überrascht war. Er war ein ruhiger, liebenswürdiger und ausgeglichener Mensch und ich kann mich weder an einen Streit zu Hause erinnern noch an ein grobes Wort. So war er auch in der Arbeit und im Umgang mit Freunden.

Sein heftiger Ausbruch zeigte, wie viel Hass und Schmerz sich während des Krieges in ihm angesammelt hatte. Zwölf Jahre später war mein Vater zum ersten Mal in Ostberlin und sah, wie viele Menschen mit ordentlichen Prothesen oder in Rollstühlen es dort gab, ganz anders als bei uns. Das muss ihm einen zusätzlichen Stich versetzt haben. Bei der gleichen Reise kam er auch nach Stralsund und betrat zufällig eine kleine Kirche, in der an der Wand eine Tafel mit den Namen der örtlichen Gefallenen hing. Natürlich schaute er nach, wo und wann sie gefallen waren. Er las, dass einige an der Mius-Front im Donbass (Ukraine) gefallen waren und drei von ihnen am 27. August 1943, an jenem

Tag und genau an dem Ort, wo er selbst als Kommandeur einer Infanterieeinheit schwer verwundet wurde. Und auf einmal ertappte er sich bei einem merkwürdigen Gedanken: Diese Gefallenen und er, sie hatten an jenem Tag sehr wahrscheinlich aufeinander geschossen.

Mein Vater ist danach noch viele Male nach Ostdeutschland gereist, und jedes Mal, wenn er mit jemandem seines Alters bekannt gemacht wurde, versuchte er sich vorzustellen, was dieser Mensch während des Krieges gemacht, an welcher Front er gekämpft hatte. Das war eine weitere Kriegswunde. Und es brauchte viel Zeit, damit sie heilen konnte.

Mein Vater stammte aus einem ganz anderen Umfeld als meine Mutter. Seine Familie kam aus dem kleinbürgerlichen städtischen jüdischen Milieu von Jekaterinoslaw (später wurde die Stadt in Dnepropetrowsk umbenannt und heute heißt sie schlicht Dnipro). Eine ganz durchschnittliche jüdische Familie, ohne jede Parteizugehörigkeit, weit entfernt von der Politik. Die Familie meiner Großmutter väterlicherseits lebte bis 1917 in relativem Wohlstand. Fenja, wie meine Großmutter hieß, hielt ihre Ehe für eine Mesalliance. Ihr Mann Ilja war lediglich ein kleiner Mitarbeiter in der Materialwirtschaft einer großen Fabrik. Sie lebten sehr bescheiden, sie war Hausfrau und manchmal, wenn das Geld nicht reichte, arbeitete sie als Kassiererin. Darüber hinaus war meine Großmutter eine großartige Handarbeiterin, die Häkeldeckchen herstellte und sie in den schwierigen Jahren auch verkaufte – solange ihre Augen das zuließen, denn sie hatte Diabetes und sah schlecht.

Der 22. Juni 1941 sollte den Lebensweg meines Vaters entscheidend verändern. Eine Woche vor Kriegsbeginn hatte er die Schule mit dem Abitur abgeschlossen, aber er hatte schon lange zuvor seine Dokumente an die Kriegsmarineschule nach Leningrad geschickt, weil er fest entschlossen war, bei der Marine zu dienen. Später wurde er oft gefragt, ob er damit den Spuren seines älteren Bruders Daniil hatte folgen wollen, der zu dieser Zeit bei der Pazifikflotte diente. Aber alles kam ganz anders, das Schicksal wollte es wohl so.

Beide Söhne meiner Großmutter Fenja waren zu strenger Ordnung, eiserner Disziplin und äußerster Pflichterfüllung erzogen worden. Sie besaßen also all jene Eigenschaften, die erforderlich waren, um Berufssoldaten zu werden. Mein Onkel, ein groß gewachsener und kräftiger Mann, wollte anfangs jedoch weder zur Infanterie noch zur Flotte, sondern trat 1936 in das Metallurgieinstitut von Dnepropetrowsk ein. Aber schon 1937 wurde er zur Armee eingezogen und, ohne dass man ihn gefragt hätte, in besagte Kriegsmarineschule nach Leningrad geschickt, in die sein jüngerer Bruder, mein Vater, unbedingt eintreten wollte. Auf diese Art ersetzte die Militärführung die fehlenden Kader, die dem Großen Terror zum Opfer gefallen waren.

Ich weiß nicht, ob mein Onkel glücklich darüber war, dass man ihn zur Kriegsmarine gezwungen hatte, doch nach dem Krieg machte er eine damals für einen Juden in der Sowjetunion einmalige Karriere: Trotz dieses »schwarzen Flecks« in seinen Fragebogen (wegen seines Judentums wurde er nicht befördert) gelang es ihm schließlich, Konteradmiral zu werden, Chef der operativen Abteilung des Stabs der Nordflotte und damit eine der Schlüsselfiguren der einzigen sowjetischen Flotte, die eine strategische Bedeutung hatte. Auf Wikipedia kann man über ihn lesen: »Unter der Führung von Konteradmiral Daniil Schindel wurde die Taktik der Atom-U-Boote im Kriegsfall erarbeitet und erfolgreich unter dem Eis des Nördlichen Eisigen Ozeans getestet.«

Auf meine Schul- und später auf die Universitätsfreunde machte sein schwarzer Admiralsmantel (den trug er, wenn er aus Seweromorsk, dem Stützpunkt der sowjetischen Nordflotte, zu uns zu Besuch kam) einen unauslöschlichen Eindruck. Der Mantel hob sich deutlich von den zivilen Jacken und Mänteln ab, die sonst an unserer Garderobe hingen. Ganz zu schweigen

Mein Vater (links) mit seinem Bruder, 1945

davon, wie eindrucksvoll er selbst aussah in seiner Uniform mit all den Orden und Auszeichnungen. Er selbst mochte die Uniform nicht, und wann immer es ihm möglich war, legte er Zivilkleidung an.

In Gesprächen mit und Andeutungen gegenüber meinem Vater wurde offensichtlich, dass er der Flottenführung sehr skeptisch gegenüberstand und nicht nur dieser. Er wünsche keinem eine militärische Karriere, sagte er immer wieder, und er hatte nicht den leisesten Hang zu irgendeiner »Flottenromantik«. Aber ob das Leute wie er wollten oder nicht: Die sowjetische Kriegsmaschinerie funktionierte dank ihrer, dank ihres Pflichtbewusstseins und ihrer Arbeitsmoral. Das galt übrigens für das gesamte sowjetische System praktisch bis in die letzten Jahre seiner Existenz hinein.

Mein Onkel starb 1977, zerfressen vom Krebs. Bei seinem Begräbnis sagten hohe Militärs, in der heutigen Flotte seien Männer wie er eine Seltenheit. Ich denke oft an ihn, vor allem, wenn ich wieder einmal etwas Erschreckendes über die Atom-U-Boote höre oder wenn ich in der Tiefe meiner Rumpelkammer eine Schachtel mit seinen Orden und Auszeichnungen und seinem vergoldeten Admiralsdolch finde, die ich jetzt aufbewahre, weil sonst niemand mehr da ist.

Mein Vater bekam keinen Dolch, und 1941 wollte er keineswegs wegen seines älteren Bruders zur Flotte gehen. Im Gegensatz zu Onkel Daniil wollte er von klein auf Marineoffizier werden. Er verschlang alle Bücher über die Flotte und über Meeresreisen, und diese Liebe zum Meer, das er bis Kriegsbeginn genau einmal gesehen hatte, sollte ihm sein ganzes Leben lang erhalten bleiben. Wohin er auch reiste, wenn es einen Hafen gab, musste er dorthin gehen und die Schiffe und Jachten betrachten. Abgesehen vom üblichen »Jungentraum«, Abenteuer zu erleben, gab es bei ihm, wie bei so vielen Buben aus jüdischen Familien, noch den Traum von Berufen, die ihnen früher verwehrt geblieben waren und deshalb besonders romantisch erschienen: Piloten, Marineoffiziere ... Kein Jude hätte vor der Revolution in die höchste Marineschule des Landes eintreten können, in den berühmten Kadettenkorps, der noch unter Peter dem Großen gegründet worden war. Das wäre so unmöglich gewesen, wie auf den Mond zu gelangen.

Wenige Tage vor Kriegsausbruch erhielt der Vater zu seiner großen Freude die Nachricht, dass er in der Marineschule aufgenommen sei und nur noch die medizinische Untersuchung zu durchlaufen habe. Für den 23. Juni 1941 hatte er sich eine Fahrkarte nach Leningrad gekauft. Am Tag zuvor begleitete er früh am Morgen eine Schulfreundin zum Bahnhof, die zu ihrem Studium in einer anderen Stadt aufbrach. Noch am Bahnhof hörte er vom deutschen Überfall und zu Hause fand er seine weinende Mutter vor. Sie hatte zwar einen Hang zur Dramatik, woran sich mein Vater sein ganzes Leben lang störte, doch an diesem Tag waren ihre Tränen mehr als gerechtfertigt.

Mein Vater war keineswegs erstaunt über den Beginn des Krieges, er hatte ihn für unausweichlich gehalten. Wie damals viele Schüler seines Alters verfolgte er genau, was in der Welt vor sich ging, er las Zeitungen und hörte Radio. Der Hitler-Stalin-Pakt erschien ihm als Pakt auf Zeit, als eine Art zynische »Zwangsehe«. Hinter vorgehaltener Hand kursierte auch noch ein anderer Satz: »Aus solchen Ehen können auch Kinder entstehen …«

Vom ersten Tag des Krieges an war meinem Vater auch klar, dass es keinen schnellen Sieg geben würde, wie unsere Propaganda versicherte. Nur Idioten konnten das glauben, zumal, wenn sie sahen, wie sich die Landkarte Europas bereits verändert hatte. Abends hörte er im Radio Ausschnitte der Rede von Winston Churchill. Nach dem Zustandekommen des Hitler-Stalin-Pakts hatte die sowjetische Presse so bösartig über die »englischen Imperialisten« geschrieben, dass man den Eindruck hätte gewinnen können, als würde man gegen England Krieg führen. Nun übertrug man die Rede des Premiers, in der dieser klar und deutlich erklärte, dass die Briten fest an der Seite der UdSSR stehen würden, auch wenn man das kommunistische Regime nicht anerkannte. Auch heute noch hinterlässt Churchills Rede einen tiefen Eindruck:

Wir werden Russland und dem russischen Volk jede nur mögliche Hilfe zukommen lassen. Wir wenden uns an alle unsere Freunde und Verbündeten auf der ganzen Welt mit der Bitte, denselben Kurs einzuhalten und ihn ebenso unverbrüchlich bis zum Ende durchzuhalten, wie wir es tun werden. Wir haben der Regierung Sowjetrusslands jede technische und ökonomische Hilfe angeboten, die wir leisten können und die ihr notwendig erscheint. Wir werden Deutschland Tag und Nacht bombardieren in ansteigendem Maßstab, wir werden von Monat zu Monat immer schwerere Bomben auf sie abwerfen, damit das deutsche Volk gezwungen ist, seine monatliche scharfe Portion jenes Unheils zu schlucken, das es über die Menschheit gebracht hat.

Mein Vater war sehr erleichtert, aber er machte sich keine Illusionen über einen schnellen Sieg. Dennoch: Als er das Haus verließ, hätte er sich in seinen schlimmsten Träumen nicht vorstellen können, dass er nie mehr hierher zurückkehren würde. Dass Dnepropetrowsk, das so weit von der Grenze entfernt lag, schon bald bombardiert werden und die Deutschen in wenigen Wochen hier einmarschieren würden; dass um Leningrad schon im September ein Belagerungsring gezogen sein würde; dass er nicht auf See kämpfen würde, sondern bei der Infanterie in den Weiten des Landes und an der Front von Stalingrad. Und dass die Mitschülerin, die er zum Zug gebracht hatte, zur Zwangsarbeit nach Deutschland verschleppt und nie wieder in die Heimat zurückkehren sollte. So vieles, das dieser Krieg am Ende hervorbringen sollte, war unvorstellbar.

Der junge Mann muss zunehmen

Den halben Weg von Dnepropetrowsk nach Leningrad verbrachte mein Vater stehend. Die Waggons waren überfüllt mit Soldaten, die vorzeitig aus dem Urlaub zurückgerufen worden waren und eilig an die Front verlegt werden sollten. Als er auf dem Moskauer Bahnhof in Leningrad ankam, wo er zum ersten Mal in seinem Leben war, hatte er keine Ahnung, wie er von dort zur Marineschule kommen sollte. Er wandte sich an einen Milizionär und fragte: »Wie komme ich zum Leutnant-Schmidt-Kai?« Doch offensichtlich hatte man die Miliz bei Kriegsbeginn dazu aufgefordert, besonders aufmerksam zu sein, jeder konnte ein feindlicher Agent sein. Er musterte den 17-Jährigen streng und antwortete: »Die Miliz erteilt solche Auskünfte nicht!«

Verzweifelt irrte mein Vater umher, bis er endlich eine Straßenbahn mit dem Schild: »Moskauer Bahnhof – Leutnant-Schmidt-Kai« entdeckte. In der Marineschule wurde er untersucht und man stellte fest, dass er zwar gesund sei, aber zu mager für einen Kadetten, er müsse unbedingt an Gewicht zulegen. Mein Vater war tatsächlich sehr schlank, und zum Leidwesen meiner Großmutter aß er nie viel, was sie beinahe als Kränkung empfand. Doch die Ärzte waren zuversichtlich: »Macht nichts, einen Monat bei uns und er wird schon zunehmen – bei unserer Küche!«

Das war keineswegs ironisch gemeint, die Portionen waren groß bei der Flotte. Wie hätten sie wissen können, dass schon im Oktober infolge der Blockade Leningrads die Tagesration an Brot für Kadetten der Marineschule auf 300 Gramm pro Tag reduziert werden sollte und dass im November die Ration ein weiteres Mal verringert wurde. Die Versorgungslage in der ganzen Stadt war kritisch. Mein Vater, der es gewohnt war, wenig zu essen, litt nicht ganz so sehr unter dem Hunger wie seine neuen Kameraden. Und auch später an der Front, als es tagelang weder Essen noch Wasser gab, sondern nur Wodka und Salzheringe, hielt er das besser aus als manche anderen.

Bereits im August wurden die Kadetten vorübergehend aus der Schule genommen und als Marineinfanteristen nach Tallinn geschickt. Die Stadt und der Hafen standen unter starkem Artillerie-Beschuss, die baltische Flotte war im Hafen eingeschlossen und die Deutschen hatten Minenfelder gelegt und ihre Kampfschiffe in Stellung gebracht. Die Evakuierung von Tallinn in der Nacht vom 27. auf den 28. August 1941 kostete fast 25 000 Menschen das Leben. Zum Glück gelang es noch in letzter Minute, die jungen Marinesoldaten zu evakuieren. Sie wurden zurück nach Leningrad gebracht, wo am 8. September der Belagerungsring bis auf eine Verbindung über den Ladogasee geschlossen war. Als der See im Dezember zufror, marschierten die Kadetten 30 Kilometer bei schwerem Frost über den Eisweg nach Süden, vermutlich nach Kobona. Von dort schickte man sie alle in die Nähe von Astrachan an der Wolga, wo die kaspische Flotte der Kriegsmarine ihren Stützpunkt hatte.

Vater an der Marineschule in Leningrad, 1941

Bis zum Frühjahr 1942 wusste mein Vater nicht, was mit seinen Eltern geschehen war, ob sie noch lebten und ob es ihnen gelungen war, aus Dnepropetrowsk zu entkommen. Auch zum älteren Bruder, der im Fernen Osten diente, hatte er keinen Kontakt. Aber an einem Tag im Frühjahr, als mein Vater Wache schob, sah er plötzlich eine Gruppe von Offizieren. Unter ihnen entdeckte er seinen Bruder, den man zur Weiterbildung und Vorbereitung auf die Übernahme einer Kommandostelle hierher nach Astrachan geschickt hatte. Es war für meinen Vater einer der glücklichsten Tage während des Krieges, zumal er von seinem Bruder erfuhr, dass die Eltern am Leben waren und mit den anderen Mitarbeitern der Flugzeugfabrik, in der mein Großvater arbeitete, nach Kuibyschew evakuiert worden waren.

Mein Onkel hatte früh erfahren, dass die jungen Kadetten keinen weiteren Unterricht mehr erhalten würden, sondern bald als Teil der Marineinfanterie an die Front geschickt werden sollten. (Später soll dieser Jahrgang die »Stalingrader« genannt werden, weil fast alle Kadetten vor Stalingrad ums Leben kamen). Er wusste, dass sein Bruder wenig Chancen haben würde, am Leben zu bleiben, und vereinbarte daher vor seiner Abreise mit der Führung der Schule die Versetzung meines Vaters in die Hydrografische Abteilung. Die sollte von Astrachan nach Baku, ins Hinterland, verlegt werden. Aber mein Vater lehnte ab: Das wolle er nicht, alle seine Kameraden würden an die Front gehen und er solle kneifen und sich im Hinterland hinter einem Schreibtisch verstecken? Es gelang meinem Onkel nicht, ihn umzustimmen.

Vor seiner Rückkehr nach Wladiwostok fragte er meinen Vater, was er ihm zum Abschied schenken könne. Mein Vater bat ihn – und das passte so gar nicht zu seinem Charakter (andererseits: woher soll ich wissen, wie er mit 18 Jahren war? Nach dem Krieg legte er keinen von seinen Orden und keine seiner Medaillen je an) – um das Fallschirmspringerabzeichen. Das wurde vor dem Krieg jenen verliehen, die einige Sprünge erfolgreich absolviert hatten, und von den Ausgezeichneten mit Stolz getragen. Natürlich kam der ältere Bruder dem Wunsch des jüngeren nach und heftete das Abzeichen gleich an dessen Brust. Ein Geschenk, das Folgen haben sollte.

Aus Kadetten werden Leutnants

Der deutsche Vormarsch des Sommers 1942 erreichte bald die Wolga. Aus den Marineinfanteristen, meinem Vater und seinen Kameraden, wurden schnell Infanterieleutnants gemacht. Schon im August kommandierte mein Vater eine Kompanie, die vor Stalingrad kämpfte. Ich besitze immer noch sein Leutnantsbuch, das ihm nach seiner Ernennung überreicht wurde. Darin wird aufgelistet, was ihm an Ausrüstung und Bewaffnung zustand und was ihm von all dem ausgehändigt wurde: ein Gewehr, eine Feldflasche und eine Uniform aus Baumwolle – mehr hatte die Armee nicht.

Die folgenden Monate waren in der Erinnerung meines Vaters die schwersten während des Krieges. Viele Jahre später schrieb er:

Es war dunkel in unserer Seele – warum kämpften wir auf diese Art? An der Front ging es immer schlechter, eine Niederlage folgte der nächsten. Unser Angriff auf Charkow endete in einer Katastrophe, die Krim ging verloren, die Deutschen drangen bis Woronesch vor, marschierten Richtung Stalingrad und in den Kaukasus. Es war klar, dass wir am Ende angekommen waren, am Punkt, wo es nicht weitergehen konnte. Dieses Gefühl hatte nicht nur ich, so ging es allen meinen Kameraden. Viele verstanden und fühlten, dass wir uns um jeden Preis aus diesem Loch herauskämpfen mussten, in dem wir uns befanden, sonst würde es nur Tod und Zusammenbruch geben.

Eine seiner schlimmsten Erinnerungen des Sommers 1942 war die folgende: Hunderte Menschen – Frauen, Kinder und hilflose Alte – waren am Kai von Astrachan zusammengekommen, in der Hoffnung, über das Kaspische Meer nach Baku oder Krasnowodsk entkommen zu können: »In ihren Augen Hoffnungslosigkeit und Unglück, viele mussten offensichtlich nicht das erste Mal aus einer Stadt fliehen. Würden sie auf eine Fähre gelangen können und wenn ja, was würde geschehen? Die Deutschen warfen Bomben ab, der Himmel war tagelang durch dicken schwarzen Rauch verdunkelt, es war schwer, das anzusehen. Wir waren jung, hatten Waffen, aber sie, was konnten sie tun?«

Ich zweifle nicht daran, dass mein Vater, wenn er nicht verwundet worden wäre, weitergekämpft hätte und bis nach Deutschland gekommen wäre, dass er sich den deutschen Zivilisten gegenüber, den Frauen und Kindern, mitleidig verhalten und Vergewaltigung und Raub verurteilt hätte. Als ich noch zur Schule ging, erzählte er mir, weshalb Lew Kopelew (den ich gut kannte, er war ja mit meinen Eltern befreundet) 1945 verhaftet worden war. Er hatte während des Vormarsches der Roten Armee unzählige Gräueltaten erlebt, vor allem gegen die Zivilbevölkerung in Ostpreußen. Als er für einen humaneren Umgang plädierte, wurde er angezeigt und wegen »Propagierung des bürgerlichen Humanismus und Mitleid mit dem Feind« zu zehn Jahren Lagerhaft verurteilt. Diesen Mut, sich für die Zivilbevölkerung einzusetzen, rechnete mein Vater Kopelew hoch an.

Aber als mein Vater 2002 das auf Russisch erschienene Buch »Im Krebsgang« von Günter Grass las und sogar einen Artikel darüber schrieb, sagte er zu mir: »Die Deutschen tun sich selbst leid und beginnen, immer mehr über ihr eigenes Schicksal während des Krieges zu sprechen, über Flucht und Bombentod. Und da muss ich an die Wolga 1942 denken – auch wenn mir dieses Aufrechnen eigentlich zuwider ist –, daran, wie die deutschen Flieger im Tiefflug auf die Flüchtlinge schossen, auf Frauen und Kinder, die versuchten, ans rettende Ufer zu gelangen!«

Im Herbst 1942 kämpfte mein Vater in der kalmückischen Steppe, es schien ihm, als hätten die Deutschen sie schon bis ans Ende der Welt getrieben. Eines Tages wurde der Vater in den Divisionsstab vorgeladen, was erstaunlich war, weil er bis dahin während des gesamten Krieges höchstens zwei- oder dreimal einen höheren Offizier als einen Major zu Gesicht bekommen hatte. Im Stab erklärte man ihm, er sei der Einzige in der Division, der ein Fallschirmspringerabzeichen besitze, weshalb er hinter den deutschen Linien abspringen müsse. Einer der Stabsoffiziere hatte beim Kartenstudium entdeckt, dass es hinter den deutschen Linien eine intakte Brücke gab, die von »strategischer Bedeutung« sein könnte. Es gab keinen Ausweg, mein Vater konnte ja nicht zugeben, dass sein Bruder ihm das Abzeichen geschenkt hatte. Also bereitete man ihn vor: Man gab ihm in Zeitungspapier eingewickelten Sprengstoff, an dem ein großer Wecker befestigt war, und setzte ihn in ein kleines Flugzeug.

Während des Fluges musste mein Vater an ein Plakat denken,

das er zu Beginn des Krieges irgendwo gesehen hatte: Ein deutscher Saboteur springt aus einem Flugzeug ab und wird bei der Landung von einem Rotarmisten mit dem Bajonett aufgespießt. Der Pilot flog die Brücke an und mein Vater sprang zum ersten Mal in seinem Leben mit dem Fallschirm ab. Und sah noch während des Fluges, dass die Brücke zwar da war, doch der Fluss längst ausgetrocknet. Die ganze Aktion hatte also nicht den geringsten Sinn. Aber Befehl war Befehl: Mein Vater befestigte den Sprengstoff unter der Brücke, zog den Wecker auf und versuchte, sich zu seinen Kameraden durchzuschlagen. Allerdings verirrte er sich und landete bei einer anderen Einheit der Roten Armee, wo man lange klärte, ob er nicht vielleicht ein deutscher Spion war. Am Ende ging alles gut aus, aber die Geschichte hätte auch einen anderen Ausgang nehmen können.

Verwundet an beiden Händen

Im Sommer 1942 erhielt mein Vater endlich Post von seinen Eltern. Die Großmutter machte sich Sorgen, dass er sich womöglich zu oft verkühlte. In seiner Kindheit hatte er oft Angina gehabt. Er antwortete zurückhaltend, verschwieg einige kleinere Verletzungen und war tatsächlich nie krank. An der Front musste er mehrfach durch das eiskalte Wasser von Flüssen und Bächen waten und nie bekam er auch nur einen leichten Schnupfen. Einmal zog er sich eine Gehirnerschütterung zu, weil er mit seiner neuen Uniformjacke, die er endlich bekommen hatte, nicht in den schmutzigen Schützengraben springen wollte, als der Artilleriebeschuss begann. Fast zwei Wochen konnte er nicht sprechen, doch dann kehrte er zu seiner Einheit zurück und wurde zum Kommandanten einer Aufklärungskompanie der Infanterie ernannt.

Es hat mich immer erstaunt, wie wenig er jenen heldenhaften Aufklärern ähnelte, die sie uns in den sowjetischen Kriegsfilmen zeigten. Wenn die Autoren das besondere Heldentum ihrer Hauptfigur unterstreichen wollten, hieß es immer: »Er hat den ganzen Krieg durchgemacht!« Aber mein Vater sagte immer, dass das bei der Infanterie praktisch unmöglich gewesen sei.

Viele Infanteristen starben schon im ersten Kampf. Und wer den überlebt hatte, wurde im dritten oder vierten Kampf von Kugeln oder Splittern verletzt. »Langzeitüberlebende« gab es in der Kompanie höchstens sechs oder sieben, nicht mehr. Selbst die, die schon mehrere Monate kämpften, wussten, dass sie früher oder später verletzt oder getötet würden. »So schwer es auch fällt, das laut zu sagen: Wir Infanteristen waren sehr oft einfach nur Kanonenfutter. Im Sommer 1943, als wir eineinhalb Monate lang versuchten, die verfluchte Anhöhe von Sawur-Mohyla zu erobern, wurde meine Kompanie dreimal aufgefüllt, aber nach einer neuerlichen Attacke blieben nicht mehr als zwanzig Mann übrig«, schrieb mein Vater viele Jahre später.

Der Tod war allgegenwärtig, die Soldaten lebten von Tag zu Tag, von Stunde zu Stunde, von Minute zu Minute. Mein Vater, der immerhin eineinhalb Jahre an der Front kämpfte, hielt sich immer für einen großen Glückspilz, weil er die Einsätze so lange überlebt hatte.

Viele Jahre später, ich war schon erwachsen, fragte ich meinen Vater einmal, was für ihn an der Front das Schwierigste gewesen sei. So wie viele Frontkämpfer erzählte er nämlich nie schreckliche Dinge, sondern nur komische Episoden, wie die von seinem Fallschirmsprung. Er sagte, das Schwierigste sei gewesen, einen aus seiner Sicht sinnlosen Befehl ausführen zu müssen und so viele seiner Kameraden in den sicheren Tod schicken zu müssen. Die Militärführung habe oftmals ohne Rücksicht auf menschliche Verluste agiert.

Ich glaube, dass das meinen Vater sein ganzes Leben lang beschäftigt hat. In seinen letzten Jahren, als er endlich begann zu erzählen und sogar kurze Episoden aus dem Krieg niederschrieb, unterstrich er immer wieder, wie gefährlich sentimentale Erinnerungen seien, mit denen man die bittere und harte Realität zu beschönigen versuche. Er schrieb:

> *Ich weiß nicht, was für eine Art von Kommandant ich mit 18 Jahren sein konnte, wo die meisten Soldaten älter waren als ich, manche sogar doppelt so alt. Ich glaube, ich versuchte, nicht feige zu sein. Sofern es möglich war – und sehr viele Möglichkeiten gab es nicht –, versuchte ich, die Soldaten zu schützen und gerecht zu sein. Ob mir das gelungen ist, wage ich nicht zu sagen, ich weiß nicht, wie mich die Soldaten beurteilten, wie sie mich sahen. Die Beziehungen waren ja mehr als einfach: Ich befahl, nachdem ich selbst einen Befehl erhalten hatte, und sie führten ihn aus, das war's!*

Die größte Angst hatte er, so wie viele seiner Kameraden, nicht vor dem Tod, sondern davor, in Gefangenschaft zu geraten. Eine Gefangennahme war in jeder Hinsicht schrecklich, aber für meinen Vater als Juden wäre sie tödlich gewesen. Noch Jahre nach dem Krieg quälte ihn ein schrecklicher Albtraum, in dem er von den Deutschen gefangen genommen wurde.

Die Versuche der sowjetischen Armee, die Anhöhe von Sawur-Mohyla im Donbass im Sturm zu nehmen, führte zu schweren Verlusten. Sogar zu Sowjetzeiten wurde die Zahl der Toten bei diesen Kämpfen mit einigen Zehntausenden angegeben, obwohl man sonst die Opfer unter den Rotarmisten gerne etwas beschönigte. Die deutschen Stellungen wurden beschossen, aber es gelang nicht, sie auszuheben. Die Deutschen warfen Flugblätter ab: »Uns Sawur, und euch die Gräber!«* Erst, als der Wehrmacht die Einkesselung drohte und sie den Rückzug antrat, konnten die Höhen eingenommen werden.

* Unübersetzbares Wortspiel: Die etwa 280 Meter hohe Anhöhe ist ein alter Grabhügel, ein sogenannter Kurghan. »Mohyla« heißt Grab auf Russisch, »Sawur« bezieht sich auf die Form der Anhöhe, die einem Pferderücken ähnelt.

1967 wurde dort ein für die damalige Zeit typisches monumentales Denkmal errichtet. Es wurde im August 2014 zerstört, als genau 73 Jahre später wieder mit schweren Verlusten um diese Höhen gekämpft wurde: auf der einen Seite die ukrainischen Einheiten, auf der anderen die Separatisten, unterstützt von der russischen Armee.

Als ich die ersten Meldungen von diesen Kämpfen erhielt und Aufnahmen im Internet sah, dachte ich sofort an die Erzählungen meines Vaters über diese verfluchte Anhöhe und wie viele Soldaten bei den sinnlosen Vorstößen gestorben waren. Ich bin mir sicher, mein Vater hätte sich nie vorstellen können, dass eines Tages Russland faktisch in der Ostukraine Krieg führt und ausgerechnet Deutschland sich darum bemüht, den Frieden wiederherzustellen.

Mein Vater starb im Januar 2010, schon nach den Tschetschenien-Kriegen und dem russischen Überfall auf Georgien. Er starb mit schwerem Herzen, auch wegen Putins Herrschaft. Nach seinem Tod verging kein Tag, an dem ich nicht an ihn dachte und mich fragte, wie er dieses oder jenes Ereignis beurteilen würde. Aber wie bitter sein Tod auch war, ich war sehr erleichtert, dass mein Vater 2014 nicht mehr lebte, als in den Nachrichtensendungen von den Kämpfen um die Sawur-Mohyla-Anhöhe berichtet wurde.

Am 27. August 1943 wurde mein Vater schwer verletzt. Aber er hatte Glück: Er blieb am Leben und damit war der Krieg für ihn zu Ende. Er schrieb darüber:

*Drei Kugeln, eine normale und zwei explosive**. *Wir waren sehr nahe bei den deutschen Schützengräben – vielleicht hundert Meter trennten uns noch, nicht mehr. Der Deutsche hatte offenbar auf meinen Kopf gezielt, mich aber verfehlt. Ich kam*

* Munition mit besonderer Durchschlagskraft

davon und wurde zum Sanitätspunkt gebracht und dort ging alles seinen vorgeschriebenen Gang: zuerst ins Feldlazarett, wo operiert wurde. Dann stellte man aus Güterwaggons einen Sanitätszug zusammen, der uns ins Frontspital nach Stalingrad bringen sollte. Die Beladung des Zuges ging sehr langsam, ich lag im Schatten auf einer Tragbahre und fühlte mich schrecklich. Der Blutverlust war groß gewesen, die Wunden schmerzten und ich fühlte mich völlig hilflos – konnte nicht rauchen und nicht einmal die Fliegen verjagen.

In Stalingrad kam mein Vater in die Abteilung für Schwerverletzte. Die Wunden begannen zu eitern, die Schmerzen wurden unerträglich. Im Nachbarbett lag ein Soldat, der laut stöhnte und manchmal schrie. Aber keiner hatte Mitleid, es ging allen schlecht. Ein anderer Verwundeter, der am ganzen Körper verbunden war, herrschte ihn voller Unmut an: »Was schreist du denn? Geh wie ein Mann!«

Wenn er später an diese Zeit zurückdachte, zitierte mein Vater oft die folgenden Zeilen aus einem Gedicht des Poeten Konstantin Lewin, eines Kriegsinvaliden, der lange Zeit nicht gedruckt wurde und den mein Vater vermutlich als Erster in einem seiner Artikel veröffentlichte:

Alle mit zerrissenen Nerven,
in der Hand der Ärzte.
Wir verließen uns nur aufs Morphium
oder allerhöchstens – auf Brom.
Aber für die Toten unter uns
gab es nur die Erde.

Im Stalingrader Lazarett diktierte mein Vater ein Telegramm an seine Eltern, das in unserem Familienarchiv erhalten geblieben ist: »Verwundet an beiden Händen.« Dieses Mal konnte er die Verletzung nicht mehr verschweigen.

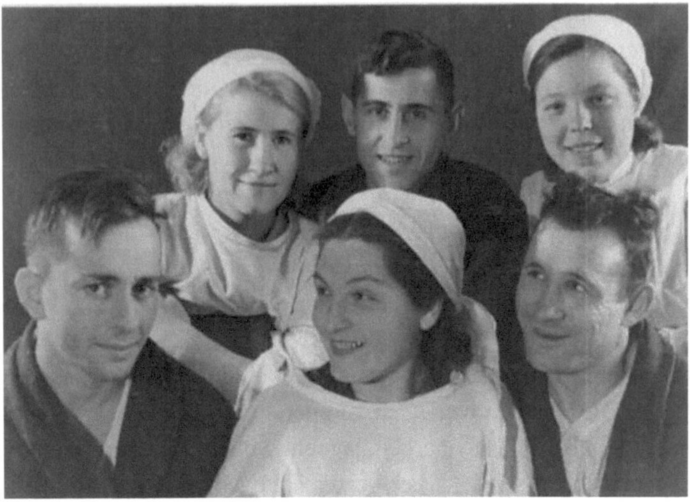

Mein Vater 1944 nach seiner Verwundung im Lazarett

In Stalingrad stellte man fest, dass die Hände von Wundbrand bedroht waren. Die Ärzte standen vor der Frage, den linken Arm bis zum Ellenbogen zu amputieren und auch die rechte Hand. Damals fackelte man mit Amputationen nicht lange, niemand dachte an das Leben danach. Doch wieder hatte mein Vater großes Glück: Der Chefchirurg, der meinem 19-jährigen Vater sehr alt erschien, obwohl er wahrscheinlich kaum vierzig war, hatte Mitleid mit ihm. »Er ist noch jung, vielleicht kommt er ja durch. Amputieren können wir immer noch«, sagte er bei einer Visite. Und mein Vater schaffte es tatsächlich. Er lag viele Monate in verschiedenen Lazaretten, aber es gelang, seinen linken Arm und wenigstens zwei Finger an der rechten Hand zu erhalten.

An seinem zwanzigsten Geburtstag, am 27. Januar 1944, erhielt der Vater seine »weiße Karte« und wurde für immer aus der Armee entlassen. Für ihn war das ein schwerer Schlag. Auch die Tatsache, dass an jenem Tag die Blockade Leningrads endlich aufgehoben worden war, konnte seine Stimmung nicht verbessern. Er wusste nicht, wie es weitergehen sollte, und hoffte, wenigstens zur Flotte zurückkehren zu können, aber kein Brief und kein Antrag an die Marineführung halfen.

Trophäen

Außer seinen Verletzungen hatte mein Vater nichts aus dem Krieg mit nach Hause gebracht. Aber das war längst nicht bei allen so. In Moskau, wo viele Parteikader und Angehörige der Militärführung lebten, wimmelte es nur so von Gütern, die die Armee aus Deutschland mitgebracht hatte. Im Nachbarhof spielte jemand auf einem Beuteakkordeon, und in der Auslage eines Altwarengeschäftes auf der Arbat-Straße waren Meißner Porzellanfiguren ausgestellt – eine riesige Kutsche mit Damen und Herren und Dienern im Hintergrund. Es hieß, ganze Waggonladungen seien von Deutschland gen Osten transportiert worden. Manchen wurde der Besitz solcher Trophäen später zum Verhängnis. Stalin agierte nämlich auf seine übliche Art und Weise. Zunächst schaute er weg, aber als er einige Generäle loswerden wollte, erinnerte er sich an die Beutestücke und beschuldigte sie der Raffgier. Selbst so berühmte Generäle wie Marschall Schukow waren darunter. Als in den 1990er Jahren die Archive geöffnet wurden, fand ich zahlreiche Briefe von Angehörigen der sowjetischen Okkupationskräfte in Deutschland, in denen diese andere wegen des Besitzes von Beutestücken denunzierten.

Der Dichter Joseph Brodsky hat eine wunderbare Skizze über das sowjetische Nachkriegsleben verfasst (sie heißt »Troffejnoje« – »Über Trophäen«), in der es ebenfalls nur so wimmelt von Beutegegenständen. Und obwohl ich erst 1949 auf die Welt kam, habe ich die Gegenstände, die er beschreibt, später in sehr vielen Wohnungen wiedergefunden. Deutsche Pianinos, Radios, Nähmaschinen, Teeservices, Schallplatten und so weiter. Am lebhaftesten in Erinnerung ist mir der Walzer »Domino« aus den 1930er Jahren, den man auf erbeuteten Schallplatten hören konnte. Die Anfangszeile »Domino, warum hast du so traurige Augen …« konnte ich schon auswendig, lange bevor ich begann, Deutsch zu lernen.

Dass die Beutestücke so lange überdauerten, lag am ärmlichen sowjetischen Alltag: Alles wurde viele Jahre, manchmal sogar jahrzehntelang verwendet. Und die wenigen Alltagsgegenstände aus sowjetischer Produktion waren so sperrig und oft auch so hässlich, dass die Beutegegenstände weniger an das besiegte Deutschland erinnerten als vielmehr an ein ganz anderes Leben im Westen. Wer zum Beispiel nach dem Krieg eine Schreibmaschine brauchte, versuchte, eine auf die kyrillische Schrift umgestellte deutsche Maschine in einem Altwarengeschäft zu ergattern. Mein Vater besaß ein Exemplar der Firma »Rheinmetall-Borsig«. Es wäre interessant zu erfahren, wie viele Bücher über den Krieg bei uns wohl auf solchen erbeuteten deutschen Schreibmaschinen geschrieben wurden …

Mein Vater war nie bis Deutschland gekommen und seine wenigen Besitztümer aus der Zeit des Krieges, darunter ein irgendwo gefundener Band mit Gedichten von Alexander Block, waren nach der Verwundung verloren gegangen. Sein blutbespritztes und von Kugeln durchlöchertes Uniformhemd war sofort nach seiner Einlieferung ins Lazarett weggeworfen worden. Nur die neuen Schulterstücke, die ihn als Offizier auswiesen und die er kurz vor seiner Verwundung bekommen hatte, sind erhalten geblieben. Seit den 1970er Jahren sind sie im Besitz des Panorama-Museums von Wolgograd, in dem an die Schlacht von Stalingrad erinnert wird.

Sein einziges »Beutegut« war ihm nicht lange erhalten geblieben. Im Frühjahr 1943 war er leicht von einem Granatsplitter an der Hand verletzt worden, aber schon bald wieder zu seiner Einheit zurückgekehrt. Der Splitter hatte seine Armbanduhr zerstört, die ihm die Eltern zum Schulabschluss geschenkt hatten. Als der

Vater in seiner Einheit davon erzählte, wurden ihm umgehend Dutzende deutscher Armbanduhren angeboten, die man inzwischen deutschen Kriegsgefangenen abgenommen hatte. Dem Vater war das unangenehm, aber es war keine Zeit, länger darüber nachzudenken. Es wurde heftig gekämpft und Mitleid mit den Deutschen empfand mein Vater auch nicht. Er nahm eine der Uhren an sich, aber als er im August schwer verletzt wurde, traf eine der Kugeln auch die Uhr.

Rückblickend sagte mein Vater manchmal, dass er dem Schicksal dankbar sei, weil das frühe Ausscheiden aus der Armee ihn vor dieser Art Versuchung bewahrt habe. Dass es dennoch bei uns zu Hause Erinnerungsstücke aus dem Krieg gab – manche davon haben bis heute überdauert –, lag an meinem Onkel. Er hatte an dem kurzen Feldzug gegen Japan teilgenommen und von dort Geschenke geschickt, mit denen die Familie so recht nichts anzufangen wusste. Zum Beispiel einen schwarzen Seidenkimono, den ich später zum Karneval in der Schule trug. Keiner verstand, wie wertvoll dieser Kimono war. Natürlich hat mein Onkel ihn nicht selbst aus irgendeinem japanischen Haus mitgenommen, sondern aus dem Lager der Flotte, aber wie der Kimono dorthin gelangt war, ist ziemlich offensichtlich …

Woran ich mich sehr gut erinnere, sind die Beutefilme, die ich einige Jahre später sehen konnte, als sie in Kinos kamen, um die Bevölkerung in den schweren Nachkriegszeiten abzulenken und zu erfreuen. Darunter waren auch amerikanische Filme, die man in den verschiedenen Ländern Osteuropas beschlagnahmt hatte. Diese Filme waren äußerst populär, man sah sie sich mehrmals an, kannte sie auswendig und pfiff die Filmmusik nach. Im Hof versuchten die Jungen, den Tarzan-Schrei von Johnny Weissmüller nachzuahmen, und nur wenige Jahre nach dem Krieg wurde der Film »Die Frau meiner Träume« mit Marika Rökk zum beliebtesten Streifen der Kinogänger. Niemand störte sich daran, dass er 1944 in Nazi-Deutschland gedreht worden war. Er war für Kinder unter 16 eigentlich verboten, aber ich hatte wieder einmal Glück. Ich steckte ständig mit einigen älteren Kindern aus unserem Hof zusammen, und wenn wir gemeinsam in eine der Tagesvorstellungen im kleinen Kino um die Ecke gingen, achteten die Platzanweiser nicht so genau auf das Alter der einzelnen Besucher, weshalb ich problemlos durchrutschte.

Lange Zeit dachte ich, dass mein erstes Kinoerlebnis, nach dem ich mein ganzes Leben zur Filmliebhaberin wurde, ebenfalls ein Trophäenfilm war. Es handelte sich um den wunderbaren amerikanischen Farbfilm »Der Dieb von Bagdad« mit Conrad Veidt, den ich mit den Eltern ansehen durfte. Ich war damals sechs Jahre alt und erinnere mich sogar noch an das Kino, in dem wir diesen Film sahen, der mir wie höchste Zauberei erschien. Vor Kurzem erst habe ich im Internet entdeckt, dass dieser Film nicht zu den Trophäen gehörte. Er war 1941 in den USA produziert und während des Krieges von amerikanischen Filmschaffenden der Sowjetunion geschenkt worden. Zum Glück war ich klug genug, ihn mir nach diesem eindrücklichen Erlebnis nie wieder anzusehen. Die Enttäuschung hätte ich einfach nicht überlebt.

A farewell to arms

Nach Front und Lazarett war es für den Vater nicht einfach, in ein Leben als Zivilist zurückzukehren. Es fiel ihm sogar schwer, normal zu sprechen und den rauen Ton der Frontsoldaten mit den vielen Schimpfworten abzulegen. Drei Jahre lang hatte er seine Befehle mit wahren Schimpfkanonaden durchgesetzt. Allein mit dem Ruf »Für die Heimat! Für Stalin!« hätte er kaum einen Soldaten zum Angriff bewegen können, auch wenn die Propaganda das gerne behauptete. Das ging nur mit den wüstesten Schimpfworten.

Mein Vater mit seinen Eltern, 1945

Nachdem meinem Vater die Rückkehr zur Marine verwehrt blieb, schlug er einen völlig anderen Weg ein: Im Herbst 1945 schrieb er sich an der Philologischen Fakultät der Universität Moskau ein.

Seine Liebe zur Literatur verdankte er seiner früheren Lehrerin Nina Wsewolodowna Pschenitschnaja, denn seine Eltern interessierten sich nicht für Bücher.

Mein Vater besuchte die Lehrerin oft zu Hause. Sie lebte mit den Eltern ihres Mannes, dessen Vater David Kerner ein in der ganzen Stadt bekannter Kinderarzt war. Sie waren Juden, während Nina Wsewolodowna aus einer Familie russisch-ukrainischer Intellektueller stammte. Ihr Mann Leonid Kerner war seit den 1920er Jahren als Oppositioneller verfolgt und mehrfach verhaftet worden. Als er 1940 aus dem Gefängnis entlassen wurde, konnte er nach den erlittenen Folterungen fast nicht mehr gehen. Zu Beginn des Krieges gelang es der gesamten Familie, nach Pjatigorsk im Nordkaukasus zu fliehen, wo sie aber von den Deutschen eingeholt wurden. Als sie die Juden von Pjatigorsk zur Erschießung führten, hätte Vaters Lehrerin ihr Leben retten können. Aber sie ging mit ihrem Mann, den sie in einem Wägelchen vor sich herschob, und mit seinen alten Eltern gemeinsam in den Tod.

Von ihrem Tod erfuhr der Vater nach dem Krieg, aber die ganzen Einzelheiten wurden ihm erst Jahre später klar, als die Nichte seiner Lehrerin ihm darüber in einem Brief berichtete. Sie hatte ihm geschrieben, nachdem sie einen Artikel meines Vaters gelesen hatte, in dem dieser sich an Nina Wsewolodowna Pschenitschnaja erinnerte, ohne die er die Liebe zur Literatur nicht gefunden hätte.

In dem Wohnheim der Moskauer Universität, wo mein Vater ein Zimmer mit zwölf anderen Studenten teilte, gab es 1946 unter den ehemaligen Frontkämpfern eine Selbstmordwelle. Nach vier Jahren Krieg konnten sie sich nicht an die neue Realität gewöhnen, es fiel ihnen schwer zu lernen, und vor dem Hintergrund dessen, was sie durchgemacht hatten, schien es ihnen auch sinnlos. Formell waren sie Helden, Sieger, aber eigentlich waren sie jetzt überflüssig. Sie waren die lebenden Zeugen für das, was viele so schnell wie möglich vergessen wollten. Die ehemaligen Frontkämpfer, verwundet, verstört, fluchend und saufend, hatten nichts gemein mit den strammen Soldaten, die an der Siegesparade im Juli 1945 teilgenommen und die Symbole der NS-Zeit in den Staub getreten hatten.

Vor Kurzem bin ich auf die Erinnerungen eines Teilnehmers an jener Parade gestoßen. So wie die meisten Soldaten, die damals in feierlichem Schritt über den Roten Platz marschierten, war er erst in den letzten Kriegswochen eingezogen worden und nicht mehr an die Front gekommen. Doch selbst solche wie er, die nicht gekämpft hatten, hatten unter den Hungerjahren des Krieges gelitten und sahen nicht sehr eindrucksvoll aus. Deshalb erhielten sie in der Zeit vor der Parade doppelte Essensrationen, außerdem schickte man sie an die Moskwa, um sozusagen auf Kommando braun zu werden. Wären die realen Frontkämpfer über den Roten Platz marschiert, die Parade hätte ein ganz anderes Bild abgegeben.

In der Nachkriegswelt schien für ihre Wunden, ihre Traumata, die körperlichen wie die seelischen, kein Platz. Auch ihre Hoffnung auf ein besseres Leben nach dem Krieg erwies sich als Illusion. Anders, als die Propaganda sie glauben machen wollte, erwartete sie zu Hause Armut inmitten von Ruinen.

Die Pension für Kriegsinvaliden war winzig. (Mein Vater verzichtete ganz auf sie, allerdings schon in den 1950er Jahren, und einige seiner Freunde taten das Gleiche.) Um sie zu erhalten, musste man zweimal im Jahr viele Stunden geduldig in der langen Schlange der Kriegsversehrten anstehen und dann eine erniedrigende medizinische Untersuchung über sich ergehen lassen, bei der man seine Verstümmelungen und Prothesen vorweisen musste – jedes Mal von Neuem, als ob die Verstümmelung wie durch Zauberhand plötzlich hätte verschwinden können. Die Zahlung der kleinen Beträge für militärische Auszeichnungen wurde auch bald eingestellt und selbst der 9. Mai, der Tag des Sieges, wurde rasch wieder zum normalen Arbeitstag. Stalin zeigte den Frontkämpfern deutlich, dass ihre Verdienste in der Nachkriegsrealität wenig Bedeutung hatten.

Ein enger Freund meines Vaters und einer der besten Dichter jener Zeit, Boris Slutsky, hielt diese Stimmung in einem Gedicht fest:

Als wir aus dem Krieg kamen,
begriff ich, dass uns keiner braucht.
Erstickend am Heimweh,
an der unerfüllten Schuld,
begriff ich: andere,
ganz und gar nicht solche, braucht es.

Die Erinnerung an den Krieg, vor allem an seinen katastrophalen Beginn, wurde für die Sowjetführung immer unbequemer. Dass die Deutschen Moskau beinahe erobert hätten, dass sie bis an die Wolga vorgestoßen waren, dass Millionen Menschen unter der deutschen Besatzung leben mussten und Millionen Soldaten in Gefangenschaft geraten waren, ließ sich nur schwer verschweigen. Aber man konnte die wahren Verluste verringern: offiziell wurde von 7 Millionen Opfern gesprochen, das entsprach in etwa einem Viertel der tatsächlichen Opfer, wobei diese Zahlen erst während der Perestroika veröffentlicht wurden.

Darüber hinaus begann die Propaganda den Menschen weiszumachen, dass dem deutschen Vormarsch ein Plan Stalins zugrunde gelegen habe. So wie Generalfeldmarschall Michail Kutusow 1812 mit Napoleon verfuhr, habe Stalin den Feind in die Tiefen Russlands hineinlocken wollen, um ihn dort zu vernichten.

Die Verbitterung unter den Frontkämpfern wuchs, es war schwer, sich mit alldem abzufinden, und es schien sogar, als ob man ihnen den unter so großen Opfern erkämpften Sieg wieder wegnehmen wolle. Aber was konnten einfache Soldaten und kleine Leutnants schon tun, wenn sogar Marschall Schukow und die Generäle aus dessen engstem Umfeld in Ungnade fielen? Jene Frontkämpfer, die es wagten, offen Kritisches zu äußern, begriffen sehr schnell, wie gefährlich das war und welche schweren Folgen ein unvorsichtiges Wort nach sich ziehen konnte.

Anfang der 1990er Jahre führte ich ein Interview mit Evgenij Tschernonog, der am gesamten Krieg teilgenommen und ihn in Berlin als Oberstleutnant beendet hatte. 1949 (als er in Moskau an der Militärakademie studierte) wurde er verhaftet und zu zehn Jahren Lagerhaft verurteilt. Der Grund: Er hatte während der Vorführung des mit dem Stalinpreis ausgezeichneten Filmes »Der Fall Berlins« eine unbotmäßige Bemerkung gemacht. Bei der Szene, in der Stalin in weißer Uniform aus einem direkt vor dem Reichstag gelandeten Flugzeug steigt, hatte er sich nicht zurückhalten können und so laut gelacht, dass es im ganzen Saal zu hören war: »Wo kommt denn dieser Engel her? Dort haben wir ihn nicht gesehen!« Er wurde denunziert und aus dem strahlenden Oberstleutnant wurde ein GULAG-Häftling in den Wäldern des Nordens.

Das Gefühl der Ungerechtigkeit und der verratenen Hoffnungen trieb manchen in den Selbstmord, in den meisten Fällen mündete es in schwerem Alkoholismus und der Unfähigkeit, in der Nachkriegsgesellschaft seinen Platz zu finden. Es ist kein Zufall, dass unter den einstigen Frontkämpfern Erich Maria Remarques »Drei Kameraden« (es erschien 13 Jahre nach dem Krieg auf Russisch) das populärste Buch war, etwas später gefolgt von Ernest Hemingways »In einem anderen Land« und den frühen Romanen von Heinrich Böll, deren aus dem Krieg zurückgekehrte Protagonisten verloren und unerwünscht waren. Die offizielle sowjetische Kritik erfand sogar den Ausdruck »Remarquismus«, den man jenen Autoren anhängte, denen man unterstellte, sie wollten schlechte Stimmung und Pessimismus verbreiten.

Das Gefühl, dass der Krieg sie nicht loslassen wollte, war bei vielen ehemaligen Frontkämpfern so stark, dass sogar wir Kinder es bemerkten. Ende der 1950er und in den 1960er Jahren konnte man an den verschiedensten Orten, auf den Bahnhöfen, in den Zügen oder in den Schlangen verfolgen, wie Männer, die ungefähr gleich alt waren, wenn sie miteinander ins Gespräch kamen, als Allererstes fragten: »Welches Geburtsjahr?« Und dann: »An welcher Front hast du gekämpft?« Ich wunderte mich immer, warum sie das fragten, und dachte mir ganz ignorant: Selbst wenn sie zufällig an der gleichen Front gekämpft hatten, war die Wahrscheinlichkeit, dass sie sich dort begegnet sein könnten, minimal!

Erst sehr viel später begriff ich, dass das eine Möglichkeit war, wenn schon nicht eine gemeinsame Sprache, so doch zumindest einen gemeinsamen Ausgangspunkt zu finden, der es erlaubte, einander auch ohne Worte zu verstehen. Wer zwischen 1917 und 1925 geboren wurde, war aller Wahrscheinlichkeit nach im Krieg, und wie verschieden die Kriegserfahrungen auch gewesen sein

Mein Vater im Jahr 1947

mochten, es genügte, wenn man sagte, wo: Wjasma, Rschew, Stalingrad, Kursk … mehr musste man voneinander nicht wissen. Man schenkte sich gemeinsam einfach aus einer Flasche Wodka ein, trank schweigend, und alle wussten, worauf man trank.

Was es mit solchen gemeinsamen Erinnerungen auf sich hat, habe ich selbst einmal erlebt. Ich glaube, es war 1960, als mich die Eltern einmal mit nach Tarussa nahmen, einer Kleinstadt rund 140 Kilometer südlich von Moskau, wo der Schriftsteller Konstantin Paustowski den Sommer verbrachte. Damals, während des »Tauwetters« unter Chruschtschow, war er sehr populär. Er war doppelt so alt wie mein Vater und war, 1892 geboren, nicht im Krieg.

Tarussa liegt direkt an der Mündung des Flusses Oka, und Paustowski wollte mit seinen Gästen eine Fahrt in seinem Motorboot machen. Aber der Motor wollte nicht anspringen. Paustowski war verärgert und enttäuscht, schließlich bezahlte er regelmäßig Geld für die Wartung des Bootes. Aber was sollte er machen, die Leute hier würden nur das tun, wozu sie Lust hätten. Unter den Gästen war außer meinem Vater noch ein ehemaliger Frontkämpfer, der Schriftsteller Boris Balter. Er hatte im Krieg als Major ein Regiment kommandiert und fragte sofort: »Wer ist für den Motor verantwortlich?« Paustowski deutete zu einem am Kai sitzenden, rauchenden Mann. Balter ging zu ihm, wechselte einige Worte mit ihm und exakt eine halbe Stunde später war das Boot fahrbereit. Als Paustowski ihn fragte, wie er das gemacht habe, antwortete Balter trocken: »Solche wie den hab ich drei Jahre lang in den Tod gejagt – daran erinnern sie sich ganz genau.« Mir erschienen diese Worte damals sehr grob und erst viel später habe ich ihren harten Sinn begriffen.

Und die Frauen? Warum erinnere ich mich nicht an die Frauen? Von einigen Bekannten meiner Eltern wusste ich, dass sie in der Armee gewesen waren: als Krankenschwestern, Dolmetscherinnen, beim Fernmeldedienst oder bei der Flugabwehr. Aber ihre Erinnerung, so scheint es mir zumindest, existierte irgendwie getrennt von jener der Männer und blieb viel mehr im Verborgenen. Mein Vater erzählte, wie sie über eine junge Krankenschwester gelacht hatten, die man zu ihrer Kompanie geschickt hatte. Sie war furchtbar erschrocken, als sie zum ersten Mal unter Artilleriebeschuss geriet und war in den Schützengraben hineingefallen.

Das war eine eher harmlose Sache im Vergleich zu dem, was die Mädchen sonst in der Armee an Grobheiten, Härte und Belästigungen erleben und aushalten mussten.

Von den Frauen im Bekanntenkreis meiner Eltern, die bei der Armee gewesen waren, gelang es nur wenigen, ihr Leben wieder in normale Bahnen zu lenken. Nur wenige hatten einen Partner, ihre Altersgenossen, die an der Front gekämpft hatten, zogen ihnen jüngere Mädchen vor, die nicht diese schweren Erfahrungen gemacht hatten. So verfuhr übrigens auch mein Vater – meine Mutter war genau um die Kriegsjahre jünger als er. Was sind in Friedenszeiten schon drei oder vier Jahre? In Kriegszeiten macht das einen gewaltigen Unterschied.

Zu Beginn der 1970er Jahre hatte ich die Universität abgeschlossen und begonnen, bei der Zeitschrift *Sowjetliteratur* am Kutusow-Prospekt zu arbeiten. Auf dem Weg zur Redaktion begegnete ich jeden Tag einer Frau, die ihren Spaniel ausführte. Von hinten hätte man sie nicht für älter als dreißig gehalten, sie war schlank, ging immer auf hohen Absätzen, ihr dichtes Haar war gut frisiert und sie war sogar beim Spaziergang mit dem Hund elegant gekleidet. Zu Sowjetzeiten fiel das immer auf, weil das großer Anstrengungen bedurfte. Aber wenn sie einem entgegenkam, konnte man sie kaum ansehen – sie hatte kein Gesicht.

Einige Jahre später, ich war schon verheiratet und wir lebten zusammen mit der Mutter meines Mannes in einer Wohnung, läutete es einmal an unserer Türe. Als ich öffnete, stand diese Frau vor mir. Es stellte sich heraus, dass sie eine enge Freundin und ehemalige Studienkollegin meiner Schwiegermutter am Theaterinstitut war. Ihre Geschichte – einiges erfuhr ich von meiner Schwiegermutter, anderes las ich in einem Nachruf in der Zeitschrift *Theater* – war ganz typisch. Nelli war eines der schönsten Mädchen im Theaterinstitut. Im Herbst 1941 beendete sie einen Krankenschwesternkurs und folgte dem Mann, den sie liebte, an die Front. Dort wurde sie von einem Sprengsatz im Gesicht schwer verwundet. Wobei »verwundet« in diesem Fall eine reine Beschönigung ist. Ihr Gesicht war zerfetzt, sie überstand Dutzende Operationen, aber es gelang den Ärzten nicht, ihre Nase und ihren Mund wieder richtig herzustellen. Sie litt unter ständigen Erkältungen und einer chronischen Lungenentzündung. In einem der Lazarette lernte Nelli einen Mann mit schweren Kopfverletzungen kennen, den sie später heiratete. Äußerlich ein schöner Mensch und ein geschickter Tischler. Aber von Zeit zu Zeit betrank er sich bis zur Besinnungslosigkeit.

Dieses Paar machte einen merkwürdigen Eindruck, es schien, als würden die beiden nur durch das Kriegstrauma zusammengehalten. Ich hätte Nelli sehr gerne nach »ihrem Krieg« gefragt, aber ich wusste nicht, wie. Sie sprach nie über die Vergangenheit und ich hatte Angst vor den Antworten, die sie mir auf meine Fragen vielleicht geben würde. Ich konnte mir schwer vorstellen, wie man mit so einem Trauma leben konnte. Sie arbeitete als Referentin in der Allrussischen Theatergesellschaft und starb ziemlich früh. So viele Jahre sind seitdem vergangen, aber ich erinnere mich immer noch an ihre gepresste, krächzende Stimme und ihr Gesicht, das für mich zum Sinnbild wurde für das »weibliche Gesicht« dieses Krieges.

Vaters Freunde

An der Universität lernte mein Vater fast sofort meine Mutter kennen. Sie heirateten, und als sie noch im vierten Studienjahr waren, kam ich auf die Welt. Mein Vater wurde nach seinem Abschluss in Literaturwissenschaft in die Aspirantur* aufgenommen, was einem Wunder gleichkam, weil sie Juden kategorisch abzulehnen pflegten. An der philologischen Fakultät der Moskauer Universität hatte 1949 – wie überall – der Kampf gegen die »heimatlosen Kosmopoliten« begonnen. Jüdische Professoren und Lehrer wurden entlassen. Mein Vater konnte seine Dissertation zwar noch verteidigen, aber anschließend fand er keine Arbeit. Weder in Moskau noch in der Provinz, er erhielt nur Absagen. Erst nach Stalins Tod 1953 änderte sich die Lage und man nahm ihn in die Redaktion der *Literaturnaja Gaseta* auf, einer der ältesten Literaturzeitschriften des Landes. Die Tauwetterzeit unter

* In der UdSSR sowie in verschiedenen Ländern des Ostblocks wird so ein Postgraduierten-Studium bezeichnet, mit dem Ziel der Dissertation.

Meine Eltern (in der Bildmitte) mit Studienfreunden auf einer Mai-Demonstration in Moskau, 1948. Der Vater ist der Dritte von links.

Chruschtschow begann und auf dem zwanzigsten Parteitag der KPdSU 1956 wurde der Personenkult verurteilt. In seiner entlarvenden Rede sprach Chruschtschow auch über den Krieg: nicht Stalin habe diesen gewonnen, sondern das sowjetische Volk.

Von diesem Zeitpunkt an wurde die Literatur zum wichtigsten Schlachtfeld zwischen Stalinisten und Antistalinisten. Die sowjetische Kultur war »literaturzentriert«, was bedeutete, dass ideologische Grabenkämpfe auf den Seiten der Zeitschriften, der Zeitungen und der Bücher ausgetragen wurden. »Die Gesellschaft muss die Wahrheit über die Vergangenheit wissen: über den Krieg, über die Lager« – das war die wichtigste Losung der Antistalinisten. Der GULAG allerdings blieb, von einer kurzen Periode 1962 abgesehen, ein verbotenes Thema. Und Bücher, die wirklich ehrlich über den Krieg berichteten, konnte man nur unter großen Schwierigkeiten durch die Zensur bekommen.

»Den Kampf für die Wahrheit« zu führen, bedeutete für meinen Vater und andere Schützengräben-Leutnants, das erzählen zu dürfen, was sie und mit ihnen Millionen Frontkämpfer durchgemacht hatten. Sie sprachen über den viel zu großen Preis des Sieges, über die sinnlosen Opfer, über die Grausamkeit, mit der das Stalin-Regime diesen Krieg geführt hatte, und darüber, dass es in ihrem Krieg nichts Pathetisches oder Heldenhaftes gegeben hatte. Dass der Krieg der Leutnants und der einfachen Soldaten ein ganz anderer gewesen war als der der Marschälle und Generäle. Ihr Krieg war harte Arbeit im Dreck, in der Kälte, im Graben, voller Blut. Und schließlich sprachen sie davon, dass man auch erklären müsse, was die Gründe für die schrecklichen Niederlagen am Beginn des Krieges gewesen waren. Sie wollten außerdem über das Schicksal der Kriegsgefangenen sprechen, über die nicht geredet wurde, über die Millionen an Verschollenen und über vieles Schmerzhafte mehr, worüber man bis dahin nicht hatte schreiben können.

Dieses Streben nach der Wahrheit und die Suche nach Möglichkeiten, sie aufzudecken, wurden zum wichtigsten Ziel im Leben meines Vaters und vieler seiner Freunde. Weil die im Krieg erlittenen physischen und geistigen Verletzungen nach dessen Ende durch ein weiteres Trauma vertieft wurden – durch die Entstellung der Wahrheit. Der Krieg selbst war es, der viele von ihnen dazu brachte, mit dem Schreiben zu beginnen. Viktor Nekrassow, ein Freund meines Vaters und Autor des berühmten Romans »In den Schützengräben von Stalingrad«, sagte einmal zu meinem Vater, dass er ohne den Krieg wohl kaum Schriftsteller geworden wäre. Er habe nur zu schreiben begonnen, um erzählen zu können, was er erlebt habe.

Ich begriff diesen Zusammenhang sehr früh, weil ich in dieser Atmosphäre aufwuchs. Natürlich haben weder mein Vater noch seine Freunde sich vor mich hingesetzt und mir, dem Schulmädchen, vom Krieg berichtet. Aber schon mit zehn Jahren nahmen meine Eltern mich häufig mit zu ihren Freunden und sie erzählten mir von ihnen, damit ich verstand, was das für interessante Menschen waren. Als ich ein Teenager war, hielt meine Mutter es für wesentlich wichtiger, dass ich ihren Erwachsenengesprächen zuhörte, als dass ich im Hof herumlungerte und mit den anderen Mädchen kicherte und tratschte, was ich natürlich oft vorzog.

Heute fällt es mir schwer zu erklären, wann und wie ich für mich die Lebensgeschichten der Freunde meines Vaters zusammenzusetzen begann: aus Gesprächen, aus Erzählungen des Vaters und aus den vielen Büchern, die sie geschrieben hatten oder die man über sie geschrieben hatte. Mein Vater hatte viele Freunde – es war die Epoche, in der Freundschaft, vor allem die Freundschaft zu Gleichgesinnten, sehr wichtig war. Ich hatte großes Glück, denn unter ihnen waren interessante Menschen mit unglaublichen Schicksalen.

Mark Gallai war der fröhlichste und geistreichste von ihnen. Mich begrüßte er immer mit den Worten: »Na? Hast du schon die Liste deiner Wünsche aufgestellt? Lass mich mal sehen!« So eine Liste hatte ich natürlich immer. Gallai war zehn Jahre älter als mein Vater, er hatte ein abgeschlossenes Studium als Flugzeugingenieur und war noch vor dem Krieg Testpilot geworden. Ich erinnere mich an seinen Lieblingsspruch, dass nur der sich Flieger nennen kann, der mit allem fliegen kann, was fliegt, aber auch mit allem, was nicht fliegt. Gallai hat an die 125 verschiedenen Flugzeugtypen getestet. Und nach Gagarins Flug ins All stellte sich heraus, dass Gallai der Instrukteur der ersten Gruppe von Kosmonauten gewesen war, unter denen sich auch Gagarin befunden hatte. Das war unglaublich, in jenen Jahren war niemand so berühmt wie Gagarin! Und mit Gagarins bekannten Worten vor dem Start »Los geht's!« hatte Mark immer das Training mit den Kosmonauten eingeleitet.

Mein Vater lernte Mark Gallai Anfang der 1960er Jahre kennen, nachdem er eine Reportage in einer der großen Zeitungen über ihn gelesen hatte. Mark scherzte immer über diese Reportage: Sie habe auf ihn gewirkt, als habe man einer fiktiven Person mit einer unglaublichen Geschichte den Namen eines real existierenden Menschen gegeben. Man drehte auch einen Spielfilm über sein Leben, der häufig im Fernsehen gezeigt wurde und in dem es genau umgekehrt war: Man hatte sich für Gallai einen anderen, nicht jüdischen Familien- und Vornamen ausgedacht. Und für die Besetzung der Hauptrolle hätte man keinen Schauspieler aussuchen können, der weniger mit dem tatsächlichen Mark Gallai gemein hatte, als den, der auf der Leinwand einen »einfachen russischen Burschen« spielte.

Gallai witzelte immer herum. Zum Beispiel erzählte er von einer Sitzung im Ministerium, wo lange und mühsam darüber diskutiert wurde, wie man das unglückliche Hündchen nennen sollte, das man als Erstes in den Weltraum schicken wollte. Kein einziger Name schien ausreichend ideologisch bedeutsam und politisch korrekt. Die Diskussion dauerte eine ganze Stunde, bis es Mark zu dumm wurde und er erklärte, er wisse einen Namen, der alle zufriedenstellen werde: »Nennen wir das Hündchen doch ›Gemeinsamer Erfolg der sowjetischen Wissenschaftler und Ingenieure‹. Alle lachten und das Hündchen wurde schließlich schlicht »Laika« genannt.

Im Juli 1941 nahm Gallai am ersten Luftkampf über Moskau teil und schoss ein deutsches Flugzeug ab. Danach flog er viele Einsätze in Jagdflugzeugen und Bombern, bis er im Sommer 1943 im Bereich Brjansk abgeschossen wurde. Es gelang ihm, sich mit dem Fallschirm aus dem brennenden Flugzeug zu retten und sich nach einigen Wochen bis zu den Partisanen durchzuschlagen. Von dort aus wurde er mit dem Flugzeug ausgeflogen und von allen zukünftigen Kampfhandlungen befreit, zu wertvoll war er als Testpilot. In seiner Einheit hatte man ihn bereits für tot erklärt und einen Nachruf auf ihn geschrieben. Mark sagte immer, nicht jeder habe so viel Glück, seinen eigenen Nachruf lesen zu können.

Unter Stalin wurde er eine Zeit lang kaltgestellt, im Zuge einer Säuberung war er für unzuverlässig eingestuft worden – wie so viele Juden in jener Zeit. Doch in den 1960er Jahren war Mark Gallai so etwas wie die Erfüllung aller sowjetischen Wünsche: Er besaß Orden (nicht weniger als 15) und Auszeichnungen (er war natürlich »Held der Sowjetunion« und trug den Titel »Verdienter Testpilot«), er hatte mehrere Professuren inne und arbeitete in einem Forschungsinstitut. Seine Wohnung befand sich in einem der elitärsten Gebäude Moskaus, in einem der sieben Hochhäuser, die Stalin im Stil des sozialistischen Klassizismus hatte errichten lassen. Manchmal nahm er uns in seinem weißen »Wolga« mit, damals das prestigeträchtigste Auto des Landes. Seine Bücher über die Arbeit als Testflieger wurden gedruckt und waren bald populär. Es war ein Vergnügen, sie zu lesen, sie strotzten vor Ironie und Selbstironie. Es schien, als habe er alles Schwere in der Vergangenheit zurücklassen können – sei es, dass er sich durch die feindlichen Linien ins Hinterland hatte durchschlagen müssen, als sein Flugzeug abgeschossen worden war; sei es, dass er die Testflüge beenden musste und entlassen wurde, als am Ende der 1940er Jahre die antisemitische Kampagne begann. Die Sicherheitsorgane hatten sich an seine Kriegsgeschichte erinnert. Ein Untersuchungsrichter, der ihn damals verhörte, mutmaßte, die Deutschen hätten ihn aufgegriffen und »umgedreht«.

Das alles lag hinter ihm und das Leben hätte jetzt ruhig und angenehm dahinfließen können. Aber Mark Gallai konnte vor allem den schändlichen Kriegsbeginn nicht vergessen, das, was in den ersten Stunden und Tagen geschehen war. Die Frage, wie es geschehen konnte, dass praktisch alle unsere Flugzeuge noch am Boden zerstört wurden und gar nicht dazu kamen, aufzusteigen, ließ ihn nicht los.

Sein Buch über jene schweren Tage wurde in einigen Heften des damals wichtigsten demokratischen und antistalinistischen Druckorgans, der Zeitschrift *Nowy Mir* (Neue Welt) veröffentlicht. Als Alexander Twardowski, der Chefredakteur der Zeitschrift, den Artikel erhielt, fragte er: »Es würde mich interessieren, wer so gut über diesen Flieger schreibt, das kann er doch wohl nicht selbst verfasst haben?«

Mark Gallais Versuch, über den schweren Beginn des Krieges zu sprechen und darüber, dass nicht die Piloten an der Katastrophe schuld waren, sondern falsche Befehle und grobe Fehler der Führung, wurde umgehend als gefährlicher Angriff auf den offiziellen Kriegsmythos gewertet. Die Generäle der politischen Abteilung des Generalstabes griffen Gallai an und beschuldigten ihn in Zeitungsartikeln der Verunglimpfung und Entehrung der Heldentaten der sowjetischen Flieger. Das waren keineswegs harmlose Anschuldigungen, eigentlich waren es Denunziationen. Eine Antwort konnte Gallai nicht mehr drucken lassen, das wurde von der Propagandaabteilung des Zentralkomitees der KPdSU verhindert.

Von diesem Augenblick an verfolgten die Zensoren sehr genau, was er in Druck gab, und häufig erschwerte nun die Zensur eine Publikation oder verhinderte sie ganz. Im Archiv meines Vaters, das sehr viele Briefe enthält – es war die große Zeit der Briefwechsel –, befinden sich auch viele Schreiben Gallais. In fast allen Briefen schreibt er, wenn auch immer mit viel Humor, über seinen Kampf mit der Zensur, über das erniedrigende Warten darauf, wann »die Tanten mit den roten Bleistiften ihre Entscheidung kundtun!«.

Im Unterschied zu vielen anderen Freunden meines Vaters, die an der Front gewesen waren, erlebte Mark Gallai noch die Perestroika, seine Bücher wurden veröffentlicht, und nach seinem Tod 1998 wurde in seiner Geburtsstadt St. Petersburg eine kleine Straße nach ihm benannt, auch ein neu entdeckter Asteroid erhielt seinen Namen: »(6719) Gallai«. Ich zweifle nicht daran, dass Gallai darüber sicher irgendetwas Witziges gesagt hätte …

Ein völlig anderer Mensch war der weißrussische Schriftsteller Wasil Bykow. Auch er war ein enger Freund meines Vaters, aber eher ein einsilbiger Typ, der selten lächelte. Doch seinetwegen habe ich zeit meines Lebens eine Schwäche für den weißrussischen Akzent. Nicht einmal Lukaschenko konnte mir das austreiben!

Bykow lebte lange in Grodno, dann übersiedelte er nach Minsk. Wenn er in Moskau war, besuchte er uns immer, und die Eltern fuhren hin und wieder auch zu ihm nach Weißrussland. Wasil und mein Vater waren beide Jahrgang 1924, es verband sie ein gemeinsames Schicksal. Mein Vater, der sehr aufmerksam alle Veröffentlichungen über den Krieg verfolgte, lernte ihn in den 1960er Jahren kennen, nachdem er dessen erste Erzählung »Die dritte Leuchtkugel« gelesen hatte. Er hielt Bykow für einen der bedeutendsten Schriftsteller der Frontgeneration und es gab keine Veröffentlichung, auf die er nicht mit einem Artikel oder einer Rezension reagiert hätte. Bykow selbst betrachtete ihn nicht nur als engen Freund, sondern auch als Ratgeber, Gleichgesinnten und scharfsinnigen Kritiker. Kurz vor seinem Tod 2003 schrieb er in seinen Erinnerungen über meinen Vater:

> *Mit ihm fiel mir alles so leicht, wie wahrscheinlich mit keinem anderen: Wir gehörten zur gleichen Generation, wir hatten mehr oder weniger die gleichen Erfahrungen im Krieg gemacht. Er hat ein bisschen früher zu kämpfen aufgehört – schwere Verwundungen brachten ihn in die Spitäler, während ich weiter gegen die deutschen Panzer kämpfte. Allerdings hat er auch früher begonnen – vor Stalingrad, und er kam bis in die Ukraine, wo wir beide unser Blut vergossen haben.*[4]

Das stärkste Band zwischen meinem Vater und ihm war aber wohl das Bewusstsein, dass sie beide nur wie durch ein Wunder überlebt hatten. Wasil war nach einer schweren Verwundung für tot gehalten worden, man hatte der Mutter schon die Todesnachricht geschickt. Vor dieser Verwundung wäre er um ein Haar von den eigenen Leuten umgebracht worden. 1942 war er von seiner Truppe getrennt worden, eine Patrouille griff ihn auf und wollte ihn schon als Deserteur erschießen. Im letzten Moment hatten sie aus irgendeinem Grund Mitleid und ließen ihn laufen.

In einem Brief an meinen Vater beschreibt Bykow seine miserable Verfassung, weil er in den vielen Nachkriegsjahren nie einen Brief von seinen Jugendfreunden und Kriegskameraden erhalten hatte. Als er schließlich im Kriegsarchiv nach einigen seiner Freunde suchte, erschrak er sehr – so viele Tote. Meinem Vater erging es genauso.

Es war für Bykow nach dem Krieg nicht leicht, den Weg zur Literatur zu finden. Die Armee wollte ihn nicht entlassen, erst 1955 gelang es ihm, auszuscheiden. Ich begann seine Bücher zu lesen, als ich schon in den höheren Klassen der Schule war. Er schrieb weniger über seine eigenen Kriegserfahrungen als darüber, was in Weißrussland in dieser Zeit vor sich ging. Über die Härte der Repressionen vor dem Krieg, über Kollaborateure und auch über die Partisanen. Zu Sowjetzeiten wurde die schwierige und blutige Geschichte der Partisanenbewegung zu einem Heldenmythos umgedichtet. Tatsächlich aber war sie sehr hart und widersprüchlich. Das Auftauchen der Partisanen in den weißrussischen Dörfern wurde für die unglücklichen Bewohner oft zur Hölle – wie zwischen Hammer und Amboss fanden sie sich zwischen Partisanen und deutschen Besatzern wieder.

Für mich als Jugendliche war die Ausweglosigkeit, mit der seine Figuren konfrontiert waren, das Schrecklichste in seinen Büchern. Es gab für sie kein gutes Ende, keine gute Wahl: entweder einen qualvollen Tod oder Verrat.

Bis dahin hatte ich von den dunklen Seiten der Partisanenbewegung keine Ahnung gehabt, sie als sehr geradlinig und positiv betrachtet. Deshalb erinnere ich mich auch an eine Episode, die Bykow meinem Vater erzählte. Er war – Jahre nach dem Krieg – bei Verwandten auf einem Dorffest und gegen Ende, als alle schon ziemlich betrunken waren, begannen lautstarke Abrechnungen unter den Nachbarn: wer zur Ortspolizei gegangen war und wer zu den Partisanen. Die Leute überzogen sich gegenseitig mit Beschuldigungen und Beleidigungen. Obwohl jeder wusste, wer auf welcher Seite gestanden hatte, hatten sie alle jahrelang friedlich als Nachbarn zusammengelebt. Bykow meinte, das könne daran gelegen haben, dass die meisten nicht bewusst, sondern eher zufällig auf die eine oder andere Seite gelangt waren.

Viele Jahre später reiste ich selbst nach Weißrussland, um die Erinnerungen jener aufzuzeichnen, die man während des Krieges zur Zwangsarbeit nach Deutschland verschleppt hatte. Und da musste ich wieder an Bykow denken, denn was ich damals hörte, wäre mir völlig absurd erschienen, hätte ich nicht gewusst, in welchem blutigen Durcheinander sich meine Gesprächspartner während des Krieges befunden hatten. Am meisten erstaunte mich, als mir einige Leute in einem Dorf sagten: »Bei uns war's ja Gott sei Dank immer ruhig – die deutsche Einheit blieb die ganze Zeit da!« Das heißt nicht, dass sie die Besatzer gut fanden (obwohl in den Erzählungen immer wieder auch Geschichten von »guten« Deutschen vorkamen, die nicht böse waren und nett zu den Kindern, ihnen etwas zu essen gaben und so weiter). Aber es heißt, dass ihre Dörfer, anders als jene, in deren Umfeld Partisanen vermutet wurden, von Vernichtung verschont blieben.

Zu Sowjetzeiten darüber zu schreiben war kaum möglich und bis auf Bykow wagten das auch nur wenige. Aber er konnte wohl nicht anders. Seine Erinnerungen quälten ihn und fraßen an ihm, und das spürte man wie bei keinem anderen der Freunde meines Vaters. Während es anderen vielleicht wirklich gelang, ihre Erinnerungen an den Krieg über die Literatur hinter sich zu lassen, scheint mir, dass er sich dessen bewusst war, wie ihn diese traumatischen Erfahrungen und die textliche Auseinandersetzung damit langsam kaputt machten.

In seinen Erinnerungen erwähnt Bykow ein Gespräch mit meinem Vater zum Thema »kranke Erinnerungen«. (Dem Briefwechsel ist zu entnehmen, dass er und mein Vater solche Gespräche bis zum Schluss führten.) Und in seinen Erinnerungen heißt es dazu:

Mein Vater (rechts) mit Wasil Bykow Ende der 1980er Jahre

Wir sprachen über unser gleichermaßen vergiftetes Leben, in Moskau, wie in Grodno, für das wir irgendwann so viel Blut vergossen hatten. Aber wir haben überlebt, während 97 von 100 unserer Kameraden längst in den Massengräbern von Stalingrad bis zur Elbe liegen. Sie starben, ohne zu wissen, wie lange der Krieg noch dauern würde, und das ist besonders kränkend. Vielleicht denken sie, dass wir immer noch im Krieg sind? So wie dieser Partisan aus dem Witz, der aus dem Wald kommt und einen Bauernbuben fragt: »Wo sind die Deutschen?« Und der Bub fragt zurück: »Welche Deutschen? Der Krieg ist längst aus!«, und der Partisan flucht laut: »Und ich bring immer noch Züge zum Entgleisen!«

Genau so sind wir auch. Der Krieg ist längst vorbei, aber wir können uns nicht von ihm losreißen und schreiben immer weiter darüber. Braucht das denn irgendwer noch?

»Ja, das ist wichtig«, sagt mein Freund, »solange der Schmerz nicht vergeht, muss man schreiben!«

»So viele Jahre gibt es kein Ende dieses Schmerzes«, rufe ich aus.

»Und das wird es auch nicht geben«, sagt er. »Das ist unser lebenslanger Schmerz!«[5]

In den 1970er und 1980er Jahren war Bykow einer unserer bekanntesten Kriegsschriftsteller. Das heißt aber nicht, dass er nicht ständig nach wie vor noch mit der Zensur zu kämpfen hatte – um das Ende eines Buches, um einzelne Episoden, selbst um einzelne Sätze. Und das umso mehr, als die Atmosphäre in Weißrussland in dieser Hinsicht noch viel schlimmer war als in Moskau. Damals nahm ich das alles nur sehr oberflächlich wahr. Erst jetzt, viele Jahre später, wo mein Vater und seine Freunde nicht mehr leben, kann ich erahnen, welche Anstrengungen es sie kostete, die Barrikaden aus Mythen und Verboten zu überwinden, um die ungeschönte, nicht die verlogene und polierte Erinnerung an den Krieg aufs Papier zu bringen. Dass Tausende Menschen diese realen Erinnerungen dringend brauchten, daran kann kein Zweifel bestehen. Die Bücher von Viktor Nekrassow, Wasil Bykow, Boris Balter oder Grigori Baklanow waren immer sofort ausverkauft. Mein Vater erhielt nach jedem Artikel Dutzende Briefe von ehemaligen Frontkämpfern und fast in allen wurde die eigene Kriegsgeschichte erzählt.

Mein Vater selbst hatte kein schriftstellerisches Talent, aber umso mehr schätzte er das bei anderen – in der Dichtkunst und der Prosa seiner Altersgenossen, vor allem bei den ehemaligen Leutnants, weshalb deren Prosa auch »Leutnants-Prosa« genannt wurde. Gleichzeitig interessierte er sich sehr dafür, was auf der anderen Seite der ehemaligen Front geschah. Er las alles, was ins Russische übersetzt wurde, und zum Glück wurde ab Mitte der 1950er Jahre vieles übersetzt. Nicht nur die Bücher von Heinrich Böll, Günter Grass und Alfred Andersch, sondern auch die Aufzeichnungen der deutschen Wehrmachts-Generäle Franz Halder und Kurt von Tippelskirch. Alles, was man über die Geschichte des Nazismus und des Krieges ergattern konnte, fand sich sofort bei uns zu Hause wieder.

Der Sieg über die Sieger

Ich wuchs unter Literaten auf und hatte deshalb leider, oder vielleicht auch zum Glück, keine Illusionen. Ich wusste, dass literarische Helden nicht unbedingt etwas mit deren Schöpfer zu tun haben mussten. Ich erlebte, dass einer der romantischsten Dichter, dessen Gedichte vertont und vom ganzen Land gesungen wurden, im echten Leben ein eher unfreundlicher trockener Mann war, der so gar nichts Romantisches an sich hatte. Und dass ein bekannter Kriegsschriftsteller ein schwerer Alkoholiker war, der betrunken jede Menschlichkeit verlor, die doch in seinen Werken so sehr durchschimmerte. Am schwierigsten aber war es, zu sehen, wie Leute mit unglaublichen Kriegsbiografien, talentiert und ehrlich in ihrem literarischen Schaffen, unter dem Druck der Mächtigen nachgaben. Wie schwer es ihnen fiel, in den Versammlungen nicht oder eben doch aufzutreten, bei denen wieder einmal gegen jene gehetzt wurde, die es wagten, im Westen zu veröffentlichen. Wie sie sich scheuten, nicht für den Ausschluss dieses oder jenes aus dem Schriftstellerverband zu stimmen, wie schwer es war, einen Protestbrief oder einen Verteidigungsbrief zu unterschreiben oder eben nicht. Als Halbwüchsige diese Angst bei jenen zu sehen, die ich vor allem für das verehrte, was sie schrieben, war äußerst schwierig und unangenehm. Diese Dinge schienen mir so gar nicht vergleichbar: Da der Krieg, wo es um Leben oder Tod ging – und hier die Hetzjagd, die unveröffentlichten Bücher.

Ich verstand damals nicht, warum sie sich hier so schwertaten, eine klare Position zu beziehen. Ich verstand nicht, dass sie sich, während im Krieg die Frage nach Leben und Tod alle gleichermaßen betroffen hatte, nun ganz allein einem mächtigen Staat gegenübersahen. Und ich verstand nicht, von welch großen Steinen ihr Weg in die Literatur gesäumt war.

Heute, wo ich große Teile meines Lebens gelebt habe, idealisiere ich weder jene Zeit noch ihre Hauptdarsteller, meinen Vater und seine Freunde. Ich sah, auf welche Kompromisse sie sich einließen, welche Opfer sie brachten, nur um gedruckt zu werden. Für mich selbst ergab sich daraus die schmerzende Frage: Wo verläuft jene Grenze, die man nicht überschreiten darf, wenn man sich selbst als anständigen Menschen sehen und von anderen so gesehen werden will. Mein Vater und seine Freunde stellten sich diese Frage ständig und sie konnten sie nicht immer so beantworten, dass es nicht den Anschein der Kapitulation, der Anpassung hatte. Und keiner, der in jenen Jahren Teil des öffentlichen literarischen Raumes war, kann hundertprozentig von sich sagen, er habe sich nichts zuschulden kommen lassen und sei keine Kompromisse eingegangen.

Genau deshalb schrieb Wasil Bykow trotz seiner damaligen Bekanntheit in seinen Erinnerungen, dass er mit meinem Vater über ihr »vergiftetes Leben« gesprochen habe. Und ein anderer Freund meines Vaters, Boris Balter, der 1968 aus der Partei ausgeschlossen wurde, nachdem er einen Brief gegen die Dissidentenprozesse unterzeichnet hatte, sagte offen bei der Versammlung der Moskauer Schriftsteller: »Bei einem Gespräch sagte ich zu Wasil Bykow, dass ich mit der gleichen Anspannung ans Rednerpult gehe wie damals zum Angriff, und er sagte, ihm gehe es genauso. Woher kommt diese Angst? Wenn wir doch eigentlich nur sagen wollen, was wir denken?«

Diese Angst zwang sogar so bekannte Menschen wie Bykow, sich zu verstecken, sich krankzumelden, um nicht gezwungen zu werden, den neuesten vorgefertigten Brief zu unterschreiben – zum Beispiel gegen Solschenizyn oder für den Einmarsch in die Tschechoslowakei 1968. Was aber konnte man tun, wenn die Unterschrift einfach daruntergesetzt wurde, ohne das Einverständnis des Betreffenden abzuwarten? Genau das ist Bykow passiert, als man seine Unterschrift ohne seine Zustimmung unter den Brief gegen Solschenizyn setzte, der 1969 aus dem Schriftstellerverband der UdSSR ausgeschlossen und fünf Jahre später ausgebürgert wurde. Ich war der Meinung, dass man sofort einen Brief hätte schreiben müssen, in dem man klarmachte, dass man diese Unterschrift nicht geleistet hatte, aber so einfach war das nicht.

Später, als die Zeit von Glasnost gekommen war, schrieben leider nur wenige Literaten offen über die Kompromisse, über die Ängste und Zwänge. Manch einer machte aus sich einen Helden, andere verfielen in Nostalgie und weinten der sowjetischen Vergangenheit nach, die sie zuvor so kritisiert hatten. Deshalb bin ich meinem Vater sehr dankbar, dass er in seinen Erinnerungen genau und kritisch – auch sich selbst gegenüber – das Leben eines sowjetischen Literaturkritikers und Redakteurs beschrieb: den ständigen Kampf um jede Veröffentlichung, einen erschöpfenden und ganz und gar nicht heldenhaften Kampf, der ihn Jahre seines Lebens kostete.

Sehr häufig gelang es nicht, irgendetwas zu erreichen, »durchzukommen« mit einer Publikation, und sei es ein noch so kleiner Artikel. Ein Beispiel für einen solchen erfolglosen Kampf ist heute für alle gut sichtbar: Als man 1959 in Stalingrad damit begann, den Mamajew-Hügel* zu schleifen, um dort ein gigantisches Denkmal (die Statue »Mutter Heimat ruft«, gestaltet von Jewgeni Wutschetitsch) aufzustellen – ähnlich jenem, das er in Treptow errichtet hatte, nur viele Male riesiger –, gab es dagegen Proteste. Vielen, die in Stalingrad gekämpft hatten, auch vielen Generälen, schienen dieser Pomp und dieser Größenwahn nicht passend.

Auch mein Vater sah das so. Er versuchte, ein Protestschreiben gegen dieses Projekt zu organisieren, und tatsächlich erklärten sich viele bekannte Schriftsteller bereit, diesen Brief zu unterschreiben. Sie forderten würdevolle Schlichtheit, nicht Pomp, wie es das Andenken an Zehntausende Tote verlangte. Der Brief

* Die Anhöhe wurde am 15. September 1942 von den Deutschen eingenommen, nach einem Gegenangriff am 27. September hielten Rote Armee und Wehrmacht je eine Hälfte. Die Kämpfe mit minimalem Geländegewinn dauerten an bis zur Kapitulation der Wehrmacht am 2. Februar 1943. Schätzungen zufolge kamen insgesamt 30 000 Soldaten am »Mamajew Kurgan« ums Leben.

lag bereits bei der *Literaturnaja Gaseta*, wo mein Vater damals arbeitete, aber im letzten Moment wurde seine Veröffentlichung verboten. Nach achtjähriger Bauzeit wurde das riesenhafte Denkmal der »Mutter Heimat«, das zweimal höher ist als die Freiheitsstatue in New York (ohne ihren Sockel), eingeweiht. Heute ist das alles nicht nur vergessen, sondern jede Kritik wird als Angriff auf ein Heiligtum betrachtet – die Gedenkstätte ist die meistbesuchte Russlands.

Bei der Geschichte um die Judenvernichtung in Babi Jar gelang es dem Vater immerhin, einen Brief von Viktor Nekrassow zu veröffentlichen, in dem dieser schrieb, dass man dort unbedingt ein Denkmal errichten müsse. (Nekrassow kämpfte schon seit einigen Jahren für dieses Denkmal.)

Im Herbst 1960, 19 Jahre nach der Vernichtung der Juden von Kiew, reiste mein Vater in die Ukraine, um über den Jahrestag zu schreiben. Nekrassow brachte ihn zu jener Schlucht im Nordwesten Kiews neben dem alten Friedhof, in der am 29. und 30. September 1941 Zehntausende Kiewer Juden erschossen worden waren.

Mein Vater erinnerte sich:

Zuerst führte er mich zum alten jüdischen Friedhof. Ich wusste nicht, dass Babi Jar sich dort in der Nähe befand. Jeder Friedhof ist ein trauriger Ort, vor allem ein alter, vernachlässigter, aber dieser Friedhof machte einen besonders bedrückenden, düsteren Eindruck, weil es in ihm nicht jene Ruhe und Würde gab, die man den Toden schuldet – umgestürzte Denkmäler, zerschlagene Gräber, antisemitische Schriften, Hakenkreuze ... Von dort gingen wir nach Babi Jar. Das, was einst eine Schlucht gewesen war, war jetzt ein ziemlich großer künstlicher See. Es war schon gegen Abend, außer uns und zwei alten Männern, die ein wenig abseits standen, war dort niemand. Wir standen schweigend dort und ich machte einige

Nach dem Massaker in der Schlucht von Babi Jar. Unter den Augen der Wehrmacht schaufeln Einheimische Erde auf die Leichen.

> *Fotos, die ich immer noch habe. Ich bin ein schlechter Fotograf und die Aufnahmen vermitteln den beklemmenden und bitteren Eindruck nicht, den dieser Ort des unnatürlichen bewussten Vergessens machte.*

Kurz darauf gelang es meinem Vater, einen offenen Brief Nekrassows zu veröffentlichen, in dem er schrieb, es sei geplant, Babi Jar einzuebnen und an dieser Stelle ein Sportstadion zu bauen, was nicht zugelassen werden dürfe. Aber weder sein Brief noch öffentliche Proteste hatten eine Wirkung. Die Kiewer Stadtbehörden hörten nicht auf, Babi Jar zu vernichten, man wollte dort einen neuen Stadtbezirk bauen und setzte die Bauarbeiten an einem Staudamm fort, was ein halbes Jahr später in eine schreckliche Katastrophe mündete. Im Frühjahr 1961 vermischten sich der Schlamm und das Wasser, das aus einem nahe gelegenen Steinbruch in die Schlucht gepumpt worden war, mit tauendem Schnee, der Damm brach und überflutete Vororte im Norden von Kiew. Der Schlamm begrub Hunderte Menschen unter sich. Ihre genaue Anzahl wurde verschwiegen, die Toten wurden heimlich begraben. Ein Denkmal wurde erst 1976 errichtet, allerdings an einem anderen Ort, und auf ihm fand sich auch kein Wort davon, dass hier vor allem Juden erschossen worden waren. Ein Denkmal am wirklichen Erschießungsort mit einer Menora wurde erst im September 1991 eingeweiht.

Ich kam zum ersten Mal 1969 nach Babi Jar, es war meine erste Reise nach Kiew. In den Ferien arbeitete ich als Übersetzerin für den Schriftstellerverband und begleitete deutsche Autoren auf ihren Reisen durchs Land. Ein Freund meines Vaters, der Kiewer Journalist Grigori Kipnis, brachte mich dorthin. »Grischa«, wie ich ihn nannte, war ein Jahr älter als mein Vater, bei Kriegsbeginn hatte er sich freiwillig gemeldet und war in den schrecklichen Kiewer Kessel geraten, bei dem mehr als 660 000 sowjetische Soldaten in Gefangenschaft gerieten und über 160 000 Rotarmisten fielen. Man jagte die Gefangenen in so riesigen Kolonnen durch die Ukraine, dass es relativ einfach war zu fliehen. Grischa war noch dazu ein Einheimischer, er sprach Ukrainisch, war groß gewachsen und hübsch und sah überhaupt nicht aus wie ein Jude. Er konnte sich einige Wochen in den ukrainischen Dörfern verstecken, man verschaffte ihm sogar falsche Papiere, in denen sein jüdischer Familienname Kipnis in das ukrainische Kipnitschenko verändert wurde. Dann beschloss er, sich nach Kiew durchzuschlagen, um nach Freunden und Bekannten zu suchen, und vor allem, um zu erfahren, ob seine Mutter und die jüngeren Schwestern Kiew rechtzeitig hatten verlassen können.

Er trieb sich in der Nähe des Hauses herum, in dem die Familie gelebt hatte. Als er einige Nachbarn entdeckte, erkannten diese ihn zunächst nicht. Sie konnten nicht fassen, dass er ins besetzte Kiew gelangen konnte. Er machte ihnen Angst, als er behauptete, er sei mit einer ganzen Partisanentruppe gekommen. (So etwas kann nur einem 18-Jährigen einfallen, aber wie ich Grischa kannte, könnte es tatsächlich so gewesen sein.) Sie erzählten ihm, dass in ihrer alten Wohnung ein Beamter der Stadtverwaltung lebte – so hatte man sich also der von den Juden geräumten Wohnungen bedient. Von den Nachbarn erfuhr er, dass Natascha, die ehemalige Haushaltshilfe seiner Mutter, in einem Keller versteckt lebte. Er bat sie, ihr auszurichten, dass er sie am nächsten Tag auf dem Boulevard vor dem Haus treffen wolle. Natascha kam, schlotternd vor Angst, aber sie brachte ihm sogar einige seiner Kleidungsstücke mit, die sie an sich genommen hatte. Von ihr erfuhr er, dass seine Mutter mit der Schwester rechtzeitig die Stadt verlassen hatten. Wohin, das wussten sie nicht, irgendwohin Richtung Osten. Allein diese Nachricht war es wert gewesen, dass Grischa das hohe Risiko auf sich genommen hatte und nach Kiew gekommen war. Danach war es ihm tatsächlich gelungen, Kiew zu verlassen und sich zu den Partisanen durchzuschlagen. Bei Kriegsende war er in Jugoslawien, nach Kiew kehrte er erst vier Jahre später zurück.

Nach unserem Besuch in Babi Jar fuhren wir schweigend zurück in die Stadt. Babi Jar hatte auf mich einen merkwürdigen Eindruck gemacht. Ich wusste von den dort verübten Massenmorden, aber es war Sommer, alles war grün, Kiew war so wunderschön und man konnte sich nicht vorstellen, dass hier Zehntausende Kiewer Juden ermordet worden waren. Ich bekam diese Bilder einfach nicht zusammen. In Kiew fuhren wir zu jener Wohnung an der Tereschtschenkowski-Straße, in die er damals, Anfang 1942, gekommen war. Als wir zum Haus gingen, grüßte Grischa im Vorbeigehen einen humpelnden Mann und sagte beiläufig zu mir: »Dieser Mann aus unserer Straße, den ich nur vom Sehen kannte, hat mich 1942 gewarnt, dass die Gestapo auf mich wartet.« Ich war sprachlos angesichts des knappen, aber freundschaftlichen Nickens, sie hatten sich nicht einmal »Hallo« gesagt.

Es stellte sich heraus, dass dieser Mann Grischa 1942 gewarnt hatte. Einer der Nachbarn hatte ihn verraten, man werde ihn holen kommen, und Natascha sei bereits von der Gestapo mitgenommen worden. Grischa war daraufhin sofort über den Zaun in den Botanischen Garten der Universität geflüchtet, wo er seit seiner Kindheit viele Verstecke kannte, und hatte die Stadt danach verlassen. Die Haushilfe Natascha wurde zum Glück bald laufen gelassen.

Nach dem Krieg zeigten einige der Nachbarn noch lange mit dem Finger auf Grischa, der einen Krach in der Straße verursacht hatte, weil er es riskierte hatte, während der deutschen Besatzung hier aufzutauchen. Mich beeindruckte sein damaliges Verhalten und ich dachte jedes Mal daran, wenn ich nach Kiew kam – auch nach Grischas Tod 1995.

Auch wenn es meinem Vater seinerzeit gelang, Grischas offenen Brief über Babi Jar zu veröffentlichen, scheiterte er bei einem anderen Versuch, einen Text, der ebenfalls der Vernichtung der Juden gewidmet war, unterzubringen. Es ging um ein Kapitel aus Wassili Grossmans Roman »Leben und Schicksal«, den der Autor 1960 gerade fertiggestellt hatte. Mein Vater schätze den ersten Teil des Romans über Stalingrad sehr. »Für die gerechte Sache« war 1952 veröffentlicht und damals sehr scharf in der Parteipresse kritisiert worden, und er brannte darauf, die Fortsetzung lesen zu können. Er fuhr zu Wassili Grossman, der ihm die Abschriften einiger Kapitel aus dem neuen Buch übergab. Mein Vater hätte beinahe schon in der Metro zu lesen angefangen, er konnte es kaum erwarten. Aus den Ausschnitten, die Grossman ihm gegeben hatte, wählte er jene Episode aus, in der eine der Heldinnen des Romans in Auschwitz ums Leben kommt. Aber es gelang ihm nicht, einen Vorabdruck durchzubringen – der Chefredakteur, der eigentlich durchaus als fortschrittlich galt, machte einen Riesenwirbel. Mit dieser Veröffentlichung würden sie Grossman nur schaden, im ZK würde man darüber erschrecken und der Roman als Ganzes würde nie gedruckt werden, ereiferte er sich. Mein Vater und Grossman waren damit überhaupt nicht einverstanden. Aber es war so typisch für die damalige Zeit und dafür, wie Menschen, die eigentlich nur Gutes wollten, dachten: nicht drucken, um den Schriftsteller vor Unannehmlichkeiten zu schützen!

Grossman übergab 1962 schließlich das Gesamtmanuskript der Zeitschrift *Snamja*, aber dort wurde er nicht nur nicht gedruckt, sondern auch beim KGB und dem ZK denunziert, und bald wurde bekannt, dass man den Roman »verhaftet« hatte. Das

Manuskript und sämtliche Abschriften, selbst die Durchschläge der Stenotypistin wurden beschlagnahmt, ebenso die Notizen des Autors und sogar die Farbbänder der Schreibmaschine, auf der der Roman getippt worden war. Grossman wurde beim ZK vorgeladen, wo ihm der Chefideologe Michail Suslow mitteilte, frühestens in zweihundert Jahren würde sein Buch erscheinen. Es wurden nicht zweihundert, aber immerhin 25 Jahre, und Grossman erlebte die Veröffentlichung nicht mehr. Er starb zwei Jahre später.

Für mich klang das alles damals schrecklich. Was hatte Grossman da geschrieben, dass sie nicht nur das Manuskript selbst, sondern alles, was damit zusammenhing, mitgenommen hatten? Warum hatte Parteiideologe Suslow gesagt, dass dieser Roman nicht früher als in zweihundert Jahren gedruckt würde? Ich erinnere mich noch daran, dass mein Vater sagte: »Grossman ist ein so kluger Mann, er hat sicher irgendwo noch eine Kopie des Romans versteckt, sie konnten nicht alles mitnehmen.« Aber wo oder bei wem, war unklar; erst später sollte sich herausstellen, dass es tatsächlich so gewesen war – und dass mein Vater jene, die das Manuskript aufbewahrten, gut kannte. »Leben und Schicksal« kursierte nicht im Samisdat (Samisdat, also »Selbstverlag«, so nannte man Manuskripte, die abgetippt und unter der Hand heimlich verbreitet wurden), und auch nicht über andere Kanäle, niemand wusste etwas, bis der Roman viele Jahre später im Westen auftauchte.* Damals konnte ich mir nicht vorstellen, dass ich 1987 in der Lage sein würde, Grossmans Roman zu lesen, dass mein Vater das Vorwort zur russischen Ausgabe schrei-

* Der Roman gelangte in Form von Filmen mit abfotografierten Manuskriptseiten in den Westen. Andrei Sacharow hatte jene Seiten abgelichtet, die der Dichter Semjon Lipkin aufbewahrt hatte; dem Schriftsteller Wladimir Woinowitsch war es gelungen, die Filme ins Ausland zu schmuggeln. 1980 wurden Teile davon in einer russischen Exilzeitschrift in der Schweiz veröffentlicht. Vier Jahre später kam eine – fragmentarische – deutsche Fassung auf den Markt. Erst im Zuge von Gorbatschows Glasnost wurde der Roman in Russland veröffentlicht.

ben würde und dass ich die Einleitung Heinrich Bölls zur deutschen Ausgabe ins Russische übersetzen würde.

Wenn man auf etwas sehr lange Zeit wartet, ist man oft enttäuscht, zu hoch sind die Erwartungen. Mit Grossmans Roman ging es mir allerdings nicht so. »Leben und Schicksal« wurde für mich zum wichtigsten Buch über den Krieg. Denn in ihm fand ich die Antwort auf die für mich zentrale Frage, wie sich während des Krieges wahrer Patriotismus und das Verständnis des Volkes von der existenziellen Notwendigkeit des Sieges mit dem vereinen ließ, was das Stalin-Regime war: Grausamkeit und GULAG.

Grossman schrieb über Menschen, wie jene, die mich umgaben, die aus dem gleichen Umfeld kamen und ähnliche Schicksale hatten. Grossman selbst hat den Fortgang der Geschichte um seinen Roman nicht mehr erlebt, er starb 1964. Manchmal frage ich mich, wie es wohl weitergegangen wäre, wenn jene Leser, an die Grossman sich wandte, den Roman hätten lesen können, als er fertiggestellt war. Wie und ob es die Diskussion im Land, in dem die Literatur ja eine sehr große Rolle spielte, verändert hätte. Und auch, wie es für mich gewesen wäre, wenn ich das Buch zwanzig Jahre früher in die Hände bekommen hätte. Denn nirgendwo sonst wurden die Grausamkeit des Krieges und zugleich ihre befreiende Wirkung auf den Menschen so deutlich und tiefgehend dargestellt, nirgendwo sonst wurde ein so komplexes episches Panorama der Zeit gezeichnet, wie in diesem Buch, und das in Zeiten, wo man nach solchen Bildern buchstäblich lechzte.

Vor dem Sieg war Krieg

Nach all diesen Ereignissen erstaunte es wenig, dass mein Vater die *Literaturnaja Gazeta* 1961 verlassen musste. Seine Artikel über die Kriegsliteratur, in denen er über die Bedeutung der »Wahrheit der Schützengräben« schrieb, erweckten in der Kulturabteilung des Zentralkomitees große Unzufriedenheit. Zumal mit Beginn der Ära Breschnew 1964 der Kampf um die Kriegserinnerungen immer schwieriger wurde. Die Phase des Tauwetters war vorbei, der Große Vaterländische Krieg wurde zum bedeutendsten staatlichen Mythos, dem man sich schwer widersetzen konnte. Leonid Breschnews Erinnerungen »Das kleine Land« (der Auftakt zu seinen dreiteiligen Memoiren – es folgten »Wiedergeburt« und »Neuland« –, die er natürlich nicht selbst geschrieben hatte) wurden in Millionenauflage gedruckt, mit dem Leninpreis ausgezeichnet und im Literaturunterricht der Schulen verwendet. Dank dieses Buches, in dem sich Breschnew ohnehin eine heldenhafte militärische Biografie zurechtschrieb, wurde einer kleinen Episode aus dem Vaterländischen Krieg, in der Breschnew als Chef der politischen Abteilung der 18. Armee im Rang eines Obersts anwesend war, eine epochale Bedeutung angedichtet.*

Und natürlich entstand daraus sofort ein Witz: »Wir schreiben das Jahr 1943, im Hauptquartier wird gerade die Entscheidung darüber getroffen, die Armee von General Paulus bei Stalingrad einzukesseln. Plötzlich unterbricht Stalin Marschall Schukow und fragt laut: ›Haben Sie sich mit Oberst Breschnew beraten?‹«

* Es ging darum, dass 1943 der südliche Frontabschnitt durch die Stadt Noworossijsk verlief, die sich in den Händen der Deutschen befand. An der Küste der Zemesskaja-Bucht, nördlich von Noworossijsk, hielten die Sowjettruppen einen kleinen Brückenkopf, der von den Marinesoldaten »Kleines Land« genannt wurde. Über diesen Brückenkopf sollte ein Landungstrupp von der Seeseite aus in die Stadt eindringen, parallel dazu sollten die Landstreitkräfte die deutschen Verteidigungslinien durchbrechen.

(Das Peinlichste an dieser Geschichte waren die ständig wiederkehrenden Gerüchte, dass einer unserer talentiertesten und bekanntesten Journalisten, ein kluger Mensch und Freund meines Vaters, an den breschnewschen Memoiren mitgeschrieben haben soll. Er selbst schwieg natürlich dazu – wobei es sicherlich schwer gewesen wäre, sich zu weigern. Nein, es war natürlich nicht mehr die Zeit Stalins, es wäre nichts wirklich Schlimmes passiert, aber ein so verführerisches Angebot abzulehnen … Ich schreibe diese Zeilen, ohne damit ein Urteil fällen zu wollen; nur demjenigen, der ein solches Angebot ausgeschlagen hat, steht dieses Recht zu. Aber wäre diese Sache wahr, würde das dieser Epoche eine noch düsterere Farbe hinzufügen.)

Gemeinsam mit der Mythologisierung und Heroisierung des Krieges tauchte, wie der Geist aus der Flasche, Stalin plötzlich wieder auf.

Das gewaltige Epos »Die Befreiung« kam in die Kinos, in dem er zum ersten Mal seit dem XX. Parteitag, an dem man den Personenkult verboten hatte, wieder auf der Kinoleinwand erschien – oft unter Applaus der Zuschauer. Das ganze Land wurde mit einem uniformen Gedächtnis überzogen, mit den »ewigen Flammen«, die alle Schüler am 9. Mai verpflichtend besuchen mussten und wo mit Orden behängte Veteranen offizielle Reden hielten. Echte Frontkämpfer gab es immer weniger, und diejenigen, die noch lebten, waren alt und bereit dafür, ihre ganz anderen und bitteren Erinnerungen gegen den Ehrenstatus des Veteranen einzutauschen, der mit im damaligen sowjetischen Leben wichtigen Privilegien verbunden war – zum Beispiel das wesentlichste war, vor Geschäften nicht in der Schlange anstehen zu müssen. Der Krieg und vor allem der Sieg wurden in jenen Jahren zu dem Zement, der die einstürzende kommunistische Ideologie noch zusammenhielt.

Keiner konnte damals die Perestroika vorhersagen. Aber als sie dann begann, unterstützten mein Vater, Wasil Bykow und alle seine anderen noch lebenden Freunde die »Umgestaltung« Gorbatschows nicht nur, sie waren aktiv an ihr beteiligt. Mein Vater sah eine gewisse Logik darin, dass der Berater Gorbatschows und wichtigste Motor der Veränderungen Alexander Jakowlew war, selbst ein Kriegsinvalide. Es war überhaupt ein Charakteristikum der Perestroika, dass die Menschen der älteren Generation sie vorantrieben.

Was meinen Vater betrifft, so nahm er diese Veränderungen wie ein Geschenk an, das zu erleben er nicht zu hoffen gewagt hatte. Obwohl seine materielle Situation sich massiv verschlechterte, da seine Veteranenpension und die Honorare für seine literarischen Beiträge durch die Entwertung des Rubels fast zunichtegemacht wurden, war er glücklich: zum ersten Mal in seinem Leben konnte er schreiben, ohne an die Zensur zu denken. Er konnte über Dinge schreiben, über die man früher nicht einmal sprechen durfte – über die schreckliche Kehrseite des Krieges, über seine vergessenen Opfer und die Rücksichtslosigkeit der Militärführer, über die Vergewaltigungen und Plünderungen durch die Rote Armee, als diese die Grenze zum Deutschen Reich überschritten hatte, und über viele andere sogenannte weiße Flecken in der Geschichte des Krieges, wie man das damals nannte.

Natürlich machte sich der Vater auch Sorgen über eine Welle, die von der anderen Seite herkam – anstelle der alten sowjetischen Mythen tauchten plötzlich neue mit dem Krieg verbundene auf.

Sehr bald aber wurde klar, dass sich das Leben durchaus nicht so entwickeln würde, wie meine Eltern es am Beginn der 1990er Jahre gehofft hatten.

1994 begann der erste Tschetschenienkrieg, meinen Vater ekelten die Fernsehreportagen aus Grosny an, die sich der Rhetorik um die Schlacht von Stalingrad bedienten. Wasil Bykow musste Mitte der 1990er Jahre Weißrussland verlassen, er lebte von Stipendien zuerst in Finnland und dann in Deutschland, wo er sich fremd fühlte. Er schrieb meinem Vater düstere Briefe, in

Meine Eltern mit Daniil Granin (links)
in den 1990er Jahren bei uns in Moskau

denen er Alexander Lukaschenko, seit 1994 Präsident von Weißrussland, »unseren Caudillo«* nannte.

Was meinem Vater die letzten Jahre seines Lebens wirklich vergiftete, war die Tatsache, dass auf der einen Seite der Große Vaterländische Krieg im Fernsehen plötzlich zum Blockbuster wurde und nichts mehr mit der historischen Realität zu tun hatte und er auf der anderen Seite immer offensichtlicher als Vorwand für eine nationalistische und machtzentrierte Politik benutzt wurde, schlimmer als in der Breschnew-Zeit. Mit Beginn des neuen Jahrtausends, als fast alle Freunde meines Vaters nacheinander gingen – es starb Mark, es starb Wasil –, wurde der 9. Mai, der

* Caudillo stammt aus dem Spanischen und meint ursprünglich »Heerführer« oder »Oberhaupt«. Franco gebrauchte den Begriff später bewusst in Anlehnung an Hitler und Mussolini im faschistischen Sinne als »Führer«.

Tag des Sieges, für meinen Vater immer trauriger. Er war jetzt fast alleine (nur Daniil Granin lebte noch in Petersburg und mit ihm stand er in engem Kontakt).

Vater blieb alleine zurück mit den Büchern und Filmen seiner Freunde, die von den jungen Leuten immer weniger gelesen und gesehen wurden. Es wurde immer schwieriger, der massiven Propaganda standzuhalten, die den Sieg in eine Ikone verwandeln wollte, vor der man nur andächtig beten konnte: »Sie hätten wenigstens warten können, bis wir Frontkämpfer alle gestorben sind«, sagte er. Selbst das Wort »Veteran« wurde ihm unangenehm, weil man die Veteranen bei der Wiederbelebung des Kultes um Stalin zu instrumentalisieren versuchte. Jeder, der die glorreiche Erinnerung »beschmutzte«, weil er die Wahrheit aussprach, wurde bezichtigt, das Andenken der Kämpfer und ihres großen Führers zu beleidigen. »Dabei gibt es unter diesen Veteranen«, so mein Vater, »ja de facto schon keine wirklichen Frontkämpfer mehr, nur noch Parteifunktionäre, die nie im Krieg waren, sich jetzt aber der Wiederauferstehung Stalins widmen.« Sein Frust entlud sich noch 2004, als er in einem seiner Artikel schrieb:

Wie oft haben wir gehört und hören wir jetzt noch: Mit Stalin haben wir den Krieg gewonnen, unter Stalin gab es Ordnung und die Preise wurden niedriger, die Juden wurden im Zaum gehalten und man sah keine Leute kaukasischer Nationalität auf den Moskauer Märkten, es war eine gute, große und schöne Epoche unter Stalin. Vor Kurzem haben unsere Massenmedien, einige mit Überschwang, andere etwas zurückhaltender, den fünfzigsten Todestag des »Genies aller Zeiten und Völker« gefeiert. Und Fernsehen und Radio waren mit süße Nostalgie hervorrufenden Liedern und Filmen angefüllt, und einige Politiker und Generäle, die, die man in Deutschland »die Ewiggestrigen« nennt, gaben unmissverständlich zu versehen, dass, wenn Stalin aus dem Grab wiederauferstehen sollte, sie ihn sofort auf den Thron des Generalsekretärs setzen würden. Davon träumen sie, das ist ihre Nostalgie. Sie alle hoffen immer noch, dass diese Stunde kommt!

Am Ende seines Lebens war es für meinen Vater immer schwerer zu begreifen, wie es möglich war, dass wieder so gelogen werden konnte, wo doch so viele bittere Fakten längst bekannt waren.

Wie immer ging er einmal in der Woche in die Buchhandlung und kehrte mit einem großen Stapel an neuen Büchern zurück. Er schrieb weiterhin Artikel, gab Interviews für Radio und Fernsehen – und in allen seinen Auftritten sagte er vor allem eines: dass es nicht möglich sei, die Erinnerung an den Krieg in einen Siegeskult umzuwandeln, weil vor dem Sieg vier Jahre eines furchtbaren Krieges gelegen hätten. Und dass es notwendig sei, vor allem über den Preis dieses Sieges zu sprechen.

Seine Stimmung verschlechterte sich zusehends immer um den 9. Mai herum, wenn junge Journalisten, die weder viel verstanden noch viel wussten, sein Telefon mit Interviewanfragen blockierten, in der Hoffnung, ihm die üblichen Veteranenworte entlocken zu können.

Während meiner Kindheit war der Siegestag für ihn der wichtigste Tag im Jahr gewesen – kein Feiertag, sondern ein Gedenktag. Zum 9. Mai war er nach Kiew gefahren, dort hatte er Viktor Nekrassow, Grischa Kipnis und andere Freunde getroffen, alles ehemalige Soldaten, die aus der Ukraine an die Front gegangen waren.

Diese Tradition hatte ein Ende gefunden, als Viktor Nekrassow 1974 emigrieren musste. Danach waren wir immer als Familie in Moskau zusammengekommen.

Am sechzigsten Jahrestag des Kriegsendes, 2005, als unsere große Familie noch nicht in aller Herren Länder und sogar verschiedene Kontinente verstreut war, versammelten wir uns wie immer

Mein Vater (rechts) mit Viktor Nekrassow, Mitte der 1960er Jahre

in der Wohnung meiner Eltern. Und setzten uns auf die Stühle und um jenen großen Tisch, der einst im Hotel »Lux« gestanden hatte. Die Stimmung war schlecht. Wir alle strömten aus den verschiedensten Ecken Moskaus herbei, um dem Vater zu gratulieren, aber wir hatten Mühe, bis zur elterlichen Wohnung im Zentrum der Stadt vorzudringen. Zum ersten Mal seit vielen Jahren war die Stadt völlig abgeriegelt worden – für die Enkelkinder, die das sowjetische Leben nicht kennengelernt hatten, war das eine völlig neue, erschreckende Erfahrung. Zum ersten Mal seit vielen Jahren fuhren wieder Panzer über den Roten Platz. (2005 war zwar ein großer Anlass, aber man hätte damals schon den Umschwung erkennen können, der sich in Putins Großmachtpolitik heute längst manifestiert hat. Damals schrieben die Zeitungen noch, dass diese Fahrzeuge die ohnehin schlechten Moskauer Straßen noch weiter ruinieren würden.) Und es marschierten die »professionellen Veteranen«, wie mein Vater sie gerne nannte. Besonders geschmacklos war der »historische« Teil der Parade:

junge Burschen und Mädchen, verkleidet mit nagelneuen Uniformen, Stiefeln und Kappen im Stil der Kriegsjahre. Zum ersten Mal tauchte damals auch wieder jenes schwarz-orange-gestreifte Bändchen* auf, das mit der Erinnerung an den Krieg nichts zu tun hatte.

Ich erinnere mich auch deshalb sehr gut an jenen 9. Mai 2005, weil ich mich damals in einem der obersten Stockwerke des (inzwischen abgerissenen) Hotels »Rossija« aufhielt und die ganze Parade für den WDR kommentierte. Dieses Spektakel und der propagandistische Lärm, der es begleitete, war der Beginn der Schaffung eines neuen Kultes – mit Hilfe des alten. Und mein Vater begriff das nur allzu gut.

Als wir – meine Schwester, ich und die Kinder – uns endlich alle bis zur Wohnung der Eltern durchgeschlagen hatten und um den Tisch herumsaßen, sagte der Vater, dass er den nächsten runden Jahrestag nicht erleben wolle, das könne er einfach nicht ertragen. Und er erlebte ihn tatsächlich nicht mehr. Mein Vater starb im Januar 2010. Seitdem versuche ich, jeden 9. Mai nicht in Moskau zu verbringen. 2015 flog ich nach Berlin und war froh, diesem inszenierten Spektakel entkommen zu sein – den Sankt-Georgs-Bändchen, die sich Jung und Alt ans Revers hefteten, den Leuten in Militärhosen und Militärmützen, den Autos, auf die man »Auf nach Berlin« geschrieben hatte und den Transparenten mit Sprüchen wie »Wir können das wiederholen«. Ich war froh, dass der Vater das nicht mehr erleben musste.

Doch als ich am Flughafen kurz vor dem Check-in auf einen der großen Bildschirme blickte, sah ich die Gesichter bekannter Kriegsteilnehmer – und plötzlich war da das lächelnde Gesicht von Mark Gallai. Es schien mir wie ein Gruß und ein beruhigen-

* Das Sankt-Georgs-Band, ein Band, an dem die Orden für den Kampf gegen das Deutsche Reich befestigt waren. Es war 1998 von der russischen Föderation wiedereingeführt worden, gilt seit dem 9. Mai 2005 als Nationalsymbol – und wurde während der Krimkrise 2014 und während der Krise in der Ukraine im selben Jahr zum Erkennungszeichen der prorussischen Kräfte.

der Hinweis darauf, dass man die Erinnerungen meines Vaters und seiner Freunde an den Krieg eben doch nicht völlig auslöschen kann. Aber sie sind nicht mehr da und ich habe das merkwürdige Gefühl, dass wir, die wir nach dem Krieg geboren sind, jetzt die Letzten sind, die sich erinnern. Natürlich nicht an den Krieg, aber an die, die ihn erlebt haben und an ihr Trauma.

Mit meiner Mutter, 1951

4
Versteckt euch nicht im jüdischen Hinterhof

Die Wurzeln

Ich versuche mich an den Moment zu erinnern, von dem an ich zu verstehen begann, dass ich Jüdin bin. War es, als ich begriff, dass mein Nachname Schindel eindeutig nicht russisch war? War es früher? Später? Und was hieß das überhaupt in Moskau Mitte der 1950er und 1960er Jahre?

Für meine Großeltern mütterlicherseits, die im ausgehenden 19. Jahrhundert in Starodub im Kreis Brjansk geboren wurden, stellte sich diese Frage nicht. Sie waren Juden – das bezeugte schon der Ort, in dem sie aufwuchsen, eine mehrheitlich von Juden bewohnte Kleinstadt. Aber während sie hier und in der Umgebung jenes Leben fortsetzten, das die Juden seit Jahrzehnten führten, wollten viele junge Leute das nicht mehr. Wenn sie zum Studieren in die große Stadt gingen (sofern es ihnen gelang, unter jene Prozentzahl an Juden zu fallen, denen es gestattet war, eine Universität zu besuchen), führte das unweigerlich zu einem Bruch mit den Traditionen. Und genauso benannte man das damals auch: »Bruch mit der Tradition« bedeutete einen Bruch mit der Lebensweise der Altvorderen, einen Bruch mit der Sprache und der Religion.

In meiner Familie wurde dieser Bruch bereits viel früher vollzogen. Durch meine Urgroßmutter Etlja. Vermutlich traf sie die Entscheidung, mit den Traditionen zu brechen, nach einem Pogrom, das sich im Jahr 1891 in Starodub ereignet hatte. Sie schickte ihre Kinder, eines nach dem anderen, ins russische

Gymnasium und bereitete ihnen dadurch über die Bildung und die Kenntnis der russischen Sprache und Kultur den Weg in die Assimilation. Nur darauf, die Kinder russisch-orthodox taufen zu lassen, verzichtete sie, so, wie sie auf jede Religion verzichtete. Diese ablehnende Haltung gab sie an ihre Kinder weiter. Meine Großmutter war, so wie alle ihre Schwestern, bis an ihr Lebensende entschieden antireligiös und erzählte immer mit großem Vergnügen, dass sie und einige andere jüdische Mädchen während des russisch-orthodoxen Religionsunterrichtes entweder unbeaufsichtigt in einem anderen Klassenraum herumsprangen oder in der Stadt spazieren gingen. Über ihren Großvater, der das Oberhaupt der jüdischen Gemeinde der Stadt war, erzählte sie dagegen verbittert, dass er sich einmal, als Etlja mit der Zahlung des Schulgelds für das Gymnasium in Rückstand geraten war, geweigert hatte, ihr das Geld zu geben, und sie stattdessen ausgeschimpft hatte, weil sie sich vom jüdischen Glauben abgewandt hatte.

Mein Großvater, der zunächst in den »Cheder« ging, eine traditionelle und religiös geprägte Schule, wechselte später auf ein russisches Gymnasium. Und als er schließlich an der Universität in Brünn studierte, hatten sich die Zeiten schon radikal verändert. Großmutter und Großvater waren noch ganz jung, als die bis dahin gewohnte und von allerlei Auflagen beschränkte jüdische Welt zusammenbrach und nach den blutigen Auseinandersetzungen des Bürgerkrieges zum ersten Mal so etwas wie nationale Gleichheit einzutreten schien.

1920, als sämtliche Einschränkungen aufgehoben worden waren, wuchs auch der Anteil der jüdischen Bevölkerung in Moskau deutlich. Zu Beginn der 1930er Jahre lebten bereits an die 200 000 Juden in der Stadt. Es entstanden jüdische Organisationen, Schulen, Theater und sogar ganze Bezirke, wo sich die Juden niederließen. Die neuen Machthaber unterstützten die nationale jüdische Bewegung, wobei natürlich besonderes Augenmerk darauf gelegt wurde, dem Ganzen einen sowjetischen und kommunistischen Anstrich zu verleihen. Abgesehen davon brauchte man junge, energische, gebildete Kader, die bereit waren, die neuen Machthaber zu unterstützen. Diesen Nachwuchs fand man auch unter den jungen Juden, für die sich neue Möglichkeiten eröffneten: Studium, Arbeit, Staatsdienst. Sie verließen massenweise die im Bürgerkrieg zerstörten Siedlungen und gingen in die Großstädte. Einige kamen von sich aus nach Moskau, andere, die sich in der Provinz bereits hervorgetan hatten, wurden von der Partei nach Moskau geholt. So kam auch mein Großvater 1924 von Gomel zur Komintern nach Moskau.

Zu jener Zeit begannen viele junge Juden ihre Vor- und Nachnamen zu ändern. Das hing nicht immer direkt mit dem teils latenten, teils offenen Antisemitismus zusammen, der sich so schnell nicht vertreiben ließ. Aber ich denke, dass diejenigen, die in der Atmosphäre der Diskriminierung aufgewachsen waren und die Pogrome und blutigen Abrechnungen während des Bürgerkrieges überlebt hatten, daraus ihre Lehren gezogen hatten. Andere, die sich nun mit einem Mal in einer russischen Umgebung wiederfanden, wollten ihre jüdischen Namen vereinfachen, die schwer auszusprechen waren. Zumal viele Juden häufig mehrere Namen hatten, was für die Russen merkwürdig war. Bei der Schwester meines Großvaters beispielsweise war genau das der Grund gewesen; sie war Kindergärtnerin und kaum eines der Kleinen konnte ihren Namen Sarah Zodikowna richtig aussprechen. Sie benannte sich in Sofia Lwowna um, und für die Kinder war sie einfach »Tante Sonja«. Meine Großmutter Miriam Chaimowna änderte ihren Namen in »Mira Efimowna«.

Über diese Namensänderungen kursierte zu Beginn der 1930er Jahre folgender Witz: Ein alter Jude fährt mit dem Zug nach Moskau. In seinem Abteil sitzt ein Mann, der die damals populäre Illustrierte *Ogonjok* liest. Nach einer Weile sagt er: »Ein Prachtkerl, dieser Journalist, dieser Michail Kolzow, er macht wirklich eine wunderbare Illustrierte.« Und der Alte antwortet: »Danke, das ist mein Sohn.« Etwas später schlägt der Mitreisende die Zeitung *Prawda* auf, blättert sie durch und bricht auf einmal in schallendes Gelächter aus. »So eine gute Karikatur, ein Prachtkerl, dieser Künstler, der Boris Jefimow.« Und wieder antwortet der Alte: »Danke, das ist auch mein Sohn.« Da schaut ihn der Mitreisende erschrocken an und setzt sich ganz weit weg von diesem seltsamen und offenbar wirren Alten.

Der Alte war keineswegs verrückt, wie sein lesender Mitreisender annahm. Der Karikaturist Boris Jefimow und der Publizist Michail Kolzow waren unter den Namen Friedland geboren worden. Als Michail Kolzow 1940 als »Volksfeind« erschossen wurde, gab es schon nichts mehr zu lachen.

Die Änderung von Vor- und Nachnamen, von der nicht nur Juden Gebrauch machten, wurde von den neuen Machthabern zunächst unterstützt. Nach der Revolution wurden auch andere schwer auszusprechende Namen vereinfacht, und manchmal änderten die Menschen ihre Namen auch zu Ehren revolutionärer Helden. Plötzlich tauchten jede Menge Marats und Jaurès auf. In den 1920er Jahren kam es unter Parteifunktionären in Mode, den Kindern Fantasienamen aus Abkürzungen zu geben: Marlen (für Marx-Lenin) oder Wladlen (für Wladimir Lenin). Mädchen hießen nach dem Parteiführer Lenina oder ein Jahrzehnt später häufig Stalina.

Ich hatte immer den Verdacht, dass Großmutter 1927 meiner Mutter zu Ehren Nadeschda Krupskajas, der Witwe Lenins, den Namen Nadeschda gegeben hatte. Ich weiß nicht, ob sie irgendwann enttäuscht von der Namensgeberin war, jedenfalls wurde aus Nadja sehr schnell Naja. Die Cousine meiner Mutter wurde Wilena genannt (nach Wladimir Iljitsch Lenin). Für die Familie war sie von Anfang an Wilka, und das blieb sie für mich und alle anderen Verwandten bis heute.

Mein Großvater fügte seinem Nachnamen Roskin nach der Revolution den Namen Mirow hinzu, angelehnt an Großmutter Mira. Der Doppelname Mirow-Roskin klang nach wie vor jüdisch, doch sich davon abzugrenzen, darum war es dem Großvater nicht gegangen: Er wollte einfach die in Parteikreisen übliche Praxis, sich Decknamen zuzulegen, umsetzen. Vor der Revolution hatte dies konspirative Gründe gehabt, danach war es Teil der parteiinternen Gepflogenheiten geblieben. Bei der Komintern in Moskau gab es daher viele, die nicht unter ihrem richtigen Namen bekannt waren.

Großvater und Großmutter sprachen kein Jiddisch und ins Jüdische Theater gingen sie nur, um den bekannten Schauspieler Solomon Michoels in seiner Paraderolle zu sehen: als Shakespeares König Lear. In ihrem Umfeld galt es sogar als provinziell und kleinbürgerlich, das eigene Jüdischsein hervorzuheben. Wenn man über jemanden sagen wollte, dass er ein schlechtes Benehmen habe oder ungebildet sei, hieß es gerne: »Der benimmt sich ja wie einer aus dem Schtetl.«

An ihr vorrevolutionäres Leben in einer jüdischen Umgebung erinnerten in Moskau nur noch einige Gegenstände aus dem Haus meiner Urgroßmutter (darunter ein traditioneller silberner Kerzenleuchter), das im Bürgerkrieg zerstört worden war. Und dann waren da natürlich die jüdischen Speisen, die Großmutter wunderbar zubereitete, allerdings ohne Fanatismus und gleichberechtigt mit ukrainischen Köstlichkeiten: Borschtsch, gehackter Hering, gefillte Fisch …

Die Familie meines Vaters hingegen war ihren jüdischen Wurzeln näher. Schon allein deshalb, weil sie dortgeblieben war, wo sie schon vor der Revolution gelebt hatte: in Dnepropetrowsk, das einst Jekaterinoslaw geheißen hatte. Jiddisch habe ich zum ersten Mal von meiner Großmutter Fenja gehört, der Mutter meines Vaters. Sie wechselte manchmal vom Russischen ins Jiddische, wenn sie mit ihrem Bruder sprach. Mein Vater selbst allerdings hat die Sprache nie gelernt.

»Wasja, was bist du denn für ein Jude?«

Meine Eltern wuchsen in den 1930er Jahren heran, sie wussten um ihre jüdischen Wurzeln, aber sie definierten sich nicht darüber. Meine Mutter kam in Moskau zur Welt und war niemals an jenen Orten, wo ihre Eltern aufgewachsen waren. Das Hotel »Lux« war 16 Jahre lang ihre Heimat, eine internationale Umgebung, in der es letztlich keinen Antisemitismus geben konnte; zu hoch war die Zahl derer, die es damals unter den Kommunisten aus aller Herren Länder gab. Und auch in ihrer Moskauer Schule, in der viele Kinder von Parteikadern und Angehörigen der sowjetischen Elite lernten, begegnete meine Mutter zu dieser Zeit nie Antisemitismus.

Für meinen Vater spielte sein Judentum ebenfalls kaum eine Rolle, obwohl er in der Ukraine aufgewachsen war, wo Antisemitismus zum Alltag gehörte. Auch die Erinnerung an den Bürgerkrieg war noch sehr frisch, in dessen Zuge man ganze jüdische Siedlungen zerstört und die Bewohner vertrieben oder getötet hatte – wobei alle Kriegsparteien fast zu gleichen Teilen mitgemacht hatten: Grüne, Weiße und Rote. Was allerdings ohne Zweifel große Bedeutung hatte, war die Tatsache, dass die Bolschewiki den Antisemitismus offiziell verurteilten und sogar verboten. Für sie war Antisemitismus Ausdruck eines Großmacht-Chauvinismus. Der alltägliche Antisemitismus verschwand natürlich nie so ganz, das Gewohnte ließ sich »von oben« nicht so leicht ändern. Er zeigte sich in kleinen Konflikten, brach sich Bahn in Warteschlangen und überfüllten Straßenbahnen oder auch in den Küchen der überbelegten Gemeinschaftswohnungen.

Meine Eltern waren noch zu jung, um zu erkennen, wie sich die Atmosphäre Mitte der 1930er Jahre zu verändern begann. Stalins innenpolitischer Kurs war klar, alles sollte sich auf das russische Volk ausrichten, das die Rolle des Großen Bruders für alle Völker der UdSSR übernehmen sollte. Mit enormem Propagandagetöse wurde die Gründung des lebensunfähigen autonomen jüdischen Kreises in Birobidschan im fernen Osten bekannt gegeben, während zur gleichen Zeit nicht nur alle zionistischen, sondern auch alle kulturellen jüdischen Organisationen liquidiert wurden. Ich weiß nicht, was sich mein Komintern-Großvater bei alldem dachte, wahrscheinlich rechtfertigte er das widersprüchliche Agieren Stalins damit, dass der Kampf gegen den Zionismus Teil des allgemeinen Kampfes gegen den bürgerlichen Nationalismus war.

Als in den Jahren 1937/38 der Große Terror begann, wusste niemand etwas von den geheimen Befehlen des NKWD, in denen die sogenannten nationalen Operationen angeordnet wurden, die zahllose Verhaftungen von Deutschen, Polen, Finnen und Griechen nach sich zogen, die man nun der Spionage beschuldigte. Von da an waren also nicht mehr nur die soziale Herkunft, die Zugehörigkeit zur Opposition oder andere »Unzulänglichkeiten« Grund für eine Verhaftung, sondern auch eine »falsche Nationalität«.

Unter den Opfern des Großen Terrors waren viele Juden, was vor allem daran lag, dass es unter Parteikadern und Funktionären viele Juden gab. Trotzki, der aus der Emigration gegen die Moskauer Schauprozesse der Jahre 1937 und 1938 protestierte, war gleichwohl der Auffassung, diese Prozesse hätten ohne Zweifel antisemitischen Charakter.

Sehr viel später (wie das vor allem in jüdischen Kreisen oft geschieht) wurde die Frage diskutiert, von welchem Zeitpunkt an Stalin den Juden mit Antipathie begegnete, ob das erst mit dem Übergang zu den 1940er Jahren begann oder ob die Abneigung des allmächtigen Führers schon immer da gewesen war, sich aber erst zeitverzögert auf dessen Politik auswirkte.

Mich interessiert hier weniger, wie Stalin grundsätzlich zu den Juden stand (seine Tochter Swetlana schrieb in ihren Erinnerungen, dass er sie »nie geliebt« habe), sondern, wie sich Stalins Politik auf das Leben meiner Familie auswirkte. Was meinen Großvater betrifft, so denke ich, dass er spätestens nach dem Hitler-Stalin-Pakt begriffen haben musste, woher der Wind nun wehte. Denn damals wurde nicht nur jede antideutsche Propaganda verboten, sondern auch jede Kritik an der antisemitischen Politik der Nationalsozialisten. Bis dahin hatte die sowjetische Presse relativ viel darüber berichtet. Und auch ein Film war gedreht und in den Kinos gezeigt worden, in dem es um das Schicksal eines jüdischen Arztes im Dritten Reich ging: »Professor Mamlok« nach dem Stück des Politemigranten Friedrich Wolf. Nach dem Pakt wurde der Film nicht mehr gezeigt. Um die Deutschen nicht zu verärgern, wurde sogar der Volkskommissar für Auswärtige Angelegenheiten, der Jude Maxim Litwinow, 1939 abgesetzt. Molotow, der ihm nachfolgte, schrieb ganz offen in seinen Erinnerungen darüber, wie man nach der Absetzung Litwinows das gesamte Volkskommissariat für Auswärtiges »säuberte«: »Als sie Litwinow absetzten, sagte Stalin zu mir: ›Schmeiß die ganzen Juden aus dem Volkskommissariat raus!‹ Gott sei Dank hat er das gesagt!« Typisch für Stalins Mitstreiter Molotow, der selbst eine jüdische Ehefrau hatte und Stalins Aussage völlig richtig fand. Seine Frau, selbst eine Parteifunktionärin, wurde dann 1949 verhaftet und wegen Verbindungen mit den »jüdischen Nationalisten« in die Verbannung geschickt, wo sie bis zu Stalins Tod blieb. Und sosehr Molotow seine Frau liebte, auch dem musste er zustimmen.

Von April 1938 an konnte man nicht mehr selbst entscheiden, welche Nationalität im Pass oder anderen Dokumenten genannt werden sollte, wie das bis dahin der Fall gewesen war.* Auf Befehl des NKWD wurde die Nationalität nun anhand vorgelegter Dokumente festgelegt: Geburtszeugnisse, Eintragungen im Kirchenregister und so weiter. Aber erst mit Kriegsbeginn zeigte sich der Antisemitismus offener. Meine Mutter sprach oft über

* Bis 1932 hatte es überhaupt kein einheitliches Ausweis-System gegeben. Gegen Ende der 1930er Jahre änderte sich das, man musste nun belegen, welchen »ethnischen« Hintergrund man hatte.

die antisemitische Stimmung in ihrer Schule im baschkirischen Ufa, wohin sie evakuiert worden war, und es war für sie eine völlig neue Erfahrung.

Tatsächlich gab es unter den Flüchtlingen und Evakuierten in Zentralasien, im Ural und in Sibirien viele Juden – auch aus den Teilen, die man sich von Polen einverleibt hatte, und aus der Westukraine. Der Zustrom von Menschen aus dem europäischen Teil der Sowjetunion beunruhigte die örtliche Bevölkerung. Die Neuen sahen anders aus, fremd, man fürchtete, sie könnten den Einheimischen Wohnungen und Arbeit wegnehmen.

Erschwerend kam hinzu, dass die sowjetische Propaganda den Menschen nichts erklärte, vor allem nicht, warum sich unter den Flüchtlingen und Evakuierten so viele Juden befanden. Kein Wort darüber, dass Juden von Vernichtung bedroht waren. Und kein Wort darüber, dass sich unter den ins Hinterland verlegten Instituten und Fabriken nun einmal viele jüdische Ingenieure und Wissenschaftler befanden. All das wurde der örtlichen Bevölkerung verschwiegen. Stattdessen hieß es, die Juden sind nicht an der Front! Sie würden sich drücken, sie seien allesamt Feiglinge. Mein Vater hörte derlei auch in der Armee. Und als er einmal mitbekam, wie die Soldaten seiner Kompanie darüber redeten, sagte er: »Na, und ich?« Dass Leutnant Wasja, wie sie ihn nannten, weil sie seinen fremd klingenden Namen »Lasar« nicht aussprechen konnten, ein Jude sein sollte, konnten sie gar nicht glauben. Juden stellten sie sich wahrscheinlich ganz anders vor.

Die Gerüchte über die jüdischen Feiglinge, die es sich bequem gemacht hätten, während die Rote Armee an der Front kämpfte, hielten sich hartnäckig. Auch wenn inzwischen bekannt gewordene Zahlen zeigen, dass der Prozentsatz an Juden in der Armee im Verhältnis zu anderen Nationalitäten keineswegs niedriger war, überdauerten die giftigen Mythen. Viele Jahre später sollte sogar Solschenizyn in einem meiner Meinung nach sehr fragwürdigen Buch (»Zweihundert Jahre zusammen«) über die jahrhundertealten Beziehungen zwischen Juden und Russen diesen Mythos in gewisser Weise festigen, indem er bekannte »gute« Juden aufzählte, die an der Front gewesen waren, was den Eindruck erweckte, dass es doch nur einige wenige gewesen seien.

Ich war gerade bei meinen Eltern zu Besuch, als mein Vater mit Solschenizyns Buch nach Hause kam. Er blätterte es durch und fand sofort die Stelle, an der Solschenizyn jene kämpfenden Juden aufzählte, die er selbst an der Front getroffen hatte oder von deren Einsatz er gehört hatte. Unter ihnen war auch mein Vater:

> *Aber ich habe Juden an der Front gesehen. Unter ihnen waren mutige Männer. [...] In meiner Batterie (60 Mann) waren zwei Juden: der Sergeant Ilja Solomin, der den ganzen Krieg hindurch herausragend kämpfte, und der Gefreite Pugatsch, der ziemlich schnell in die Politabteilung abwanderte. Unter den 20 Offizieren unserer Division war auch ein Jude, der Major Aronson, Chef des Nachschubs. Ein wahrhaftiger Kämpfer war auch der Dichter Boris Slutzki, er soll gesagt haben, er sei »ganz von Kugeln durchsiebt«. Major Lew Kopelew war zwar in der Politabteilung der Armee [Abteilung für die Wehrkraftzersetzung des Gegners], stürzte sich aber furchtlos in jedes Gefecht. [...] Oder der später bekannte Literaturwissenschaftler Lasar Lasarew, der als Jugendlicher in den Krieg zog, zwei Jahre an vorderster Front kämpfte, bevor er an beiden Armen verstümmelt wurde.*[6]

Mein Vater reagierte mit Bitterkeit und sagte, diese Art von Lob sei erniedrigend und würde den Antisemitismus nur weiter befeuern.

Zilja, eine enge Freundin meiner Großmutter, die nach dem Krieg zum zweiten Mal verhaftet und in den GULAG geschickt wurde, wo nicht nur die Lagerleitung, sondern auch die neuen Ströme von Gefangenen mit dem Virus des Antisemitismus infiziert waren, stellte als Antwort auf all diese Erzählungen über

Juden, die sich feige im Hinterland in Sicherheit gebracht hätten, eine Liste von zwanzig ihrer Verwandten auf (darunter auch ihr Sohn), die an der Front gekämpft hatten.

Während des Krieges wurde der Antisemitismus auch in der Kaderpolitik deutlich spürbar. Man begann in den verschiedensten Bereichen gegen Juden vorzugehen, vor allem im kulturellen Bereich war die Rede von einer regelrechten »Vorherrschaft« der Juden – etwa am Konservatorium oder im Bolschoi-Theater. Evakuierten Juden wurde die Rückkehr nach Moskau oder Leningrad erschwert. Man brauchte dafür eine spezielle Genehmigung und diese zu bekommen war sehr schwierig.

Vor diesem Hintergrund verwundert es nicht, dass mein Großvater, der schon 1942 aus der Evakuierung von Ufa nach Moskau zurückkehrte, so große Probleme hatte, seine Familie nachzuholen. Ich stieß auf Briefe meiner Großmutter an den Großvater und in jedem von ihnen fand sich ihre Bitte wieder, die Genehmigung für ihre Rückkehr nach Moskau doch endlich zu erwirken. Wo sie ihm womöglich Untätigkeit und mangelnde Durchsetzungskraft unterstellte, lagen die wahren Gründe für die Verzögerung ganz woanders.

Nach dem Krieg verschwand der Antisemitismus keineswegs, er wurde eher noch stärker spürbar, auch wenn viele der Sowjetmacht fanatisch ergebene Juden lange Zeit nicht glauben konnten, dass ihre Schwierigkeiten bei der Arbeitssuche oder der Grund ihrer Entlassung etwas mit ihrer »schlechten« Nationalität zu tun haben könnte.

Ich kam bereits in einer Atmosphäre auf die Welt, die sich deutlich von jener unterschied, in der meine Eltern aufgewachsen waren. Genau ein Jahr vor meiner Geburt war am 14. Mai 1948 der Staat Israel gegründet worden. Meine Großeltern empfanden ebenso wenig Nähe zu diesem Land wie meine Eltern. Aber unter den Verwandten und Bekannten und überhaupt in jüdischen Kreisen entstand eine Art Zugehörigkeitsgefühl und man war stolz auf diesen eigenen Staat, der nach den entsetzlichen Verlusten während des Krieges Hoffnung auf einen Neuanfang machte.

Eine riesige Menschenmenge empfing vor der Synagoge die in Kiew geborene Golda Meir, die 1948 an der Spitze einer israelischen diplomatischen Delegation nach Moskau kam. Man hoffte auch hierzulande auf die Wiederauferstehung des jüdischen Lebens. Eine Hoffnung, die sich leider nicht erfüllte. Die Beziehungen zu Israel und vor allem zu den USA verschlechterten sich dramatisch, es begann der Kalte Krieg. Vor diesem Hintergrund wurde die antisemitische Politik, der Kampf gegen den Zionismus, zu etwas Alltäglichem. Jüdische Kulturorganisationen und Einrichtungen wurden geschlossen, darunter auch das Staatliche Jüdische Theater. Solomon Michoels, der Direktor und einer der bekanntesten Schauspieler des Landes, kam 1948 ums Leben. Offiziell hieß es, er sei von einem Auto erfasst worden, aber schon damals ging das Gerücht um, es sei Mord gewesen. Tatsächlich hatten ihn Mitarbeiter der Staatssicherheit vor einen Lastwagen gestoßen, heute ist auch klar, dass der Befehl dazu von höchster Stelle, nämlich von Stalin selbst gegeben worden war. Noch 1942 war der Schauspieler zum Vorsitzenden des Jüdischen Antifaschistischen Komitees gewählt worden und hatte weltweit dazu aufgerufen, die Sowjetunion in ihrem Kampf gegen Hitlerdeutschland zu unterstützen. Nach Kriegsende hatte sich Stalins Kurs radikal geändert, jüdische Organisationen und Kultureinrichtungen wurden aufgelöst – unter dem Vorwand der Bekämpfung des Zionismus. Michoels erhielt zwar ein Staatsbegräbnis, zu dem es auch eine Kinowochenschau gibt – wenn man die ansieht, spürt man die Atmosphäre der Angst und Unsicherheit, in der eine große Menge Moskauer Juden hinter dem Sarg herging.

Kurz darauf wurden auch die Mitglieder des Jüdischen Antifaschistischen Komitees verhaftet. Mein Großvater kannte viele von ihnen sehr gut. Sie wurden grausam gefoltert und 1952 fast alle hingerichtet. Gleichzeitig begann eine Kampagne, von der auch assimilierte und atheistische Juden betroffen waren, also solche, wie meine Familie. Das alles erfolgte unter der Losung des »Kampfes gegen den Kosmopolitismus«, und mit den »heimatlosen Kosmopoliten« waren Juden gemeint. Der Kosmopolitismus, so hieß es, sei Ausdruck der imperialistischen Bourgeoisie, er bedrohe die nationale Identität und stehe den proletarisch-sozialistischen Bestrebungen entgegen. Dieser verwerflichen Ideologie würden vor allem Juden anhängen.

Damit begann auch an den Universitäten eine Hetzjagd, jüdische Professoren wurden entlassen, an der philologischen Fakultät traf es auch den Lieblingsprofessor meiner Eltern, Abram Belkin. Als ich vor Kurzem das Archiv meiner Mutter durchging, fand ich einen ganzen Stapel Mitschriften seiner Vorlesungen über russische Literatur. Sie hatten sie ihr ganzes Leben lang aufbewahrt.

Im Schriftstellerverband wurden nicht nur jene jüdischen Autoren angegriffen, die man des bürgerlichen Nationalismus beschuldigte, sondern sämtliche jüdische Literaten. In der Presse lief eine Kampagne zur Entlarvung von Pseudonymen oder abgewandelten Namen. Fortan wurde der jüdische Nachname in Klammern hinter den gewählten gesetzt.

Wenn meine Eltern über diese Zeit sprachen, ging es häufig darum, wie unterschiedlich die Menschen mit diesem staatlich unterstützten Antisemitismus umgingen. Der eine schwang plötzlich eine hetzerische Rede, der andere unterstützte die Verfolgten und versuchte zu helfen. Ein Studienkollege und enger

Freund meines Vaters etwa verzichtete 1950 demonstrativ zu Gunsten meines Vaters auf seinen Platz in der Aspirantur. Man hatte ihnen völlig unerwartet mitgeteilt, es werde nicht zwei, sondern nur einen Platz geben. Aber da mein Vater Frontkämpfer war, Invalide und Parteimitglied, konnten sie ihm nichts anhaben und mussten ihn annehmen.

In den Jahren darauf verschlimmerte sich die Situation weiter. Immer mehr Juden wurden entlassen oder verhaftet. Es war eine schwierige Phase für meine Familie und obwohl ich zu klein war, um irgendetwas Konkretes zu begreifen, denke ich doch, dass meine in der Folge auftretenden kindlichen Ängste viel mit dieser angespannten Atmosphäre zu tun hatten. Meine Eltern, die sich nie über ihre jüdische Herkunft identifiziert hatten, sondern über die russische Kultur, die sich für russische Philologie als Studienfach entschieden hatten, mussten sich nun plötzlich als Juden fühlen. Was machte all das mit ihren Persönlichkeiten?

Als mein Großvater nach der Erkrankung von Georgi Dimitrow, dessen Mitarbeiter er gewesen war, 1948 aus Bulgarien zurückkehrte, erwartete er täglich seine Entlassung oder seine Verhaftung. Obwohl er zur außenpolitischen Abteilung des Zentralkomitees gehörte. Und tatsächlich plante die Partei schon ein Verfahren gegen ihn.

Mein Vater wiederum beendete 1952 zwar seine Aspirantur und verteidigte seine Doktorarbeit (was an sich schon an ein Wunder grenzte), konnte aber weder als Lehrer noch als Literaturkritiker Arbeit finden. Weder in Moskau und Leningrad noch in der Provinz. Der Cousin meiner Mutter, ein talentierter Physiker, wurde entlassen, aber seine Mitarbeiter kamen heimlich zu ihm nach Hause – sie konnten das Projekt nicht ohne ihn beenden. (Später bekamen sie dafür übrigens den Stalin-Preis, ohne dass er erwähnt worden wäre.) Die Schwester meines Großvaters, Tante Sonja, warf man aus dem Kindergarten hinaus, wo sie viele Jahre lang gearbeitet hatte. Im März 1953 hatte aus unserer ganzen großen Familie nur noch meine Mutter offiziell

Großvater (links) mit Georgi Dimitrow (Mitte) 1947 in Bulgarien

einen Arbeitsplatz. Es war ihr unter großen Schwierigkeiten 1951 gelungen, Arbeit als Russisch-Lehrerin in einer Jungenschule zu bekommen. Sie war im März 1953 mit meiner Schwester schwanger, weshalb sie nach sowjetischen Gesetzen nicht entlassen werden konnte.

Ähnliches geschah in vielen jüdischen Familien. Irgendwelche Verdienste für die Sowjetmacht spielten keine Rolle mehr, es zählte nur noch der fünfte Punkt im Fragebogen, den man häufig ausfüllen musste, vor allem, um Arbeit zu finden. Der fünfte Punkt beinhaltete die Frage nach der Nationalität und von ihm hing sehr vieles ab. Es gab sogar einen Witz darüber: Man müsse hier einfach nur »Ja« eintragen, dann sei alles sofort klar.

Es kursierten Gerüchte, dass Deportationen vorbereitet würden, dass irgendwo schon die Züge zusammengestellt seien, um die Juden aus den großen Städten in den Fernen Osten abzutransportieren. Heute ist das Gegenstand heftiger Debatten, es gibt nämlich keine Fakten, die bezeugen könnten, dass Stalin tatsächlich entsprechende Maßnahmen plante. Aber es ist klar, warum solche Gerüchte überhaupt auftauchten und warum sie sich so hartnäckig hielten. Die Zeitungen waren voll von Artikeln, in denen Juden verunglimpft wurden und als Gauner, Schleimer und dergleichen mehr beschimpft wurden. Und im Januar 1953 erschien in der *Prawda* ein Artikel, wo eine ganze Gruppe Mediziner beschuldigt wurde, gesteuert von amerikanischen Geheimdiensten die oberste politische und militärische Sowjetführung vergiften zu wollen. Es kursierten Gerüchte über einen Schauprozess und sogar öffentliche Hinrichtungen. Es gab Hunderte Verhaftungen, einige der angeblichen Verschwörer wurden hingerichtet.

Als sich der Himmel immer weiter verdunkelte, geschah ein Wunder – Stalin starb. Als meine Mutter Ende März im Entbindungsheim lag, um meine Schwester auf die Welt zu bringen, wurde in ihrem Zimmer über nichts anderes geredet als über die mörderischen Ärzte. (Ich glaube, damals redeten alle in allen sowjetischen Krankenhäusern darüber.) Aber einige Tage nach der Entbindung kam in der Früh eine Ärztin zu meiner Mutter und sagte ihr etwas Unglaubliches ins Ohr: »Die Ärzte sind rehabilitiert.«

Irgendwie habe ich diese beklemmende Atmosphäre als kleines Kind gespürt. Wahrscheinlich deshalb habe mir nie die Frage gestellt, welche Nationalität ich habe. Ich erinnere mich an kein einziges konkretes Gespräch darüber, wer ich bin. Aber ich erinnere mich sehr gut daran, dass mir die Großmutter damals sehr oft von ihrer Kindheit erzählte. Von ihrer Mutter, meiner Urgroßmutter Etlja, vom Dorf Iwaitenki, von Starodub, wo alle ihre Verwandten lebten und wo sie aufs Gymnasium ging. Ich liebte diese Erzählungen und begriff erst viele Jahre später, dass meine Großmutter mir auf diese Weise mehr vermittelte, als ich damals ahnen konnte.

Ihren eigenen Kindern hatte sie diese Geschichten nicht so genau erzählt, es war ihr in jener Zeit nicht als so wichtig erschienen. Aber meine Schwester und ich, wir sollten verstehen, woher

Großmutter Mira und ich, 1949

wir kommen und welche Wurzeln wir haben. Und warum wir zwar weder die jiddische Sprache noch den jüdischen Glauben kennen, aber dennoch Juden sind – wegen der Geschichte unserer großen Familie. Ich denke, dass diese Erzählung meine kindliche Psyche stärkte und mich auf eine Art wappnete gegen antisemitische Angriffe. In vielen anderen Familien, vor allem in gemischten, war es häufig so, dass über die jüdische Herkunft geschwiegen wurde. Ich glaube, dass Kinder aus solchen Familien größere Schwierigkeiten mit ihrer eigenen Identität hatten.

Meinem Aussehen nach war ich eine Aschkenasim, mein Familienname war jüdisch, und das hieß in den 1950er Jahren, dass es keinen Zweifel an meinen Wurzeln geben konnte. Sobald ich damals die sichere Festung unseres Hauses verließ, musste ich darauf gefasst sein, dass sich die Welt mir gegenüber feindlich verhielt. Denn auch als das chruschtschowsche »Tauwetter« begann und die Büsten und Porträts Stalins in den Kellern verschwanden, war die Atmosphäre weiterhin antisemitisch.

Die Angst, die meine Verwandten in den letzten Monaten vor Stalins Tod ergriffen hatte, wich zwar mit der Zeit, und auf den ersten Blick renkte sich alles wieder ein: Mein Vater fand Arbeit bei der *Literaturnaja Gaseta*, das Parteiverfahren gegen meinen Großvater wurde eingestellt und er arbeitete danach noch einige Jahre im Sowinformbüro. Auch Tante Sonja kehrte in den Kindergarten zurück. Aber die sogenannte jüdische Frage blieb.

Mein Vater musste sich ein literarisches Pseudonym zulegen. Als man seine Texte zu drucken begann, sagte man ihm ganz offen, dass es sehr viel schwieriger wäre, sie unter seinem jüdischen Nachnamen Schindel zu veröffentlichen. Er entschied sich für den Namen Lasarew, auch nicht gerade sehr russisch, aber doch irgendwie »neutraler«. So machten es viele, die damals den Weg in die Literatur einschlugen.

Das Wort Jude war weiterhin stigmatisiert, so als ob sich dahinter ein feindlicher Gedanke, eine üble Gesinnung versteckte. Als ich in die zweite Klasse ging, sollten mein Banknachbar Wowka Bulygin und ich nach dem Unterricht das Klassenzimmer aufräumen. Wowka entdeckte auf dem Katheder das Klassenbuch, das die Lehrerin vergessen hatte und in dem registriert war, wer welcher Nationalität angehörte. Er rief sofort aus: »So, jetzt schauen wir gleich mal nach, wer in unserer Klasse Jude ist!« Ich erinnere mich, dass mir sehr unbehaglich zumute wurde, obwohl ich sicher war, er wusste, dass ich eine Jüdin bin.

Jetzt, wo ich mich an diese Episode erinnere, begreife ich, dass ich mich schlecht fühlte, weil ich nichts sagte. Ich sagte nur: »Leg es wieder hin, die Lehrerin kommt es sicher gleich holen!« Ich sagte nicht: »Ja und? Ich bin auch Jüdin!« Diese Feigheit, und sei sie auch kindlich, und diese schändliche Angst vor etwas schwer zu Greifendem, das ist etwas, woran man sich sein Leben lang erinnert. Was hätte schon passieren sollen? Wowka war ein Flegel und ein schlechter Schüler, ich war genau das Gegenteil. Eine Musterschülerin mit der Fähigkeit (vermutlich von meiner Großmutter ererbt), mich mit den verschiedensten Leuten zu vertragen. Ich kann mich nicht erinnern, dass ich je selbst Opfer direkter antisemitischer Angriffe geworden wäre. Im Gegenteil, ich war in der Klasse anerkannt. Aber es gab Kinder, die Zielscheiben von Hänseleien mit offensichtlich antisemitischem Hintergrund wurden. Und ich verteidigte sie nicht. Weil sie mir auch irgendwie unsympathisch waren – Opfer wählt man ja nie zufällig aus –, egoistisch, geizig, angeberisch, was auch immer. Doch gehänselt wurden sie auch, weil sie Juden waren.

Meine Lieblingslektüre war damals die russische Ausgabe von Irmgard Keuns »Das Mädchen, mit dem die anderen Kinder nicht verkehren durften«. Das Buch gefiel mir deshalb so gut, weil die Heldin das Gegenteil von mir war. Sie benahm sich in der Schule und überhaupt immer ganz natürlich und sagte gerade heraus, was sie dachte. Während ich instinktiv wusste – auch wenn ich das damals nicht klar hätte ausdrücken können –, dass ich zu Konformismus neigte, mich anpasste und Konflikten auswich.

Viele Jahre später traf ich übrigens bei Freunden einen jener jüdischen Jungen wieder, die in der Klasse so gehänselt worden waren. Aus seiner kühlen Reaktion mir gegenüber schloss ich, dass er sich an meinen Konformismus immer noch erinnerte und mein Verhalten damals vielleicht sogar als Verrat betrachtet hatte.

Meine Konfliktscheu legte ich früher eigentlich nur ab, wenn es um meine drei Jahre jüngere Schwester ging. In unserem Häuserblock lebten ganz unterschiedliche Leute: Einige waren privilegiert, ehemalige Mitarbeiter der Komintern mit ihren Familien und sogar einige aus dem Apparat des Zentralkomitees. Die zweite Gruppe bestand aus Arbeitern einer Chemiefabrik, und im Keller lebten arme Familien, die nach Moskau zugezogen waren. Im Hof, in dem wir spielten, galten aber eigene Gesetze, die sozialen Unterschiede fielen nicht weiter ins Gewicht.

Im Nachbarhaus wohnte ein fieser Junge aus einer Arbeiterfamilie, dem immer der Rotz aus der Nase lief und den man im Hof nur »Suslik« (Hamster) rief. Er ging in meine Parallelklasse und hatte Angst, mich zu hänseln, aber an den Kleineren hielt er sich schadlos. Er hatte sich meine Schwester als Opfer ausgesucht und hänselte sie ständig als »miese Jüdin«. Meine Schwester ist mit einem anderen Temperament gesegnet als ich und stürzte sich schreiend und heulend sofort auf ihn, obwohl sie kaum halb so groß war wie er. Als ich davon erfuhr, stellte ich ihn in der Schule zur Rede und drohte ihm mit allerlei schlimmen Dingen, an die ich mich heute nicht mehr erinnere. Es kann sein, dass ich ihm in Aussicht stellte, dass meine Klassenkameraden – und da gab es einige große starke Buben – ihn das nächste Mal anständig verprügeln würden. Von da an gab er tatsächlich Ruhe.

Vor einigen Jahren, nach einem Seminar an der Universität, kam ein Aspirant zu mir, ein intelligenter junger Jude. »Ich soll Sie ganz herzlich vom Vater meiner Frau grüßen«, sagte er und nannte Namen und Vatersnamen, die mir überhaupt nichts sagten. Erst als er erklärte, dass sein Schwiegervater im selben Haus wie wir gewohnt hatte, begriff ich, um wen es sich handelte. »Wissen Sie, mein Schwiegervater ist so ein guter Mensch! Und er spricht so nett über Sie, das seien seine besten Kindheitserinnerungen! Er sucht gerade nach Informationen über seinen Großvater, der nach der Entkulakisierung verhaftet wurde und später im GULAG umkam. Vielleicht kann ihm ›Memorial‹ hier weiterhelfen?«

Ich sagte ihm natürlich nicht, welche Erinnerungen ich an seinen Schwiegervater hatte … Aber ich muss gestehen, ich empfand eine gewisse Genugtuung darüber, dass der »Miese Jüdin«-Suslik jetzt vier »jüdische« Enkelkinder hatte.

In der achten Klasse wechselte ich die Schule, weshalb ich »den Hamster« nur noch selten sah. Zumal auch die Zeit, in der ich mich im Hof herumtreiben konnte, weniger wurde. Ich kam in eine, wie man damals sagte, Schule mit vertieftem Deutschunterricht – ebenfalls ein Resultat des »Tauwetters«. Sie hatte einen guten Ruf, und die Atmosphäre in der Klasse war ganz anders als an meiner alten. Es gab viele jüdische Schüler und Lehrer und

Gemeinsam mit meiner Schwester in unserem Hof, Winter 1956

niemand kümmerte sich um deren Wurzeln. Die Schule grenzte an den Hof eines Hauses für Mitarbeiter des Gesundheitswesens, dessen Bewohner zu Beginn der 1950er Jahre von der großen Verhaftungs- und Entlassungswelle erschüttert wurden: unter ihnen gab es viele jüdische Ärzte. Seit damals waren über zehn Jahre vergangen, aber in den angrenzenden Häusern hatte man das Geschehen von damals offensichtlich nicht vergessen. Wenn ich von der Schule nach Hause ging, hörte ich die Kinder, die in den angrenzenden Höfen spielten, oft schreien: »Versteckt euch nicht im jüdischen Hinterhof!«

Der Direktor unserer Schule war ebenfalls Jude. Semjon Isaakowitsch Elsberg gehörte zu einem ganz speziellen Typus jüdischer Aktivisten der 1930er Jahre: sehr parteitreu und der Sowjetmacht fanatisch ergeben. Ich kannte solche Leute – manche von ihnen hatten selbst Jahre in Lagern verbracht, und wenn sie danach keine Stalinisten mehr waren, so waren sie doch nach wie vor überzeugte Kommunisten. Meine Schwiegermutter, deren Stiefvater ein solcher »Gläubiger« war, konnte sich einmal nicht länger zurückhalten und schrie ihn an: »Wie lange hättest du noch im Lager sitzen müssen, damit du endlich begreifst, was das ist, die Sowjetmacht!«

Der Direktor hatte eine unangenehm trockene Art und er war sehr streng, aber er ließ den Lehrern viele Freiheiten. In der letzten Klasse inszenierten wir unter der Anleitung unserer Deutschlehrerin die »Dreigroschenoper« – in meiner Klasse gab es viele musikalische Kinder, die Inszenierung geriet wunderbar und ich denke, nicht nur ich kann die Texte bis heute auswendig. Dass 1966 die Phase des Tauwetters zu Ende ging, merkten wir ausgerechnet an dieser Inszenierung an unserer Vorzeigeschule.

Plötzlich bekam unser Direktor, der bei den Behörden eigentlich einen guten Stand hatte, Schwierigkeiten. Man schickte Kommissionen in die Schule, in fast jeder Unterrichtsstunde saßen irgendwelche fremden Leute, die sich Notizen machten. Die Atmosphäre wurde immer angespannter, in der Schule kursierten Gerüchte. Eines Tages, es war schon im Frühjahr kurz vor den Abschlussprüfungen, stand ein Rettungswagen vor dem Gebäude, auch die Miliz war da, und unter den Lehrern herrschte blankes Entsetzen. Unser eiserner parteitreuer Direktor hatte sich in seinem Arbeitszimmer erhängt.

Nach und nach kam alles heraus: In unserer Schule waren die Deutschlehrer die wichtigsten und einige von ihnen waren ziemlich streng. Die Mutter eines Schülers war wegen der Benotung einer Arbeit ihres Sohnes mit einer Deutschlehrerin in Streit geraten. Als diese hart geblieben war, hatte die Mutter ihre guten Beziehungen spielen lassen und ein Denunziationsschreiben an das Stadtkomitee der Partei verfasst. Darin stand, dass in der Schule die Juden dominierten, dass russische Kinder »angesteckt« würden und dass nicht Deutsch unterrichtet werde, sondern »Jüdisch«. Man ging der Sache nach, die Überprüfungen begannen, die Kommissionen kamen. Man war sich offenbar schnell einig, dass man mit den Texten und Liedern der »Dreigroschenoper« guten sowjetischen Kindern schaden würde – ein Stück, in dem Schüler Diebe und Prostituierte spielten …

Es endete damit, dass gegen unseren Direktor ein Parteiausschlussverfahren eröffnet wurde. Und das hielt er nicht durch. Dass er an einem Sonntagabend in die Schule ging und sich erhängte, passte nicht zu dem Bild eines Menschen, der sich sein ganzes Leben lang der Parteidisziplin unterworfen hatte. Sein Selbstmord erschien eher wie eine Demonstration, ein stummer Protest. Tatsächlich waren viele Eltern und Lehrer, aber auch wir älteren Schüler entsetzt über die Hetzjagd, die zu seinem Tod geführt hatte. Mein Vater wollte gemeinsam mit einigen Journalisten-Kollegen einen Artikel darüber schreiben, aber die Moskauer Mächtigen kehrten das Ganze schnell unter den Teppich. Es gelang nicht, den Artikel darüber zu veröffentlichen, wie man den Direktor einer Moskauer Schule in den Selbstmord getrieben hatte und welchen antisemitischen Hintergrund diese Geschichte hatte.

Um kein weiteres Aufsehen zu erregen, wurde einer unserer Lehrer zum neuen Direktor ernannt. Unsere Abschlussarbeiten schrieben wir unter schwierigen Umständen, und natürlich wussten wir, dass auch in Zukunft nicht alles glattlaufen würde. Jedes jüdische Kind wusste von klein an, dass es in der Schule, bei der Wahl eines Berufes, beim Eintritt in eine Universität Quotenregelungen für Juden gab. Diese Prozentzahl war in den großen Städten die alte, die schon vor der Revolution gegolten hatte. 3 Prozent! Es gab Hochschulen, die Juden annahmen, und andere, die Juden verschlossen blieben. Das waren Institute, an denen die kommende Nomenklatura ausgebildet wurde, zum Beispiel das Institut für Auslandsbeziehungen. Manche jüdischen Schulabsolventen wählten deshalb nicht den schwierigen Weg an die Universität, sondern gingen an die pädagogischen Institute, wo man sie eher aufnahm.

Das waren die Spielregeln, die alle gut kannten. Denn spätestens mit 16 Jahren war allen klar, dass Punkt fünf in den Fragebogen negative Auswirkungen haben würde. Von diesem Alter an konnte man einen Pass beantragen, und in den dafür auszufüllenden Dokumenten gab es die Frage nach der »Nationalität«. Wer aus einer gemischten Familie stammte, konnte zwischen Namen und Nationalität der Elternteile wählen. Und natürlich wählte die Mehrheit den russischen Elternteil, aber in den Kaderabteilungen forschte man trotzdem nach.

Mir stellte sich diese Wahl nie, aber für einige war diese Entscheidung sehr schwer. Formell hatte man die freie Wahl. Faktisch war es eben doch eine erzwungene, und das Gefühl, sich als Russe bezeichnet zu haben, um sich das Leben leichter zu machen, an der Universität aufgenommen zu werden oder Arbeit zu finden, war unangenehm. Man bekam den Eindruck, den anderen Elternteil, die anderen Wurzeln, verraten zu haben. Mein zukünftiger Ehemann entschied sich für Jude, obwohl sein Nachname ein russischer war – Scherbakow. Er hatte keinen Kontakt zu seinem Vater, die Eltern waren schon lange geschieden und er wollte die Nationalität seines Vaters nicht übernehmen. Auch wenn diese Wahl seine Chance verringerte, an der Universität aufgenommen zu werden oder Arbeit zu finden.

Nachdem ich die Schule beendet hatte, beschloss ich, mich an der philologischen Fakultät der Moskauer Staatlichen Universität (MGU) einzuschreiben, wo schon meine Eltern studiert hatten. Ich werde später noch erzählen, warum ich mich damals für die Germanistik entschied. Ich wusste genau, dass ich noch so gut vorbereitet sein konnte – wenn es aber zu viele »von uns« geben würde, würde man mich bei der Aufnahmeprüfung durchfallen lassen.

Für mich wäre das unangenehm gewesen, aber ich hatte einen riesigen Vorteil: Ich musste nicht befürchten, zur Armee eingezogen zu werden, wie das den jungen Männern drohte, die nicht in die Universität aufgenommen wurden. Damals gab es zwar noch keinen Afghanistan-Feldzug und keinen Einsatz in der Tschechoslowakei, aber die drei Jahre Dienst bei der Armee oder die vier Jahre bei der Marine waren schwer genug.

Die Staatliche Moskauer Universität auf einer Aufnahme aus den 1960er Jahren

Es stellte sich heraus, dass sich auf einen Platz an der philologischen Fakultät 15 Studenten bewarben. Dazu kamen natürlich noch die Kinder »wichtiger« Eltern, die ohne Prüfung aufgenommen wurden. Unsereiner dagegen musste alle vier Prüfungsteile mit einer Eins bestehen. Bei mir war alles so weit gut gegangen, nun stand die letzte und schwierigste Prüfung an: Geschichte. Es genügte schon, irgendein Datum zu vergessen, schon bekam man eine schlechtere Note.

Ich war überzeugt, dass es an diesem Tag genau so kommen würde. Die Prüfung wurde in dem alten Universitätsgebäude gegenüber dem Kreml abgehalten, und kaum hatte ich die Aula als eine der Ersten betreten, wurde ich auch schon aufgerufen. Am Tisch saß nur ein einziges Kommissionsmitglied. Das war ungewöhnlich, denn normalerweise bekam man eine Karte mit drei umfangreichen Fragen zur russischen und sowjetischen Geschichte, auf deren Beantwortung man sich etwa 20 Minuten vorbereiten konnte. Darüber hinaus erwarteten die Prüflinge weitere Fragen, die sie ad hoc beantworten mussten. Dass ich keine Zeit für die Vorbereitung haben sollte, war für mich eine Katastrophe.

Nachdem ich die ersten drei Fragen beantwortet hatte, erklärte der Prüfer, ohne mir irgendeine weitere Frage zu stellen: »Sie haben die Prüfung mit ›sehr gut‹ bestanden.« Ich war vollkommen irritiert, aber glücklich.

Da Moskau in gewisser Hinsicht eben doch ein Dorf ist, machten die Hintergründe dieser seltsamen Prüfungssituation schnell die Runde. Man hatte diesem Kommissionsmitglied vor Beginn der Prüfungen einen Zettel mit einer Liste von Namen gebracht, verbunden mit der Aufforderung, diesen Schulabsolventen schlechtere Noten zu geben. Alle Namen waren jüdische. Das hatte ihn dermaßen aufgeregt, dass er beschloss, denjenigen auf der Liste besonders gute Noten zu geben, sofern ihre Antworten richtig waren. Da sich die anderen Mitglieder der Kommission an jenem Tag verspäteten, nutzte er jede Minute. Deshalb war ich, eine absolute Ausnahme, auch ohne weitere Vorbereitungszeit aufgerufen worden.

Als ich im zweiten Studienjahr war, verschlechterten sich die Beziehungen zu Israel, der Ton der Propaganda wurde immer antisemitischer, der Zionismus wurde fast direkt mit dem Nazismus verglichen. Einmal, auf dem Weg in die Universität, traf ich einen Studienkollegen, dessen Fragebogen auch »schlecht« war, und er fragte mich, ob ich die Titelseite der *Iswestija* schon gesehen hätte. Als ich verneinte, erzählte er mir, über dem Artikel prange die Überschrift: »Die Erben der weißen Bestien.«

Als Antwort auf den Antisemitismus und diesen Kampf gegen den Zionismus entstand unter den Juden eine neue Bewegung: zurück zu den Wurzeln, zurück zum eigenen Judentum, Hebräisch lernen und die Ausreiseerlaubnis erkämpfen. Untergrundzirkel wurden gebildet, deren Aktivisten immer wieder festgenommen wurden. Aber gleichzeitig begann man still und leise, Ausreisen zu bewilligen. In einer Seitengasse nahe dem Wohnhaus meiner Eltern befand sich die niederländische Botschaft, in der entsprechende Visa ausgegeben wurden. In der Gasse drängten sich mit einem Mal Tag und Nacht Menschen.

Freunde und Bekannte reisten aus – die mit »jüdischem Hintergrund«, wie man damals sagte. Die meisten gingen allerdings nicht nach Israel, sondern nach Amerika.

In den 1970er Jahren brachten wir immer wieder Leute zum Flughafen. Die Ausreise war quälend, man musste beim Einpacken helfen, dann alles zum Flughafen bringen, und dort gab es dann den langen Prozess der Kontrolle der ärmlichen sowjetischen Habseligkeiten. Für uns, die wir zurückblieben, und für die, die ausreisten, waren das quälende Minuten. Sowohl wir als auch sie waren überzeugt, dass wir uns für immer trennten. Ich verstand meine ausreisenden Freunde, zumal einige von ihnen durch den KGB aus dem Land getrieben wurden, aber ich habe sie nie beneidet. Ich wollte daran glauben, dass der Plan meiner Urgroßmutter, die für ihre Kinder Russland gewählt hatte, noch funktionierte.

Die Urgroßmutter in den Galoschen

Meine Eltern waren schon nach den blutigen Judenmorden während des Bürgerkrieges auf die Welt gekommen und ich schon nach der Katastrophe des Holocaust, der die jüdische Bevölkerung der UdSSR um die Hälfte dezimierte. Aber interessanterweise erfuhr ich zunächst nur, was mit den Juden in NS-Deutschland und in den damals besetzten europäischen Ländern geschehen war. Darüber konnte man in Büchern lesen, die ins Russische übersetzt worden waren. Nicht aber darüber, was mit den Juden in der Sowjetunion geschehen war.

Das erste dieser Bücher war für mich »Das Tagebuch der Anne Frank«. Ich las es mit zwölf Jahren. Dass dieses Buch – sogar mit einem Vorwort von Ilja Ehrenburg – auf Russisch erscheinen konnte, war eine Folge des »Tauwetters«, denn schließlich ging es darin um eine jüdische Familie. Als Kind las ich Bücher selten mehrere Male, aber »Das Tagebuch der Anne Frank« las ich immer wieder. Vielleicht, weil es das Tagebuch eines gleichaltrigen Mädchens war. (Es hat mich tief berührt, als ich Jahrzehnte später das Haus sah, in dem sie versteckt war, und Auschwitz und Bergen-Belsen, wo sie ums Leben gekommen war.)

Einige Jahre später las ich die biografische Erzählung eines russischen Halbwüchsigen aus Kiew, der jene Menschen gesehen hatte, die man 1941 zu ihrer Erschießung führte: »Babi Jar – Die Schlucht des Leids« von Anatoli Kusnezow. Obwohl der Text seinerzeit stark durch die Zensur beeinträchtigt war (wie sehr, kann man erst heute sehen, da das Buch ohne entsprechende Eingriffe und Kürzungen veröffentlicht wird), empfand ich ihn als viel schrecklicher als »Das Tagebuch der Anne Frank«. Denn in diesem Text spürte ich zum ersten Mal diese bestimmte Atmosphäre: diese Mischung aus Gleichgültigkeit, Hass und Angst, die den Mord an den Juden begleitete.

Die ersten offenen Debatten über die Judenvernichtung gab es erst im Zusammenhang mit dem Skandal um das Denkmal von Babi Jar in Kiew, in den auch mein Vater eingebunden war. Wie in Russland üblich, machte man den persönlichen Antisemitismus Chruschtschows für das Totschweigen verantwortlich, aber sogar mir war bewusst, dass das eher etwas mit der allgemeinen Beziehung zu den Juden zu tun hatte. Chruschtschow selbst hat das bei einem Treffen mit Kunst- und Kulturschaffenden im März 1963 offen angesprochen. Der Sinn seiner Worte war offensichtlich und alle verstanden, dass dieses Thema auch weiterhin tabu bleiben sollte. Wie das die Parteispitzen immer gerne taten, berief sich Chruschtschow dabei auf die Meinung der arbeitenden Bevölkerung:

Im ZK treffen Briefe ein, in denen der Sorge Ausdruck gegeben wird, dass in verschiedenen Werken die Lage der Juden in unserem Land verzerrt dargestellt wird. Bei unserem Treffen im Dezember haben wir diese Frage schon im Zusammenhang mit der Dichtung »Babi Jar« [von Jewgeni Jewtuschenko] erörtert. Warum wird dieses Werk kritisiert? Weil der Autor nicht in der Lage war, den Massenmord der faschistischen Verbrecher in Babi Jar richtig darzustellen und zu verurteilen. In dem Gedicht wird es so dargestellt, als sei nur die jüdische Bevölkerung Opfer der faschistischen Verbrechen geworden, wo doch nicht wenige Russen, Ukrainer und Sowjetbürger anderer Nationalitäten durch die Hand der hitlerschen Henker ums Leben kamen. [...] Es gibt bei uns keine »jüdische Frage«, und die, die über eine solche reden, sprechen mit falscher Stimme!

In der Schule lernten wir viel über die Geschichte des Großen Vaterländischen Krieges, wir erfuhren sehr genau von den bestialischen faschistischen Besatzern, aber das Schicksal der Juden wurde in keiner Weise gesondert behandelt, alle Opfer fielen unter den Begriff »zivile Sowjetbürger«. Über Auschwitz wusste ich nur wenig. Im sowjetischen Diskurs war Buchenwald der Inbegriff aller Konzentrationslager. Hier musste man schließlich nicht über die Juden sprechen, man konnte durch die in Buchenwald umgekommenen kommunistischen Brüder und Schwestern ein stark beschönigendes Bild der internationalen Solidarität und des antifaschistischen Widerstandes zeichnen.

Natürlich wusste ich auch nichts über den jüdischen Widerstand in den Ghettos, etwa in Warschau 1943, und wunderte mich daher sehr, als ich eines Tages im Bücherkasten unserer Datscha ein kleines Büchlein fand. Es war 1946 auf schlechtem Papier in einer jüdischen Druckerei hergestellt worden und hieß »Die Rächer des Ghettos«. Das sehr sowjetisch eingefärbte Werk stammte von Hirsch Smolar, einem polnischen Kommunisten und Komintern-Agenten, dem die Flucht aus dem Ghetto von Minsk gelungen war. In seinen Erinnerungen las ich über etwas, das ich mir nie hatte vorstellen können: dass es in Weißrussland jüdische Partisaneneinheiten gegeben hatte, gegründet von Juden, die aus dem Ghetto von Minsk geflohen waren. Smolar war einer ihrer Kommandanten.

Je älter ich wurde, umso mehr erfuhr ich. Ich las die Kriegsreportagen von Ilja Ehrenburg und Wassili Grossman, die mir mein Vater gegeben hatte. Und ich las, was in der DDR auf Deutsch erschien – dort war dieses Thema nicht so tabu wie hier bei uns. Aber es gab keine reale familiäre Erinnerung an den Holocaust, zumindest dachte ich, dass es sie nicht gab. Wir waren ja eine vom Glück begünstigte Familie, auch in dieser Hinsicht. Keine der zahlreichen Schwestern meiner Großmutter war bei Kriegsbeginn noch in Starodub, alle lebten seit den 1920er Jahren in Moskau. Meine Urgroßmutter Etlja war während des Bürgerkriegs an Typhus gestorben, mein Urgroßvater 1937. Und ich brachte das, was meine Großmutter über Starodub erzählte, nie mit dem in Verbindung, was dort während des Krieges vor sich gegangen war. Für mich war Starodub die beinahe mythische Stadt der vorrevolutionären Kindheit meiner Großmutter, die später aus ihrem Leben verschwunden war wie ein Gespenst.

Aber wenn ich heute darüber nachdenke, gibt es doch eine Geschichte. Meine Großmutter hatte ständig Besuch: Es kamen Freundinnen, Verwandte, Schwestern, Nichten und Neffen. Mich kümmerte das nie besonders, unsere Wohnung war immer voll mit verschiedenen Menschen. Aber an einen Gast meiner Großmutter erinnere ich mich sehr gut. Was die Großmutter über diese Frau sagte, erschien mir entsetzlich und wollte irgendwie nicht zu ihrem Anblick passen. Groß, mit hellem Haar, gut angezogen und fröhlich. Als sie sich einmal nach dem Besuch verabschiedet hatte, sagte meine Großmutter zu mir: »Sie ist eine Verwandte, und weißt du, was im Krieg mit ihr passiert ist? Sie ist aus dem Graben herausgekrochen!«

Dieser Satz, dessen Bedeutung mir die Großmutter erklärte, brannte sich in mein Gedächtnis ein. Es war das erste Mal, dass ich ihn in Zusammenhang mit einer Person hörte, die ich kannte. Die Verwandte meiner Großmutter war in Starodub gewesen, als man die Juden des Ortes zusammentrieb und erschoss. Wie durch ein Wunder hatte sie überlebt und war in der Nacht unter den ganzen Leichen aus dem Graben herausgekrochen. Anschließend hatte sie sich versteckt und später zu den Partisanen durchgeschlagen. Genaueres wusste meine Großmutter nicht oder sie wollte es mir nicht erzählen.

Ich hatte die Geschichte längst vergessen, als ich vor Kurzem bei der Vorbereitung eines Artikels im Archiv von »Memorial« ein Interview mit Freida P. fand. Auch sie hatte sich retten können und schilderte, was da in der Geburtsstadt meiner Großmutter vor sich gegangen war, die ich bis dahin immer mit ganz anderen Erzählungen verbunden hatte:

Die Deutschen kamen im August 1941 nach Starodub. Sie marschierten, sie marschierten so, wie Sie sich das gar nicht vorstellen können. Und wir blieben, viele blieben, wir schafften es nicht, wegzufahren. Wegen der Großmutter, der Himmel möge ihr gnädig sein, sie war natürlich nicht schuld, sie dachte ja gar nicht, was passieren könnte. Niemand glaubte, dass es solche Grausamkeiten geben könnte.
Die Deutschen kamen am 18. August in die Stadt. Es gab sehr viele, die sie begrüßten. Die waren zufrieden und glücklich, dass die Deutschen kamen und sie von der Sowjetmacht befreiten. [...] Aber dann verkünden sie übers Radio: Alle Juden müssen sich versammeln, Männer, Kinder und Frauen, sie sollen nur das Notwendigste mitnehmen. Aber was hatten wir denn schon? Gold hatten wir keines, ich hatte nur ein Mäntelchen und ein Kleidchen. Na ja, die Mama nahm, was wir hatten. Dann trieb man uns an einem Ort zusammen, wir waren viele, in Starodub gab's ja viele Juden. In einer langen Kolonne ging es vor die Stadt, zu einer Sowchose. Dort gab es Ställe für das Vieh. Sie haben uns alle dort hineingestopft.
Dann wurden alle Männer erschossen. Wir blieben allein, Frauen und Kinder. Rundherum wurde Stacheldraht aufgezo-

gen, wir wurden von russischen Hilfspolizisten bewacht. [...] Ich sah aus wie ein russisches Mädchen, hellhäutig und mit blauen Augen. Einige Male schlich ich mich heimlich davon, zur Kolchose Beresowka, zu Schulfreundinnen, die mir zu essen gaben und manchmal ein paar Kartoffeln, die ich mitnahm. Eines Tages sagte eine der Freundinnen: »Wenn du kannst, lauf davon. Sie werden euch alle in einigen Tagen erschießen. Wir gehen jetzt die Gräben für euch ausheben.«
Ich war noch nicht einmal 14 Jahre alt und sagte zur Mutter: »Komm, wir laufen mit Lusja davon.« Die Mutter hielt mich zurück, ließ mich nicht los und weinte und sagte: »Sie bringen uns um.« Und ich sagte: »Sollen sie mir doch in den Rücken schießen, ich bleib nicht da.« Ich hätte natürlich meine Schwester Lusja mitnehmen müssen, aber ich ... sie wollte ja nicht mitkommen, auch die Mutter nicht ... Fünf von uns [Juden in Starodub] haben überlebt und Sonja Jakubson, die ist auch rausgekommen. Sie hat sich zu einer Partisaneneinheit durchgeschlagen und dann hat sie den Kommandanten der Einheit geheiratet. In Starodub sind nur drei geblieben, ich bin eine davon, von all denen vielen, die dort gelebt haben, mehr als zweitausend ...

Sonja Jakubson war jene Frau, die meine Großmutter besucht hatte und von der es hieß, sie sei »aus dem Graben gekrochen«. Und da erinnerte ich mich daran, dass der Mädchenname meiner Urgroßmutter Jakubson gelautet hatte.

Erst nachdem ich diese Schilderung gelesen hatte, begriff ich endlich, was eigentlich immer offensichtlich gewesen war: Warum meine Großmutter, die es so sehr liebte zu reisen, nie in dieses Starodub zurückgekehrt war. In ihrer Erinnerung war es der Ort ihrer Kindheit, sie wollte nicht sehen, was aus ihm geworden war. Als ich später die Liste der ermordeten Juden von Starodub durchsah, stieß ich auf viele Namen, die in ihren Erzählungen vorgekommen waren.

Was die Verwandten meines Vaters betrifft, die in Dnepropetrowsk und in Saporoshje gelebt hatten, so war es ihnen offenbar gelungen, in allerletzter Minute evakuiert zu werden. Einzelheiten ihres Schicksals hat man mir als Kind nie erzählt. Wenn man sich in meiner Familie allerdings manchmal über jemanden lustig machte, der viel zu früh und lange vor dem bevorstehenden Aufbruch die Koffer packte, erinnerte man sich immer an die Großmutter meines Vaters: Sie soll vor jeder Reise so nervös gewesen sein, hieß es, dass sie sich am Vorabend schon in ihren Galoschen schlafen legte, um ja nicht zu spät zu kommen. Niemand hatte mir je gesagt, wie und wo sie gestorben war, und mich hatte das auch nicht besonders interessiert, es war ja so lange her. Ich war bereits erwachsen, als ich eher nebenbei durch den Onkel meines Vaters erfuhr, was meine Verwandten immer schon gewusst hatten: dass meine Urgroßmutter, an die man sich nur wegen irgendwelcher komischer Vorfälle oder ihrer Galoschen erinnerte, im Oktober 1941 ermordet worden war. So wie weitere 11 000 Juden aus Dnepropetrowsk. Wie viele alte Juden hatte sie nicht fortgewollt. Sie hatte die Deutschen schon im Ersten Weltkrieg erlebt und damals war ja nichts Schreckliches passiert. Schrecklich war es erst geworden, als im Bürgerkrieg die Petljura-Leute* gekommen waren.

Für mich ist sie eine weit entfernte Urgroßmutter, aber dass man, wenn man über sie sprach, nicht über ihren Tod redete, war typisch. Alle anderen waren rechtzeitig weggegangen, nur sie war geblieben. Daran erinnert zu werden, fällt schwer.

* Symon Petljura (1879–1926) wurde nach dem Rückzug der Deutschen 1918 Mitglied der ukrainischen Regierung (ein Jahr zuvor war die Ukraine zur autonomen Republik ausgerufen worden) und Oberbefehlshaber. Während des Russischen Bürgerkriegs ereigneten sich in seinem Herrschaftsgebiet Pogrome gegen die jüdische Bevölkerung mit bis zu 50 000 Toten. Petljura, der nach dem Sieg der Kommunisten zunächst von Polen und später von Paris aus die ukrainische Exilregierung anführte, wurde 1926 erschossen. Der Täter war ein ukrainischer Jude, der sich für die Ermordung von 15 Verwandten rächen wollte.

Wie lebendig und gegenwärtig das Schicksal der Juden sein konnte, erlebte ich in Litauen. Im Sommer 1979 fuhr ich mit meinem Mann und unserer sechsjährigen Tochter zum Urlaub in die Weiten des Landes, an einen See, ungefähr zehn Kilometer von der Stadt Labanoras entfernt. Mein Mann liebte die litauischen Seen und fand damals tief im Wald ein Gehöft, dessen Besitzer, erstaunt über unser Erscheinen, uns ein Zimmer vermietete. Wir machten ausgedehnte Spaziergänge, schwammen im See und trafen keine Menschenseele.

Eines späten Nachmittags sahen wir einen Mann auf einem alten ramponierten Fahrrad aus dem Wald kommen. Er war an die sechzig Jahre alt und sah genauso ramponiert aus wie sein Fahrrad. Er hatte offenbar irgendetwas mit unserem Gastgeber zu bereden. Als er uns bemerkte, sah er uns an, als seien wir Gespenster. »Das sind Gäste aus Moskau«, sagte unser Hausherr. »Ihr seid aber keine Russen«, fragte der Mann aus dem Wald, oder besser, er stellte es fest.

»Nein«, bestätigte mein Mann, »wir sind Juden.« Und der seltsame Kauz begann plötzlich unaufgefordert zu erzählen: »Wir haben unsere Juden in Labanoras schon umgebracht, bevor die Deutschen gekommen sind«, sagte er. »Ich erinnere mich an sie – es gab einen Friseur, einen Bäcker, einen Apotheker …« Möglicherweise nannte er sogar ihre Namen, vielleicht auch nicht, ich weiß es nicht mehr genau. »Aber wir« – er sagte ständig »wir« und es war nicht ganz klar, ob er das als allgemeinen Ausdruck benutzte oder daran selbst beteiligt war – »wir haben sie umgebracht. Ein paar Juden, denen es gelungen ist, davonzulaufen, haben sich hier im Wald versteckt. Die haben uns dann um Essen gebeten. Wenn sie Gold hatten, haben wir ihnen welches gegeben, wenn nicht …«

Würde mir das heute passieren, würde ich die Gelegenheit nutzen, um ihn genauer zu befragen. Aber damals waren wir dermaßen erschüttert darüber, wie beiläufig und selbstverständlich er über diese Morde sprach, dass uns die Worte fehlten. Als er wieder im Wald verschwunden war, sagte unser Hausherr, der den Krieg als Kind erlebt hatte: »Ein komischer Mensch. Er kommt nur sehr selten aus dem Wald.« Wir, vor allem unsere Tochter mit ihren schwarzen Locken, hätten ihn wohl an die Juden erinnert, die einst in dieser Gegend gelebt hätten.

Wir blieben noch ein paar Tage auf dem Gehöft, aber trotz des schönen Wetters waren diese Tage zumindest für mich belastet. Es war merkwürdig. Wir waren junge, gebildete und unbeschwerte Moskauer, die Zeiten waren andere, und doch hatte es dieser Kauz, der aussah, als käme er geradewegs aus einem Erdloch, geschafft, die Zeit um vierzig Jahre zurückzudrehen und uns das Gefühl zu vermitteln, die Stelle dieser Juden einzunehmen. Selten habe ich mich so sehr als Jüdin gefühlt, wie nach dieser Geschichte in Litauen.

Von jenem Augenblick an versuchte ich, meiner Tochter zu erklären, wer wir sind. Ich gab die Erzählungen meiner Großmutter an sie weiter und ich las ihr aus der Kinderbibel vor. Damit wollte ich erreichen, dass sie auf solche Begegnungen und Gespräche vorbereitet war. Das Ergebnis war zunächst nur, dass ich sie einmal im Garten unserer Datscha neben einem Igel sitzend fand, der sich zu uns verirrt hatte, und hörte, wie sie zu ihm sagte: »Guter Igel, jüdischer Igel.« Aber meine Überlegungen sollten sich doch als richtig erweisen. Als ich sie später einmal von der Schule abholte, nahm mich eine Lehrerin beiseite und sagte mit sehr besorgter Miene: »Wissen Sie, Mascha hat sehr komische Vorstellungen. Alle in der Klasse sollten den Namen des Menschen aufschreiben, den sie am meisten hassen. Und alle haben richtigerweise ›Reagan‹ geschrieben, nur Mascha hat ›Hitler‹ geschrieben. Ich frage Sie, was hat Hitler denn hier verloren, das war doch vor langer Zeit!« Ich erklärte ihr nichts, sondern sagte nur, dass ich dasselbe geschrieben hätte. Und ich dachte mir, dass ich meine Tochter in eine andere Schule geben sollte.

Für Maschas jüngere Schwester Lisa, die 1985 geboren wurde, stellte sich »die jüdische Frage« in ihrer bisherigen Form nicht

Meine Tochter Mascha und »Väterchen Frost«, 1976

mehr. Es begannen Glasnost und Perestroika, und mit der Sowjetmacht verschwand auch der staatliche Antisemitismus und die Feindschaft gegenüber Israel. Aber auch jetzt löste sich der Antisemitismus nicht einfach über Nacht in Luft auf. Nun wurde er allerdings eher von bestimmten Gruppen forciert, was zwar immer noch schrecklich war, aber leichter zu verkraften als der staatlich-gesellschaftliche Konsens zuvor. In einer Reihe marginaler Veröffentlichungen wurde aufgezählt, wie viele Juden es im ersten bolschewistischen Zentralkomitee gegeben hatte, warum ausgerechnet diese die Revolution organisiert hatten, dass sie die russische Kultur korrumpierten und das russische Volk verführten und so weiter. Heute sind solche Ansichten längst nicht mehr nur marginalisiert, Nationalismus, Traditionalismus, Fremdenhass und natürlich auch Antisemitismus haben zugenommen. Aber damals waren das eher Randerscheinungen.

Die sowjetischen Fragebogen wurden abgeschafft und auch der Punkt mit der Nationalität in den Pässen. Der Holocaust war kein verbotenes Thema mehr, in den 1990er Jahren wurden an den Orten der Massenerschießungen Denkmäler errichtet und Bücher zu diesem Thema veröffentlicht. Gleichzeitig wurden Menschen aus dem Kaukasus und überhaupt alle »Zugereisten«, die nach dem Zerfall der UdSSR nach Russland gekommen waren, Objekte des alltäglichen Hasses, der sich genau wie der lebendige Antisemitismus von den sowjetischen Warteschlangen, den Straßenbahnen und aus den Gemeinschaftswohnungen allmählich ins Internet verlagerte.

Heute, in Zeiten des wachsenden Nationalismus, hört man hingegen wieder die alten Texte. Wegen des wiedererstehenden Kultes um Stalin kann es auch gar nicht anders sein. Genau deshalb gehe ich inzwischen auch nicht mehr zu Diskussionssendungen ins Fernsehen. Konkret seit jenem Vorfall mit einem Abgeordneten der Duma, der in einer Sendung Stalin verteidigte und mich anschrie, solche wie ich müssten Stalin dankbar sein, denn wenn er nicht gewesen wäre, hätte man uns alle in den Öfen verbrannt.

Kassandras Traum

Am 30. September 2016 entledigte ich mich einer langewährenden Last. Ich fuhr nach Kiew, zum 75. Jahrestag von Babi Jar. Seit den 1990er Jahren war ich nicht mehr dort gewesen und nachdem ich in den vergangenen Jahren viele verschiedene Orte der Erinnerung gesehen und besucht habe (darunter fast alle deutschen Konzentrationslager und Museen, die dem Holocaust gewidmet sind), könnte ich sehr viel Kritisches über die Kiewer Gedenkstätte sagen. Aber wenn man bedenkt, wie lange der Streit darüber angedauert hatte, musste ich mich schon über das freuen, was ich jetzt sah. Wenigstens ein Teil dieser riesigen

Schlucht, die man eigentlich ganz hatte zuschütten wollen, war vor einer Bebauung bewahrt worden. Endlich hatte man dort auch Schautafeln aufgestellt, die die Geschichte von Babi Jar erzählen und zu meiner Verwunderung auch die des jahrelangen Kampfes um das Denkmal. In einem der Schaukästen entdeckte ich plötzlich jene Fotos, die mein Vater 1965 gemacht hatte.

Es schien, als habe sich damit ein Kreis geschlossen, auch was die Geschichte meiner Familie betrifft.

Nachts im Hotel hatte ich einen Traum. Seit meiner Kindheit hatte ich einen wiederkehrenden Albtraum, den ich den »Traum des Zufluchtsortes« nannte und der vermutlich mit Erzählungen über den Krieg zusammenhängt. Ich irre verzweifelt umher, auf der Suche nach einem Versteck, das ich nicht finden kann. Diesmal war es allerdings der typische »Traum der Kassandra«. Ich träumte, dass ich in Kiew in der Wohnung von Grischa Kipnis bin. Es gibt etwas zu feiern, alle sitzen um einen großen reich gedeckten Tisch, auch meine Mutter und meine Kinder sind da. Plötzlich sehe ich an der Wand einen alten sowjetischen Abreißkalender hängen. Das Datum: 16. September 1941. Schlagartig wird mir klar, dass wir uns alle verstecken, dass wir weglaufen müssen, dass wir nicht länger feiern dürfen. Ich schreie: »Die Deutschen werden Kiew in zwei Tagen einnehmen! Ihr wisst nicht, was dann geschehen wird! Alle Juden müssen weg!« Und dann suche ich verzweifelt ein Versteck für meine Mutter und meine Kinder. Aber wie das in solchen Albträumen eben ist, gelingt mir das nicht und vor allem hilft mir niemand, weil mir keiner glaubt und mich alle, die ich um einen Unterschlupf bitte, wegschicken. Als ich schon ganz verzweifelt bin, höre ich eine Stimme rufen (und wie immer im Traum weiß man nicht, wer da schreit): »Die Deutschen sind schon da!« Mich packt das blanke Entsetzen, ich weiß ja, was gleich passieren wird. Ich schaue aus dem Fenster auf die Straße und sehe: Ja, da gehen tatsächlich Deutsche über den Kreschtschatik-Boulevard, aber das alles sieht nicht so aus wie auf den Fotos aus dem Jahr 1941, sondern

Babi Jar im Jahr 1960. Das Foto hat mein Vater gemacht.

erinnert eher an eine Love Parade. Die Deutschen tragen bunte Karnevalskostüme, spielen Dudelsack und tanzen. Ich renne hinaus auf die Straße und frage einen Passanten (ich glaube, sogar auf Deutsch): »Um Gottes willen, was ist das denn?« Und er antwortet mir: »Das sind jetzt ganz andere Deutsche, es ist alles schon lange vorbei!«

Dieser Traum war fast lächerlich. Aber ich wachte mit einem Gefühl großer Erleichterung auf: Vielleicht war der Krieg jetzt auch für mich endgültig vorbei?

Großmutter Mira, Großvater Jakow, meine Mutter Naja (Mitte) und ihre Schwester Edja auf einer Aufnahme von 1938. Mit dem Tod des Großvaters 1957 endete eine ganze Epoche in unserer Familie.

5
Lesebuch ohne Stalin

Mama, ist Stalin tot?

Meine ersten bewussten Erinnerungen setzen mit den Tagen von Stalins Krankheit und seinem Tod im März 1953 ein. Wahrscheinlich haben sich auch frühere Geschehnisse in meinem Gedächtnis festgesetzt, ich war da ja schon fast vier Jahre alt, aber die kann ich nicht genau datieren. Gerüchte über Stalins Krankheit begannen nach dem 1. März zu kursieren. Da hatte man ihn auf seiner Datscha in Kunzewo, wo er die letzten Jahre lebte, bewusstlos auf dem Boden liegend gefunden. Führende Politbüromitglieder kamen zusammen, darunter Chruschtschow, Malenkow und Berija. (Mit denen hatte er vom 28. Februar auf den 1. März noch bis in die Morgenstunden zusammengesessen.) Aber erst nach langen Diskussionen wurde endlich doch beschlossen, Ärzte zu holen. In der Nacht des 4. März wurde schließlich ein offizielles Bulletin veröffentlicht, in dem die Symptome benannt wurden, aus denen Ärzte und alle, die irgendetwas von Medizin verstanden, herauslesen konnten, dass Stalin mit dem Tod rang. Es war die Rede von der Atmung nach Cheyne-Stokes, ein typisches Symptom einer Gehirnblutung in der tödlichen Phase. Später sollten einige Wissenschaftler, die nach Stalins Tod aus dem GULAG freikamen, diesen beiden Ärzten aus dem 19. Jahrhundert (nach denen die Atmung benannt ist) »für ihre Hilfe« danken, als Vorboten des Todes jenes Mannes, den man für unsterblich gehalten hatte.

Ich war damals das einzige kleine Kind in unserer großen Fa-

milie und wahrscheinlich lenkte ich die Großmutter und vor allem den Großvater von trüben Gedanken ab. Er kümmerte sich sehr viel um mich, las mir vor oder erzählte Geschichten.

Mein liebster Ort in unserer Wohnung war zwischen den Beinen seines massiven Jahrhundertwende-Schreibtischs, der, so wie alle unsere Möbel, aus dem Hotel »Lux« stammte. Niemand holte mich von dort hervor, wenn Gäste kamen oder wichtige Dinge in der Familie besprochen wurden. Sie dachten, ich sei klein und verstünde ohnehin nichts. In jenen Tagen kamen ständig Verwandte, Bekannte und Freunde meiner Eltern, alle wollten verstehen, was da gerade vor sich ging. Vor allem wollten alle meinen Großvater fragen, was jetzt sein würde, schließlich kannte er den Charakter der Machthaber am besten. Aus den Gesprächen war Sorge herauszuhören, bei einigen herrschte Panikstimmung. Viele hatten die festgefahrene Vorstellung, dass Stalin der letzte Schutzwall sei und Berija und Malenkow – damals de facto der zweite Mann hinter Stalin – blutigen Terror verbreiten würden. Wenn wir später über jene Tage sprachen, erinnerte sich mein Vater an das, was mein Großvater damals sagte: »Nein,

Großvater in den 1950er Jahren an seinem Schreibtisch und mit mir auf dem Schoß, auf der Datscha außerhalb von Moskau

schlimmer wird es nicht werden. Im Gegenteil, nach Stalins Tod werden die Veränderungen zum Besseren beginnen, sie müssen die Schrauben einfach etwas lockern.« Er war fast der Einzige, der das voller Überzeugung sagte.

Die wenigsten hatten sich vorstellen können, dass Stalin überhaupt sterblich war. Ich erinnere mich an einen Vorfall, der sich vermutlich am 4. März 1953 zugetragen hat. Ich ging mit meiner Mutter zu einem Kaufhaus bei uns um die Ecke, das ich gerne mochte, weil im Inneren eine riesige Treppe und schöne Skulpturen an die einstige Jugendstilpracht erinnerten, von der nach den hässlichen Umbauten leider inzwischen nur noch wenig zu sehen war. Aber zu meinem Bedauern gingen wir dieses Mal nicht hinein, sondern reihten uns in die lange Schlange ein, die sich an der Hintertür des Kaufhauses gebildet hatte. Die Menschen standen vor einem Verkaufstisch im Hinterhof um Eier an. So machten sie das damals manchmal, wenn zu viele Menschen um irgendetwas anstanden und die Schlange zu lang war.

Ich hasste es, dort herumzustehen, und fand das Warten in der Schlange langweilig. Außerdem war es in jenen Tagen ziemlich kalt. Die Mutter trug den Lammpelz meiner Großmutter und wirkte darin sehr dick, sie war hochschwanger mit meiner jüngeren Schwester. Wir standen also in dieser grauen Schlange, die Leute waren schweigsam, die Stimmung war irgendwie düster und angespannt. Ich fror und begann herumzuzappeln und dachte darüber nach, wie ich mir die zähe Warterei interessanter gestalten könnte. Das, was mir einfiel, schien mir perfekt; ich könnte damit gleich mehrere Fliegen mit einer Klappe schlagen: zum einen nach etwas fragen, das mich wirklich interessierte, weil zu Hause alle nur darüber sprachen, zum anderen mich dabei gleichzeitig ein bisschen wichtigmachen und zeigen, wie klug ich doch war und was ich alles wusste. Und schließlich war ich einfach eine große Plaudertasche.

Ich fragte meine Mutter also so laut, dass mich die Umstehenden gut hören konnten: »Mama, ist der Stalin schon gestorben?« Ich wollte gerade noch etwas hinzufügen in der Art: »Der Großvater sagt doch, dass …«, aber die Mutter quetschte meine Hand ganz fest zusammen. Zum ersten und zum letzten Mal in meinem Leben und so fest, dass es weh tat.

Nach meinen Worten schien es, als versteinerten alle um uns herum. Doch dann drehte sich eine Frau zu uns um und zischte meine Mutter drohend an: »Sie sollten Ihrem Mädchen den Mund schließen! Unsere Nachbarn hatten auch so ein Mädchen, das dauernd plauderte und plauderte, und am Ende haben sie die ganze Familie mitgenommen.« Ich glaube, ich hatte schon den Mund aufgemacht, um etwas zu ihr zu sagen, aber die Mutter riss mich aus der Schlange heraus, verzichtete auf die Eier und schleifte mich nach Hause.

Unterwegs sagte sie nur einen Satz, der so nachdrücklich war, dass meine Eltern ihn nie wiederholen mussten: »Nicht alles, was zu Hause gesprochen wird, kann man laut vor fremden Leuten wiederholen. Das kann uns ins Unglück stürzen.« Ich fragte nicht nach, welches Unglück genau sie damit meinte. Aber gerade weil meine Mutter das nicht weiter ausführte, erschrak ich besonders. Als Erwachsene habe ich später viel darüber nachgedacht, was es für ein Kind bedeutet, von klein auf wissen zu müssen, worüber man reden darf und worüber nicht. Über dieses Wissen mussten so viele Generationen in der Geschichte unseres Landes verfügen.

Gedränge

Am nächsten Tag wurde Stalins Tod offiziell verkündet, im Radio lief Trauermusik. Stalin wurde für drei Tage im Kolonnensaal des Moskauer Gewerkschaftshauses aufgebahrt, damit die Menschen von ihm Abschied nehmen konnten. Mein Vater erzählte kopfschüttelnd, dass er auf dem Heimweg von der Lenin-Bibliothek, in der er halbe Tage verbrachte, kaum an der Menschenmenge vorbeikäme, die es zu Stalins Sarg zog. Doch am Tag des Begräbnisses entschied meine Mutter plötzlich, daran teilzunehmen. Ich fragte sie später, warum. Glaubte sie denn wirklich immer noch an Stalin? Das wollte mir nicht in den Kopf gehen. Meine Mutter hatte eine andere Erklärung für ihr Ansinnen. Sein Begräbnis erschien ihr einfach als bedeutsames Ende einer ganzen Epoche und sie fand, dass sie deshalb daran teilnehmen müsse. Viele Jahre später las ich eine ebensolche Erklärung bei Ljudmila Aleksejewa, der bekannten Dissidentin und Menschenrechtsaktivistin, die genauso alt ist wie meine Mutter und damals ebenfalls schwanger war:

> *Am Morgen des 5. März 1953 weckte mich das Allegretto aus der Siebenten Beethoven-Symphonie. Stalin war tot. Ich weinte, nicht, weil ich Stalin so liebte, sondern aus Angst. Ich dachte an jene hohen Funktionäre, die während der Paraden neben*

ihm auf der Tribüne des Mausoleums gestanden waren. Ich konnte sie nie voneinander unterscheiden. Jetzt würde einer von ihnen der Große Führer werden.

Zwei Tage später machten wir uns auf den Weg zum Kolonnensaal im Gewerkschaftshaus, wo sein Körper aufgebahrt war, um uns zu verabschieden. Ich ging hin, weil ich in meiner Kindheit mehr als einmal Erzählungen über Lenins Begräbnis und über die Menschenmenge gehört hatte, die ihn auf seinem letzten Weg begleitet hatte. Jetzt gab es wieder ein so epochales Ereignis, und das konnte ich nicht versäumen. Ich musste alles mit meinen eigenen Augen sehen, um es später den Kindern und Enkelkindern erzählen zu können ...

Im vierten Monat schwanger, hätte ich natürlich begreifen müssen, wie gefährlich es war, sich in eine riesige Menschenmenge zu begeben. Wir machten uns zu Fuß auf den Weg und nach 45 Minuten näherten wir uns schon dem Puschkin-Platz. Mit jedem Schritt wurde die Menge dichter, der Raum um mich wurde immer weniger und der Menschenstrom drängte mich schon gegen den gusseisernen Zaun am Twerskoi-Boulevard. Ich spürte das kalte Metall und plötzlich hörte ich jemanden rufen: »Helft der schwangeren Frau!« Im nächsten Augenblick fand ich mich in der Luft wieder. Ein Milizionär hatte mich buchstäblich aus der Menge herausgerissen und mit den Worten »Warum bist du da, dummes Weib?« auf der anderen Seite des Zaunes wieder abgesetzt.

Es ist ein Wunder, dass Ljudmila Aleksejewa nicht verletzt wurde. Bei uns zu Hause führte die Entscheidung der Mutter zu einer richtigen Szene. Es kann sein, dass mich mein Gedächtnis hier ein bisschen trügt, denn meine Großmutter hat das so oft erzählt, dass ich den Eindruck bekam, tatsächlich live dabei gewesen zu sein. Meine Großmutter, die eigentlich nicht zu theatralischen Gesten neigte, versperrte ihr den Weg und sagte: »Zu Stalins Begräbnis gehst du nur über meine Leiche!«

Bei Stalins Begräbnis starben Hunderte Menschen. Darüber ist schon viel geschrieben worden, aber die genaue Zahl der Opfer, die danach übrigens heimlich begraben wurden, ist bis heute nicht bekannt. Sie schwankt zwischen einigen Hundert und zwei- bis dreitausend Toten. Wenn ich den Roschdestwenski-Boulevard entlang zum Trubnaja-Platz fahre, dann stelle ich mir oft vor, wie das damals gewesen sein muss. Auf der Strecke gibt es eine enge, steile Kurve. Sobald es friert und rutschig wird, hat man Mühe, sich dort auf den Beinen zu halten. Die Vorstellung, wie diese riesige Menge an Menschen dort bergab rutschte, ist entsetzlich. Zudem war alles unglaublich schlecht organisiert: die Hinterhöfe geschlossen, die Seitengassen durch berittene Miliz, Lastwagen und Soldatenketten blockiert, sodass die Menschen nirgendwohin ausweichen konnten. Was meiner Mutter hätte passieren können, hätte die Großmutter sie gehen lassen, lässt sich aus Erzählungen von Moskauer Studenten ablesen, die wie durch ein Wunder aus diesem Gedränge wieder herausgekommen waren. Ihre Geschichten wurden für das Archiv der Gesellschaft »Memorial« aufgezeichnet.

Am 9. März wollte ich erleben, wie sich die Massen an einem solchen Tag der Volkstrauer verhalten – es war schon bekannt, dass eine riesige Menschenmenge auf dem Weg ist, um sich von dem Toten zu verabschieden, und dass die Stadt regelrecht überflutet war. Aber es war ein historisches Ereignis und ich wollte das sehen, damit ich es in Erinnerung behalten kann. Ich weiß nicht mehr genau, an welcher Stelle ich mich in die Menge einreihte; jedenfalls gingen wir auf dem Boulevard, der vom Puschkin-Platz am Trubnaja-Platz vorbei hinaufführt. Die Menge wurde immer dichter und dichter, man wurde von der Masse einfach weitergerissen, man konnte nichts mehr tun. Wenn man stehen bleiben wollte, konnte man das nicht. [...] Es gab noch keine Opfer, noch war niemand erdrückt worden, aber man kam einfach aus diesem Strom nicht mehr hinaus. [...] In den ersten Tagen nach dem Begräbnis wurde viel über die Leute geredet, die dort umgekommen sind.

Ein anderer erinnerte sich so:

Als ich auf die Gorki-Straße einbog, fand ich mich plötzlich inmitten einer Menge mir völlig unbekannter Menschen verschiedensten Alters wieder. Viele kamen von auswärts. Es war sonnig, aber sehr kalt. Beim Revolutionsmuseum trafen wir auf die erste Barriere – berittene Miliz. Die Menge drängte schweigend vor. Die Pferde schnaubten und versuchten den Leuten auszuweichen. Schließlich gingen einem die Nerven durch, es scheute und stieg auf. Dadurch entstand eine kleine Lücke, die immer breiter wurde, weil die Menge nachdrängte, bis sie schließlich die ganze Straßenbreite einnahm. Die Leute rannten, fielen hin, stießen einander. Wenige Schritte vor mir rutschte ein Mädchen aus, stürzte und schrie laut auf. Zum Glück gelang es einigen jungen Männern, sie an den Ärmeln, dem Kragen und ich glaube sogar an den Haaren zu packen und unter den Beinen der stampfenden Masse herauszuholen. Es war wie eine Art Menschentsunami ...
Beim Puschkin-Platz war die Straße mit Lastwagen abgeriegelt. Auf den Ladeflächen standen Soldaten auf Sandsäcken, die mit ihren Stiefeln nach jenen traten, die versuchten, hinaufzuklettern. Dass ich da wieder heil rauskam, ist einem glücklichen Zufall zu verdanken. Ich wurde durch das bereits zerschlagene Schaufenster eines Damenmodengeschäftes gedrückt. Jedes Mal, wenn ich später daran vorbeiging, blickte ich voller Dankbarkeit hinein.
Ich stand also zwischen den Schaufensterpuppen und hörte mit einem Mal merkwürdige Geräusche. Unter dem Druck der Massen waren die Lastwagen in Bewegung geraten, deren Reifen durch die eingerasteten Bremsen blockiert wurden. Man hörte die schreien, die gegen die Lastwagen gepresst

wurden, die Soldaten begannen nun, den einen oder anderen hinaufzuziehen. Aber vom Weißrussischen Bahnhof drängten immer mehr Menschen nach. Ich weiß nicht mehr, wie und wann, aber ich schaffte es raus aus dem Schaufenster und hastete vorbei an den Verletzten nach Hause. Überall auf den Gehsteigen lagen Galoschen, Mützen und Brillen ...

Meiner Mutter blieb diese entsetzliche Erfahrung dank meiner Großmutter erspart. Aber viele redeten darüber und erwähnten einen Bekannten oder Arbeitskollegen, der Angehörige in diesem Gedränge verloren hatte.

Der Kreml öffnet sich

Und dann (meiner Erinnerung nach fast sofort nach Stalins Tod) kam der Frühling. Es wurde warm, Ende März kam meine jüngere Schwester auf die Welt und überhaupt schien alles lockerer zu werden. In jenen Tagen wurde ganz nahe bei unserer Wohnung am Arbat-Platz eine neue Metrostation eröffnet – damals ein großes Ereignis. Die Station Arbatskaja war riesig, mit unendlich langen, von schneeweißen Marmorbogen gesäumten Gängen mit einem rot-grauen Granitboden. Alles wirkte unwahrscheinlich luxuriös, kurz: es war ein typisches Beispiel des spätstalinistischen »Empires«. Mir gefiel besonders, dass eine endlos lange Rolltreppe zu den Gleisen hinunterführte.

Die Großmutter und ich fuhren häufig zu ihren zahlreichen Verwandten und Freunden und ich entwickelte ein eigenes Ritual für diese meine liebste Metrostation. Erstens zählte ich, während wir auf der Rolltreppe hinunterfuhren, wenn es sich ausging, bis hundert. Das war eine große Errungenschaft, ich hatte ja gerade erst zählen gelernt. Zweitens versuchte ich, wenn wir nach der Rolltreppe noch ein ziemlich langes Stück bis zum Bahnsteig gehen mussten, nur auf die roten Granitvierecke zu treten und keinesfalls auf die grauen, was gar nicht so leicht war, weil meine Beine nicht lang genug waren und ich manchmal etwas springen musste. Der für mich spannendste Teil kam aber erst, wenn wir nach einem Besuch zurückkehrten und an unserer Station wieder nach oben fuhren. Denn in der Eingangshalle hing direkt gegenüber der Rolltreppe ein überlebensgroßes Porträt Stalins. Ein Mosaik aus bunten Steinen zeigte ihn mit einem Notizblock in der Hand neben einer riesigen Fahne.

Schon wenige Wochen nach Stalins Begräbnis erschien es irgendwie nicht mehr zeitgemäß, aber mich verzauberte dieses Wandbild. Während man auf der langen Rolltreppe hinauffuhr, sah man zuerst Stalins Stirn, dann tauchten nach und nach die Nase und der Schnurrbart auf. Es folgte seine weiße Uniformjacke, und erst, wenn man ganz oben angekommen war, sah man den ganzen Stalin. Es war jedes Mal so, als setze man ein riesiges Puzzle zusammen.

Welche Blüten der Personenkult trieb, beweist eine lustige Beobachtung, die ich damals machte. Irgendwelche Leute empfanden dieses Wandbild offenbar als eine Art Grabstein. Und zum Grab eines Toten bringt man bei uns nach einem heidnischen Brauch Gegenstände, die der Verstorbene im Jenseits brauchen könnte. Das sieht man nicht nur auf unseren Dorffriedhöfen, sogar auf dem Friedhof San Michele in Venedig sah ich später Geschenke, die russische Touristen gebracht hatten: auf dem Grab von Igor Strawinsky lagen ein Paar Ballettschuhe, auf dem von Joseph Brodsky stand eine Flasche russischen Wodkas, auch Hefte mit Kugelschreibern entdeckte ich dort. Was aber konnte man Stalin als Geschenk bringen, zumal in der Metro?

Nun, unter Stalins riesigen gestiefelten Beinen standen kleine Globusse, wie man sie in den Schulen verwendete, außerdem einige Blumentöpfe, und auch seine Schriften hatte jemand dorthin gelegt. Im Rückblick bin ich heute noch erstaunt über die Globusse, auch wenn ich denke, dass die Leute, die sie dorthin gebracht hatten, den tiefen symbolischen Sinn ihrer Grabgabe vermutlich nicht begriffen und ganz sicher nicht Chaplins »Großen Diktator« gesehen hatten.

Schon 1956 wurde beschlossen, das Mosaik abzunehmen. Man sagte später, sie hätten das Wandbild lediglich weiß übermalt, und besonders Scharfsichtige behaupteten, wenn man genau hinsehe, könne man Stalins Abbild unter der weißen Farbe hervortreten sehen. Das war natürlich reine Fantasie. Die Restaurierung der Eingangshalle im Jahr 2006 bewies, dass da wirklich kein Mosaik mehr war.

Ein Paar Jahre nach Stalins Tod ereigneten sich noch andere erstaunliche Dinge. Vor allem ging der Kreml wie von Zauberhand auf – und das war ganz und gar ungewöhnlich und hundertmal eindrucksvoller als die neue Metrostation. Es war 1955, ein Jahr, bevor ich in die Schule kam. Aber da ich als selbstständige, verantwortungsvolle und schon recht erwachsene Vorschülerin galt, durfte ich mich mit meinen Freundinnen aus unserem Hof in der näheren Umgebung frei bewegen.

Um zum Troizki-Turm des Kreml zu gelangen, mussten wir zwar eine große Straße überqueren, aber damals gab es nur wenige Autos. Noch vor Kurzem hätte man sich nicht vorstellen können, dass eine ganze Horde von Kindern verschiedener Altersstufen ohne Begleitung Erwachsener durch das Troizki-Tor in den Kreml spaziert, auf die riesige Zaren-Kanone steigt und in die Zaren-Glocke hineinkriecht und mit dem Schlitten die verschneiten Hügel zum Alexander-Garten hinunterfährt. Das war ein wahres Zeichen der Freiheit! Inzwischen kommt man nur mit Eintrittskarten für die Kreml-Museen und zu bestimmten Zeiten hinein und wehe, man tut auch nur einen Schritt abseits der vorgeschriebenen Wege.

Mein allererster Besuch im Kreml allerdings – vor meinen eigenständigen Spaziergängen dorthin – ist weniger mit Freiheit als mit einem gehörigen Schrecken verbunden. Es war Anfang

Januar 1954, und es war entschieden worden, das Tannenbaumfest für Kinder zum ersten Mal im Kreml zu feiern, genauer gesagt im prunkvollen und riesigen Georgs-Saal des Großen Kremlpalastes. Seither findet dieses wichtigste Neujahrsfest des Landes, das Jolka-Fest, immer dort statt. Meine Eltern hatten nicht die Absicht, Eintrittskarten für dieses Fest zu kaufen, überhaupt waren sie solchen staatlichen Massenveranstaltungen gegenüber sehr skeptisch. Aber in der Klasse, in der meine Mutter unterrichtete, gab es unter den Eltern offenbar jemanden mit Beziehungen, also wurden Eintrittskarten für alle gekauft.

Als sich herausstellte, dass es eine Eintrittskarte zu viel gab, entschied meine Mutter, dass ich ihre Schülerinnen begleiten sollte. Ich war viereinhalb Jahre alt, die Mädchen dürften so um die zehn gewesen sein. Ich war bis dahin noch nie in eine so riesige Menschenmenge geraten, mir schien, als hätten sich hier in diesem Raum Tausende Kinder versammelt. An den Baum habe ich keinerlei Erinnerung mehr, ebenso wenig daran, ob ein »Väterchen Frost« mit langem, weißem Bart durch den beeindruckenden Saal ging. Ich weiß nur noch, dass ich irgendwann die Schülerinnen meiner Mutter aus den Augen verlor. Ich war überzeugt, ich würde sie nie wiederfinden und nie wieder nach Hause kommen.

Es war ein Albtraum, aber ich schämte mich auch, zu einem der Erwachsenen zu gehen und zu sagen: »Bitte helfen Sie mir, ich bin verloren gegangen!« Ich hatte Angst, dass man mich für ein Kleinkind halten und mich auch so behandeln könnte, wo ich doch so sehr versuchte, mich wie eine Große zu benehmen. Diese Scheu, eine Schwäche zu zeigen, kam nicht so sehr von zu Hause, das war das Gesetz des Hofes, wo sich ein Großteil des Lebens der Kinder abspielte. Wobei die Erwachsenen, bei denen die Erinnerung an Krieg und Terror noch sehr präsent war, die Kinder bewusst oder unbewusst auf die Prüfungen vorzubereiten versuchten, die das Leben für sie bereithalten würden.

Abgesehen davon wusste ich mit meinen viereinhalb Jahren, dass man mich sicherlich zum diensthabenden Milizionär brin-

Das Neujahrsfest 1955 im Georgs-Saal des Kreml

gen würde, und das erschien mir irgendwie bedenklich. Auch wenn mir zu Hause niemand mit dem »Onkel Milizionär« drohte, der kommt und einen mitnimmt, hatte ich das im Hof immer wieder gehört. (Nebenbei drückt sich in dieser Formel noch etwas ganz anderes aus: dass nämlich die Menschen in den Machthabern und deren Vertretern Feinde sahen, die kommen, um einen zu holen.) Und außerdem hatte ich in dieser Beziehung schon ziemlich unangenehme Erfahrungen gemacht …

Unser Hof wurde durch einen nicht sehr hohen Zaun begrenzt, hinter dem sich ein weißes Haus befand, das wie ein Märchenschloss aussah. Wir nannten es »das Haus mit den Muscheln«, weil an der Fassade der beiden Türme Muscheln aus Stuck prangten. Dass es sich dabei um ein in Moskau sehr bekanntes Bauwerk handelte, die Morosow-Villa, wussten wir damals natürlich nicht. Es war Ende des 19. Jahrhunderts von einem Millionär namens Arseni Morosow im mauretanischen Stil errichtet worden, nachdem dieser von einer Spanienreise zurückgekehrt war. Vielen Zeitgenossen erschien das Bauwerk total verrückt, es hagelte reichlich Spott. Seine Mutter soll der Legende nach zu ihm gesagt haben: »Früher wusste nur ich, dass du ein Dummkopf bist, aber jetzt wird es ganz Moskau wissen.« Und Lew Tolstoi schrieb in seinem Roman »Auferstehung«, das sei »ein dummer und unnötiger Palast irgendeines dummen und unnötigen Menschen«.

Nach der Revolution befanden sich darin verschiedene Einrichtungen (heute ist es ein Gästehaus der Regierung), Sergei Eisenstein, einer der berühmtesten Filmregisseure, inszenierte hier sogar Schauspiele.

Zu meiner Kindheit befand sich dort angeblich die indische Botschaft, aber so genau wussten wir das nicht. Für uns war es ein geheimnisvolles Schloss, in das wir unbedingt einmal hineinwollten. Einige ältere Jungen prahlten damit, dass sie bereits drin gewesen seien, und erzählten alle möglichen erfundenen Geschichten. Tatsächlich war es gar nicht so schwer, zum Haus der Muscheln zu gelangen, im Zaun gab es nämlich ein kleines Loch, durch das ein Erwachsener nie durchgepasst hätte, wir aber schon.

Als wir es eines Tages endlich gewagt hatten, dauerte es nicht lange, bis ein Milizionär auftauchte – schließlich hatten wir das verbotene Territorium einer Botschaft betreten und noch dazu stand das Gebäude direkt an einer staatlichen Trasse, am Weg aus dem Kreml! Natürlich schlüpften die größeren Kinder, hinter denen er vor allem her war, sofort zurück und verschwanden in den Eingängen unseres Hauses. Aber mich in meinem plumpen Halbpelz-Mäntelchen erwischte er am Kragen. Der Milizionär schimpfte heftig mit mir und übergab mich der Liftfrau, die in unserem Haus wie ein Zerberus darüber wachte, wer hinaus- und wer hineinging. Der peinliche Moment, als ich mit dem Mann in Uniform unsere Gasse entlanggehen musste, hatte sich tief in meine kindliche Erinnerung eingebrannt. Keinesfalls wollte ich so eine Schmach noch einmal erleben.

Auch deshalb wollte ich mein Missgeschick beim Neujahrsfest im Kreml niemandem mitteilen. Ich irrte durch die endlos erscheinende Menge an Kindern und hielt verzweifelt Ausschau nach den Schülerinnen meiner Mutter. Wenn ich sie nicht finden würde, drohte ich zudem noch zu erfrieren, denn sie hatten die Garderobenmarke für meinen Mantel. Meine Angst wurde immer größer und eine Ewigkeit schien mir vergangen, bevor ich auf die Mädchen stieß oder sie mich entdeckten. Ende gut, alles gut, und ich bekam sogar noch mein Neujahrsgeschenk. Es war ein mit bunten Neujahrsfiguren bemalter kleiner Blechkoffer, in dem sich Schokoladenbonbons und Mandarinen befanden. Vor Kurzem habe ich diesen schon etwas verrosteten kleinen Koffer im Abstellraum der Datscha gefunden – wir haben darin Nägel aufbewahrt.

Trotz des guten Ausgangs dieser Geschichte konnte ich diese Neujahrsfeiern für Kinder fortan nicht mehr ausstehen, meine Kinder habe ich mit zusammengebissenen Zähnen begleitet – allerdings nicht in den Kremlpalast, sondern zu alternativen und definitiv kleineren Neujahrsfeiern, etwa im Haus der Schriftsteller.

Da ich damals nie etwas anderes sah als das Zentrum Moskaus, konnte ich mir natürlich nicht vorstellen, in welch unglaublicher Armut viele Kinder damals lebten, vor allem auf dem Dorf. Dort konnten sie von so luxuriösen Geschenken nicht einmal träumen. (Wobei auch in Moskau Schokoladenbonbons und Mandarinen Leckereien waren.) Ziemlich früh allerdings erfuhr ich, dass es anderswo große Probleme mit Lebensmitteln gab. Denn ich ging regelmäßig mit der Großmutter oder mit der Mutter auf die Post, wo wir uns in die Schlange einreihten, um ein Paket zu versenden – an meine anderen Großeltern, die in Kuibyschew an der Wolga lebten. In eine Holzkiste (nur so konnte man Pakete verschicken) kamen verschiedene und, wie mir schien, gar nicht wohlschmeckende Dinge: Päckchen mit Buchweizen, Reis und Butterschmalz. Als ich mich später mit dem Briefwechsel meiner Moskauer Großmutter beschäftigte, fand ich heraus, dass wir solche Pakete nicht nur nach Kuibyschew geschickt hatten. Großmutter hat mindestens zwei ihrer besten Freundinnen Lebensmittel in die Verbannung geschickt, die erst nach dem XX. Parteitag der KPdSU 1956 aus den Lagern freigelassen wurden und zurückkehren konnten.

Nicht nur Lebensmittel waren damals knapp. In den 1950er Jahren trugen die Kinder sogar in Moskau allesamt schwere Mäntel in düsteren Farben, dazu hässliche Mützen, und bei Frost waren alle so fest eingepackt, dass sie sich kaum rühren konnten. Das größte Problem waren die Schuhe, vor allem im Winter. Alle Vorschulkinder und manchmal auch die jüngeren Schulkinder hatten Filzstiefel mit Galoschen an den Füßen. Die Stiefel waren ja eigentlich sehr warm, aber die Überschuhe verrutschten oft, und wenn sie schon etwas ausgeleiert waren, verlor man sie. Solche Filzstiefel trug sogar meine ältere Tochter noch, die in den 1970er Jahren geboren wurde, lange bevor diese Stiefel bestickt und anderweitig verschönert in Mode kamen.

Trostlos war auch die Schuluniform, die ich während der gesamten zehn Schuljahre tragen musste. Nach der Revolution hatte man diese Uniformen als Überbleibsel des Zarenreiches abgeschafft, meine Eltern waren mit dem in die Schule gegangen, was sie hatten, hatten sich zusätzlich aber immer das rote Tuch der Pioniere umgebunden. Aber Ende der 1940er Jahre, als Stalin immer stärker danach strebte, seinen Staat in eine imperiale Weltmacht zu verwandeln, wurde die Schuluniform wieder eingeführt – wie eine Reminiszenz an die Zarenzeit.

Die Uniform für die Mädchen erinnerte an jene, die einst meine Großmutter im Gymnasium getragen hatte: ein braunes Kleid mit weißem Kragen und einer schwarzen Schürze, aber die sowjetischen waren aus minderwertigerem Stoff und schlechter genäht.

Meine Schulklasse im Jahr 1957.
Ich stehe in der letzten Reihe, Fünfte von links.

(Vielleicht lag es ja nicht nur an der Uniform, auf den alten Fotos aus der Gymnasialzeit meiner Großmutter sehen alle Mädchen einfach schön aus. Wohingegen man Schulfotos ab den 1930er Jahren kaum ansehen kann, so sehr sind die eigentlich jungen Gesichter gezeichnet von den Jahren der Revolution, den Kriegen, dem Hunger und dem allgemeinen Elend.) Die Uniform sollte alle gleichmachen, aber das gelang nicht. In der Klasse wusste jeder stets genau, welche Familie wohlhabend war und welche arm. In den wohlhabenderen Familien ließ man die Uniformen nach Maß schneidern oder kaufte teure aus gutem Material. Den Unterschied sah man sofort, zumal an einer Schule wie meiner, in die nicht nur Kinder von Marschällen und Generälen aus dem Wohnhaus der Regierung an der Granowski-Straße 3 gingen, sondern auch solche, deren Familien in Kellerwohnungen oder noch nicht abgerissenen Baracken hausten. Und an dieses verdammte braune Uniformkleid musste man noch alle zwei Tage einen weißen Kragen und Manschetten annähen. In den unteren Klassen mussten die Kinder noch Ärmelschoner tragen, damit sie die Manschetten nicht mit Tinte beschmutzten. Ach, und dann fallen mir natürlich noch die Strümpfe ein, die man ständig gerade ziehen musste, weil sie sich immer verdrehten und dann der Gummi am oberen Ende zu zwicken begann. Strumpfhosen tauchten erst in den 1960ern auf, aber dann musste man sie sich noch leisten und vor allem irgendwo erstehen können …

Die »Tauwetterkinder«

In dieser Uniform (die sich von da an nur in der Größe, aber nicht im Aussehen änderte) und mit einer festlichen weißen Schürze statt der schwarzen erlebte ich am 1. September 1956 meinen ersten Schultag. Es war das Jahr, in dem Nikita Chruschtschow im Februar auf dem XX. Parteitag der KPdSU eine fünfstündige Geheimrede gehalten hat, in der er den Personenkult um Stalin bloßgestellt und einige von dessen Verbrechen (vor allem die »Säuberungen« der 1930er Jahre an kommunistischen Parteimitgliedern) offengelegt und verurteilt hatte. Als die Rede in den geschlossenen Parteiversammlungen vorgelesen wurde, sorgte sie für einen Schock. Aber sie war Auftakt zur Phase des richtigen »Tauwetters«, das mit ersten zaghaften Anzeichen nach Stalins Tod begonnen hatte.

Und ich hatte wieder einmal unglaubliches Glück, denn zum ersten Mal seit langer Zeit erhielten die Schulanfänger ein Lesebuch ohne Stalin! Wäre ich ein Jahr früher eingeschult worden, hätte ich Texte wie diesen lesen müssen:

Josef Wissarionowitsch Stalin – Führer, Lehrer und Freund aller Arbeitenden. Stalin setzte Lenins Sache fort. Unter Stalins Führung baute unser Volk neue Städte und Fabriken, reiche Kolchosen. Unter Stalins Führung besiegte das sowjetische Volk die bösen Feinde, die Faschisten. Stalin lehrte die

Völker unseres Landes friedlich miteinander zu leben. Stalin liebte die Kinder und kümmerte sich um sie. Stalin starb, aber die große Sache Lenins und Stalins lebt weiter. Wir bauen ein glückliches Leben nach den Ideen von Lenin und Stalin.

Meine Schule war ganz in der Nähe, von zu Hause waren es nur drei Minuten zu Fuß. An dem einstmals schönen und reichverzierten Gebäude, das Mitte des 19. Jahrhunderts erbaut worden war, nagte der Zahn der Zeit, so wie an allen alten Gebäuden, die zu Sowjetzeiten viele Jahre lang dem Verfall ausgesetzt waren. Auf das schöne Parkett hatte man Linoleum gelegt, die Wände waren lieblos mit Ölfarbe gestrichen worden, und über die Schultoiletten kann wohl jeder aus meiner Generation ein eigenes Lied singen. Obwohl sie mit Chlor gereinigt wurden – mit Fetzen, deren Anblick ich nie vergessen werde –, hing in ihnen ein Geruch, den nicht einmal das unangenehme Chlor zu überdecken vermochte.

Geblieben waren die alte große Treppe und ein riesiger Spiegel, bei dem ich mich noch heute wundere, wie er all die Jahre überlebt hatte. Wenn ich damals gewusst hätte, wer fünfzig Jahre zuvor alles in ihn hineingeblickt hatte … übrigens auch Wera Cholodnaja, später *der* Stummfilmstar des vorrevolutionären russischen Kinos.

Schon vor der Revolution hatte sich hier ein bekanntes Mädchengymnasium befunden. Hier hatte Marina Zwetajewa einige Zeit gelernt, eine der bedeutendsten russischen Dichterinnen des 20. Jahrhunderts. Auch Gala (eigentlich Jelena Djakonowa), die später erst Paul Éluard und dann Salvador Dalí heiratete, sowie viele andere bekannte Frauen.

Natürlich erfuhr ich das erst Jahre später. Denn anstatt uns mit der Historie dieser Schule und ihren Absolventinnen vertraut zu machen, hielt unsere Direktorin, die schrecklich aussah mit ihren schlecht gefärbten schwarzen Haaren, am Tag meiner Einschulung vor den versammelten Eltern und Kindern eine durch und durch idiotische Rede über den neuesten Regierungserlass zur Volksbildung. (Ich hatte übrigens noch einmal Glück: Zwei Jahre vor meiner Einschulung hatte man die von Stalin während des Krieges verfügte Trennung in Mädchen- und Jungenschulen wieder aufgehoben.)

Unsere Lehrerin wirkte etwas heruntergekommen und verhärmt und trug immer das gleiche braunrote Kleid und abgetragene Schuhe. Wir konnten sie nicht leiden, aber wir fürchteten uns auch vor ihr, denn wenn sie sich aufregte, wurde sie ganz rot im Gesicht und bekam keine Luft. Ich kann mich nicht erinnern, dass sie je gelächelt hätte, und empfand sie sogar als bösartig. Damals konnte ich ja nicht wissen, wie ihr Leben sicherlich war: einsam, weil sie zu jener Generation von Frauen weit über dreißig gehörte, die vor der Zeit gealtert waren und denen der Krieg die Männer geraubt hatte. Und sie war sicherlich arm, weil sie nur ein winziges Lehrergehalt bezog. Genau wie Ärzte bezahlte die Sowjetmacht Lehrer nur mit ein paar Kopeken.

Jenes Jahr, in dem ich in die Schule kam, war ohne Zweifel ein Jahr des Umbruchs. Stalin war nicht nur nicht mehr im Lesebuch, man hatte auch alle Porträts und Büsten entfernt. Später stellte sich heraus, dass man sie in unserer Schule zwar weggeräumt, aber nicht ganz aus dem Gebäude entfernt hatte. Alles war noch eine Weile im Keller abgelegt worden. In der Schule herrschte – wie in der Gesellschaft insgesamt – Verwirrung. Niemand wusste so recht, wie er mit dem unerwartet aufgetretenen Tauwetter unter Chruschtschow umgehen sollte. Unsere Lesebücher mochten entstalinisiert worden sein, doch das Schulsystem insgesamt war immer noch Stalins System, genau wie so viele andere Bereiche. Sogar in den Pausen zwischen den Unterrichtsstunden durfte man nicht spielen oder rennen, man musste auch immer in Zweierreihen durch die Korridore der Schule gehen. Ich war kein besonders lebhaftes oder wildes Kind, aber ich erinnere mich, dass ich das als sehr unangenehm empfand.

Man nahm uns Schulanfänger sehr bald bei den »Oktoberkindern« auf, der Vorstufe der Pioniere; das Zeremoniell erfolgte vor dem Mausoleum am Roten Platz, und natürlich wurden wir dort auch hineingeführt. Ich sah den toten Stalin, der gegenüber dem ebenso toten Lenin lag. Was meine acht Jahre alte Enkelin wohl sagen würde, wenn man sie heute an einen solchen Ort brächte? Es war absurd, aber Kinder sind ja immer bereit, das Absurde anzunehmen. Als man uns zwei Jahre später bei den Pionieren aufnahm, sah ich sie noch einmal gemeinsam im Mausoleum liegen. Aber schon damals war spürbar, dass Stalin nur noch ein vorübergehender Bewohner war, dass er hier nicht (mehr) der Wichtigste war. Und tatsächlich muss Lenin seit 1962 ohne sein Gegenüber auskommen.

Die erste gesellschaftliche Aufgabe, die wir als Oktoberkinder zu erfüllen hatten, war das Sammeln von Altpapier. Sowjetische Schüler wurden ständig zum Sammeln von irgendetwas geschickt, vor allem von Altpapier, aber auch von Altmetall. In der Schule wurden sogar Wettbewerbe veranstaltet, welche Klasse mehr sammelte. Was die Altpapiersammlung betraf, war der Herbst 1956 besonders erfolgreich. Viele Leute warfen voller Freude die gesammelten Werke des »Großen Führers« oder die alten Zeitungen, Broschüren oder Parteimaterialien aus der Stalinzeit weg.

Ich erinnere mich sehr gut, wie wir in ein Haus neben dem alten Gebäude der Moskauer Staatlichen Universität (MGU) gingen, in dem die Universitätsdozenten lebten. So wie überall gab es hier hoffnungslos überfüllte Gemeinschaftswohnungen, an deren Wohnungstüren zwischen fünf und zehn Klingelknöpfe angebracht waren, unter denen die Namen der einzelnen Bewohner oder Familien standen. Wir läuteten aber gleich bei allen auf einmal. An diesem Tag waren wir so erfolgreich, dass wir uns wirklich bei Chruschtschow für die Entlarvung des Personenkultes hätten bedanken müssen. Sämtliche Bewohner dieses Hauses hatten viel Papier für uns, doch ich erinnere mich vor allem an einen: an einen älteren Mann, der im Pyjama zur Haustür kam und, als wir ihn fragten, ob er irgendwelche Bücher und Zeitungen habe, die er nicht mehr brauche, fröhlich antwortete: »Darauf habe ich so lange gewartet!« Kurz darauf schleppte er eine vielteilige Gesamtausgabe der Werke Stalins und einen Berg verschiedener Bücher und Broschüren des gleichen Autors herbei. Und wir transportierten diesen ganzen Berg dann etappenweise in die Schule. Dort stellte sich heraus, dass zwar fast alle Sammler weggeworfene Stalinschriften bekommen hatten, dass aber unser Anteil, den wir von dem fröhlichen Alten erhalten hatten, der entschieden größte war. Als er uns kleine Mädchen mit unseren großen Netzen gesehen hatte, war ein Strahlen über sein Gesicht gegangen. Und wahrscheinlich hatte es ihn auch amüsiert, dass wir, Vögelchen, ohne jeden Respekt, all das wegschleppten, was wegzuwerfen lange undenkbar gewesen war.

Als ich meinem Vater nach der Schule erzählte, was wir für ein Glück gehabt hatten, wollte er mehr von mir über unseren Wohltäter erfahren. Es stellte sich heraus, dass mein Vater ihn kannte: Nikolai Gudsij war ein bekannter Professor für altrussische Literatur, keineswegs irgendein verschrobener »Alter«, sondern ein beeindruckender Mensch, der wie durch ein Wunder sämtliche Verfolgungen überlebt hatte.

Nicht alle Professoren, die in diesen Häusern lebten, hatten das Glück, erfolgreich so alt zu werden, wie Gudsij. In meine Klasse ging auch die hoch aufgeschossene, etwas begriffsstutzige, aber gutmütige und fröhliche Lenka Perewersewa. Sie war keine meiner engen Freundinnen, aber irgendwie mochte sie mich und schleppte mich einige Male sogar mit zu sich nach Hause. Sie lebte mit ihrer Familie in einer Gemeinschaftswohnung eines Hauses, an dem heute eine Tafel darüber informiert, dass es sich hier um ein Architekturdenkmal handelt. Damals empfand ich das Gebäude aus dem 18. Jahrhundert gar nicht schön – der Eingang war dunkel und düster, allerlei Gerümpel lag herum. Als Lenka mich wieder einmal zu sich nach Hause mitgenommen hatte (die Familie lebte in einem merkwürdigen abgetrennten runden Raum und die Eltern waren arbeiten), schlurfte ein seltsamer alter Mann in einem alten Schlafanzug durch das Zimmer. Er schmatzte laut, offenbar kaute er irgendetwas, und beachtete uns überhaupt nicht. Lenka sagte fröhlich: »Kümmere dich nicht um ihn, das ist mein Großvater, er ist komisch, früher war er sogar einmal Professor. Er ist gesessen und gerade erst zurückgekommen.«

Ich weiß nicht, ob sie begriff, was diese Worte bedeuteten, sie dachte ja überhaupt kaum je über etwas nach, aber mir waren diese Worte »er ist gesessen« bestens bekannt. Schon bevor ich eingeschult wurde, waren bei uns zu Hause immer wieder ungewöhnlich aussehende Leute aufgetaucht, über die gesagt wurde, sie seien »gesessen« oder erst »vor Kurzem raus- oder zurückgekommen«. Für mich als Kind waren diese Worte merkwürdig: Was war so ungewöhnlich daran, dass jemand von irgendwo heraus- oder zurückkam? Alle verreisten doch irgendwohin und kamen von irgendwoher wieder zurück. Aber die fehlenden Geschichten zu diesen knappen Sätzen (nie musste mehr gesagt werden, wozu auch, die anderen Erwachsenen wussten ja, was damit gemeint war) und die Intonation, mit der sie geäußert wurden, ließen keinen Zweifel daran aufkommen, dass diese Leute nicht von einer netten Urlaubsreise zurückkehrten.

Je mehr die Angst zurückging, desto mehr wurde anderes, Ergänzendes hinzugefügt. Dann hieß es, sie saßen im Lager, kehrten aus dem Lager zurück. Schwer zu sagen, was ich mir damals unter Lager vorstellte, aber es war sicher etwas Schreckliches, denn die Leute, die von dort zurückgekehrt waren und mir in der Wohnung meiner Eltern oder anderswo begegneten, hatten tatsächlich merkwürdige Gewohnheiten oder wirkten etwas seltsam. So wie Lenkas Großvater, der überhaupt nichts von dem hatte, wie ich mir einen Professor vorstellte. Als ich an jenem Abend nach Hause kam, erzählte ich meinen Eltern von ihm. Und anders als viele in meinem Alter wurde ich nicht einfach weggeschickt, sondern man hörte mir voller Interesse zu, und vor allem bekam ich Antworten auf alle meine Fragen. Wie schon bei der Altpapiersammlung wusste mein Vater sofort, bei wem ich gewesen war. Lenkas Großvater war in den 1920er Jahren ein sehr bekannter Literaturwissenschaftler, der eine eigene Theorie über einen soziologisch-marxistischen Zugang zur Literatur entwickelte. Diese »Perewersew-Theorie« wurde von allen Seiten bekämpft. Der Literaturwissenschaftler wurde 1938 verhaftet und kehrte erst 1956 aus dem GULAG zurück.

Als ich nach zwei Jahren erst in eine andere Klasse und dann in eine andere Schule ging, sah ich Lenka nicht mehr. Ihr Großvater erholte sich nach der Zeit im Lager, lebte noch einige Jahre und schrieb sogar wieder Bücher. Wahrscheinlich hätte ich diese Geschichte längst vergessen, wäre ich nicht während meines Studiums an der Universität auf den Namen von Lenkas Großvater und die Geschichte des Kampfes gegen die »Perewersew-Theorie« gestoßen. Auch das hätte nur eine kurze Episode sein können, ebenfalls längst vergessen. Aber vor ein paar Jahren ging ich auf dem Weg zur Datscha beim Kiewer Bahnhof in einer Unterführung zu einem Kiosk, um irgendeine Kleinigkeit zu kaufen. Und plötzlich lächelte mich die Frau, die in dem Kiosk saß, mit ihren Goldzähnen breit an und sagte: »Grüß' dich, Ira! Warte, ich komm zu dir hinaus.«

Das war so unerwartet, dass ich schon den Mund aufmachte, um dieser Frau zu sagen, sie müsse mich mit jemandem verwechseln. Doch sie war nicht zu bremsen, sprudelte los und erzählte von Erinnerungen an die Schulzeit, sodass recht schnell klar war, sie kannte mich wirklich. Während sie redete, zerbrach ich mir verzweifelt den Kopf darüber, wer sie sein könnte. Sie schilderte eine für viele typische Geschichte, die mir wenig Anhaltspunkte lieferte. Nach der Hochschule habe sie in einem Institut gearbeitet, das aber in den 1990er Jahren geschlossen worden sei; ihr erster Mann habe getrunken, nach der Scheidung habe sie umziehen müssen, der zweite Mann habe sie bestohlen, der dritte sei irgendwohin verschwunden und ihre Wohnung habe sie auch verloren. Und so gehe sie nun also, wie sie sagte, »an der frischen Luft« arbeiten: »Na, jetzt ist alles wunderbar, ich hab im Kiosk ein Dach überm Kopf, das ist gleich was ganz anderes. Erinnerst du dich noch an unser seltsames Zimmer in der Gemeinschaftswohnung? Und an meinen Großvater? Nach seinem Tod hat mein Vater …«

In diesem Moment begriff ich, wer diese Frau war. »Wie hast du mich denn erkannt?«, fragte ich Lenka. »Wir haben uns doch mehr als fünfzig Jahre nicht gesehen?«

»Du siehst deiner Großmutter sehr ähnlich«, sagte sie offen wie eh und je. Aber sie hatte ja recht, als ich zur Schule ging, war meine Mutter deutlich jünger als ich zum Zeitpunkt unserer Begegnung am Kiosk.

Auch wenn sich für mich sehr bald Sätze über die, »die gesessen sind«, mit dem Namen Stalins verbanden, verstand ich noch lange nicht, was das konkret bedeutete. Einmal, ich glaube, das war auch 1956, waren meine Mutter und ich in der Stadt unterwegs, als sie mit einem Mal stehen blieb. Ich weiß noch genau, dass das gegenüber dem Konservatorium und dem Tschaikowski-Denkmal war. Jedenfalls grüßte sie eine rothaarige Frau und begann ein Gespräch mit ihr. Mir schien diese Frau gänzlich uninteressant. Die beiden sprachen über irgendwelche Menschen, die ich nicht kannte, und überhaupt langweilte ich mich und wollte weiter. Ungeduldig zupfte ich meine Mutter am Ärmel, die das mit einem kurzen Blick quittierte, aber sich nicht aus der Ruhe bringen ließ. Endlich verabschiedete sich meine Mutter und wir gingen weiter. Nach wenigen Schritten sagte sie zu mir: »Weißt du eigentlich, mit wem ich da gesprochen habe?« Sie machte eine Kunstpause. »Das war die Tochter von Stalin!« (Ich habe ja schon erzählt, dass meine Mutter und Swetlana Stalina dieselbe Schule und später dieselbe Universität besuchten, wenn sie auch an verschiedenen Fakultäten studierten. Sie hatten viele gemeinsame Bekannte, nicht nur aus der gemeinsamen Schul- und Studienzeit, sondern auch durch verschiedene literarische Zirkel, in denen sie verkehrten.) Meine Mutter freute sich über den Effekt, den sie mit ihrer Bemerkung bei mir ausgelöst hatte. Stalin war mir bis dahin nicht wie eine reale Person erschienen, eher wie ein fremdes Wesen, das in sich alles Böse vereinte. Das jedenfalls hatte ich aus den Worten der Erwachsenen längst herausgehört. Und so konnte ich mir alle, die mit Stalin verbunden waren, ebenfalls nicht als Menschen vorstellen. Nun war da plötzlich seine Tochter gewesen, eine ganz gewöhnliche Frau, mit der man sich ganz normal unterhalten konnte. Jetzt war es die Mutter, die mich hinter sich herziehen musste, denn ich drehte mich im Gehen ständig um und versuchte, noch einen Blick auf Stalins Tochter zu werfen.

Als ich später ihre Memoiren »20 Briefe an einen Freund« las und von ihrer Flucht 1967 nach Amerika erfuhr, erinnerte ich mich an unsere Begegnung in Moskau. Einmal mehr fragte ich mich, wie eine so sympathische und intelligente Frau die Tochter eines solchen Monsters sein konnte. Ich empfand Mitleid mit ihr, denn die Last, die sie zu tragen hatte, wog schwer. Und wohin sie sich auch wandte, sie konnte sich nie von ihr befreien, auch wenn sie ein zwar sehr legendenreiches, aber doch auch ziemlich reflektiertes Buch darüber schrieb. Gegen Ende ihres Lebens, als sie schon sehr krank und vermutlich auch religiös geworden war, versuchte sie in einem Interview für unser Fernsehen zwar nicht, die Taten ihres Vaters zu rechtfertigen, aber seinen Charakter damit zu erklären, dass nach dem Tod ihrer Mutter, seiner zweiten Frau Nadeschda Allilujewa*, dunkle Kräfte die Macht über ihn erlangt hätten, womöglich sogar der Teufel selbst.

* Nadeschda Allilujewa (1901–1932) heiratete den deutlich älteren Stalin 1919. Aus der Ehe gingen Sohn Wassilij und Tochter Swetlana hervor.1930 wurde Nadeschda wegen Depressionen in Berlin behandelt, zwei Jahre später erschoss sie sich nach einem Streit mit Stalin im Schlafzimmer der gemeinsamen Wohnung im Kreml.

Mitte der 1950er Jahre tauchten Freundinnen der Großmutter, von denen ich bisher nur gehört hatte, bei uns zu Hause auf. Alle hatte das gleiche Schicksal ereilt. Die Männer waren erschossen worden, sie selbst hatten zwischen acht und zehn Jahren im Lager abgesessen. Auch einige überlebende Mitarbeiter der Komintern kehrten zurück, wobei die Mehrheit von ihnen den Großen Terror nicht überlebt hatte und ihre Verwandten sich jetzt um eine Rehabilitation bemühten. Da kaum einer, der diese Menschen gekannt hatte, noch lebte, es für eine Rehabilitation oder eine Wiederaufnahme in die Partei aber einer schriftlichen Bürgschaft bedurfte (etwa ein Schreiben, in dem stand: »Ich kenne diesen Menschen seit …«), wandten sich von 1954 an viele Menschen mit derartigen Bitten an meinen Großvater. Fortan beschäftigte er sich viel mit solchen Anfragen, schrieb Briefe, ging zur Generalstaatsanwaltschaft, um dort vorzusprechen.

Nach dem XX. Parteitag, nach Chruschtschows Rede über »den Personenkult und seine Folgen«, die in geschlossenen Parteiversammlungen verlesen wurde (veröffentlicht im Wortsinn wurde sie erst während der Perestroika), nahmen diese Anfragen noch einmal zu. Immer mehr Zeugnisse und Geschichten kamen ans Licht, manches hatte er wohl vermutet, aber das wahre Ausmaß der Katastrophe wurde meinem Großvater erst jetzt bewusst. Wenig später erlitt er einen Schlaganfall. Er war sein ganzes Leben lang ein gesunder Mann gewesen und nur in der frühen Jugend einmal ernsthaft krank. Ich bin überzeugt, dass ihn die Erkenntnis umbrachte, sein ganzes Leben und all seine Kraft diesem Regime und diesen Machthabern gewidmet zu haben. Ahnungen wurden zu Fakten, damals wurde zum ersten Mal öffentlich von den politischen Repressionen und dem Terror gesprochen, zum ersten Mal wurden einige Zahlen, die Namen von Opfern (meistens von Parteifunktionären) und sogar von Tätern genannt. Auch wenn offensichtlich war, was Chruschtschow dazu veranlasst hatte, mit Stalin abzurechnen, und auch wenn die Formulierung »Personenkult und seine Folgen« lächerlich und falsch war angesichts dessen, wie diese Folgen ausgesehen hatten, und auch wenn dieses Manöver vor allem dazu dienen sollte, die KPdSU und damit auch Chruschtschow vor den Augen des Volkes und der ganzen Welt einer gewissen Verantwortung zu entheben: Was bleibt, ist, dass man zum ersten Mal vom Terror der Jahre 1937/38 sprach und von der Verantwortung Stalins für den für die Rote Armee so katastrophalen Kriegsbeginn.

Für meinen Großvater persönlich wogen am schwersten wohl Schuldgefühle. Ich glaube, dass sie ihn unterschwellig sein ganzes Leben lang auf die eine oder andere Weise begleitet haben. Aber jetzt lag plötzlich alles, was er jahrelang verdrängt und aus seinem Bewusstsein verbannt hatte, direkt vor ihm. Einer der Untersuchungsrichter, der ihn zur Vorbereitung irgendwelcher Rehabilitationsakten zu sich gerufen hatte, fragte ihn geradeheraus: »Wie kommt es eigentlich, dass sie nicht verhaftet wurden?«

Was hätte mein Großvater denn antworten sollen? Dass es reiner Zufall gewesen war? Ja, es war ein Zufall, ein glückliches Zusammentreffen verschiedener Umstände. Trotzdem: Was konnte er den Freundinnen der Großmutter sagen, deren Männer ermordet worden waren? Dass er in all diesen Jahren, während er für die Komintern arbeitete, Artikel veröffentlichte und Vorlesungen hielt, in denen er die Machthaber rechtfertigte und den Leuten erklärte, warum deren Entscheidungen, die er selbst für zu hart und ungerecht hielt, trotzdem unumgänglich waren? Er war mit Sicherheit ein Idealist, aber was sollte er jetzt mit dem Wissen tun, dass diese Ideale missbraucht und mit Füßen getreten worden waren?

Ich erinnere mich gut an seine Reaktion, wenn er damals beispielsweise aus dem Gericht oder von einem Treffen mit GULAG-Heimkehrern zurückkam. Er lief wie ein Verrückter in seinem riesigen Zimmer herum, knetete seine Hände, malträtierte seine Finger, bis sie knirschten. Es war ein schreckliches Geräusch, und ich hatte Angst, dass er sie brechen würde.

Die Ereignisse, die ihm dann den letzten Schlag versetzten, waren aus meiner Sicht die im Oktober 1956 in Ungarn. Zumal er einige der handelnden Personen gut aus der Komintern kannte: Mátyás Rákosi, der in Ungarn als Parteivorsitzender einen ähnlichen Personenkult pflegte wie Stalin und den Großvater laut Aussage meiner Großmutter für einen harten und hinterlistigen Menschen hielt; Ernö Gerö, erst Rákosis Stellvertreter, dann sein Nachfolger ... Vielleicht fürchtete Großvater, dass die Mächtigen vor lauter Angst alles wieder umkehren, dass man die gerade gelockerten Schrauben wieder enger ziehen würde. Das harte Eingreifen der sowjetischen Armee beim Volksaufstand in Ungarn und die anschließenden »Säuberungen« legten genau das nahe. Und tatsächlich leitete Chruschtschow nach den Vorfällen in Ungarn ja auch für einige Zeit wieder eine »frostige« Phase ein, nach der des »Tauwetters«.

Der Großvater erholte sich nie mehr ganz von seinem Schlaganfall und erlag Anfang 1957 einem Herzinfarkt. Er war 63 Jahre alt. Die Sanitäter hatten ihn noch mit einer Bahre hinuntergetragen, aber er starb im Rettungswagen in den Armen meiner Mutter. Es war ein furchtbarer Verlust für alle, vor allem aber für meine Mutter und ihre ältere Schwester. Ich wusste immer, dass beide sehr eng mit ihrem Vater verbunden waren, doch das wirkliche Ausmaß ihrer Beziehung begriff ich erst, als ich später ihre zahlreichen Briefe an ihn las.

Mit seinem Tod endete eine ganze Epoche in unserer Familie. Aber kein einziges Mal hörte ich meine Großmutter das sagen, was Witwen üblicherweise sagen: »Wie schrecklich, er starb so früh«, oder dass in seinem Tod eine große Ungerechtigkeit liege. Im Gegenteil. Sie sagte immer, was es doch für ein unglaubliches Glück gewesen sei, dass er in den Armen seiner Liebsten starb und nicht im Gefängnis oder im Lager.

Meine Großmutter 1958, nach Großvaters Tod

Ich bekam mit sieben Jahren Großvaters Schreibtisch. Vielleicht, weil es für meine Mutter zu belastend gewesen wäre, daran zu arbeiten. Mein Vater wiederum hätte damit nichts anfangen können, er arbeitete immer an einem kleinen, niedrigen Tischchen, auf dem seine Schreibmaschine stand. An Großvaters Schreibtisch machte ich meine Hausaufgaben, meine Lehrbücher und Hefte lagen in einer der für mich ausgeräumten Schubladen. Die übrigen waren voll mit wunderbaren Dingen, die mich an ihn erinnerten: ausländische Bleistifte und Füllfedern, die er sehr liebte, seine Brillen-Etuis, irgendwelche Notizblöcke, Zigarettenspitzen, denn er war ein starker Raucher, und die Uhr, die ihm Georgi Dimitrow geschenkt hatte. Alles Dinge, die an das Komintern-Leben erinnerten. Lange Zeit war dieser Schreibtisch aus dem Hotel »Lux« für mich eine Art Verbindungsstück, ein Band zum Großvater. Heute bedauere ich es sehr, dass er mir nicht mehr von dem erzählen konnte, was mich, als ich älter war, am meisten interessierte: von den 1930er Jahren, den Leuten, die er gekannt hatte, davon, wie er damals dachte. Aber je mehr ich über jene Zeit erfuhr, umso mehr begriff ich, was für ein unglaubliches Glück er in seinem Leben gehabt hatte. Und auch, dass die Tatsache, dass wir alle hier in dieser Wohnung miteinander lebten, das Ergebnis eines seltenen glücklichen Zufalls war.

Mit meinem Vater und meiner Schwester in Moskau, 1958

6
Große Erwartungen

Farbe und Geräusch der Zeit

Für meine Eltern, ihre Freunde und Gleichgesinnte brach eine Zeit der Hoffnung an. Was im Jahr 1956 auf dem XX. Parteitag geschehen war – die Verurteilung des Stalinkultes, das Eingestehen der Massenrepressionen –, kam einem politischen Erdbeben gleich. Das Eis begann zu tauen, auch wenn es noch ein leichtes Tauwetter war, immer wieder unterbrochen von Phasen des Frosts. So war es während der gesamten Regierungszeit Chruschtschows.

Das Leben änderte sich jedenfalls und das bemerkte selbst ich. Der russische Dichter Ossip Mandelstam hatte in seinem autobiografischen Text über das »Geräusch der Zeit« geschrieben, aber ich erinnere mich auch daran, wie sich die Farben änderten. In meiner frühen Kindheit schien es mir, als sei alles in Grau getaucht oder besser, als fehle überhaupt jede Farbe. Die Straßen, die Häuser, die Kleidung der Leute, nirgendwo ein Hauch von Farbe, nur die Datscha mit ihrem Grün im Sommer und dem Weiß des Schnees im Winter bildete eine Ausnahme. Nicht einmal im Kindergarten, in den man mich im Jahr 1954 schickte, ist in meiner Erinnerung irgendetwas bunt gewesen. Dass ich in den Kindergarten kam, hatte mit meiner Großmutter zu tun. Ihre pädagogischen Vorstellungen aus den 1920er Jahren waren mit der Idee verbunden, dass man Kinder unbedingt im Geist des Kollektivismus erziehen müsse.

Sie hätte sich eigentlich keine Sorgen machen müssen: Unser Hof bereitete mich besser auf das Leben im Kollektiv vor als jeder Kindergarten. Diese Höfe waren für Kinder der wichtigste

Ort der Sozialisierung, bis Chruschtschow jene Massenbauten an den Stadträndern errichten ließ, wo es keine geschlossenen Höfe mehr gab. Ich erinnere mich, dass die anderen Kinder einmal – ich muss etwa fünf Jahre alt gewesen sein – einen Boykott gegen mich ausriefen und niemand mehr mit mir sprach oder spielte. Ich weiß nicht mehr, weshalb, vielleicht hatte ich unabsichtlich irgendein Geheimnis ausgeplaudert. Ich empfand diesen Boykott nicht als ungerecht, so waren nun einmal die Gesetze des Hofes, man musste die Verantwortung für seine Fehler übernehmen. Lange hielt der Boykott ohnehin nicht an, aber es gab einige sehr unangenehme Tage. Ich musste mir irgendwelche Ausreden für meine Großmutter und meine Mutter ausdenken, weshalb ich gerade auf keinen Fall in den Hof gehen wollte.

Heute frage ich mich, wie diese Gesetze des Hofes entstanden waren und ob sie die Beziehungen unter den Erwachsenen widerspiegelten. Das Zusammenleben war zu dieser Zeit noch sehr stark geprägt von den Rechten, Gesetzen und Hierarchien des Gemeinschaftslebens, jeder lebte unter Beobachtung, so etwas wie eine Privatsphäre gab es nicht. Unser Hof war in dieser Hinsicht bei weitem nicht der Schlimmste, er befand sich immerhin in Moskau, im Zentrum der Stadt und nicht in einem Fabrikbezirk am Stadtrand, wo diese ungeschriebenen Gesetze sehr viel härter waren und manche Hoffreundschaften einen halbkriminellen Charakter hatten. Tatsächlich kannte ich einige Schüler aus meiner Jahrgangsstufe, die wegen Diebstahl und Einbrüchen ins Gefängnis kamen, angestiftet und instrumentalisiert von den Anführern ihres Hofes.

Von solchen Auswüchsen einmal abgesehen war das Leben im Hof Ausdruck von Vielfalt. Dort trafen sich Kinder verschiedener Altersstufen, Nationalitäten und sozialer Schichten. Meine engste Freundin war Walja, eine der Töchter des Hausmeisters. Die Kellerwohnung, in der sie lebten, erschien mir sehr interessant. Es gab kaum Möbel, keine Bücher, die Wände waren mit dunkler Ölfarbe gestrichen, was alles noch düsterer machte. Im

Hof gab es auch andere jüdische Kinder und dann war da auch noch das Mädchen Tanja, das an einer Gehirnlähmung litt und von seiner Mutter immer im Rollstuhl in den Hof gebracht wurde. Niemand beleidigte Tanja oder quälte sie, alle hatten sich an sie gewöhnt, sie war Teil unseres gemeinsamen Lebens.

Im Kindergarten dagegen ging es zu wie in einer Kaserne, es gab keine Individualität, alle wurden gleichgemacht, es war, als würden kleine Kinder zum Dienst antreten. Und alles war grau, selbst das Essen. Nudeln, Buchweizen, Haferbrei. Ich war auch zu Hause eine schlechte Esserin und konnte stundenlang vor einem Teller Suppe oder Brei sitzen, aber hier brachte ich keinen Bissen hinunter. Und der Zwang, nach dem Mittagessen unter einer graublauen, kratzigen Flanelldecke schlafen zu müssen, beobachtet von einem gerahmten jungen Lenin, dessen Porträt an der Stirnseite des Saales hing, war eine wahre Qual. Meine Kindergartenzeit endete denn auch etwas peinlich: Man musste mich herausnehmen, es ging nicht, dass man dort nicht aß und nicht schlief!

An meinem Gefühl, in einer Welt der Farblosigkeit groß zu werden, änderten auch die Bemühungen meiner Mutter nichts. Sie versuchte, Farbe in unser Leben zu bringen. Ich erinnere mich an ihre bunten Sommerkleider und daran, dass wir regelmäßig in die Tretjakow-Galerie* gingen. Mir, die ich schon immer einen Hang zum Schrecklichen hatte, gefiel dort das riesige Gemälde »Der letzte Tag von Pompeji« von Karl Brüllow am besten. Wer hätte damals wissen können, dass ich dieses Pompeji einmal mit meinen eigenen Augen sehen würde!

Im Puschkin-Museum wurden seit 1949 die Geschenke ausgestellt, die man Stalin zu seinem siebzigsten Geburtstag geschickt hatte. Es gab dort unglaublich absurde Dinge zu bestaunen, zum

* Sie beherbergt an die 140 000 Kunstwerke vom 11. bis zum 20. Jahrhundert und ist neben der Eremitage im heutigen St. Petersburg (damals noch Leningrad) die berühmteste Sammlung des Landes.

Beispiel ein Stalin-Porträt auf einem Reiskorn – ein Geschenk chinesischer Bauern. Im Mai 1955 standen meine Mutter und ich aber aus einem anderen Grund in der riesigen Schlange vor dem Museum: Meine Mutter wollte die Bilder aus der Kunstsammlung Dresden sehen, die 1945 als Beutekunst hierhergebracht worden waren. Man zeigte sie, bevor sie wieder an die DDR zurückgegeben wurden – eine sehr ungewöhnliche Begebenheit! Ich erinnere mich nicht mehr daran, was mir damals am besten gefallen hat, ich glaube, es war das »Schokoladenmädchen« von Jean-Étienne Liotard, weil ich Schokolade so gerne mochte. Das Mädchen auf dem Bild trägt ein Tablett mit einer schön verzierten Tasse mit heißer Schokolade, wie ich sie noch nie getrunken hatte und am liebsten sofort kosten wollte.

Und dann kehrte auch die »westliche Kunst« endlich ins Puschkin-Museum zurück, die man der Öffentlichkeit lange vorenthalten hatte, auch wenn man die Hälfte der Sammlung nach Leningrad in die Eremitage geschickt hatte. Die Impressionisten wurden ausgestellt und Picasso, der nun auf einmal zum »progressiven westlichen Künstler« und »Kämpfer für den Frieden« erklärt wurde. Er erhielt, so wie Bertolt Brecht, den Internationalen Lenin-Friedenspreis für die Festigung des Friedens zwischen den Völkern. Sein »Mädchen auf der Kugel« wurde als Ansichtskarte gedruckt und in Zeitschriften abgebildet, und Ende der 1950er Jahre war es eines der populärsten Bilder in der UdSSR überhaupt.

Doch die bunten Bilder aus den Museen standen in einem eigentümlichen Kontrast zu den Menschen auf den Straßen, zur grauschwarzen Wirklichkeit. (Vor Kurzem bin ich im Internet auf einen sowjetischen Werbefilm in Farbe aus dem Jahr 1954 über das damals gerade seit einigen Monaten neu eröffnete Warenhaus »GUM« am Roten Platz gestoßen. Die Läden waren schon Anfang der 1930er Jahre geräumt worden, Stalin hatte das Gebäude sogar abreißen wollen. Die Wiedereröffnung des renovierten Hauptkaufhauses des Landes wurde zum Symbol des »Tauwetters«. Auf dem Roten Platz wurde endlich wieder mit Waren gehandelt, die, wie man damals sagte, »Volksbedarf« waren. Aber während in diesem geschönten Werbefilm Frauen Persianermäntel, Hüte, bunte Kleider und Ähnliches mehr probierten, wirkte die Menge derer, die draußen vor dem Geschäft anstanden, grau in grau. Nur hie und da konnte man ein Kopftuch als Farbtupfer sehen oder einen hellen Pelzkragen. Und das waren damals die wohlhabendsten und am besten gekleideten Menschen des Landes!)

Etwas bunter wurde es mit einem Mal im Sommer 1957, als die Weltfestspiele der Jugend und Studenten erstmals in Moskau stattfanden. Später würde man noch lange sagen: das war vor, während des Festivals oder danach. Für Moskau waren diese Weltjugendspiele ein ungewöhnliches Ereignis, etwas Ähnliches hatte es bis dahin noch nicht gegeben. Man hörte darüber im Radio, die Teilnehmer aus 131 Ländern wurden im Fernsehen gezeigt, Konzerte fanden statt, Lieder wurden geschrieben und Filme gedreht. Plakate und Ansichtskarten zeigten eine Blume mit bunten Blättern vor der Silhouette Moskaus, dazu weiße Friedenstauben, die der rehabilitierte Picasso gezeichnet hatte. Überall in der Stadt konnte man entsprechende Festival-Souvenirs erstehen, Tüchlein und Abzeichen, und es war sogar geplant, dass Picassos Taube jenen leeren Platz in unserer Metrostation ausfüllen sollte, der durch die Entfernung des Stalin-Mosaiks entstanden war. Aber dann wurde sie doch als für »zu formalistisch« befunden und in unserer Metrostation prangte nach wie vor ein weißer Fleck an der Wand.

Das Erstaunlichste war, dass sich die Moskauer Straßen plötzlich mit einer Menge junger Menschen füllten, die bunt und ungewöhnlich gekleidet waren. Sie sangen und manchmal tanzten sie auch, sogar Rock 'n' Roll. Diese jungen Spaziergänger hatten nichts mit den gewohnten Demonstrationen zum 1. Mai oder zum 7. November anlässlich der Oktoberrevolution gemein. Alles geschah wie von Zauberhand geführt und ganz selbstverständlich, obwohl bis vor nicht allzu langer Zeit jeder Ausländer selbst in Moskau leicht für einen Spion gehalten werden konnte und Verbindungen ins Ausland als verdächtig und gefährlich gegolten hatten. Und nun bevölkerten mit einem Mal Leute aus den verschiedensten Ländern die Straßen und niemand verbot den Moskauern Kontakt zu ihnen.

Ich war damals sehr enttäuscht, weil ich noch zu klein war, um an Veranstaltungen der Weltspiele teilzunehmen, aber immerhin sah ich aus der Ferne diesen bunten Regenbogen, der für knapp zwei Wochen die Stadt überspannte. Von da an veränderten sich nach und nach die Farben in den Straßen und die Kleidung der Menschen. Die schweren und abgetragenen Mäntel, die oft mehrmals gewendet wurden, und die chinesischen wasserdichten Regenmäntel (sie hießen »Druschba«, »Freundschaft«) wichen fröhlicheren Kleidungsstücken aus den sozialistischen Bruderstaaten. Mit einem Mal tauchten tschechische Anzüge, ungarische und rumänische Schuhe und polnische Kosmetikartikel auf.

Es änderten sich aber nicht nur die Farben, es änderten sich auch die Geräusche. In meiner Kindheit erklang im Nachbarhof häufig eine Ziehharmonika, und an den Feiertagen konnte man in der Metro Gruppen angetrunkener Menschen treffen, die laut sangen. Im Sommer hörte man aus offenen Fenstern in der Nachbarschaft Lieder, wenn sich eine Familie zu einem Fest um den Tisch versammelte. Das alles waren Echos des einstigen dörflichen Lebens, die nun in der Welt der Großstadt widerhallten, erschaffen von Menschen, die an alten Traditionen festhielten. Dazu kam die laute Musik, die während der Demonstrationen und Paraden aus den Lautsprechern erschallte und die dazu dienen sollte, die Bürger in fröhliche und festliche Stimmung zu versetzen. Auf den Eislaufplätzen, von denen es im Winter in der Stadt sehr viele gab, erklang natürlich ebenfalls Musik, genau wie in den sommerlichen Tanzpavillons in den Parks.

Während der Stalinzeit hatten die Straßen und Plätze ausschließlich offiziellen Ereignissen als Bühne gedient. Nun aber eroberten die Menschen sie zurück und mit ihnen hielt eine andere Form von Lärm Einzug. Ein moderner Lärm sozusagen, nicht nur wegen der Autos, von denen es jetzt immer mehr gab. Es schien, als ob alle plötzlich begonnen hätten, lauter zu sprechen: auf der Straße, in den Cafés, die zu Beginn der 1960er Jahre immer zahlreicher wurden, in den Wohnhäusern und sogar in den Schulen, wo die Kinder nicht mehr dazu zu bewegen waren, in den Pausen schweigend im Kreis herumzugehen. Es war eine ganz neue Erfahrung, nach so vielen Jahren der Stille und der geflüsterten Gespräche!

Doch nicht nur die Lautstärke, auch die Art, Dinge zu formulieren, änderte sich. Der Beginn der 1960er Jahre begründete eine Epoche der Verse, die den Geist dieser neuen Zeit am besten wiedergeben konnten. Während die Sprache der Politik oder auch der Philosophie mit dem sich schnell wandelnden Leben nicht mithalten konnte und in vielen Bereichen immer noch stalinistisch-orthodox geprägt war, etablierte sich eine Kultur, die lange Zeit nur im Verborgenen, in kleinen Zirkeln, gepflegt worden war. Nun half sie dabei, buchstäblich das Schweigen zu durchbrechen. Überall, in verschiedensten Auditorien und Sälen, selbst im neuen Olympiastadion Luschniki, wurden Gedichte vorgelesen. Auch meine Mutter veranstaltete mit den älteren Schülern Poesieabende, und der Saal war gesteckt voll mit Eltern und Freunden jener, die Verse vortrugen. Ich erinnere mich daran, dass ich an einem jener Abende in einer Ecke saß und nachmurmelte, was Mamas Schüler vortrugen. Darunter waren auch die folgenden Verse des Dichters Boris Slutsky, die er kurz zuvor verfasst hatte:

Solange man über Verse weint,
solange man sie in der Zeitung verleumdet,
solange man sie in einer tiefen Truhe versteckt,
solange man sie im Lager liest,

so lange ist unsere Sache nicht verkümmert,
ist sie nicht verloschen.
Sie ist, wie Polen, nicht verloren,
obwohl sie drei Teilungen durchlebt hat.

An den Abenden las man die Verse zeitgenössischer junger Dichter: Jewgeni Jewtuschenko, Andrei Wosnessenski, Bella Achmadulina. Man las die Frontdichter, vor allem die Werke jener, die im Krieg umgekommen waren. Man las Anna Achmatowa, Marina Zwetajewa und Boris Pasternak, deren Texte jetzt endlich auch der breiten Masse zugänglich waren und sogleich zu Klassikern wurden. Was aber das Erstaunlichste war: Zum ersten Mal seit den 1920er Jahren wurden Verse wieder auf der Straße vorgetragen. In Moskau gab es sogar einen speziellen Ort dafür. Auf der Gorki-Straße (die heute wieder Twerskaja heißt) standen drei Denkmäler von Literaten – Puschkin, Majakowski und Gorki. Jedes dieser Denkmäler hatte Ende der 1950er Jahre seine Funktion: Beim Puschkin-Denkmal aus dem Jahr 1880 verabredete man sich (und verabredet sich dort bis heute). Das Gorki-Denkmal beim Weißrussischen Bahnhof wurde 1951 gebaut und begrüßte oder verabschiedete alle, die aus westlicher Richtung ankamen oder in westlicher Richtung abreisten. Dieses Denkmal wurde im Zuge der Renovierung des Platzes entfernt und ist erst kürzlich wieder zurückgekehrt. Beim Denkmal Majakowskis schließlich, das 1958 auf dem gleichnamigen Platz aufgestellt wurde, wurden von nun an samstags und sonntags Gedichte vorgetragen. Mein Vater fotografierte bei der ersten dieser Lesungen, und auf den Bildern sieht man, was für eine enorme Menge sich dort versammelt hatte – und zwar eine ganz und gar undisziplinierte Menge, nicht so wie bei den von oben organisierten Massenveranstaltungen.

Es war kein Zufall, dass ausgerechnet Majakowski zum Symbol der neuen Zeiten wurde. Seine Versuche, eine neue Literatur, eine neue Sprache zu erschaffen, seine futuristischen Manifeste

Das Majakowski-Denkmal im Zentrum von Moskau

und sein antikleinbürgerliches Pathos, all das erschien sehr aktuell. Doch schon 1961 wurden die öffentlichen Lesungen beim Majakowski-Denkmal verboten; wer sich widersetzte und eine Veranstaltung organisierte, dem drohten harte Strafen, bis hin zur Lagerhaft. So wie am Puschkin-Platz trafen sich hier aber immer wieder Protestierende, und bis zur Perestroika wurden regelmäßig Menschen festgenommen, die irgendwelche Protestaktionen durchführten. In den neuen Putin-Zeiten gab es dort auch immer wieder Kundgebungen – zur Verteidigung des Paragraf 31 der russischen Verfassung, der die Versammlungsfreiheit garantiert. Das ging so lange, bis die Moskauer Regierung auf dem Platz riesige Schaukeln zur Erbauung der Bevölkerung aufstellte und es unmöglich wurde, sich dort zu versammeln.

Die immer wiederkehrenden »Frost«-Perioden änderten nichts daran, dass sich die Menschen nun insgesamt freier fühlten, fröhlicher, so, als ob es plötzlich mehr Luft zum Atmen gebe. Auch bei uns zu Hause redete man jetzt sehr viel lauter und offener, wenn Freunde und Bekannte meiner Eltern zu Besuch kamen. Und die kamen häufig und zahlreich zu uns, weil nur wir Ende der 1950er Jahre eine eigene Wohnung hatten. Die meisten Freunde meiner Eltern lebten damals – wie die Mehrheit der Moskauer – entweder in der unerträglichen Enge von Gemeinschaftswohnungen oder weit draußen am Stadtrand. Zu uns aber konnte man jederzeit kommen, es gab immer etwas zu essen, und wenn es einmal nicht reichte, kochte man eben noch ein paar Kartoffeln. Das Wichtigste war allerdings nicht das Essen. Man trank damals sehr viel. Die ehemaligen Soldaten tranken, weil sie es sich – so wie mein Vater – an der Front angewöhnt hatten. Aber auch die Jüngeren tranken. Der Alkohol half, die Erstarrung der Stalinzeit zu lösen, aber er förderte natürlich auch die Schärfe der Auseinandersetzungen. Und man stritt schrecklich laut und heftig. Über neue Gedichte und Prosa und Fragen, über die man in Russland seit dem 19. Jahrhundert dauernd diskutierte: Wer ist schuld an etwas und was dagegen tun?

Wenn Wissenschaftler anwesend waren, dann stritt man über Genetik und Kybernetik, beides Bereiche, die bis vor Kurzem noch als feindlich und verlogen gegolten hatten, inzwischen aber rehabilitiert worden waren. Man stritt, weil es eine Zeit des Umbruchs war, mit Widersprüchen und Unvereinbarkeiten. Und obwohl sich bei meinen Eltern ja Gleichgesinnte versammelten, mochte es für einen Außenstehenden den Anschein haben, dass jeder Disput leicht in einem Eklat enden könnte – weil man so vehement und vor allem laut debattierte. Wer sich mit leisen Argumenten nicht durchsetzen konnte, schrie seinen Standpunkt regelrecht heraus. Manchmal gab es tatsächlich einen Eklat, aber mein Vater war ein sehr ruhiger Mensch und in den meisten Fällen gelang es ihm, die wildesten Diskutanten zu beruhigen. Meine Mutter war das genaue Gegenteil, sehr temperamentvoll, und zum Leidwesen meines Vaters wurde gerade sie recht oft laut.

Ich war an diese Geräuschkulisse zwar gewöhnt, aber manchmal wurde im Zimmer der Eltern so laut debattiert, dass meine Schwester und ich nebenan nicht einschlafen konnten. Wenn es ganz unerträglich wurde, trommelte meine Schwester gegen die Wand, in der Hoffnung, die Erwachsenen würden es hören und sich etwas leiser unterhalten. Wenn ich mich heute daran erinnere, ist es fast zum Lachen, was wir gegen den Lärm zu unternehmen versuchten und wie wir uns darüber ärgerten, selbst über den begleitenden Gesang zum Gitarrenspiel eines eigentlich sehr schweigsamen Menschen mit dem georgischen Nachnamen Okudschawa und dem merkwürdigen Vornamen Bulat, dem mein Vater gerade Arbeit bei der *Literaturnaja Gaseta* verschafft hatte. Wenige Jahre später sollten seine Lieder und Texte auf allen Tonbandgeräten des ganzen Landes abgespielt werden und aus jedem Fenster zu hören sein. Okudschawa wurde zu einem der wichtigsten Vertreter der sogenannten Sechziger, wie man später jene Schriftsteller, Dichter und Literaten nennen sollte, von denen sich viele bei meinen Eltern getroffen hatten und die zentrale Figuren jener lärmenden Epoche waren.

Abgesehen von der Lautstärke waren die nächtlichen Zusammenkünfte bei meinen Eltern für meine Schwester und mich ganz natürlicher Bestandteil unseres häuslichen Lebens. Wenn wir am folgenden Morgen aufstanden, um in die Schule zu gehen, geschah es nicht selten, dass wir über einen schlafenden Gast stolperten, der es in der Nacht nicht mehr geschafft hatte, die letzte Metro oder den letzten Vorortzug zu erreichen. Auch das gehörte einfach dazu. Von meinem zwölften Lebensjahr an durfte ich mit bei den Erwachsenen sitzen, sofern es nicht zu spät wurde und mich das Gespräch interessierte. Manchmal schickten sie mich kurz vor Ladenschluss in ein nahes Geschäft, um Nachschub an Wodka zu kaufen, denn der war nie ausreichend vorhanden. Da ich mit 13 schon deutlich älter aussah, interessierten sich die Verkäuferinnen nicht für mein Alter, sie hatten eher Mitgefühl mit mir, weil ihnen klar war, dass ich den Wodka nicht für mich kaufte. Unangenehm waren nur die neidvollen Blicke der Männer, die alles Geld zusammenkratzen mussten, um sich zu dritt eine Flasche kaufen zu können – und dann kam da dieses kleine Vögelchen daher und kaufte einfach so eine ganze Flasche.

Auch heute noch hat man in Russland für alles Verständnis, was mit Alkohol zusammenhängt. Niemand würde so etwas verurteilen. Schließlich trank man ja nicht, weil das Leben so schön war – so lautete (und lautet) eine beliebte und ständig wiederholte Einleitung zum Thema Trinken. Diese Runden mit dem vielen Alkohol hatten übrigens weder auf mich noch auf meine Schwester irgendeinen negativen Einfluss; wir beide sind sehr zurückhaltend, was den Alkohol betrifft. Außerdem gab es bei uns auch laute Auseinandersetzungen ohne einen einzigen Tropfen Alkohol. Einmal fürchtete ich sogar, dass ein lauter Streit unter den völlig nüchternen Freunden meines Vaters in eine Prügelei ausarten könnte. Ich war gerade aus der Schule gekommen, meine Eltern waren nicht zu Hause, als plötzlich ohne vorherige Ankündigung, wie das sonst üblich war, fast gleichzeitig der Übersetzer und Literat Lew Kopelew, der Dichter Naum Korschawin und der Schriftsteller Boris Balter bei uns auftauchten. Ich machte Tee für alle und bot ihnen an, auf meinen Vater zu warten. Ich kannte alle drei sehr gut, vor allem Korschawin und Balter, die ich auch sehr mochte. Kopelew aber verehrte ich wegen seiner Deutschkenntnisse, doch dazu später mehr.

Jedenfalls setzte ich mich im Nebenzimmer an meine Hausaufgaben, konnte mich jedoch nicht recht konzentrieren, weil meine Gedanken immer wieder zu den Männern nebenan abschweiften. Ich wusste, dass sie zu heftigen Ausbrüchen neigten, wenn sich ein politisches Thema auftat. Und tatsächlich wurden sie immer lauter und bald hörte ich sie schreien: »Und was würdest du mit mir tun, wenn du an die Macht kämst?« – »Ich würde dich einsperren!« – »Und du? Du würdest mich gleich aufknüpfen!«

Ich wusste, dass sie alle drei Antistalinisten waren, zwei von ihnen waren im Krieg gewesen, zwei hatten unter starken Repressionen gelitten, einer war in die Verbannung geschickt worden, einer in ein Lager. Aber sie schrien und stritten so heftig, als wären sie Todfeinde. Damals habe ich den Grund dafür nicht so richtig verstanden. Heute weiß ich, es ging darum, dass einer von ihnen (nämlich Kopelew) sich noch nicht von seinen marxistischen und linken Illusionen verabschiedet hatte und Stalin zwar verfluchte, aber an Lenin festhielt, während ein anderer (Korschawin) davon überzeugt war, dass alles schon 1917 falsch gelaufen war. Jeder wollte den anderen von seinem Standpunkt überzeugen und konnte sich nicht mit dem jeweils anderen abfinden.

Ich stand auf und sah zu ihnen ins Zimmer, aber sie beachteten mich überhaupt nicht, schrien einander weiter an, schlugen mit den Fäusten auf den Tisch und rannten gestikulierend im Zimmer herum. Die Atmosphäre war so aufgeladen, dass ich damit rechnete, sie würden sich jeden Augenblick an die Gurgel gehen. Zum Glück kam mein Vater endlich nach Hause, und es gelang ihm, sie zu beruhigen.

Diese Szene war für jene Jahre durchaus nicht ungewöhnlich, wenngleich ich sie in meiner Erinnerung als sehr heftig abgespeichert habe. Doch vielleicht erinnere ich mich auch nur wegen des weiteren Schicksals ihrer Darsteller so lebhaft an sie: Lew Kopelew und Boris Balter wurden wegen eines Protestbriefes gegen die Verhaftung junger Dissidenten aus der Partei ausgeschlossen, ihre Werke nach 1968 nicht mehr gedruckt. Boris Balter verdiente sein Geld als Lektor für Übersetzungen aus dem Tadschikischen und dem Usbekischen und starb mit knapp 55 Jahren an einem weiteren Infarkt. Korschawin wurde vom KGB verhört; von 1947 bis 1951 hatte er in der Verbannung in Kasachstan gelebt, und die Angst, die er bei den damaligen Verhören und Untersuchungen gegen ihn empfunden hatte, war mit einem Mal wieder da. Korschawin sah sich nicht in der Lage, das noch einmal zu ertragen, und emigrierte in die USA. Kopelew, der seit den 1960er Jahren eng mit Heinrich Böll verbunden war, nahm 1980 eine Einladung zu einem längeren Studienaufenthalt in Deutschland an. Er hatte eigentlich nicht fahren wollen, weil er seine Ausbürgerung befürchtete. Und so kam es: Anfang 1981 entzog man ihm die sowjetische Staatsbürgerschaft.

Keiner dieser Männer »kam an die Macht«, keiner, auch nicht die Jüngeren, wurde zu unserem Václav Havel. Aber sowohl Lew Kopelew als auch Naum Korschawin erleben immerhin noch den Umbruch. Mit Beginn der Perestroika wurden ihre Werke wieder gedruckt, bei Lesungen in Moskau erwarten sie Säle voller Leser und Freunde. Aber bis es so weit war, sollten noch Jahrzehnte vergehen.

Zeit, zu lesen

Im November 1962 läutete der Postbote an unserer Wohnungstür und überreichte dem Vater neben den üblichen Zeitungen die graublaue Zeitschrift *Novi Mir* (»Neue Welt«). Wir haben diese – inzwischen völlig zerlesene – Novemberausgabe von *Novi Mir* bis heute aufbewahrt. »›Ein Tag‹ ist erschienen«, sagte mein Vater. Ich begriff sofort, dass etwas Wichtiges geschehen sein musste.

Zu dieser Zeit hatte ich mir schon ein »solides« Grundwissen angelesen. Und wenn man mich damals gefragt hätte, was ich am allerliebsten tue, dann hätte ich ohne zu zögern erklärt: »Auf dem Diwan liegen und ungestört lesen.« Wenn ich las, vergaß ich die Welt um mich herum. Ich wundere mich bis heute über die Geduld meiner Mutter, die sie mir Bücherwurm entgegenbrachte. Einmal, als sie die Wohnung putzten, verschoben meine Mutter und meine Schwester den ganzen Diwan samt mir, ohne dass ich davon etwas mitbekam, so vertieft war ich in mein Buch. Mit zehn Jahren war ich schon lesesüchtig, weshalb ich sogar dem

Ich hatte schon vor der Einschulung lesen gelernt und war von Anfang an ein Bücherwurm. Das Bild stammt aus dem Jahr 1956, dem Jahr meiner Einschulung.

Kranksein etwas abgewinnen konnte. Wenn man sich schon fast wieder gesund fühlte, die Temperatur langsam wieder in den Normalbereich sank und der Hals nicht mehr so schlimm schmerzte, durfte man aber mit Fug und Recht noch mit einem Buch im Bett bleiben.

Auch wenn ich heute mit geheucheltem Verständnis den Kopf schüttle, wenn sich Eltern darüber beschweren, dass ihre Kinder ständig im Internet herumsurfen (so wie die Kinder der 1990er Jahre ständig vor dem Fernseher saßen), so weiß ich doch, dass mein Leseverhalten damals nichts anderes war. Exzessiv. Die Bücher waren mein Ein und Alles – gegen was hätte ich sie damals auch tauschen sollen? Ich liebte das Kino, aber in jenen Jahren war es nicht nur für mich als Schülerin schwierig, gute Filme zu erwischen. Die wirklich interessanten Filme liefen bei besonderen Festivals oder wurden im Rahmen geschlossener

Veranstaltungen gezeigt, vor ausgewähltem Publikum. Im Fernsehen – wir bekamen den ersten Apparat mit winzigem Bildschirm 1955 – liefen nur zwei Programme, und die waren keine Konkurrenz für das Kino oder gar das Lesen. Auch wenn sie später einige interessante Filme zeigten, etwa von Regisseuren des italienischen Neorealismus, die der Vater sehr liebte. Diese Filme hatten einen großen Einfluss auf das sowjetische Kino der 1960er Jahre.

Bis dahin konnte ich im Fernsehen vor allem die populären sowjetischen Filme der 1930er Jahre sehen. Viele dieser Streifen waren von bekannten Regisseuren gedreht worden, sie transportierten die wichtigsten historischen Mythen, die schon während der Kindheit meiner Eltern geschaffen worden waren und die sich als sehr hartnäckig erwiesen: Alexander Newski, der Großfürst von Kiew, rettet 1242 Russland vor der teutonischen Eroberung und schlägt die Eindringlinge auf dem Eis des zugefrorenen Peipus-Sees; eine riesige Menge von Arbeitern, Soldaten und Matrosen stürmt im Oktober 1917 den Winterpalast des Zaren; die Sozialrevolutionärin Fanny Kaplan schießt im August 1918 auf Lenin und die guten Roten besiegen die bösen Weißen im Bürgerkrieg … Alle Szenen mit Stalin allerdings, selbst gerahmte Porträts, die in einer Sequenz an irgendeiner Wand hingen, hatte man zu jener Zeit schon aus den Filmen herausgeschnitten.

Da es nur wenige Filme gab, die im Fernsehen gesendet wurden, liefen ständig Wiederholungen, sodass ich viele fast auswendig kannte. Auch deshalb war es mit dem Lesen nicht zu vergleichen. Unsere gesamte Wohnung war voll mit Bücherregalen und Bücherkästen und es kamen immer neue Werke hinzu. Nie wurde mir langweilig, es gab ständig etwas Neues zu entdecken. Im Alter von sechs bis acht Jahren liebte ich alles Erschreckende, anfangs besonders schaurige Märchen. Über meinem Bett hing ein kleiner Teppich, auf dem ein Häuschen im Wald zu sehen war. Ich war aus irgendeinem Grund überzeugt davon, dass es sich dabei um das Lebkuchenhaus der Hexe aus »Hänsel und Gretel« handelte. Ich stellte mir vor, wie die Hexe die beiden Kinder schon in den Ofen stoßen wollte – und schlief über diesen nervenaufreibenden Gedanken friedlich ein.

Wenig später konnten mich weder die Werke der Gebrüder Grimm noch die Märchensammlung von Charles Perrault schrecken. Besser war schon die griechische Mythologie, die mit sieben Jahren zu meiner bevorzugten Lektüre wurde. Ich verschlang auch die Romane von Jules Verne, Robert Louis Stevenson oder Sir Walter Scott, und natürlich durfte Charles Dickens nicht fehlen, bei dem es immer ein Verbrechen und ein Geheimnis gab. Nachdem mich auch das nicht mehr so richtig erschreckte, blieb noch Arthur Conan Doyle, vor allem dessen Erzählung »Der Hund von Baskerville« über eine mysteriöse Bestie im Moor.

Doch wirklich unheimlich wurde mir erst, als ich Gogol las. Besonders liebte ich die Erzählung »Schreckliche Rache« und bis heute bin ich überzeugt, dass sie viel grimmiger ist, als Bram Stokers »Dracula«. Die Handlung bettet Gogol in eine angeblich alte Sage ein – der letzte Spross einer verbrecherischen und inzestuösen Familie, ein böser Zauberer, muss vernichtet werden. (Den inzestuösen Subtext des gogolschen Albtraumes habe ich damals allerdings nicht so recht verstanden.)

E.T.A. Hoffmanns »Sandmann« war übrigens eine Zeit lang mein Lieblingsbuch. Ich mochte auch seine anderen Bücher, aber dieses erschien mir besonders aufregend. Nicht einmal Edgar Allan Poes »Der Untergang des Hauses Usher« oder »Die Maske des roten Todes« machten auf mich einen so starken Eindruck. Hoffmanns Werke las ich zunächst in der russischen Übersetzung, die erst nach langem Tauziehen veröffentlicht wurde: Hoffmann war in den 1940er Jahren zum reaktionären Romantiker erklärt und lange nicht publiziert worden. Erst in den 1960er Jahren erschien eine russische Ausgabe seiner Werke in drei Bänden. Sie steht noch immer bei mir im Bücherregal, mit allen Spuren meiner unachtsamen Kindheitslektüre.

Ich konnte für mich wie Hoffmanns Nathanael aus »Der Sandmann« sagen: »Nichts war mir lieber, als schauerliche Geschichten von Kobolden, Hexen, Däumlingen und so weiter zu hören oder zu lesen. Aber obenan stand immer der Sandmann, den ich in den seltsamsten, abscheulichsten Gestalten überall auf Tische, Schränke und Wände mit Kreide, Kohle hinzeichnete.« Als ich später an der Universität eine Seminararbeit über Hoffmann schrieb, fragte ich mich, warum mich gerade »Der Sandmann« so beeindruckt hatte. Ob mich vielleicht die Wandlung des Wetterglashändlers Coppola in den Wiedergänger des widerlichen Advokaten Coppelius so erschreckte? (Coppelius hatte den Tod von Nathanaels Vater durch alchimistische Experimente verschuldet.) Oder dass Nathanael langsam unter den Einfluss dunkler Mächte gerät und schließlich verrückt wird? Ich konnte keine letztgültige Antwort auf meine kindliche Leidenschaft für Hoffmanns »Sandmann« finden.

Abgesehen von meinem Hang zum Schaurigen las ich alles, was mir in die Hände fiel. Manchmal hörte ich auf den Rat meiner Mutter, aber oft nahm ich mir selbst aus den Regalen, was ich wollte. Hin und wieder »verdarb« ich mir auf diese Weise für lange Zeit einen Autor, dessen Werk damals noch viel zu schwierig für mich war. Mit 13 Jahren begann meine Shakespeare-Zeit und ich war selig, als man mir zu meinem 14. Geburtstag neben einem silbernen Armband auch eine achtbändige Gesamtausgabe schenkte. Über meine Liebe zum Lesen konnte sich bei uns zu Hause niemand wundern, zumal sich meine Eltern ja vor allem mit Literatur beschäftigten. Meine Mutter unterrichtete russische Literatur in der Schule, mein Vater war Literaturkritiker und Redakteur und fast alle ihre Freunde hatten einen direkten Bezug zur Literatur. Auch meine Großmutter konnte es kaum erwarten, sich mit einem Buch zurückzuziehen, nachdem sie alle in unserem unberechenbaren Haushalt mit Essen versorgt hatte. (Für mich war es unvorstellbar, dass sie nicht jeden, der bei uns zu Hause auftauchte – meist ohne vorherigen Anruf –, nicht auch noch irgendwie durchfütterte.) Am meisten liebte sie Anton Tschechow, Iwan Bunin und Knut Hamsun. Der Norweger Hamsun wurde als Nazi-Kollaborateur bis in die 1970er Jahre in der UdSSR nicht gedruckt, aber wir besaßen noch die alten Ausgaben seiner Bücher aus den 1920er Jahren.

Als Kind schien es mir, als ob niemand von uns etwas anderes täte als schreiben oder lesen. Die Schreibmaschine war einer der wichtigsten Gegenstände im Haus und übrigens einer der wenigen, denen man sich nicht nähern durfte, ohne vorher zu fragen, ganz egal, wie sehr es einen auch reizte, auf die Tasten zu trommeln. Ich erinnere mich bis heute an sämtliche Schreibmaschinen meines Vaters. Sein absoluter Liebling war eine kleine deutsche Schreibmaschine namens »Kolibri«, die er in einem Gebrauchtwarengeschäft erstanden hatte und die man leicht überall mit hinnehmen konnte. Als ich an der Universität studierte, kaufte ich mir von einem meiner ersten Übersetzungshonorare eine Maschine namens »Erika« aus der DDR, die allerdings sehr klobig war und in einem unscheinbaren grauen Futteral steckte. Zu meinem dreißigsten Geburtstag schenkten mir die Eltern eine sehr viel elegantere und wunderschön rote »Olympia« aus jugoslawischer Produktion, die mir tatsächlich bis zur Anschaffung meines ersten Computers treue Dienste leistete.

Bei uns zu Hause mochte das Lesen einen besonders hohen Stellenwert gehabt haben, aber es bildete auch für die gesamte sowjetische Intelligenzija einen gemeinsamen Nenner. Es begann die Zeit, in der das erwachende gesellschaftliche Leben vor allem mit der Literatur verbunden war. Der Kampf zwischen Stalinisten und Antistalinisten – und das war der wichtigste Konflikt jener Jahre – wurde über das gedruckte Wort ausgetragen, über Zeitungen, Publikationen und Bücher. Die Hauptrolle in dieser Auseinandersetzung spielten die »dicken« Literaturzeitschriften: eine Veröffentlichung dort zählte damals mehr als ein Buch. Als Solschenizyns »Ein Tag im Leben des Iwan Denissowitsch« in der Zeitschrift *Nowy Mir* abgedruckt wurde, war das ein Sieg der antistalinistischen Kräfte.

Es war jenes Werk, das in der Novemberausgabe erschienen war und das mein Vater mit den etwas kryptischen Worten »›Ein Tag‹ ist erschienen« kommentiert hatte. Als ich am darauffolgenden Tag aus der Schule kam und meine Eltern noch nicht zu Hause waren, ergriff ich die Gelegenheit, nahm die Zeitschrift vom Tisch des Vaters, und las die ganze Erzählung gewissenhaft durch. Aus den Gesprächen der Erwachsenen wusste ich schon, dass es um einen Häftling in einem GULAG geht. Ich erwartete etwas zutiefst Erschütterndes – und wurde enttäuscht. Bis heute erinnere ich mich an mein Unverständnis darüber, dass es weder eine dramatische Begebenheit noch eine blutige Auseinandersetzung oder richtig böse Menschen gab.

Erst zwanzig Jahre später begriff ich, warum »Ein Tag im Leben des Iwan Denissowitsch« damals auf die Leser einen so starken Eindruck machte. Als ich in den 1980er Jahren damit begann, Erinnerungen über den GULAG aufzuzeichnen, stellte ich fest, wie wenig Material es von Leuten gab, die nicht der städtischen Intelligenzija oder der Partei angehört hatten, weil diese Menschen eben keine Memoiren oder andere Aufzeichnungen hinterlassen hatten. Und ich konnte mich davon überzeugen, wie schwierig es war, das tägliche Leben im Lager zu beschreiben, weil man sich nur an einzelne Episoden erinnerte. Die banalen Grausamkeiten des Alltags in diesem unmenschlichen System wurden selten in einer solchen Eindrücklichkeit erinnert wie in Solschenizyns »Iwan Denissowitsch«. Ein Tag im Leben eines Häftlings wird zum Symbol für die 3653 Tage, die er insgesamt im Lager zu überstehen hat. Damals begriff ich nur dank der Reaktion meiner Eltern, dass hier etwas außerordentlich Bedeutendes geschehen sein musste: Zum ersten Mal war ein literarischer Text gedruckt worden, der sich mit Stalins Lagern beschäftigte.

Den Namen des Autors kannte ich schon, man konnte ihn sich aus meiner Sicht gut merken. Nur Chruschtschow konnte Solschenizyns Namen nicht aussprechen und nannte ihn einfach »Iwan Denissowitsch«. Meine Eltern hatten die Erzählung noch vor der Veröffentlichung gelesen, gleich nachdem das Manuskript in der Redaktion aufgetaucht war. Zu Hause hatte ich Gespräche darüber gehört, wie schwierig es gewesen war, den Text »durchzubringen«, wie es damals hieß. Wie das Erstlingswerk dieses bis dahin unbekannten Lehrers auf verschlungenen Pfaden und vor allem über Lew Kopelew an einen Redakteur der wichtigsten antistalinistischen Zeitschrift gelangt war. Wie Alexander Twardowski, selbst Sohn eines verbannten Bauern, die Erzählung las, begeistert war und beschloss, sie zu drucken. Dass es aber notwendig war, sie zuvor Chruschtschow auszuhändigen, um die Zensur zu umgehen, denn nur er konnte die Veröffentlichung genehmigen. Chruschtschow las nicht gern, also wurde ihm »Ein Tag im Leben des Iwan Denissowitsch« von einem Mitarbeiter vorgelesen. Die Erzählung gefiel ihm umso mehr, als der Held aus einem Dorf stammte.

Grabesstille habe im Politbüro geherrscht, als er die Bewilligung der Veröffentlichung verlangte, mokierte sich Chruschtschow später. Aber seinem Wunsch gemäß wurde die Erzählung veröffentlicht. Bald gab es um sie und ihren Verfasser einen richtiggehenden Boom. Man riss sich um die Zeitschrift, die Redaktion musste 25 000 Exemplare zusätzlich drucken. Selbst während eines Plenums des Zentralkomitees wurden in den Kiosken einige Hunderte Ausgaben der Zeitschrift verkauft. Aber diese offizielle Anerkennung Solschenizyns sollte nicht mehr als zwei Jahre anhalten.

Die geheime Lade

Im Vergleich zu meinen Alters- und Klassenkameraden war ich sehr privilegiert. Viele Bücher und Manuskripte, denen man nachjagte, die man für eine Nacht zum Lesen bekam, mit der Hand abschrieb oder für deren Kopien man viel Geld zahlte, kamen auf verschiedenen Wegen unweigerlich zu uns nach Hause. Von meinem 13. Lebensjahr an wusste ich, wo sie lagen: im großen Einbauschrank im Zimmer meiner Eltern zwischen den Jacken meines Vaters. Das als Versteck zu bezeichnen wäre lächerlich, sie waren einfach nicht offen sichtbar.

Ich weiß nicht, ob ich die Eltern nach einer Erlaubnis gefragt habe (explizit verboten hat es mir niemand), jedenfalls sah ich von Zeit zu Zeit nach, was dort im Einbauschrank lag. Wenn etwas mein Interesse weckte, nahm ich es mit, und da ich sehr schnell las, bemerkte meist niemand etwas, bis ich die Schriften wieder zurückgelegt hatte. Einmal schnappte ich mir Nabokows »Lolita«; ich hatte die Erwachsenen darüber reden hören, hatte aber keine Ahnung, worum es geht. Das Buch gefiel mir gar nicht, weil ich natürlich alles wörtlich nahm. Lange Zeit blieb ein unangenehmer Nachgeschmack, ich wollte nichts anderes von Nabokow lesen, bis mir zufällig das autobiografische Werk »Andere Ufer« in die Hände fiel, das all die negativen Empfindungen auslöschte. Es wurde eines meiner Lieblingsbücher.

Was ich in jenem Schrank fand, war sehr unterschiedlich. Meist waren es mit der Schreibmaschine getippte Manuskripte, die einzelnen Seiten oft sehr dicht beschrieben, dass die Zeilen aneinanderstießen. Je dünner das verwendete Papier, umso mehr Kopien konnte man mit einem Bogen Durchschlagpapier auf der Maschine anfertigen. Mehr als vier Durchschläge schafften die wenigsten, aber manche Schreiber hieben so fest auf die Tasten, dass sie sogar sechs schafften. Fotokopien von Büchern oder Manuskripten konnte ich nicht ausstehen, sie waren unhandlich und selten gut leserlich. Die Xerox-Kopien, wie man sie in Russland nannte, weil sie auf den Geräten der Firma dieses Namens erstellt wurden, und die von besserer Qualität waren, tauchten erst zu Beginn der 1970er Jahre auf.

Für den KGB, der früher sogar Schriftproben von allen neuen Schreibmaschinen verlangte, bevor sie in den Verkauf gelangten, um hinterher herausbekommen zu können, wer da möglicherweise was geschrieben hat, waren die Kopien ein Problem. Die Maschinen waren riesig und wurden in den Einrichtungen, die über Kopierer verfügten, in abschließbare Zimmer gestellt. Der KGB kontrollierte immer wieder, was da kopiert wurde, entweder für Geld oder aus edleren Motiven. Aber sosehr sie auch kontrollierten, die Kopien oft verbotener Literatur gelangten dennoch in Umlauf. Nach und nach schließlich lösten »echte« Bücher die Manuskripte und Kopien ab. Bücher, die auf die eine oder andere Art durch den eisernen Vorhang gelangt waren. Diese Bücher, im Ausland publiziert, waren besonders wertvoll und hießen »Tamisdat«, wörtlich übersetzt »Dortverlag«.

Da ich las, was ich im Schrank meiner Eltern fand, fühlte ich mich mit 13 oder 14 Jahren schon ganz erwachsen. Denn ich beschäftigte mich zur gleichen Zeit mit denselben Dingen wie sie. Vielleicht war das eine Besonderheit meiner Generation: Gleichgesinnte fanden sich nicht immer unter Gleichaltrigen, die Grenze wurde nicht zwischen Jungen und Alten gezogen, sondern je nach Ansichten und Überzeugungen. Zumindest war es für mich und einige meiner Freunde so. Meine Pubertät ging denn auch ohne besonders nennenswerte Auseinandersetzungen mit meinen Eltern vorüber – es war klar, dass wir in wichtigen Fragen einer Meinung waren. Und so blieb es auch bis zum Ende ihres Lebens.

Von den Manuskripten aus dem Schrank interessierten mich die Texte über Stalins Lager am meisten. »Ein Tag im Leben des Iwan Denissowitsch« hatte ich noch offiziell in der Zeitschrift *Nowy Mir* gelesen, aber schon sehr bald nachdem Chruschtschow 1964 als Parteichef und Ministerpräsident abgesetzt worden war, wurde das »Lagerthema« verboten, die anderen Bücher Solschenizyns galten da schon als Untergrundliteratur. Seine Romane »Im ersten Kreis der Hölle« und »Krebsstation« wurden zu den damals wahrscheinlich populärsten »Samisdat«-(»Selbstverlag«-)Texten, die in Form von getippten Schreibmaschinenseiten verbreitet wurden. In dem Buch »Im ersten Kreis der Hölle« kam Lew Kopelew als »Lew Rubin« vor, weshalb es mich besonders interessierte. Aber mir erschien die »Kunstfertigkeit« des Romans störend, und vor allem die Liebesgeschichten langweilten mich. Ich wusste, dass Solschenizyn darin tatsächlich seine eigenen Erfahrungen verarbeitete und seine Zeit in einem Spezialgefängnis für Wissenschaftler und Ingenieure (eine sogenannte Scharaschka), aber mich interessierten mehr die »wirklichen« Erinnerungen, die nicht so belletristisch waren.

Nach den Werken Solschenizyns fand ich im Schrank meiner Eltern ein Manuskript mit einigen Erzählungen von Warlam Schalamow: »Erzählungen aus Kolyma«.* Ich las nur einige davon. Sie erschienen mir zwar schrecklich, aber auf eine andere Art und Weise, als ich das in meiner naiven Vorstellung vom GULAG erwartet hatte: auf der einen Seite die unschuldigen Opfer, auf der anderen die bösen Täter. In Schalamows Erzählungen verlief diese Trennung nicht klar. In seiner unmenschlichen, harten Lagerwelt hatten die Kriminellen das Sagen, und es herrschte eine solche Hoffnungslosigkeit, dass es mir schwerfiel, die Texte

* An den Aufzeichnungen arbeitete Warlam Schalamow 17 Jahre lang, die Erzählungen gelten heute als die bedeutendsten zum Thema GULAG. Die »Erzählungen aus Kolyma« erschienen auf Russisch erstmals 1978, eine »Raubveröffentlichung« aus London. Schalamow war zum ersten Mal 1929 verhaftet, als »gefährliches Element« eingestuft und zu drei Jahren Haft und fünf Jahren Verbannung verurteilt worden. Im Zuge des Großen Terrors geriet er wegen »konterrevolutionärer trotzkistischer Tätigkeit« erneut in Haft; es folgte eine Odyssee durch verschiedene GULAGS, darunter auch in der sibirischen Kolyma-Region. Erst 1956 kam er nach Moskau zurück.

zu lesen. Erst 15 Jahre später, als ich mich selbst mit den Erinnerungen von GULAG-Insassen beschäftigte, konnte ich sie wieder zur Hand nehmen und ihre wahre Bedeutung ermessen. Während meiner Tonbandaufzeichnungen von Gesprächen mit ehemaligen Häftlingen hatte ich immer wieder gehört: »Ich kann Ihnen nicht beschreiben, wie das in Kolyma war, das konnte nur Schalamow.«

Ich begegnete ihm nur ein einziges Mal, aber ich erinnere mich bis heute daran. Es war gegen Ende der 1960er Jahre, ich ging mit meinem Vater den Gogol-Boulevard entlang, als uns Schalamow entgegenkam. Ein großer Mann mit faltendurchfurchtem Gesicht in einem langen schwarzen Mantel, der beim Gehen hin und her schwankte. Schalamow litt an der Menière-Krankheit, die mit anfallartigem Schwindel, Unsicherheit und Hörverlust einhergeht. Alle ehemaligen Lagerhäftlinge, die ich kannte, sahen einige Jahre nach ihrer Befreiung aus dem GULAG wieder »normal« aus. Aber bei Schalamow waren die Folgen des Lagers nicht nur deutlich sichtbar, er schien das ganze Elend zu verkörpern, das die Häftlinge der Kolyma durchlitten hatten, und wirkte wie eine Personifikation seiner Erzählungen.

Einen ganz und gar anderen Eindruck vermittelte Jewgenia Ginsburg. Sowohl in ihrer Autobiografie als auch persönlich. Ich war schon 16, als ich den ersten Teil ihrer Autobiografie »Marschroute eines Lebens« aus besagtem Schrank nahm und las. Heute, nachdem ich Hunderte Memoiren gelesen und mir Hunderte Schilderungen von GULAG-Häftlingen angehört und aufgezeichnet habe, bin ich überzeugt, dass das Buch von Jewgenia Semjonowna, wie meine Eltern sie nannten, eines der besten ist. Später, schon nach ihrem Tod und zu Beginn der Perestroika, wurde sie mit Anschuldigungen überschüttet. Man warf ihr vor, sie habe zur Parteielite gehört und viel zu spät, erst 1937, begriffen, was für ein Regime da an der Macht war. In jenem Jahr war sie aus der Partei ausgeschlossen und wegen angeblicher Verbindungen zu den Trotzkisten verhaftet worden. Erst nach Stalins Tod endete ihre Zeit in verschiedenen Gefängnissen und in Kolyma-Lagern. Dass es ihr gelungen war, in den 1940er Jahren im Lagerkrankenhaus und einem Kindergarten unterzukommen, wo die Arbeit und das Überleben leichter gewesen sei, hielt man ihr ebenfalls vor. Und einige ehemalige Gefangene der Kolyma bezichtigten sie, sich verschiedene Episoden aus fremden Erzählungen angeeignet zu haben. Zum Beispiel die Szene, in der sie sich nach drei Jahren zum ersten Mal wieder in einem Spiegel sieht und sich nicht mehr erkennt. Viele weibliche Häftlinge haben eine solche Erfahrung gemacht, jeder mag das für sein ureigenes Erlebnis halten. Ginsburg beschrieb, was sie alle erlebt hatten, vieles davon war sehr persönlich, anderes – wie die Sache mit dem Spiegel – deckt sich mit den Erinnerungen zahlloser anderer Lagerinsassen.

Sicherlich war sie weit entfernt davon, sich irgendetwas anzueignen. Wie unglaublich gut Jewgenia Semjonownas Gedächtnis war, zeigte sich während der Perestroika, als ihre Untersuchungsakten veröffentlicht wurden. Sie nehmen einen wichtigen Teil ihrer Erinnerungen ein und es ist verblüffend, dass sie aus dem Gedächtnis viele Fragen des Untersuchungsrichters und ihre eigenen Antworten darauf fast wortgetreu wiedergeben konnte – ohne beim Verfassen ihrer Memoiren Akteneinsicht gehabt zu haben.

Der Erfolg ihrer Autobiografie ist vor allem der Tatsache geschuldet, dass sie einfach gut geschrieben war. Der Großteil solcher Erinnerungen (und im Archiv der Gesellschaft »Memorial« finden sich Hunderte von ihnen) ist zwar enorm wichtig, um sich ein Bild dessen zu machen, was der GULAG war. Aber letztlich sind sie weniger für die breite Öffentlichkeit interessant, sondern eher für Historiker oder Verwandte ehemaliger Häftlinge.

Als ich damals das Manuskript las, erschien mir Ginsburgs Text sehr gut verständlich. Sie verband das, was ich schon in Auszügen gehört oder gelesen hatte, zu einem großen Ganzen.

Und sie kam aus einem Umfeld, das mir sehr vertraut war. Ginsburg war nur wenige Jahre jünger als meine Großmutter, die 1937 genau dorthin hätte kommen können, wo Jewgenia Semjonowna hingeriet. Als ich ihr zum ersten Mal bei uns zu Hause begegnete, war ich ihr zunächst enttäuscht. Sie war ziemlich korpulent, hatte ein breites Gesicht und glatt frisiertes Haar. Ihr Erscheinungsbild schien so gar nichts mit der eindrucksvollen Frau gemein zu haben, die sogar ihre Untersuchungsrichter nachhaltig beeindruckt hatte. Doch sobald sie lächelte, sich die Haare zurechtzupfte und zu sprechen begann, vermittelte sie schlagartig einen anderen Eindruck.

Sie betrat unsere Wohnung gleich mit einer Geschichte auf den Lippen. Noch während sie den Mantel auszog, erzählte sie, in der Metro habe ihr gegenüber ein etwas angetrunkenes Onkelchen gesessen, das sie lange angestarrt und schließlich gefragt habe: »Tartarin?« (Nichts beunruhigt Betrunkene in Russland mehr als die Nationalität der anderen.) Sie habe verneinend mit dem Kopf geschüttelt. »Ukrainerin?«, habe der Mann nachgehakt und es wieder nicht erraten. »Zigeunerin?« – »Nein.« Da habe er sie noch einmal ganz genau angesehen und verblüfft gefragt: »Tatsächlich?« – »Ja, jetzt hast du's erraten!«, erzählte Jewgenia Semjonowna lachend. (In Russland versteht jeder sofort, dass diese Konversation keineswegs lückenhaft ist. Hinter der Frage »Tatsächlich?« verbirgt sich die Erkenntnis, dass Ginsburg Jüdin ist.)

Ich beobachtete sie den ganzen Abend lang und begann zu verstehen, warum alle so von ihr beeindruckt waren – im Gefängnis, im Lager, in der Verbannung in Magadan. Ihre Freundin Pawotschka, die mit ihr im Frauengefängnis von Jaroslawl einsaß und später gemeinsam mit ihr in jenem siebten Waggon fuhr, der sie und viele andere Häftlinge nach Kolyma brachte, erzählte mir später: »Schenja [Kurzform für Jewgenia] hatte ein solches Charisma, das beeinflusste uns alle sofort!«

Aber während meiner Jugend in den 1960er Jahren kehrten nicht nur ehemalige Häftlinge aus dem GULAG zurück, sondern es kehrten im Laufe der Jahre auch lange verbotene Texte zu den sowjetischen Lesern zurück, die doch noch Schranken der Zensur überwunden hatten. Unter enormen Schwierigkeiten und verbunden mit Kämpfen um jedes Gedicht, um jede Zeile, konnten Einzelbände der Werke von Achmatowa, Zwetajewa und Mandelstam erscheinen. Die lange verbotene Prosa von Andrei Platonow tauchte wieder auf, die Romane von Bulgakow und vieles andere mehr. Natürlich wurde vieles bis zum Beginn der Perestroika nicht offiziell veröffentlicht, und an Bücher heranzukommen, die im Ausland erschienen waren, war äußerst schwierig. Doch über Umwege kehrten die Werke von emigrierten Schriftstellern wie Jewgeni Samjatin, Alexei Remisow und Vladimir Nabokov langsam nach Russland zurück. Ebenso die Texte von Autoren, die seit Jahrzehnten nicht mehr veröffentlicht worden waren: Michail Bulgakows »Hundeherz« und »Die verhängnisvollen Eier«, Boris Pasternaks »Doktor Schiwago«, Anna Achmatowas »Requiem« und viele mehr. Offiziell wurden diese Werke erst Ende der 1980er Jahre wieder für sowjetische Leser zugänglich.

Die Kenntnis dieser Autoren war in den 1960er und 1970er Jahren eine Art Code, nach dem Motto: Sag mir, welche Bücher du liest und welche Gedichte du liebst, und ich sage dir, wer du bist und wo du hingehörst. Bulgakows »Der Meister und Margarita«, das 1966 in einer stark zensierten Fassung als Fortsetzungsroman in der Literaturzeitschrift *Moskwa* erschien, wurde so populär, dass Zitate daraus in die Alltagssprache einflossen. Besonders oft wurde der Satz »Manuskripte brennen nicht« zitiert. Und tatsächlich schien es, als ob viele Texte »nicht brannten«, viele Autoren durch ihre Werke überdauerten. Gerade jene, die während des Großen Terrors umgekommen waren. Aber je mehr über diese Zeit bekannt wurde, umso deutlicher wurden die erlittenen intellektuellen und künstlerischen Verluste, die auszugleichen

Samisdat

nicht möglich schien. Umso größer wurde aber auch die Bedeutung all dessen, was erhalten geblieben war.

Selbst das, was durch die Zensur gestrichen worden war, kam über Umwege zu den Lesern. Bei Michail Bulgakows »Der Meister und Margarita« sollte es bis 1973 dauern, bis der Text in Russland ohne Auslassungen in Buchform erschien. Bis dahin wurden die von der Zensur herausgekürzten Teile mit der Schreibmaschine oder handschriftlich vervielfältigt und heimlich verbreitet. Wem es gelungen war, die Zeitschrift *Moskwa* zu bekommen, die trotz einer großen Auflage von 150 000 Exemplaren binnen weniger Stunden ausverkauft war, der klebte jene im Samisdat verbreiteten Teile in die Zeitschrift ein.

Bei uns zu Hause gab es alle diese Bücher dank meines Vaters. Manchmal ist es mir peinlich, mich an meinen damaligen Snobismus zu erinnern – ich konnte diese seltenen Bücher vor vielen anderen lesen, und das nur, weil ich die Tochter meiner Eltern war. An eine Geschichte erinnere ich mich in diesem Zusammenhang besonders ungern. Es war in den 1970er Jahren, ich war schon verheiratet und hatte gerade meine ältere Tochter bekommen. Mein Mann Sascha, der im Gegensatz zu mir sehr offen und entgegenkommend ist, brachte nach irgendeiner Reise einen jungen Mann mit nach Hause, den er auf dem Bahnhof aufgelesen hatte. Es war kein Obdachloser im heutigen Sinn, die gab es damals offiziell nicht, und jeder, der auch nur in entsprechendem Verdacht stand, wurde von der sowjetischen Miliz sehr hart angefasst und aus der Stadt hinausgeworfen. Der Mann, dessen Alter ich auf Mitte zwanzig, Anfang dreißig schätzte, entsprach eher dem Typ des »Wanderers«, wie man Menschen in Russland nennt, die nie lange an einem Ort bleiben, irgendwo für ein paar Monate eine Arbeit annehmen und dann weiterziehen. Er hatte sich, weil es klirrend kalt war, im Bahnhof aufgehalten und meinem Mann leidgetan. Ich könnte mir vorstellen, dass er sich zunächst direkt an Sascha gewandt und ihn um ein Nachtquartier gebeten hatte. Meinem Mann passiert es bis heute oft, dass sich wildfremde Menschen mit irgendwelchen Bitten an ihn wenden. Wer auch immer den ersten Schritt gemacht haben mochte – ich war nicht gerade glücklich über das Ergebnis. Zum einen war es in unserer kleinen Wohnung ohnehin ziemlich eng. Zum anderen hatte ich große Angst davor, dass dieser Mensch, der durchs ganze Land reiste und auf Bahnhöfen oder sonst wo schlief, irgendwelche Infektionen einschleppen könnte. Ich war also ganz die überbesorgte Mutter eines Säuglings …

Natürlich sagte ich nichts, aber ich machte ein säuerliches Gesicht. Unser Besucher fühlte sich sofort sehr unwohl und machte Anstalten, wieder zu gehen. Mein Mann bedachte mich mit einer wütenden Grimasse – er konnte es nicht leiden, wenn ich mich so benahm – und richtete demonstrativ ein Nachtlager für unseren Gast her. Der wollte sich gerade hinlegen, als er auf dem Bücherregal den dunkelblauen Band mit Mandelstam-Gedichten sah, der endlich in der Reihe »Die große Bibliothek der Dichter« erschienen war. Vor Aufregung wurde er ganz blass und bat mich um die Erlaubnis, das Buch über Nacht zu lesen. Ich wunderte mich, denn Mandelstam galt als schwieriger Dichter. Sergei Jessenin oder Jewgeni Jewtuschenko, das hätte ich noch verstanden, aber Mandelstam?

Ich gab ihm das Buch und legte mich schlafen. Als ich am nächsten Morgen aufstand, stellte ich fest, dass das Nachtlager unseres Gastes unberührt war. Er hatte die ganze Nacht an meinem Sekretär gesessen und die Gedichte von Mandelstam in ein dickes Heft notiert, das er in seinem Rucksack mit sich trug. Noch bis zum Abend blieb er dort sitzen und schrieb und schrieb. Nur mit Mühe konnte ich ihn davon überzeugen, wenigstens für eine kleine Mahlzeit den Stift beiseitezulegen. Als er sich schließlich verabschiedete, bedankte er sich überschwänglich bei mir, so als hätte ich ihm ein ganz besonderes Geschenk gemacht. Ich schämte mich sofort sehr für meine Gereiztheit und den ungastlichen Empfang, den ich ihm bereitet hatte. Am stärksten nagte an mir, dass ich das eherne Gesetz meiner Großmutter verletzt hatte, das ich seit meiner Kindheit kannte und das besagte, dass man jeden aufnehmen muss, der einen Unterschlupf braucht. Und vor allem, dass man Menschen ohne Vorurteile begegnen sollte.

Auch wenn sich die Zeiten geändert hatten, wenn es keinen Hunger mehr gab und keine Menschen mehr aus den Lagern zurückkehrten, ohne zu wissen, wohin – meine Großmutter befolgte dieses Gesetz nach wie vor. Als ich noch klein war, es muss Mitte der 1950er Jahre gewesen sein, tauchten bei uns eines Tages 15 Lehrerinnen aus Woronesch auf. Na gut, vielleicht waren es auch nur zwölf, aber in unserer Familienfolklore hieß es immer: die 15 Lehrerinnen aus Woronesch. Die Frauen waren für einige Tage nach Moskau gekommen und hatten keine Übernachtungsmöglichkeit gefunden. (Zu jener Zeit ein Bett in einem Hotel in Moskau zu bekommen war fast unmöglich.) Es stellte sich heraus, dass eine von ihnen meine Tante kannte, also hatten sie sich auf den Weg zu uns gemacht. Gegen meine Großmutter war nichts zu machen, wir mussten ein Zimmer räumen, in dem sie schlafen konnten. Diese Geschichte blieb in der Familienerinnerung erhalten, da sie – selbst an den Maßstäben der Großmutter gemessen – etwas Besonderes war. Ein oder zwei Übernachtungsgäste waren ganz normal, aber so viele auf einmal? Seitdem hieß es immer, wenn wir viele Gäste hatten, das ist doch ein Klacks, aber damals, als wir hier die 15 Lehrerinnen aus Woronesch beherbergt haben …

Aber die Geschichte mit dem Mandelstam-Band zeigt, welche Bedeutung Gedichte damals hatten. Man bat tatsächlich um sie wie »um ein Stück Brot«. Und diese Zeiten kommen vermutlich nie wieder. Für viele Vertreter der Intelligenzija wurde das zur größten Enttäuschung der 1990er Jahre, mit der sie sich einfach nicht abfinden konnten.

Neid

Als ich so zwischen 13 und 15 Jahre alt war, beneidete ich die Erwachsenen. Nicht meine Eltern, sondern die, die gut ein Jahrzehnt jünger waren als sie, und die man später nach dem buntesten Jahrzehnt des 20. Jahrhunderts benennen sollte. Ich meine diejenigen, die zur alternativen Kulturelite gehörten, auch wenn die russische sicher anders geprägt war als die westliche. Dank der Tatsache, dass mein Vater Literaturkritiker war, erlebte ich viele von ihnen aus nächster Nähe. Es schien mir, als führten sie ein sehr ungewöhnliches Leben in einer ungewöhnlichen Zeit, und wenn ich endlich erwachsen sein würde, wäre es für mich zu spät, daran teilzuhaben. (Und irgendwie war das ein durchaus richtiges Gefühl.) Die bekanntesten »Sechziger«, wie sie bei uns hießen, denen ich begegnete, waren der Filmregisseur Andrei Tarkowski und der Schriftsteller Wassili Aksjonow. Dazu kamen

Der Filmemacher Andrei Tarkowski Anfang der 1970er Jahre

verschiedene Dichter, Filmschauspieler, Dramaturgen. Sie alle kleideten sich ganz anders, als »gewöhnliche« Menschen und wirkten, als kämen sie aus einer anderen, einer eher westlichen Welt, mit ihrer Liebe zum amerikanischen Jazz, zu Louis Armstrong und Elvis Presley.

Andrei Tarkowski zum Beispiel sah aus wie der Held aus einem italienischen Film: dunkle Haare, Schnauzer, weiße Jeans und Sakko. (Tarkowskis Jeans konnte ich nicht vergessen. Als man mich und meine Schwester wie durch ein Wunder – und dank der alten Komintern-Verbindungen – 1967 für einen Monat zu Freunden meiner Mutter nach Österreich fahren ließ, kaufte ich mir als Allerserstes ein Paar weiße Jeans. Wenig später trug ich Strümpfe mit den Porträts der Beatles, riesige rote Plastikscheiben an den Ohren, einen knallroten Mantel und natürlich einen Minirock.) Oder Wassili Aksjonow, der häufig mit einem modischen Haarschnitt, Samthosen und einem roten Schal um den Hals bei uns auftauchte, um aus seinen neuesten Texten vorzulesen.

Fast alle Freunde meines Vaters – die meisten von ihnen ehemalige Frontkämpfer – sahen ganz anders aus als Tarkowski oder Aksjonow. Und das nicht nur, weil sie älter waren. Es ging den Sechzigern natürlich nicht darum, irgendwie »westlich« auszusehen, sofern das im damaligen sowjetischen Leben überhaupt möglich war. Sie versuchten vielmehr, ihren eigenen Stil zu kreieren: welche Bücher man las, welche Musik man hörte, wie man tanzte, welche Frisur man trug und so weiter, all das spielte zusammen.

Das konnte auf den ersten Blick etwas oberflächlich erscheinen, aber damit gingen sie auch ein Risiko ein. Der Stil, um den sie kämpften, sollte Ausdruck ihres Widerstands gegen die poststalinistische eiserne Ästhetik sein. Sie wollten Widerstand leisten vor allem in ihrer Kunst, aber eben im hässlichen sowjetischen Alltag. Heute ist diese Zeit im Zuge der allgemeinen Nostalgiewelle plötzlich wieder in Mode gekommen; dass sie damals keineswegs so bunt und lustig war und dass die Sechziger damit eine wichtige politische Botschaft verbanden, wird dabei allerdings ignoriert.

Der Begriff »Tauwetter« wird heute – etwa in vielen Fernsehserien über diese Zeit – zumeist wörtlich verstanden: Die Helden spazieren in farbig-fröhlichen Sommerkleidern und leichten Anzügen durch die frühlingshaften Straßen von Moskau, als befände man sich in Paris und als seien die Helden direkt westlichen Modejournalen entstiegen. In meiner Erinnerung aber ist das Moskau jener Zeit ein herbstliches, winterliches, kaltes und feuchtes. Die damalige sowjetische Realität war schwierig und keineswegs irgendwie ästhetisch und schön. Die Kleidung war ärmlich, das Essen einförmig, die Gemeinschaftswohnungen überbevölkert und man stand stundenlang Schlange. Diese Armut und die Abwesenheit von allem Schönen veranlasste die Sechziger dazu, etwas zu finden, was man dem entgegensetzen konnte. Vor allem aber hatten sie im Gegensatz zu den vorhergegangenen Generationen, besonders der ihrer Eltern, nicht die Absicht, im Namen einer künftigen Weltrevolution oder des Sieges des Kommunismus zu hungern und zu leiden.

Ihr Stil (weniger das, was dahintersteckte) eroberte bald die Straßen. Die Mädchen wollten der Schauspielerin Marina Vlady im französischen Film »Die blonde Hexe« ähnlich sehen, mit hellen offenen Haaren und einem rätselhaften Blick. Den Männern dienten die Helden von Remarque und Hemingway als Vorbilder – schweigsam, trinkend und keinen Platz in der sie umgebenden Gesellschaft findend. Alle wollten aussehen wie Hemingway auf jenem berühmten Foto, das ihn in einem grobgestrickten Pullover mit Bart und Pfeife zeigt. Heute wird dieses Bild oft eingeblendet, wenn man bei uns die Zeit des »Tauwetters« darstellen will.

Die Biografie und die lakonische Prosa von »Hem«, wie man ihn hier nannte, entsprachen jedenfalls genau dem damaligen Zeitgeist. Es ging darum, was man zwischen den Zeilen lesen konnte, und darum, dass das Ende offen war. Denn wie in Hemingways Texten war die Zukunft ungewiss …

Wohin konnte sich ein junger Held denn auch wenden, um der grauen Einförmigkeit und Ärmlichkeit des poststalinistischen Lebens zu entgehen? Man konnte nicht in den Westen reisen oder sich ferne Länder ansehen. Damals konnte man nur in die »unendliche Weite unserer Heimat« reisen. Aus den großen und tristen Industriestädten zurück in die wilde Natur. Viele der Sechziger machten diese Erfahrung, sie arbeiteten einige Monate lang bei einer geologischen Expedition in irgendwelchen Naturschutzgebieten, dann kehrten sie für eine Zeit lang in die großen Städte zurück und fuhren dann wieder in den Norden oder den Fernen Osten.

In den 1930er Jahren hatte man das halbe Land noch auf Anordnung der Mächtigen irgendwohin verschickt und übersiedelt, in die Verbannung geschickt, deportiert oder während des Krieges evakuiert. In den 1960ern aber verließen die Menschen freiwillig die großen Städte. Wobei es natürlich auch weiterhin die erste Variante gab – Joseph Brodsky zum Beispiel war nicht der Einzige, der damals in die Verbannung geschickt wurde. Auch wenn diese Maßnahmen nun einzelne Menschen betrafen, die den Mächtigen unbequem waren, und nicht mehr diesen Massencharakter hatten.

Das Pathos des »hehren Arbeitseinsatzes zum Wohl des Vaterlandes«, wohin immer man auch geschickt wurde, verblasste, und während der 1960er Jahre suchten sich die Leute Nischen, in denen sie sich dem Zwang von oben entziehen konnten. Die Arbeit hatte für die Sechziger nur dann Bedeutung, wenn man wissenschaftlich tätig oder mit der Kunst beschäftigt war. Oder wenn man seine Kraft selbstlos in den Dienst der Menschen stellte, als Arzt oder Lehrer.

Der Lebensstil der Sechziger erschien sehr einladend. Nicht nur ich beneidete sie, sondern auch meine Freunde und Altersgenossen. Wir alle hatten gegenüber den Sechzigern unsere pubertären Komplexe. Meiner besten Freundin Tanja Bek, die später selbst Dichterin und Literaturkritikerin wurde, blieb dieser Komplex in gewisser Weise ihr Leben lang erhalten. Letztlich führte ihre große Enttäuschung über viele ihrer einstigen Helden in den 2000er Jahren zu ihrem Tod.

Zu Beginn der 1970er Jahre, als wir Jüngeren langsam erwachsen wurden, war die Welt schon wieder eine ganz andere. Die Hoffnung auf eine demokratische Entwicklung des Landes war zerstoben, die Zeiten waren zynischer geworden und voller Kompromisse. Als ich zwanzig wurde, hatte ich schon keine Illusionen mehr, ich wusste, dass es in der Epoche Breschnews keinen Sozialismus mit menschlichem Antlitz geben konnte. Ich war mir nicht einmal sicher, ob ich eine solche Veränderung je erleben würde. Und die Sechziger, die schon über dreißig waren, mussten sich entscheiden: Einige wurden zu Funktionären im

Kunstbetrieb. Andere sahen für sich keine Möglichkeit mehr, ihre Bücher zu veröffentlichen, ihre Filme zu drehen oder ihre Bilder auszustellen und gingen in den Untergrund oder in die inzwischen immerhin für einige möglich gewordene Emigration. Nur wenige wurden zu Dissidenten, die ihre verbotenen Bücher im Westen veröffentlichten oder öffentlich Erklärungen zur Unterstützung politischer Gefangener abgaben. Wer das wagte, dessen Weg führte wie früher ins Lager, in die Verbannung oder in die Emigration. Wieder andere starben einfach früh, weil sie ihre Trauer im Alkohol ertränkt hatten. Die »Leichtigkeit des Seins«, um mit Milan Kundera zu sprechen, war unerträglich geworden.

Als zwanzig Jahre später Gorbatschow an die Macht kam – und Gorbatschow war ja auf irgendeine Art auch ein Sechziger (wenn auch einer aus der Partei, ein geschickter Karrieremacher, der sich aber doch für Reformen entschied) –, wurde er vor allem von seinen Altersgenossen unterstützt, von den Ingenieuren und Bibliothekaren, den Lehrern und wissenschaftlichen Mitarbeitern, den Lesern und Kinogängern von Tarkowski, Aksjonow, Trifonow und anderen Sechzigern. Manche, die diesen Wandel erlebten, wurden sogar zu »Vorarbeitern der Perestroika«. Doch schon in den 1990er Jahren trat die Mehrheit dieser Sechziger wieder in den Hintergrund. Sie waren da schon nicht mehr jung, entsprachen nicht mehr dem Zeitgeist, erschienen altmodisch und nicht geeignet, sich in der Marktwirtschaft zurechtzufinden. Und je mehr unsere Gesellschaft von der Demokratie enttäuscht war, umso heftiger ging man mit den Sechzigern ins Gericht. Im besten Fall beschuldigte man sie, immer noch alles durch eine rosa Brille zu betrachten; im schlechtesten, dass sie eine Freiheit ausgerufen hätten, die keiner brauchte. Man warf ihnen wahlweise Anpassung vor oder dass ihre Ideale (die auch jetzt keiner brauche) naiv seien. Selbst ihr Antistalinismus erschien in den 1990er Jahren irgendwie veraltet. Ihr ganzes Sechzigertum wirkte nicht nur unmodern, sondern sogar lächerlich und fehl am Platz. Ihre Orientierung gen Westen, ihre Ablehnung der Staatsmacht und des KGB, der vielen von ihnen das Leben zerstört hatte oder das zumindest versucht hatte – all das geriet plötzlich völlig aus der Mode. Aber vor wenigen Jahren, als kaum mehr eine der Hauptpersonen des »Tauwetters« am Leben zu sein schien, wurde diese noch vor gar nicht so langer Zeit naiv erscheinende Periode wieder interessant, ja sogar wieder modern. Vielleicht, weil sie Hoffnung gibt, dass nach dem Frost auch wieder die Wärme kommen kann?

Chruschtschow schwarz-weiß

Am 13. Oktober 1964 lag ich mit einer schweren Angina, hohem Fieber und dieses Mal ohne jedes Vergnügen im Bett. Vielleicht bin ich deshalb so erschrocken, als ich meinen Vater plötzlich laut schreien hörte: »Sie haben Chruschtschow abgesetzt!« Einer seiner Freunde, der bei der Zeitung *Iswestija* arbeitete und erfahren hatte, was im Plenum des Zentralkomitees vor sich gegangen war, hatte ihn angerufen. Chruschtschow war einstimmig abgesetzt worden, keiner seiner Mitstreiter hatte ihn verteidigt. Mein Vater sagte: »Der Apparat hat ihn gestürzt. Das ist ein Umsturz zurück in die Vergangenheit.« Selbst ich mit meinen 15 Jahren und meinem fiebrigen Kopf begriff, dass die Zeit der Hoffnung mit Chruschtschows Absetzung zu Ende war. Obwohl der eine durchaus widersprüchliche Figur war, genau wie jene Jahre, in denen er an der Macht gewesen war, sehr widersprüchlich waren.

Chruschtschow war das genaue Gegenteil des »Herrn«, wie Stalin von seiner engsten Umgebung genannt wurde. Er ähnelte eher einem Kolchosenvorsitzenden oder einem Buchhalter aus einer sowjetischen Filmkomödie und trug weder einen halbmilitärischen Feldrock noch Stiefel oder Uniformmantel wie Stalin. Er war dick und rund, hatte ein breites Gesicht mit kleinen Äuglein und Warzen und trug immer Hut und einen langen Man-

Der kubanische Ministerpräsident Fidel Castro mit Nikita Chruschtschow im April 1963

tel über schlecht sitzenden Anzügen, die er manchmal mit einem ukrainischen Folklorehemd kombinierte. Stalin sah neben Churchill und Roosevelt keineswegs lächerlich aus, aber Chruschtschow wirkte neben Kennedy und anderen Staatsführern wie die Karikatur eines Sowjetchefs.

Stalin hielt lakonische Reden, wich fast nie von seinem Text ab, streute bedeutungsvolle Pausen ein, warf Fragen auf, die er selbst beantwortete. Chruschtschow wich ständig von seinem Skript ab, er wurde davongetragen und streute irgendwelche Erinnerungen oder Personen aus seiner Jugend ein. Das führte dazu, dass er manchmal unglaublich wirre Dinge sagte. Stalin las viel, Chruschtschow tat das gar nicht gern. Stalin verabscheute es, sich auf lange Reisen durchs Land zu begeben, und in den letzten Jahren fuhr er nur noch zu seinem Landhaus am Schwarzen Meer. Chruschtschow bereiste nicht nur die Sowjetunion, er fuhr schon 1955 zu einem Besuch nach Indien. Die Bilder seiner

Ankunft wurden im Fernsehen gezeigt und ich erinnere mich gut, wie komisch er wirkte, als man ihm den traditionellen Blumenkranz um den Hals legte. 1959 flog er in die Vereinigten Staaten von Amerika und, sehr ungewöhnlich, er nahm die Familie mit. Auch diese Bilder waren im ganzen Land zu sehen. Denn unter Chruschtschow begann die Epoche des Fernsehens. Er war kein unerreichbarer Führer, sondern kam in Form von bewegten Schwarz-Weiß-Bildern direkt zu den Leuten nach Hause. Er gab sich als einfacher Mann aus dem Volk (unter Stalin hatte er hin und wieder sogar den Hofnarren gegeben, und bis zu einem gewissen Grad passte das auch zu ihm), doch wenn man an diesem Image ein wenig heftiger kratzte, kam rasch der schlaue und harte Parteiführer zum Vorschein, der die wichtigsten Vertrauten Stalins mühelos aus dem Kreml geworfen hatte.

Es gibt ein Theaterstück aus den späten 1920er Jahren, in dem die Heldin eine Liste mit den guten und schlechten Taten der sowjetischen Machthaber erstellt. Wenn man eine solche Liste für Chruschtschow aufstellen wollte, so wäre seine schwarze Liste sehr lang: Unter Chruschtschow wurde der Ungarnaufstand niedergeschlagen und es gab die Kuba-Krise, als der Weltfrieden nur noch an einem seidenen Faden hing. Er ließ zu, dass die Mauer gebaut wurde, und seine engsten Vertrauten waren verantwortlich für den blutigen Militäreinsatz, mit dem im Juni 1962 in Nowotscherkassk eine friedliche Demonstration von Arbeitern beendet wurde.* Es gab mindestens 26 Tote, Hinrichtungen und zahlreiche Verurteilungen zu langen Haftstrafen. (Alles, was mit Nowotscherkassk zu tun hatte, wurde damals von offizieller Seite unterdrückt, aber es gab Gerüchte. Einen solchen Vorfall, bei dem sich große Teile der Stadtbevölkerung mit den Protestierenden solidarisiert hatten, konnte man nicht gänzlich totschweigen.

* Infolge einer Versorgungskrise waren die Preise um über 30 Prozent erhöht worden, gleichzeitig hatte die Regierung verfügt, die Löhne der Arbeiter um den gleichen Prozentsatz zu senken. Es kam zu Streiks und Protesten, die sich am 2. Juni zu den größten Arbeiterunruhen in der Geschichte der Sowjetunion ausweiteten.

Die Akten wurden allerdings erst 1992 geöffnet, vier Jahre später wurden die Verurteilten durch einen Erlass Jelzins rehabilitiert.)

Chruschtschow war ein überzeugter Atheist und kämpfte mit harten Bandagen gegen die Kirche und die Religion. Er erklärte, dass die Sowjetunion Amerika bei der Produktion von Fleisch und Milch ganz sicher überholen werde, was für die Kolchosen schwerste Folgen hatte. Von ihnen wurde die Erfüllung eines absurd hohen Plansolls gefordert, und um die Zahlen zu erreichen, wurde das Vieh geschlachtet, bis kaum noch ein Tier übrig war und die Kolchosen in ihrer Existenz bedroht waren.

Diese schwarze Liste könnte man immer weiter fortsetzen. Im Volk regte sich Unmut. Ich glaube, es war nach den Vorfällen in Nowotscherkassk, als ich auf dem Weg zur Schule an einem Haus in riesigen Buchstaben den Satz: »Nieder mit Chruschtschow!« entdeckte. Ich war sehr erstaunt, so etwas sah ich zum ersten Mal, aber schon eilte ein Hausmeister aus unserer Gasse herbei, mit einem Eimer und Bürsten, um die Aufschrift zu entfernen.

In Chruschtschow sah man nicht nur keinen Gott oder Herrn, man nannte ihn »Kukurusnik«, wegen seiner Idee, überall im Land Mais (auf Russisch »kukurusa«) anzupflanzen, auch in Regionen, die sich dafür überhaupt nicht eigneten. Auch hier wollte er den USA zeigen, zu was die Sowjetunion fähig war. Als er im Oktober 1961 auf dem XXII. Parteitag der KPdSU sein neues »Programm zum Aufbau des Kommunismus« vorlegte und erklärte, dass auch die nächste Generation im Kommunismus leben werde, glaubte das niemand. Der Taxifahrer, der uns in jenen Tagen fuhr, sagte unvermittelt und ohne sich an jemanden direkt zu wenden: »Natürlich werden sie den Sieg des Kommunismus erklären. Jetzt kann dir die Frau Borschtsch kochen und Kartoffeln braten und ein Gläschen einschenken. Aber im Kommunismus kriegt jeder ein Fleischlaibchen für 20 Kopeken – und Schluss! (Solche Laibchen, in denen fast kein Fleisch war, wurden in allen sowjetischen Lebensmittelgeschäften als eine Art halbfertiges Produkt verkauft.) Natürlich machen sie das!«

Unter Stalin hätte es niemand gewagt, so etwas zu sagen.

Chruschtschow war ein ungebildeter Mensch, vor allem was die Kunst und die Literatur betraf. Unter ihm wurde Pasternak wegen der Veröffentlichung seines »Doktor Schiwago« im Westen verfolgt und gezwungen auf den Literatur-Nobelpreis zu verzichten. Chruschtschow wetterte und hetzte gegen Künstler und Literaten, vor allem gegen jene, deren Arbeiten er in einer Ausstellung im Winter 1962 sah. Wenige Tage zuvor war ich mit der Mutter in jener Ausstellung gewesen, mit der das dreißigjährige Bestehen der Moskauer Künstlerunion MOSCH (Moskowski Sojus Chudoschnikow) gefeiert wurde. Ich konnte nicht begreifen, warum er sich darüber so aufregte. Er nannte die dort ausgestellten Arbeiten »Schund« und schrie, diese Künstler würden zu Unrecht das »Brot des Volkes« essen und Bronze vergeuden. Vor allem fiel er über den Bildhauer Ernst Neiswestny her, dessen Werke er als »degenerierte Kunst« bezeichnete. Neiswestny hatte zuvor in einer Rede mehr künstlerische Freiheit gefordert, mehr Abstand zum vorgegebenen Sozialistischen Realismus.

Chruschtschows Reaktion in einem Gästehaus des ZK war niederträchtig:

> *Ich kann das, Genossen, nicht verstehen. Zum Beispiel diese Skulptur von Neiswestny. Das ist eine Skulptur? Entschuldigt, ich habe mit ihnen [den Künstlern] gesprochen, und als ich das angeschaut habe, habe ich sie gefragt: »Hört mir zu, ihr, Genossen, seid ihr richtige Männer? Seid ihr nicht vielleicht doch Päderasten, entschuldigt schon? Sag ich. Das ist doch Päderastentum in der Kunst und keine Kunst. Warum also, sag ich, bekommen Päderasten zehn Jahre, aber denen soll man einen Orden geben? Warum? [Applaus] Wenn die Gesellschaft das als Verbrechen beurteilt, dann betrifft das die beiden Typen. Und den einen mehr als den anderen! Weil der tut was, aber der andere, möchte sozusagen die Gesellschaft beeinflussen...*

Chruschtschow drohte direkt mit einer neuen »Frostphase«:

Ihr könnt sagen, dass es jetzt schon weder Tauwetter noch Eiszeit gibt, sondern einfach Frost. Ja, für solche wird es schwersten Frost geben. [Langanhaltender Applaus]. Wir sind nicht die, die im Club Petöfi waren, wir sind die, die geholfen haben, die Ungarn niederzuschlagen. [Applaus]*

Ausgerechnet Neiswestny fertigte jene Skulptur an, die das Grab des ehemaligen Staatschefs ziert – auf ausdrücklichen Wunsch von Chruschtschows Familie.

Den Künstlern und Literaten, die er angriff, drohten Arbeitsverbote, sie verloren Aufträge. Und man verlangte Reue von ihnen. Ich erinnere mich gut an einen entsprechenden Artikel von Wassili Aksjonow in der *Prawda*, in dem er die Prinzipien des Sozialistischen Realismus verteidigte und seine Fehler eingestand. Es war schwer auszuhalten, dass ausgerechnet einer unserer Sechziger-Helden so zu Kreuze kriechen musste.

Als Chruschtschow im Herbst 1964 abgesetzt wurde, hatte er auch in der Bevölkerung kaum noch Rückhalt – sieht man einmal von den ehemaligen Häftlingen aus Stalins Lagern und Leuten wie meinem Vater ab, die der Meinung waren, Chruschtschow habe trotz seiner Inkonsequenz, seiner Rückzieher und seiner Härte versucht, das von Stalin errichtete System zu ändern (wenn auch oft auf absolut unsinnige Art und Weise). Manche hatten sich allein damit zufriedengegeben, dass es unter ihm jedenfalls keine Rückkehr zum Stalinismus geben würde. Nur wenige

* Dissidentenzirkel in Budapest, benannt nach Sándor Petöfi, dem Freiheitsdichter der Revolution von 1848/49. Der Club wurde während des Ungarnaufstands zum Treffpunkt oppositioneller Arbeiter und Intellektueller. Nach dem Einmarsch sowjetischer Truppen wurden viele Mitglieder des Zirkels zu hohen Freiheitsstrafen oder zum Tod verurteilt. Das Schlagwort »Petöfi-Club« wurde später von den Parteioberen immer dann verwendet, wenn man irgendwo oppositionelle Umtriebe vermutete.

schrieben in seine weiße Liste diese enorme und unglaubliche Tat: die Auflösung des GULAG und die Massenrehabilitierungen, die Rückkehrerlaubnis der deportierten Völker aus der ewigen Verbannung. Und dann hatte Chruschtschow noch versucht, die riesige Armee zu verkleinern, und damit begonnen, den aufgeblähten Parteiapparat zu verringern. Genau deshalb war er von eben diesem Apparat abgesetzt worden.

Heute erinnert man sich eher an die schwarze Liste, weniger an diese (angeblich kürzere, aber in Wirklichkeit schwerwiegendere und entscheidendere) weiße. Und noch etwas: Meine Schwiegermutter erzählte immer wieder, wie ihr die Tränen gekommen seien, als sie zum ersten Mal ihr eigenes kleines Badezimmer betrat. Denn erst unter Chruschtschow hatte man mit dem Massenwohnungsbau begonnen. Meine Schwiegermutter, die bis dahin nur in Gemeinschaftswohnungen gelebt hatte, wo man Bad und Toilette mit 15 anderen Leuten teilen musste, war selig. Und ich selbst erlebte, wie aus meiner Klasse immer mehr Kinder aus Keller- und Gemeinschaftswohnungen in Neubauten übersiedelten.

Mein Vater aber sagte etwas, das die Verdienste Chruschtschows auf besondere Weise zusammenfasste: Chruschtschow wurde nach seiner Entmachtung nicht verhaftet oder gar erschossen, sondern in Pension geschickt. Dass das überhaupt möglich war, lag auch an ihm. Die Angst, mit der die Menschen jahrzehntelang gelebt hatten, war langsam gewichen, und auch in der Partei ergriff man nun andere Maßnahmen, wenn man sich jemandes entledigen wollte. Von seinem Sturz an lebte er bis zu seinem Tod in seiner Datscha nahe Moskau, isoliert und vom KGB bewacht. Er diktierte seine Erinnerungen, in denen er vieles stark beschönigte und vieles verschwieg, aber er behauptete zu Recht, die Zerstörung von Stalins Erbe sei sein Verdienst. Bei Neiswestny, den er 1962 so massiv angegriffen hatte, entschuldigte er sich mehrfach und lud ihn sogar auf seine Datscha ein. Besucht hat der Künstler ihn dort nicht, aber die Skulptur für das Gab gestaltete er. Die neuen Mächtigen erlaubten lange Zeit nicht, es aufzustellen, aber mit vier Jahren Verspätung wurde es 1975 schließlich doch gestattet. Und so steht es jetzt auf dem Nowodewitschij-Friedhof und wirkt wie eine Metapher für die Regierungszeit Chruschtschows: in der Mitte die Büste des ZK-Chefs, eingerahmt von je einer Hälfte aus schwarzem und weißem Marmor.

Der Vater hatte recht, und jene Liberalen, die sich über die Absetzung Chruschtschows freuten (die gab es zum Beispiel unter den progressiven Ökonomen, die tatsächliche und viel weitergehende Reformen anstrebten), erkannten sehr bald, dass es nicht nur keine ökonomischen Reformen geben würde, sondern dass sogar jene inkonsequente Demokratisierung, die Chruschtschow angestoßen hatte, wieder rückgängig gemacht wurde. Auch das Thema GULAG wurde wieder zum Tabu, der Dichter Alexander Twardowski wurde als Chefredakteur abgesetzt und die Zeitschrift *Nowy Mir* hörte auf zu sein, was sie bis dahin gewesen war. Und wenngleich es nicht ganz gelang, den Geist des XX. und des XXII. Parteitages wieder in die Flasche zu bannen, spürte man doch überall, dass neue, bleierne Zeiten anbrachen.

»Prager Frühling« 1968

7
Fremde Sprache

Der amethystene Elefant

Als ich in die erste Klasse kam, entschieden meine Eltern, dass ich zusätzlich eine Fremdsprache lernen sollte. (Sprach- und Musikunterricht waren für ein Kind aus einer intellektuellen Familie Pflicht.) Sie wählten aus meiner Sicht nicht gerade eine modische Fremdsprache: Deutsch. Alle Kinder, die ich kannte, lernten Englisch, und manche, die sich besonders hervortun wollten, lernten Französisch. Von Mitte der 1950er Jahre an war alles Amerikanische in Mode gekommen. Die populärsten Musikgruppen und Sänger sangen auf Englisch: Elvis Presley, Louis Armstrong, Ella Fitzgerald … Später erreichte der Ruhm der Beatles Russland, und noch etwas später auch der der Rolling Stones. Französisch wiederum klang so schön (während ich häufig gefragt wurde, warum ich diese »hässliche« Sprache lernte), es war die Sprache berühmter Chansonniers wie Edith Piaf, Yves Montand, Charles Aznavour. Yves Montand kam 1956 mit Simone Signoret nach Russland. Ein Film wurde über diese Tournee gedreht, den sie später im Fernsehen zeigten, seine Schallplatten wurden gepresst und seine Chansons so oft im Radio gespielt, dass ich mich bis heute an einige erinnere, die meinem Vater sehr gefielen. (Als ich die Papiere in seinem Schreibtisch durchging, fand ich eine in der UdSSR gedruckte Ansichtskarte mit einem Foto von Yves Montand darauf. Er trug enge schwarze Hosen und einen dunklen Pullover und bestätigte ganz den Mythos, wie ein Franzose auszusehen hatte.)

Was aber hätte man auf Deutsch hören können? Die Schubertlieder? Meine Schulkameraden und Freunde interessierten sich nicht dafür, zumal die Texte der deutschen Dichter, wenn überhaupt, dann in der russischen Übersetzung gelesen wurden. Die Lieder, die Ernst Busch sang, wie der »Linke Marsch« und das »Einheitsfrontlied«, die in den 1930er Jahren so beliebt gewesen waren, waren zusammen mit der Komintern vergessen worden. Und die Schlager aus der DDR wurden nie wirklich populär.

Als 1964 Marlene Dietrich nach Moskau kam, waren ihre Konzerte zwar große Erfolge, aber auch sie konnte der deutschen Sprache nicht zu einem Beliebtheitsschub verhelfen. Außerdem war die Dietrich in den Augen des russischen Publikums eine Hollywood-Diva, die man vor allem wegen ihrer Rolle im Billy-Wilders-Film »Zeugin der Anklage« kannte, der bei uns Anfang der 1960er Jahre gelaufen war und in dem sie ja wirklich hervorragend spielte.

Ich war natürlich bei keinem ihrer Konzerte, aber von meinem Vater hörte ich die Geschichte, dass Marlene Dietrich bei ihrer Ankunft in Moskau erklärt habe, sie wolle den Schriftsteller Konstantin Paustowski treffen. Paustowski war in der UdSSR damals sehr bekannt, er schrieb typische »Tauwetter«-Erzählungen über das Leben der einfachen Menschen. Aber das allein erklärte nicht, woher eine Hollywood-Diva ihn kannte!

Es stellte sich heraus, dass Dietrich zufällig Paustowskis reichlich sentimentale Erzählung »Telegramm« in der englischen Übersetzung in irgendeiner Illustrierten gelesen hatte. Darin geht es um eine Tochter, die es wegen dringender Erledigungen und Chaos in der Stadt nicht schafft, ihre sterbenskranke Mutter zu besuchen. Die Nachricht ihres Todes erhält sie per Telegramm. Vielleicht erinnerte die Erzählung Marlene Dietrich an ihre eigene Geschichte, auch wenn sich die Sentimentalität des Textes schlecht mit ihrem Kinoimage als Vamp vertrug.

Was folgte, war ein richtiges Spektakel. Als der Star im Haus der Schriftsteller in Moskau auftrat, kam der damals schon sehr kranke Paustowski überraschend auf die Bühne. Und Marlene Dietrich fiel vor ihm auf die Knie, wobei sich von ihrem halbdurchsichtigen Kleid Strass-Steine lösten und auf den Boden rieselten. Zu einer anderen Zeit hätte man wohl nur darüber berichtet, aber damals zählte vor allem, dass sich ein Weltstar gewünscht hatte, während einer Tournee einen sowjetischen Schriftsteller zu treffen und es dann tatsächlich zu dieser bewegenden Begegnung gekommen war.

Unter Stalin war es zuweilen auch vorgekommen, dass bekannte ausländische Besucher in Moskau nach verschiedenen Leuten fragten, die sie gerne treffen wollten. Nur: Allzu oft konnte dieser Wunsch nicht erfüllt werden, die meisten waren entweder erschossen worden oder im GULAG verschwunden.

Aber zurück zu meinen Deutschstunden. Wie schon erwähnt, fand kaum jemand in jenen Jahren diese Sprache wohlklingend. Obwohl man die Werke vieler deutscher Schriftsteller weiterhin gerne las, wie schon vor dem Krieg. Vor allem die historischen Romane Lion Feuchtwangers, Heinrich Manns und Stefan Zweigs waren sehr beliebt. In den 1930er Jahren waren diese Autoren in Deutschland verboten, dafür erfreuten sie sich in Russland einer breiten Leserschaft, die ihnen bis in die Mitte der 1960er Jahre erhalten blieb. Dann gab es einen Generationswechsel bei den Lesern, Erich Maria Remarque trat in den Vordergrund, gefolgt von Heinrich Böll. Kurz darauf begann die Epoche, in der jeder, der sich für intellektuell hielt, unbedingt die Romane von Thomas Mann, Hermann Hesse und Franz Kafka lesen musste, die zum ersten Mal auf Russisch erschienen waren.

In den 1950er Jahren war Deutsch für viele allerdings noch die Sprache des Feindes. Die Erinnerung an den brutalen Krieg übertrug sich auf die Sprache, man nahm sie als grob und bellend wahr – ganz so, wie die Nazi-Kommandos und Befehle, die man aus den Kriegsfilmen kannte, die zu jener Zeit ständig im Fernsehen liefen: »Hände hoch!« – »Halt!« Und so weiter.

Diese ambivalente Beziehung zur deutschen Sprache führte dazu, dass bis zum Ende der 1980er Jahre fast nur jene aus dem

Deutschen übersetzten, die die Sprache noch vor dem Krieg gelernt hatten. Unter ihnen – wie auch unter den Germanisten – waren viele, die nach 1945 in der sowjetischen Verwaltung in der Sowjetischen Besatzungszone in Ostdeutschland gedient hatten. Nachwuchskräfte waren kaum in Sicht, weshalb der damaligen Germanistik in unserem Land ein gewisser sowjetischer Modergeruch anhaftete.

Trotzdem hatte meine Familie für mich Deutsch ausgewählt, und das aus mehreren Gründen. Mutter, Vater und Großmutter sprachen nicht schlecht Deutsch, die Großmutter hatte die Sprache im Gymnasium gelernt, die Eltern sowohl in der Schule als auch an der Universität. Vor dem Krieg war Deutsch in sowjetischen Schulen und Universitäten die wichtigste Fremdsprache gewesen. Und der Großvater hatte hervorragend Deutsch gesprochen, da er vor der Revolution zwei Jahre in Brünn studiert hatte, wo alle Vorlesungen auf Deutsch abgehalten wurden. Das half ihm später sehr in der Komintern, wo Deutsch beinahe eine »Lingua franca« war; die Mehrheit der Politemigranten sprach Deutsch, Russisch erlernten nur die wenigsten, obwohl sie teils viele Jahre hier verbrachten. Wie hätten sie es auch lernen sollen? Sie lebten wie unter einer Käseglocke, umgeben von anderen Emigranten, wenn sie nicht im GULAG endeten.

Es gab noch einen weiteren Grund, warum meine Familie wollte, dass ich Deutsch lerne, und auch der hatte mit der Komintern zu tun: Meine Tante, die ältere Schwester meiner Mutter, hatte 1945 den Sohn unserer Nachbarn im Hotel »Lux« geheiratet. Sie waren Politemigranten aus Deutschland, und meine Tante ging 1946 mit ihrem Mann nach Deutschland, in die damals noch sowjetisch besetzte Zone. Meine Cousins und Cousinen wuchsen zweisprachig in der DDR auf.

Meine Deutschlehrerin hieß Klara Michailowna Kogan. Sie war damals vermutlich etwas über siebzig, aber mir erschien sie uralt. Sie sprach Russisch mit einem altertümlichen deutschen Akzent, wie sie es im Gymnasium der Vorkriegszeit oder von ihren Privatlehrern gelernt hatte. Meine Lehrerin war für mich die Verkörperung einer längst verschwundenen Welt, obwohl aus heutiger Sicht die vierzig Jahre, die seit der Revolution 1917 vergangen waren, nur ein kleiner Sprung auf dem Zeitstrahl waren. Doch von 1917 bis 1957, als ich den Unterricht bei ihr aufnahm, hatte sich das Leben so fundamental verändert, dass meine Lehrerin vollkommen aus der Zeit gefallen schien.

Ich weiß nicht, wer sie meinen Eltern empfohlen hatte, jedenfalls hatte sie lange irgendwo Deutsch unterrichtet, und nachdem sie in Pension gegangen war, gab sie weiter Privatstunden. Sie erzählte kaum etwas über sich und ihre Kindheit, was auch verständlich war. Nach der Revolution zogen die Menschen es vor, über ihre soziale und möglicherweise »unerwünschte« Herkunft zu schweigen. Erst in den 1990er Jahren verschwand diese Angst tatsächlich. So erfuhr eine gute Freundin von mir erst nach dem Tod ihrer Eltern, dass ihr Großvater väterlicherseits vor der Revolution General gewesen war. In der Familie war das totgeschwiegen worden.

Laut meiner Großmutter stammte Klara Michailowna Kogan aus einer reichen deutsch-jüdischen Familie, die eine Streichholzfabrik besessen hatte. Ich habe vor Kurzem im Internet nach konkreteren Informationen gesucht, aber nichts finden können, zumal ich ja auch nicht wusste, ob Kogan ihr Mädchenname war.

Klara wohnte nicht weit von uns entfernt am Twerskoi-Boulevard in einem großen Haus, das in den ersten Jahren des 20. Jahrhunderts gebaut worden war. Ich gehe oft am Eingang vorbei, die Haustür im russischen Jugendstil ist inzwischen restauriert worden. (Ich freue mich jedes Mal, dass man sie nicht einfach gegen eine hässliche aus Metall eingetauscht hat, wie das heute oft geschieht.) Ich habe seltsamerweise nie versucht, in das Haus hineinzugelangen und mich umzusehen, obwohl ich als junges Mädchen sechs Jahre lang zweimal pro Woche dorthin gegangen war.

Vor sechzig Jahren war mir das Aussehen der Tür natürlich

egal, sie war sicher ähnlich abgenutzt wie die anderer alter Häuser. Ich hatte nur insofern mit ihr zu tun, als ich jedes Mal Mühe hatte, sie zu öffnen, so schwergängig war sie. Es war offensichtlich, dass dieses Gebäude mit Lift und einer breiten Stiege mitten im Zentrum von Moskau einmal für wohlhabende Menschen gebaut worden war. Aber in den 1950er Jahren sah es in den Wohnungen dieses Hauses nicht anders aus als in anderen großen Wohnungen in Moskau: dunkel und voller Trödel.

Die Wohnung meiner Lehrerin befand sich im vierten Stock, und wie es bei Gemeinschaftswohnungen üblich war, fand man unter der Klingel verschiedene Namen, und daneben, wie oft man für wen läuten sollte. Anfangs fiel es mir schwer, die Klingel zu erreichen, sie war sehr hoch angebracht, weshalb mir Klara irgendwann einen Schlüssel gab. Diese Tür ging zum Glück sehr leicht auf, dahinter betrat man einen langen dunklen Korridor, in dem sehr selten Licht brannte. In den Gemeinschaftswohnungen wurde der Strom, der in Bad, Küche oder eben Flur verbraucht wurde, auf die einzelnen Parteien umgelegt. Weshalb man in diesen Gemeinschaftsräumen auch die schwächsten Glühbirnen einschraubte und darauf achtete, das Licht rasch wieder auszuknipsen.

Durch diesen Korridor, dessen altes Parkett von einem hässlichen dunkelbraunen Linoleum bedeckt war (das machten fast alle, weil es das Saubermachen erleichterte), ging ich zum Zimmer meiner Lehrerin, klopfte an und trat in den kleinen Raum mit der hohen Decke ein. Merkwürdigerweise begegnete ich nie einem der anderen Bewohner. Die ganze Wohnung wirkte regelrecht ausgestorben, was mir anfangs ziemlich unheimlich war.

Ich habe Klara nie gefragt, wie lange sie schon dort lebte. Wer weiß, vielleicht hat ihrer Familie ja vor der Revolution die ganze Wohnung gehört? Vielleicht aber auch nicht.

Ich kannte die Geschichte der älteren Schwester meiner Großmutter, Tante Rachel, die einst auch einmal in so einer großen Wohnung gelebt hatte. Tante Rachel hatte noch vor der Revolution die »Höheren Frauenkurse«* abgeschlossen und einen Eisenbahningenieur geheiratet. Das Paar hatte einen gesellschaftlich recht hohen Status und man besaß eine große Wohnung in einem Haus am Ende der Twerskaja-Straße nahe dem Weißrussischen Bahnhof. Nach der Revolution blieb ihnen, inzwischen eine Familie mit vier Personen, ein Zimmer. Das Zimmer war immerhin groß, was man noch als Glück empfand. Tante Rachel, deren Mann zu Beginn der 1930er Jahre nach einigen Jahren in der Verbannung starb, hatte genau wie meine Deutschlehrerin einige Überbleibsel ihres vorrevolutionären Wohlstands behalten: die schweren Jahrhundertwende-Möbel, eine Schreibgarnitur aus Bronze und einige Bilder bekannter russischer Maler. Einige ihrer Möbel – der Schreibtisch, ein Bücherschrank und ein Sessel – stehen bis heute bei uns in der Wohnung und erinnern an jenes Gebäude, in dem heute irgendwelche Büros untergebracht sind.

Solche großen alten Wohnungen, von denen es in Moskau allerdings deutlich weniger gab als in St. Petersburg, wechselten in den vergangenen hundert Jahren viele Male ihre Bewohner. Die Menschen, die in ihnen wohnten, wurden »eingepfercht«, bekamen also neue Mitbewohner zugeteilt. Teils wurden auch sie in den 1930er Jahren umgesiedelt, verhaftet oder in die Verbannung geschickt.

In einer solchen Wohnung, ebenfalls im Zentrum von Moskau, an den Tschistyje Prudy, lebte nach einer langen Phase des Wohnungstauschs in den 1980er Jahren auch die Familie meiner Schwester. Einmal kam eine ältliche Französischlehrerin zu ihren Kindern, die schon mehreren Generationen von Moskauer

* Im zaristischen Russland warteten Frauen – wie in anderen Ländern auch – lange auf einen Zugang zu den Hochschulen. Von 1860 an öffneten einzelne Professoren ihre Vorlesungen für Frauen, doch schon zwei Jahre später wurden Frauen offiziell wieder ausgeschlossen. Viele von ihnen gingen nach Zürich, um zu studieren, was 1872 per Gesetz verboten wurde. Parallel dazu wurden in Großstädten »Höhere Frauenkurse« angeboten, die zwar Universitätsniveau hatten, vom Abschluss her allerdings nicht als gleichwertig galten.

Kindern die Sprache beigebracht hatte. Ihre Mutter, eine Französin, war vor der Revolution nach Russland gekommen und hatte in den 1920er Jahren ebenfalls Sprachunterricht gegeben. Als »Madame Agnès«, wie sie von allen genannt wurde, zum ersten Mal zu meiner Schwester in die Wohnung kam, sagte sie unvermittelt: »Ich war hier schon einmal!« Und sie erzählte, wie sie Mitte der 1920er Jahre einmal auf ihre Mutter gewartet hatte, die nicht vom Unterricht nach Hause kam. Gegen Abend sei sie losgestiefelt, und da sie wusste, wo ihre Mutter Privatunterricht gab, sei sie zu dieser Wohnung gegangen. Dort lebte damals ein Anwalt mit seiner Familie. Sie geriet mitten hinein in eine Hausdurchsuchung der GPU*, stundenlang mussten sie in der Küche ausharren, bis man sie endlich gehen ließ. Der Hausherr war dagegen mitgenommen worden.

Klaras Zimmer sah aus, als habe man vor vielen Jahren sämtliche Möbel aus einer großen Wohnung in einen langen engen Schlauch hineingestopft, und niemand habe seitdem jemals versucht, etwas umzustellen oder gar wegzuwerfen. Als ich später Ingmar Bergmans Film »Fanny und Alexander« sah, rätselte ich eine Ewigkeit darüber, woran mich jenes Zimmer erinnerte, in dem Isak Fanny und Alexander versteckt. Es sah aus wie in Klaras Zimmer!

Ich weiß heute noch ganz genau, was dort wo stand. Typisch für die Zeit waren die schweren, wuchtigen Möbel. Erst in den 1960er Jahren, als die Massen aus Gemeinschaftswohnungen in Neubauten umzogen, begannen die Leute, sich von den alten Möbeln zu trennen. Auf den Müllhalden konnte man damals wirklich alles finden: 150 Jahre alte Sessel, Tische und Schränke, dazu allerlei Tand, der bis dahin irgendwelche Anrichten geziert hatte. In Klaras Zimmer nahm ein riesiger Kleiderschrank aus

* GPU ist die Abkürzung für »Staatliche politische Verwaltung« – von 1922 bis 1927 war dies die Bezeichnung für die sowjetische Geheimpolizei.

karelischer Birke den meisten Raum ein, und auf ihm sowie auf einigen Regalen standen marmorne Kopien antiker Statuen. Der Schrank war vollgestopft mit Dingen, die ich nie an ihr sah. Mit Lackschuhen zum Beispiel und einigen Pelzmänteln. Der einzige, den sie davon noch trug, war ein Persianer, der immer einen Geruch von Mottenkugeln verströmte.

Während des Unterrichts saßen wir an einem Esstisch am Fenster, der mit einem alten Wachstuch bedeckt war. Links davon stand ein alter Schminktisch mit Spiegel und einer Marmorplatte, darauf eine Menge Porzellanfiguren, Nippes, kleine Schächtelchen und so weiter, was mir sehr gefiel.

Bei uns gab es nichts dergleichen. Aus dem Haus der Urgroßmutter waren nach der Revolution nur einige wenige Gegenstände übrig geblieben, zudem waren sowohl für meine Großmutter als auch für meine Mutter derlei vorrevolutionäre Dinge Anzeichen eines »kleinbürgerlichen« Geschmacks. Alte Möbel gab es bei uns auch nicht, abgesehen von einer dunklen Anrichte, deren Türen mit großen geschnitzten Hasen geschmückt waren. Und so hieß sie auch: die Hasenanrichte. Anfang der 1960er Jahre befand meine Großmutter, dass die Anrichte zu viel Platz einnehme. Mir tat es leid, dass man sie weggeworfen hat.

Ich mochte den Nippes in Klaras Wohnung, besonders ein durchsichtiger Amethyst-Elefant mit Augen aus Bergkristall hatte es mir angetan. Ihn sah ich immer heimlich an, während Klara mir langweilige Vorträge über die deutsche Grammatik hielt.

Meine Lehrerin war winzig, sie war fast so klein wie ich, und bald war ich ihr über den Kopf gewachsen. Ich kann nicht sagen, dass ich sie besonders gemocht hätte. Klara war eine strenge Lehrerin, und sie nahm keine Rücksicht auf mein Alter oder die geänderten Zeiten. Ich geriet bei ihr sozusagen in Unterrichtsstunden, wie sie früher in den Gymnasien abgehalten wurden. Eine solche Härte kannte ich aus meiner sowjetischen Schule nicht. Der Unterricht dauerte genau eine Stunde, er begann und endete mit großer Pünktlichkeit. Natürlich mussten die Hausaufgaben gemacht und vorgelegt werden, und zu jeder Unterrichtsstunde musste ich zwanzig neue Wörter und ein Gedicht auswendig lernen. Würde man mich heute mitten in der Nacht wecken und auffordern, eines dieser Gedichte zu rezitieren, könnte ich sofort loslegen: »Ich weiß nicht, was soll es bedeuten …« – »Mein Kind, wir waren Kinder …« – »Über allen Gipfeln ist Ruh …« Und so weiter.

Die sowjetischen Lehrbücher, mit denen wir arbeiteten, schätzte Klara gar nicht, aber ich lernte zum Glück ziemlich schnell, fließend zu lesen, und mit jeder Unterrichtsstunde kamen wir einige Seiten weiter. Hin und wieder gab es auch eine Belohnung in Form einer anderen Lektüre. So lasen wir zum Beispiel auch »Emil und die Detektive« von Erich Kästner, das mir sehr gefiel. Das abgegriffene Büchlein, in dem ich die mir damals unbekannten Wörter blau unterstrichen hatte, habe ich bis heute. Die ersten Seiten sind fast komplett blau.

Wenn ich aus ihrer Sicht faul war, rief Klara sofort meine Mutter oder die Großmutter an und beschwerte sich. Mir war das unangenehm, obwohl zu Hause niemand deswegen mit mir schimpfte. Merkwürdigerweise begriff ich, dass sie mich zwar auf altmodische Weise, aber eben doch ganz gut unterrichtete. Sie verlangte von mir, dass ich immer mehr las, und darin trafen sich unsere Interessen. Nach und nach kam ich von den Märchen, Balladen und Kinderbüchern zur damals zugänglichen deutschen Literatur – und das war jene Auswahl, die aus den 1920er bis 1940er Jahren stammte.

Deutsche Bücher konnte man in Moskau damals in Antiquariaten kaufen oder im Buchgeschäft »Druschba« (Freundschaft) an der Gorki-Straße, wo in der deutschen Abteilung Bücher aus der DDR erhältlich waren. Die Gesamtausgaben deutscher Klassiker oder Wörterbücher waren – wie alle Bücher damals – billig, weshalb sich dort auch Touristen aus der BRD einfanden und Studenten aus der DDR, die im Rahmen eines Austauschs nach Moskau gekommen waren.

Mit zwölf Jahren vertiefte ich mich in »Die hässliche Herzogin« von Lion Feuchtwanger: Tirol, 14. Jahrhundert, Pest, Intrigen, Kampf um die Macht, eine kluge, aber hässliche Herrscherin – es war eine wunderbare Lektüre!

Ich habe mich meiner Erfolge zwar nicht über Gebühr gerühmt, aber ich fand es fein, dass ich schon Bücher für Erwachsene auf Deutsch lesen konnte. Als Lew Kopelew einmal zu meinem Vater zu Besuch kam, zitierte ich irgendetwas, um ihm zu zeigen, wie gut ich die deutsche Sprache schon konnte. Er lobte mich, sagte aber: »Kannst du direkt aus dem Stand einen kleinen deutschen Vers schmieden, über irgendetwas, und sei es über das Wetter?« Ich wunderte mich über dieses Ansinnen, und während ich noch angestrengt nachdachte, sprudelte Kopelew auch schon los. Der Vers, den er sich auf Deutsch spontan ausgedacht hatte (und den ich natürlich längst vergessen habe), war vermutlich nicht besonders gut, aber Kopelew zeigte mir damit, was es bedeutete, eine Sprache wirklich zu beherrschen.

Klara jedenfalls versuchte mit aller Kraft, mir die deutsche Sprache beizubringen. Dank ihrer Bemühungen las ich mit zwölf, dreizehn Jahren Deutsch schon fast so gut wie Russisch und alles, was mir in die Hände fiel. Was das angeht, konnten sich zum Beispiel die Englischlehrer, die ich später hatte, nicht mit ihr messen. Die Stunden bei ihnen plätscherten dahin, ohne dass sie bestrebt gewesen wären, mir die Sprache wirklich beizubringen.

Aber die Eigenartigkeit dieser Stunden lag nicht nur an ihrem Zimmer, sondern auch an der Hausgehilfin, die jeden Tag zu meiner Deutschlehrerin kam: eine Tatarin namens Alime. Man konnte sich die winzige Klara nur schwer in einer Gemeinschaftsküche vorstellen, sie konnte nicht kochen und war in jeder Hinsicht auf Alime angewiesen. Wenn meine Lehrerin vor irgendjemandem Angst hatte, dann war das Alime. Es war unmöglich, ihr Alter zu erraten. Sie war vielleicht vierzig Jahre alt, vielleicht aber auch viel älter. Sie war groß und dünn, trug immer ein Kopftuch und hatte ein breites Gesicht, über das niemals ein Lächeln huschte. Ich weiß nicht, wie viele Jahre sie schon bei Klara arbeitete, möglicherweise schon seit der Vorkriegszeit. Jedenfalls war sie sich ihrer Macht sehr bewusst, und wenn sie wegen irgendetwas unzufrieden war, ließ sie das Klara spüren. Wenn ich während einer solchen Phase da war, fühlten wir beide uns unwohl, und Klara, die das nur schwer aushalten konnte, beklagte sich manchmal sogar bei mir, wenn Alime wieder einmal mit den Türen schlug oder schon seit zwei Tagen nicht mit ihr redete.

Hausgehilfinnen spielten eine große Rolle im sowjetischen Alltag – um Lebensmittel anstehen, in der Gemeinschaftsküche kochen, das Geschirr in einer Schüssel abwaschen. Meine ganze Kindheit über hingen im Winter vor den Fenstern der Häuser Netze mit den verderblichen Lebensmitteln, und diese unter Schwierigkeiten erstandenen Dinge mussten auch noch schnell verkocht werden. Von der Wäsche gar nicht zu reden, die auf dem Waschbrett geschrubbt werden musste. Kühlschränke, Staubsauger und Waschmaschinen tauchten gerade erst auf, sie waren noch sehr primitiv und schwer zu bekommen.

In den 1950er und 1960er Jahren kannte ich einige Familien, bei denen die Hausgehilfinnen schon jahrzehntelang lebten und zu Familienmitgliedern geworden waren. Sie waren das Zentrum des ganzen Hauses, vor allem in den Familien der Intelligenzija, wo manche Ehefrauen oft schlecht auf die Schwierigkeiten des sowjetischen Alltagslebens vorbereitet waren oder nicht ihre ganze Zeit darauf verwenden konnten. Viele der Hausgehilfinnen kamen vom Land, vor allem in den 1930er Jahren waren junge Mädchen nach Moskau geströmt, weil sie entweder der Entkulakisierung oder dem Hunger auf dem Dorf entkommen wollten. Manche gingen später in die Fabrik oder begannen eine Ausbildung, weshalb sie ihren »neuen« Familien den Rücken kehrten. So war es mit der Hausgehilfin meiner Großmutter, Natascha, die aber noch Jahre später immer wieder zu uns zu Besuch kam.

Hausgehilfinnen und auch Kinderfrauen schulterten vor allem während der Zeit des Großen Terrors 1937/38 manchmal schwere Lasten. Ich kenne einige Geschichten solcher Frauen, die sich nach der Verhaftung ihrer Herrschaften der ohne Eltern zurückgebliebenen Kinder annahmen und sie so davor bewahrten, ins Heim gesteckt zu werden. So war es auch bei Großmutters Freundin Marylja gewesen: die Kinderfrau hat den Sohn einfach zu sich genommen und großgezogen.

Bei einem meiner Freunde aus Kindertagen, dessen Familie in einer großen und etwas chaotischen Wohnung lebte, war die Kinderfrau Motja die wichtigste Person. Vor ihr hatten alle Angst, seine Eltern sogar noch mehr als wir. Sie war noch schrecklicher als Alime, auch sie trug immer ein schwarzes Kleid und Kopftuch, das sie aber etwas anders band, weil sie eine fanatische Anhängerin der russisch-orthodoxen Kirche war. Was sie nicht daran hinderte, ihr ganzes Leben einer nichtgläubigen Familie zu widmen, zumal einer jüdischen, und dieser genauso fanatisch ergeben zu sein wie ihrer Kirche.

Die Nische

Nach dem Unterricht bei Klara konnte ich leicht in die deutsche Schule übertreten. Solche Schulen, mit einem erweiterten Fremdsprachenunterricht, waren auch ein Produkt der »Tauwetterzeit«. Dort kam ich allerdings in eine Gruppe zu einer sehr strengen, fast bösen Lehrerin, vor der wir uns alle fürchteten. Das Klopfen ihres Bleistiftes auf dem Tisch, wenn jemand einen Fehler machte, klang mir noch viele Jahre lang in den Ohren. Bei nur zwei Fehlern in einer Nacherzählung bekam man eine Drei, sie drillte uns fürchterlich, aber es gelang ihr nicht, mir die deutsche Sprache zu verleiden. Als ich die Schule schließlich beendete und überlegte, was ich studieren sollte, entschied ich mich für Germanistik. Wobei es weniger die Literatur an sich war, die mich anzog, als die dahinterstehende Geschichte. Und auch die deutsche

Sprache interessierte mich nicht an sich, in ihrer Struktur und ihrem Aufbau, sie war vielmehr ein nützliches Instrument, das es mir zum Beispiel erlaubte, Bücher zu lesen, die es auf Russisch nicht gab. Diejenigen, die mich am meisten interessierten, waren Werke über das Ende der Weimarer Republik und die Machtergreifung durch die Nationalsozialisten. (Ich hatte auch früher schon deutsche Bücher nach diesem Prinzip ausgewählt: »Das siebte Kreuz« von Anna Seghers, »Jeder stirbt für sich allein« von Hans Fallada oder »Triumphbogen« von Erich Maria Remarque.)

Die Geschichte des Nationalsozialismus wurde in der UdSSR sehr dosiert und sparsam erzählt: Die sowjetische Zensur hatte wohl erkannt, dass man hier gefährliche Parallelen ziehen und Vergleiche anstellen konnte. 1965 drehte der bekannte sowjetische Regisseur Michail Romm den ersten Dokumentarfilm zu diesem Thema. In »Der gewöhnliche Faschismus« geht Romm der Frage nach, was Menschen dazu bringt, den Faschismus zu bejahen, und welche Rolle die Propaganda dabei spielt. Im Film wurden auch Originalaufnahmen verwendet, Teile erbeuteter NS-Propagandafilme und Material aus deutschen Archiven, das man bis dahin bei uns noch nie gesehen hatte. Allerdings wurde »Der gewöhnliche Faschismus« zeitweilig aus den Kinos genommen, man konnte den Film dann nur noch in geschlossenen Klubs sehen. Das Buch dazu durfte nie veröffentlicht werden. Zu vieles erinnerte an die sowjetischen 1930er Jahre. Nichtsdestotrotz wurde der Titel sehr bald zu einer Formel, die man nicht nur in Bezug auf Deutschland anwandte.

Abgesehen von meinem Interesse für die deutsche Geschichte des 20. Jahrhunderts entschied ich mich auch deshalb für Germanistik, weil ich hoffte, auf diese Weise eine Nische für mich zu finden, in der ich so wenig wie möglich mit dem Staat zu tun haben würde. Indem ich eines Tages zum Beispiel zu Hause sitzen und übersetzen würde. Viele meiner Bekannten suchten nach solchen Nischen und fanden sie vor allem in literatur- und sprachwissenschaftlichen Studiengängen.

Natürlich waren wir in den 1970er Jahren angelangt, einer Zeit, in der der Staat längst nicht mehr die totale Kontrolle ausübte wie noch in der Jugend meiner Eltern, unter Stalin und vor dem Hintergrund von Terror und Krieg. Aber das Leben war nach wie vor ziemlich genau reglementiert. Junge Männer, denen es nicht gelang, an der Universität aufgenommen zu werden, erwartete mit 18 Jahren der schwere Dienst in der Armee. Mädchen hatten zu studieren oder zu arbeiten, wenn sie nicht heirateten und Kinder bekamen. Andernfalls konnte man nämlich leicht gegen das Gesetz über das »Schmarotzertum« verstoßen, also in den Augen des Staates zu jenen gehören, die keiner »gesellschaftlich-wichtigen« Arbeit nachgingen.

Der spektakulärste Fall in dieser Hinsicht war jener des jungen Leningrader Poeten Joseph Brodsky, der 1964 verhaftet und zu fünf Jahren Verbannung verurteilt wurde. Das heimlich aufgezeichnete Protokoll des Prozesses mit den später berühmt gewordenen Antworten Brodskys wurde rasch von Hand zu Hand weitergereicht.

Richter: Was ist Ihr Beruf?
Brodsky: Poet, Poet und Übersetzer.
Richter: Und wer hat festgestellt, dass Sie Poet sind? Wer zählt Sie zu den Poeten?
Brodsky: Niemand. Und wer zählt mich zur menschlichen Rasse?
Richter: Haben Sie das gelernt?
Brodsky: Was?
Richter: Poet zu sein! Haben Sie versucht, das Institut zu beenden, wo man darauf vorbereitet wird ... wo man das lehrt ...
Brodsky: Ich dachte nicht ... ich dachte nicht, dass man das lernen kann.

Vor allem junge Poeten und Künstler wollten so wenig wie möglich mit dem Staat zu tun haben. Es ging darum, nicht groß auf-

Joseph Brodsky Mitte der 1960er Jahre

zufallen, eine offizielle Arbeit (also eine mit einem Vertrag belegbare) anzunehmen und die Kunst im Verborgenen zu leben. Unter meinen Bekannten gab es Hausmeister und Liftführer, die in ihrer Arbeitszeit Platon in Altgriechisch lasen. Und einer unserer Freunde, der Architektur studiert hatte, arbeitete danach in einer Zuchtstation für Schlangen. So entstand nach und nach in den 1970er und 1980er Jahren im wahrsten Sinne des Wortes eine Untergrundbewegung: Man traf sich in Kellern und Heizungsräumen, hier wurden Bilder gezeigt oder die neuesten Texte vorgelesen.

Da ich aber weder Verse schrieb noch malte, würde ich mir eine Beschäftigung suchen müssen, die mir auf andere Weise zu ein wenig persönlicher Freiheit verhelfen würde.

Als ich in die philologische Fakultät der Moskauer Universität eintrat, herrschte dort noch der Geist der Vergangenheit. Immer noch wurde das Lehrpersonal nach »guten« Fragebogen ausgewählt. Viele unserer Dozenten hatten an den Kampagnen unter Stalin teilgenommen, und vor allem an der Fakultät für Geschichte, die mich eigentlich mehr interessiert hätte, musste man sehr viel mehr lügen, herumreden und sich anpassen. Ich erinnere mich noch gut an einen Professor, den man zum Ehrenmitglied der Akademie der Künste der DDR ernannt hatte. Er war sehr gebildet und stammte aus einer vorrevolutionären Professorenfamilie. Und gleichzeitig war er feige, zynisch und durch die langen Jahre der Anpassung ein völlig gebrochener Mensch.

Ich dagegen konnte mich während meines Studiums wenigstens ein bisschen hinter der Literatur verstecken. Während meiner gesamten Studienzeit an der Staatlichen Universität Moskau hatte ich nur ganz wenige gute Lehrer. Immerhin begegnete man uns Studenten nicht mit übergroßer Härte und man verschonte uns vor verschiedenen politischen Scheußlichkeiten – mich jedenfalls. Derlei Dinge kamen rundherum immer häufiger vor. Ein Jahr bevor ich an die Universität kam, hatte 1966 der Prozess gegen die Literaten Andrei Sinjawski und Juli Daniel begonnen, die unter Pseudonym Bücher im Westen veröffentlicht hatten. Angeblich würden ihre Texte »die staatliche und gesellschaftliche Struktur der Sowjetunion herabwürdigen«, wie es während des Prozesses hieß, der zum ersten Mal seit der Stalinzeit als Schauprozess abgehalten wurde. Beide waren zu fünf Jahren verschärfter Lagerhaft verurteilt worden. In Moskau hatte auf dem Puschkin-Platz (auch zum ersten Mal seit Jahrzehnten) eine Demonstration zur Verteidigung der Verurteilten stattgefunden, an der auch Studenten aus meiner späteren Fakultät teilnahmen. Einige von ihnen waren daraufhin von der Universität ausgeschlossen worden.

Meine Kommilitonen stammten aus sehr verschiedenen sozialen Schichten – von der Tochter des mächtigen KGB-Chefs Juri Andropow über die Kinder von ZK-Mitgliedern bis hin zu jungen Leuten aus entfernten Provinzen, die in Wohnheimen lebten.

Aber noch war ein letzter Hauch des »Tauwetters« spürbar und wir redeten ziemlich frei miteinander.

So wie alle sowjetischen Studenten scheuchte man auch uns im Herbst zur Kartoffelernte und im Frühjahr mussten wir (gemeinsam mit den wissenschaftlichen Mitarbeitern) Baustellen von Unrat säubern, der sich während der Wintermonate dort angesammelt hatte. Von wirklichem Nutzen waren wir sicher nicht, vor allem nicht in den Kolchosen; wir vernichteten die Ernte eher, als sie einzubringen, aber das war allen egal, jeder wollte diese Arbeitseinsätze einfach nur irgendwie überstehen. Der Eindruck, den vor allem die Einsätze auf dem Land hinterließen, war bedrückend. Schon 50 Kilometer von Moskau entfernt trafen wir auf Dörfer, die verfielen und in deren Läden es nichts zu kaufen gab außer kaum genießbaren Konserven. Die meisten Männer, selbst die Traktoristen in den Kolchosen, waren ständig betrunken. Drei Wochen dauerte so ein Einsatz.

Zurück in Moskau, wurden wir von Zeit zu Zeit auch zu sogenannten Subotniks, freiwilliger Samstagsarbeit (abgeleitet vom Wort »Subota« für Samstag) geschickt. Vor Kurzem habe ich in einer alten Mappe einen Ausschnitt aus einer Moskauer Zeitung aus dem Jahr 1967 gefunden: »Studenten der MGU beim Subotnik im neuen Hotel ›Rossija‹«. Auf einem Foto neben dem Artikel entdeckte ich auch mich, mit einer Schaufel in der Hand. Später kam ich regelmäßig mit verschiedenen Leuten in dieses riesige Hotel direkt beim Kreml, bis es 2006 abgerissen wurde. An der Stelle sollte ein Park angelegt werden. So, als ob dort niemals eines der größten und hässlichsten Hotels der Welt gestanden hätte, in dem ich 1967 den Bauschutt weggeschafft hatte.

»Die fremde Sprache wird mir einst zur Hülle …«

Ich habe mich nicht zufällig an das Hotel »Rossija« erinnert, in dem oft ausländische Gäste abstiegen. Denn kaum hatte ich mein Studium aufgenommen, begann ich nebenbei zu arbeiten – als Dolmetscherin und Übersetzerin aus dem Deutschen. Von da an veränderte sich mein Deutsch von einer ziemlich toten Büchersprache zu einer lebendigen, gesprochenen.

Davon profitierten auch meine Freunde und Bekannten. Ich schrieb Briefe an Adressaten nicht nur in der DDR, übersetzte Gebrauchsanweisungen und dergleichen mehr. Keiner nörgelte mehr herum, was das denn für eine hässliche Sprache sei, und das umso weniger, als ich darauf mit einem Gedicht von Mandelstam antworten konnte. Es heißt »An die deutsche Sprache«, ich liebte es sehr und Mandelstam galt schließlich in meinem Umfeld als unantastbare Autorität:

Die fremde Sprache wird mir einst zur Hülle
Und lang bevor ich's wagte: das Geborensein,
Da war ich Letter, war ich Traubenzeilen-Fülle,
Ich war das Buch, das euch im Traum erscheint.

Sehr wichtig war für mich die Dolmetschertätigkeit beim Schriftstellerverband. Befreundete und – wie es damals immer hieß – »progressive« westliche Schriftsteller waren immer in die UdSSR gekommen, selbst in den schrecklichsten Jahren des Terrors. Einige spielten dabei eine üble Rolle, indem sie ein positives Bild von Stalin zeichneten und die Vorgänge in unserem Land rechtfertigten. Lion Feuchtwanger zum Beispiel, der 1937 die Moskauer Schauprozesse verteidigte.

Jetzt, in den 1960er Jahren, war alles einfacher: der Eiserne Vorhang hatte sich ein wenig geöffnet, Schriftsteller aus den Ländern des sozialistischen Lagers kamen ohnehin regelmäßig im Austausch hierher, nun aber auch aus dem Westen, aus Österreich und der BRD. Für sie war die Auslandskommission des Schriftstellerverbandes zuständig. Der Schriftstellerverband hatte seinen Sitz im Zentrum von Moskau, in einem Stadtpalais aus dem 18. Jahrhundert, das Lew Tolstoi in »Krieg und Frieden« als Vorlage für das Haus der Fürsten Rostow diente.

Bei Tolstoi fällt mir eine Geschichte ein: Ich ging einmal von der Auslandskommission durch den Hof zum Schriftstellerverband, als ich neben dem Denkmal für Tolstoi plötzlich einen Berg von Büchern entdeckte. Die Bibliothek des Schriftstellerverbandes wollte sich von Überflüssigem und Unnötigem trennen, der ganze Haufen sollte weggeworfen werden. Ich war etwas in Eile und konnte nicht lange in diesem Bücherberg herumstochern, also griff ich nach dem, was zuoberst lag. Das Erste, was mir ins Auge sprang, waren deutsche Bücher. Sie sahen merkwürdig aus, es waren keine richtigen Bücher, sondern ziemlich abgegriffene dünne Broschüren mit einem graugrünen Papiereinband. Mindestens zehn von ihnen lagen vor mir, auf allen stand »Brecht«. Als ich eines aufschlug, erkannte ich, dass es sich um Theaterstücke handelte. In jedem Büchlein war eines abgedruckt, und da ich Brechts Theaterstücke noch nicht hatte, sammelte ich jedes dieser graugrünen Heftchen ein, das ich entdecken konnte.

Als ich zu Hause war, sah ich mir die Fundstücke genauer an. Ganz oben auf allen Einbänden stand mit blauem Stift »Steffin« geschrieben. Im Inneren stieß ich auf viele mit schwarzem Stift notierte Anmerkungen und Korrekturen. Erst einige Jahre später erfuhr ich, wessen Hefte ich da vom Abfallberg des Schriftstellerverbandes mitgenommen hatte: Sie gehörten zum Archiv von Margarete Steffin, der Geliebten und engsten Mitarbeiterin Brechts, die mit ihm und seiner damaligen Frau Helene Weigel gemeinsam erst ins dänische Exil und von dort über Schweden und Finnland in die Sowjetunion gekommen war. Von dort sollte es im Frühjahr 1941 weiter in die USA gehen. Doch in Moskau, auf der Durchreise, erkrankte Steffin, die an Tuberkulose litt, so schwer, dass sie zurückblieb. Sie starb im Juni 1941 in einem Moskauer Krankenhaus.

In einer schwierigen Phase in den 1990er Jahren, als wir überhaupt kein Geld mehr hatten – die schreckliche Inflation fraß damals alles auf –, verkaufte ich einige dieser Broschüren für ein paar Hundert Dollar an einen Antiquar in Wien, der nach Ausgaben von emigrierten Schriftstellern aus den 1920er Jahren gesucht hatte. Ich wusste damals nicht, dass ein großer Teil von Steffins Archivs als verschollen galt. Das, was ich an mich genommen hatte, war nur ein winziger Bruchteil. Mit dem Geld konnten mein Mann, unsere zwei Kinder und ich zwei Monate in Moskau über die Runden kommen. Für eine Germanistin beging ich natürlich einen schweren Frevel. Aber die übrigen Ausgaben habe ich dann zum Glück 1994 dem Berliner Brechtarchiv übergeben.

Das Einzige, wovor ich bei meiner Arbeit als Dolmetscherin Angst hatte, war, dass man mich zwingen könnte, Berichte zu schreiben. Ich wusste, dass die Dolmetscherinnen der staatlichen Tourismusbehörde »Intourist« verpflichtet waren, das zu tun, also de facto jene auszuspionieren, die sie begleiteten. Doch wieder hatte ich Glück. Vielleicht, weil die, für die ich übersetzte – zum Beispiel Literaten aus der DDR –, nur für die Stasi interessant waren, aber nicht für den KGB. Und die allgemeinen Berichte über die Besuche ausländischer Gäste schrieben ohnehin die Funktionäre aus der Auslandskommission des Schriftstellerverbandes.

Als Dolmetscher wurde man gar nicht gut bezahlt, aber dafür konnte ich dank meiner Arbeit dieses riesige Land bereisen, in dem ich lebte. Ich war in Armenien, Georgien, im Baltikum, in der Ukraine, in Kasachstan und Sibirien. Natürlich bemühte man sich von offizieller Seite, den Gästen vor allem die schönen Seiten des sowjetischen Lebens zu zeigen, aber ich machte doch einige interessante Entdeckungen. Vor allem die Reise im Winter

1967 nach Armenien, bei der ich einen ziemlich trägen und weitgehend uninteressierten Literaturkritiker aus der DDR begleitete (ich glaube, er arbeitete für die Zeitschrift *Weimarer Beiträge*), war für mich eine Offenbarung.

Es war gerade anderthalb Jahre her, dass in Armenien endlich ein Denkmal zum 50. Jahrestag des Genozids an den Armeniern errichtet worden war. (Begleitet von Protesten, mit denen man Moskau zu einer Anerkennung des Völkermordes bewegen wollte.) Zu meiner Schande muss ich gestehen, dass ich damals darüber überhaupt nichts wusste, obwohl meine Eltern viele armenische Freunde hatten. Aber keiner von ihnen hatte je in meiner Anwesenheit über diese Ereignisse gesprochen. Kaum in Eriwan angekommen, brachte man uns zu diesem Denkmal und zeigte uns aus der Entfernung den Berg Ararat, das wichtigste armenische Heiligtum. Alle Gespräche, abgesehen von den üblichen Toasts auf die Völkerfreundschaft, drehten sich darum, welche Verwandten von wem unter osmanischer Herrschaft ums Leben gekommen waren und wer sich wie durch ein Wunder hatte retten können.

In Georgien, wohin ich mehrmals mit deutschen und österreichischen Gästen reiste, war unter der Intelligenzija die Erinnerung an den Terror sehr wach, den Lawrentij Beria hier im Zuge der stalinschen Säuberungen ausgeübt hatte, bevor er in Moskau zum allmächtigen Volkskommissar des Inneren wurde. Wir erfuhren die Namen bekannter Opfer und man zeigte uns das Haus, in dem Beria in Tiflis gelebt hatte. Gegenüber Stalin selbst war eine gewisse Ambivalenz zu spüren, eine Art von masochistischem Stolz auf den großen Georgier, den Landsmann. Man erzählte mir flüsternd von Kundgebungen, bei denen Stalin in Georgien verteidigt wurde – und zwar nach dem XX. Parteitag 1956 und damit nach Chruschtschows Enthüllungen und seinen Erklärungen zum Ende des Personenkults. Diese Proteste der georgischen Studenten, die die gegen Stalin gerichtete Rede Chruschtschows als nationale Kränkung, ja sogar Erniedrigung empfunden hatten, wurden durch die Armee unterdrückt. Als sie in die Stadt einrückte, gab es Verletzte, sogar Todesopfer.

Davon hatte ich natürlich nichts gewusst. Die Deutschen Schriftsteller, die ich damals begleitete, bekamen von dieser Zwiespältigkeit wenig mit, sie wurde von der kaukasischen Gastfreundschaft verdeckt, aber ich nahm das ganz genau wahr.

In Kasachstan erstaunte mich der Unterschied zwischen kasachischen und deutschen Kolchosen. Man sah sofort, wo die deutsche Minderheit lebte: Blumenbeete, Sauberkeit und massive Bauten. Dass es sich bei ihnen um die 1941 nach Kasachstan verbannten Wolgadeutschen handelte, wusste ich damals zwar, mehr aber auch nicht. Erst 1989 verstand ich ihre Geschichte und die Umstände, unter denen sie lebten, nachdem mich russlanddeutsche Aktivisten, die für die Wiederherstellung der Wolgadeutschen Republik kämpften, gebeten hatten, ein Buch über die Ansiedlung der Deutschen unter Katharina der Zweiten zu übersetzen.

Während dieser Reise wurde ich mir zum ersten Mal bewusst, dass die Sowjetunion – diese Ansammlung verschiedenster Völker und Kulturen – voller tiefer innerer Konflikte steckte. Einer dieser Konflikte war der der Erinnerung. Und auch wenn ich mir damals nicht im Entferntesten vorstellen konnte, dass dieses Imperium einmal zerfallen und ich das sogar noch erleben würde, spürte ich doch, dass unter der alles verbindenden sowjetischen Kruste die Lava brodelte.

Spuren

Und dann waren da noch die Orte, an denen der Krieg getobt hatte und dessen Spuren auch zwanzig Jahre danach immer noch sichtbar waren. Wer weiß, vielleicht fielen mir diese Spuren auch deshalb so sehr auf, weil ich mit Schriftstellern aus Deutschland unterwegs war?

Als ich im Juni 1968 mit dem sorbischen Schriftsteller Jurij Brezan aus der DDR und seiner Familie auf einem kleinen Schiff von Kiew den Dnepr hinunterfuhr, stürzte eine Ukrainerin in einem weißen Kopftuch mit Tränen in den Augen auf uns zu: Zum ersten Mal seit 1945 habe sie jemanden Deutsch sprechen hören! Sofort begann sie, mir einen Brief an ein deutsches Dorf zu diktieren, in dem sie während des Krieges gearbeitet hatte – sie war 1942 dorthin verschleppt worden. Der ganze Brief bestand aus Grüßen an die verschiedenen Bewohner des Dorfes, an deren Namen sie sich auch 23 Jahre später noch ganz genau erinnerte. Sie erzählte mir, wie gut es ihr dort gegangen sei, was für gute Herrschaften sie gehabt habe und dass diese sie hätten überreden wollen, für immer bei ihnen zu bleiben.

Für mich war diese Begegnung unglaublich. In meiner Vorstellung unterschied sich die Situation derer, die zur Arbeit ins »Reich« verschleppt wurden, kaum von der jener, die in den Konzentrationslagern Sklavenarbeit leisten mussten. Und plötzlich hörte ich da eine ganz andere Erzählung. Später, in den 1990er Jahren, als ich damit begann, Erinnerungen der ehemaligen »Ostarbeiter« aufzuzeichnen, stellte ich fest, dass sich das reale Leben in einigen Fällen von den Schemata und Vorstellungen unterschied, die nicht nur ich hatte. Ich traf sogar auf einige Verschleppte, die Kontakte zu jenen aufnahmen, für die sie damals arbeiten mussten. »Unser« Brief jedenfalls wurde von Juri Brezan nach seiner Rückkehr in die DDR abgeschickt. Das Dorf lag irgendwo in Thüringen, aber ob er ankam und die Ukrainerin eine Antwort erhielt, weiß ich nicht.

Bei jener langen Reise mit den Brezans durch die Ukraine und auf die Krim erreichte uns die Erinnerung an den Krieg immer wieder aufs Neue. Wir fuhren von Odessa nach Jalta auf einem großen Passagierdampfer, der »Rossija« hieß und gar nicht sowjetisch aussah. Ich wähnte mich mit einem Mal in einem westlichen Film aus den 1930er oder 1940er Jahren: mit rot lackiertem Holz vertäfelte Salons, Spiegel, Samtdiwans, ein weißes Klavier … Ich fühlte mich fast wie eine Figur aus Stanley Kramers »Das Narrenschiff«, und dieser merkwürdige Eindruck verstärkte sich dadurch, dass an Bord überall Deutsch gesprochen wurde. Denn auf dem Schiff absolvierten gerade Kadetten der Marineschule Rostock ein Sommerpraktikum.

Zudem stellte sich heraus, dass die »Rossija« früher »Patria« geheißen hatte, 1938 in einer Hamburger Werft gebaut und nach dem Krieg im Zuge der Reparationszahlungen an die UdSSR übergeben worden war. Und was ich damals natürlich auch nicht wusste: Einige Mitglieder der letzten NS-Regierung und Unterzeichner der Kapitulationsurkunde – die Generaladmiräle Karl Dönitz und Hans-Georg von Friedeburg sowie Generaloberst Alfred Jodl – waren am 23. Mai 1945 von den Alliierten auf dieses Schiff vorgeladen worden. Dort verkündete man ihnen, dass die Geschäftsführende Reichsregierung aufgelöst und sie verhaftet seien.

Das in »Rossija« umbenannte Schiff fuhr dann auf verschiedenen Strecken, und 1962, kurz vor Ende der Kuba-Krise, wurden unsere Raketen-Truppen unter strengster Geheimhaltung zur Ausschiffung im Laderaum des Schiffes untergebracht. Und als die Krise vorbei war, konnten sie ganz offen über Deck schlendern und wie Touristen den Komfort der ehemaligen »Patria« genießen.

Ich erinnere mich nicht an alle, für die ich in diesen Jahren als Übersetzerin arbeitete, aber die Reise mit dem Schriftsteller Franz Fühmann ist mir sehr gut im Gedächtnis geblieben. Es war im Herbst 1971, als man anlässlich des 150. Geburtstags von Dostojewski eine ganze Gruppe ausländischer Schriftsteller nach Moskau eingeladen hatte. Aus der DDR war unter anderen auch Fühmann dabei, den ich begleiten sollte. (Ich hatte mich auf ihn vorbereitet und einige seiner Erzählungen aus dem Band »Das Judenauto« gelesen. Ich erfuhr, dass er Sudetendeutscher war, in seiner Jugend mit den Nationalsozialisten sympathisiert hatte, an der Ostfront gekämpft hatte und schließlich in russischer Kriegsgefangenschaft gewesen war.)

Nach den Feierlichkeiten in Moskau schickte man die gesamte Delegation nach Leningrad. Und dort erlebte ich zum ersten Mal – nicht in der Literatur, sondern im richtigen Leben –, wie sehr ein Mensch, der auf der anderen Seite der Front gekämpft hatte, durch den Krieg traumatisiert sein konnte. Neben verschiedenen Führungen zu jenen Orten in der Stadt, die mit Dostojewski in Verbindung stehen, brachte man uns auch zum Piskarjowskoje-Gedenkfriedhof, wo Hunderttausende Leningrader begraben liegen, die während der Blockade gestorben waren. Unser Bus hielt vor den Toren, alle stiegen aus und folgten munter der Fremdenführerin. Ich wollte gerade ebenfalls aussteigen und wandte mich noch einmal zu Fühmann um. Er war sitzen geblieben und hatte die Hände vors Gesicht geschlagen. Ich dachte, ihm sei nicht wohl, aber er winkte nur mit der Hand ab und sagte, ohne aufzusehen: »Ich kann nicht dorthin gehen, ich bin Deutscher. Ich kann das nicht …« Wäre jemand anders an seiner Stelle gewesen, mir wäre diese ganze Szene unnatürlich erschienen, sogar ein wenig theatralisch. Aber nicht bei Fühmann. Er machte den Eindruck eines sehr ehrlichen Menschen und ich begriff, dass er hier an diesem Friedhof die deutsche Schuld ganz persönlich spürte und so real, dass es ihm physisch unmöglich war, auszusteigen.

Ungefähr ein Jahr vor dieser Reise mit Fühmann war ich mit drei sympathischen österreichischen Kinderbuchautoren schon einmal hier auf dem Piskarjowskoje-Friedhof gewesen. Auch sie hatte ich nach Leningrad begleitet, und der Besuch dieser Erinnerungsstätte war Pflichtprogramm für Ausländer. Als wir schon wieder auf dem Rückweg waren, sagte einer der Österreicher unvermittelt, dass seine 16-jährige Cousine 1945 von Soldaten der Roten Armee vergewaltigt worden war. Heute würde ich auf seine Worte anders reagieren, aber damals empfand ich sie als unerträglich. Die Verknüpfung von Hunderttausenden Toten im belagerten Leningrad mit dem Verweis, dass man auch in Österreich unter der Härte des Krieges gelitten hatte, brachte mich sehr auf. Und auch für mich selbst etwas überraschend antwortete ich ihm: »Erstens, ich bin Jüdin. Und ich kann mir sehr gut vorstellen, was mit mir in Deutschland oder Österreich während des Krieges geschehen wäre. Und zweitens möchte ich nach dem Besuch dieses Friedhofes solche Dinge nicht hören!«

Der Österreicher verstummte, das Schweigen hielt lange an. Ich erinnere mich an dieses Gespräch, weil es in mir einen bitteren Nachgeschmack hinterließ. Erst die Reaktion Fühmanns brachte mich zu einem sehr viel menschlicheren Blick auf fremdes Leid. Man kann das eine Verbrechen weder erklären noch rechtfertigen, indem man es mit einem anderen vergleicht und sei dieses auch tausendmal schlimmer.

Jene zehn Tage, die ich im Herbst 1971 im intensiven Austausch mit Franz Fühmann verbrachte, spielten für mich eine wichtige Rolle. Nach unseren Gesprächen verstand ich besser, was mit Menschen wie ihm geschehen war, die nicht nur einmal einen ideologischen Bruch erlebten: Zuerst fiel der Glaube an den Nationalsozialismus in sich zusammen und dann auch der neue Glaube an den erfolgreichen Aufbau einer sozialistischen Demokratie in der DDR. In den Büchern Fühmanns (und auch in jenen von Christa Wolf, die ich mehrere Male in Moskau traf) interessierten mich vor allem die Folgen des psychischen Traumas, das sie erlitten hatten, weil sie sich in jungen Jahren von der NS-Ideologie hatten vereinnahmen lassen. »Kindheitsmuster« von Christa Wolf ist bis heute für mich eines der wichtigsten Bücher zu diesem Thema. Aus ihm geht hervor, wie ein Mensch wie sie – klug, reflektiert und ehrlich – sich so verirren konnte.

Mein Vater war etwas jünger als Fühmann, aber meine Mutter war genauso alt wie Christa Wolf und Lehrerin wie sie. Meine Eltern gaben ihre Illusionen und ihren Glauben an den Kommunismus allerdings auf – sie waren enttäuscht von der kommunistischen Idee, vom sowjetischen System und sie glaubten nicht mehr daran, dass sich unter diesen Machthabern bei uns irgendetwas ändern könnte. Ich war sicher, Christa Wolf würde das genauso sehen.

Unser Gespräch über den Glauben an den Kommunismus und an die Möglichkeit, diesen zu reformieren, fand fast zwanzig Jahre später, 1988, statt. Das lange Interview mit ihr für die Moskauer Zeitschrift *Fragen der Literatur* hinterließ bei mir einen unangenehmen Nachgeschmack. Wir waren entschieden anderer Meinung und ich konnte nicht glauben, dass sie mir vehement widersprechen würde, als ich sagte, dass das sowjetische System nicht reformierbar sei. Wolf meinte, dem sei ganz und gar nicht so, wir müssten nur zu den Idealen der Revolution zurückkehren und diese von allem Unnötigen säubern. Außerdem dürfe man den Stalinismus nicht mit dem Nazismus gleichsetzen.

Es war sehr merkwürdig, derlei von ihr zu hören, und es erstaunte mich, dass sie immer noch an die Möglichkeit glaubte, die UdSSR – und auch die DDR – reformieren und dort den »wahren« Sozialismus aufbauen zu können. Bei uns hatte damals gerade die Perestroika begonnen, und ich hatte in meiner Euphorie übersehen, dass in der DDR von einer solchen Aufbruchsstimmung noch nicht die Rede sein konnte. Während ich einfach davon ausgegangen war, dass wir einer Meinung sein würden, musste sie den Eindruck gehabt haben, ich wolle sie provozieren. Dass ich nie wieder die Gelegenheit haben sollte, mit ihr zu reden, tut mir leid. Ich hätte sie gerne gefragt, was die Ereignisse der Jahre 1989/90 für sie ganz persönlich bedeutet haben. Als sie nach der Wiedervereinigung den Text »Was bleibt« veröffentlichte, waren die Kritiken teils heftig. Man warf ihr vor, sich nicht klar genug vom Autoritarismus des DDR-Regimes distanziert zu haben, andere bezeichneten den Text als »moralistisch«. Aber die Frage, was bleibt, muss jeder letztlich für sich selbst beantworten. Genau wie die Frage, was gewesen ist.

Als ich 1971 mit Franz Fühmann unterwegs war, redeten wir ganz offen miteinander. Das habe ich übrigens mit allen gemacht,

Lew Kopelew und Heinrich Böll auf einem Foto aus dem Jahr 1980. Seit den 1960er Jahren war Böll immer wieder in Russland, bei einem seiner Besuche lernte auch ich ihn kennen.

mit denen ich zu tun hatte – egal ob West- oder Ostdeutsche. Meine Generation (die meisten meiner Freunde zumindest) fühlte sich freier und war weniger ängstlich als die, die älter waren als wir. Das war nicht unser Verdienst, es waren einfach keine »Menschenfresserzeiten« mehr. Diejenigen, die die Stalinzeit durchlebt hatten, haben sich sozusagen »für uns gleich mit gefürchtet«. Aber wie stark diese Angst auch in der DDR gewesen war, wahrscheinlich sogar bei Christa Wolf, verstand ich erst nach dem Mauerfall. Ich kann also nur hoffen, dass ich keinem der Ostdeutschen mit meiner damaligen Offenheit geschadet habe. Es mag aus heutiger Sicht naiv wirken, doch ich konnte mir einfach nicht vorstellen, wie tief die Staatssicherheit sich in das Leben der DDR-Bürger eingeschlichen hatte.

Fühmann war ein richtiger Bibliophiler und einige Monate nach unserer Reise 1971 bekam ich von ihm ein großes Bücherpaket –

mit wunderschönen Ausgaben aus dem 19. Jahrhundert von Jean Paul, Kleist, Lessing und E.T.A. Hoffmann. Ich war sehr gerührt, verstand es aber auch als Andeutung, dass ich aufhören sollte, mich mit dem 20. Jahrhundert zu beschäftigen, mit dem Krieg, dem Nazismus und dem GULAG und mich lieber in die Klassik vertiefen sollte.

Ein in gewisser Weise ähnliches Erlebnis hatte ich mit Heinrich Böll. Böll kam in den 1960er und 1970er Jahren oft nach Russland. Er war mit Lew Kopelew befreundet und für viele Moskauer Literaten interessant, weil er zu jener Zeit in Russland sehr populär war. Dank Kopelew konnte auch mein Vater Böll einige Male treffen und ich war zweimal dabei. Ich saß ganz still da und lauschte der Unterhaltung, als Böll sich plötzlich zu mir wandte und mich auszufragen begann. Ich erzählte ihm, was ich studierte, dass ich nebenbei dolmetschte und mich für die sowjetische Geschichte des 20. Jahrhunderts interessierte. Er hörte aufmerksam und interessiert zu und sagte am Ende unserer Unterhaltung: »Weißt du was? Ich werde dir ein Buch schenken.« Ich dachte natürlich, er würde mir eines seiner Werke überreichen, aber zu meiner Überraschung war es ein Büchlein von Bernadette Devlin, einer katholischen nordirischen Aktivistin und Politikerin, die nur ein paar Jahre älter war als ich. Böll hat sich immer für Irland interessiert, man denke nur an sein »Irisches Tagebuch«. Zur Zeit seines Besuches war der Nordirlandkonflikt in vollem Gange, kurz zuvor war in Belfast alles in die Luft geflogen, aber ich wusste wenig über das, was dort geschah und wo die Gründe für die Gewalt herrührten. Ich verstand sein Geschenk als Aufforderung, dass ich mich mehr für das interessieren sollte, was in der Welt vor sich ging.

Mit der Zeit befasste ich mich immer häufiger mit schriftlichen Übersetzungen aus dem Deutschen, vor allem mit literarischen Übersetzungen. Das war eine Arbeit, die zu Sowjetzeiten durchaus anständig bezahlt war. Ich war jung, und da es in unseren

Verlagen eine geheime Hierarchie gab, übersetzte ich anfangs vor allem Schriftsteller aus der DDR, die bei uns weniger gelesen, aber trotzdem veröffentlicht wurden. Das lag daran, dass es zwischen der DDR und der UdSSR Abkommen über die Bücherproduktion gab. Ein bestimmtes Kontingent musste veröffentlicht werden, auch wenn sich dafür nur eine geringe Leserschaft interessierte. Eine Stufe höher standen die westdeutschen Autoren, und die wirklich arrivierten Übersetzer durften sich an die Klassiker wagen.

In jenen knapp 16 Jahren, in denen ich meinen Lebensunterhalt mit literarischen Übersetzungen bestritt, übersetzte ich von vielen DDR-Autoren wenigstens eine Erzählung, ich stellte Sammelbände zusammen, schrieb Vorworte. Natürlich schlief die Zensur auch hier nicht und manchmal waren zudem die Redakteure in den Verlagen sehr aufmerksam. Sämtliche Erwähnungen von Repressionen unter Stalin wurden gestrichen und – Gott behüte – wehe, irgendwo wurde ein Vergleich gezogen zwischen den Regimen Hitler und Stalin. Aber auch das Thema der Judenverfolgung, über das in der DDR geschrieben werden durfte, unterlag bei uns der Zensur. Ich war damit konfrontiert, als ich »Wenn es ans Leben geht« von Peter Edel übersetzen sollte. Das war schon Mitte der 1980er Jahre, trotzdem wurde jener Teil der Memoiren gestrichen, in dem der Autor, nach den Nürnberger Rassengesetzen ein »Halbjude«, nach der Machtergreifung durch die Nazis Schritt für Schritt zu einem Ausgestoßenen wird. Erst muss er die Schule abbrechen, dann folgen Zwangsarbeit und schließlich die Konzentrationslager Auschwitz, Sachsenhausen und Mauthausen. Weil diese ganzen Zwischenpassagen fehlten, war es für den Leser vollkommen unverständlich, wie es geschehen konnte, dass der Autor sich plötzlich in Auschwitz wiederfand.

In den 1980er Jahren, noch vor der Perestroika, stellte ich auch eine Anthologie mit Erzählungen von Autorinnen zusammen. Damals gab es in Ostdeutschland eine interessante und kritische

Am Arbeitstisch meiner Mutter, 1969

weibliche Literatur. Und obwohl in diesen Erzählungen nichts offen Aufrührerisches oder gar Dissidentisches enthalten war, sprach aus ihnen doch eine tiefe Kritik: nicht einfach nur am bedrückenden und kleinbürgerlichen Leben und dem schwierigen Alltag, sondern an der Ausweglosigkeit und Trostlosigkeit in der sozialistischen DDR. Den beklemmendsten Eindruck machten auf mich zwei kurze Erzählungen einer Schriftstellerin, von der ich bis dahin noch nie etwas gehört hatte. Sie hieß Herta Müller und beschrieb ein so tristes und freudloses Leben der Deutschen in Rumänien, dass es sogar psychisch schwierig war, sie zu übersetzen. Als ich diese Texte damals las und ins Russische übertrug, hatte ich das Gefühl, dass die Balken, die all diese sozialistischen Systeme trugen, morsch waren.

Buchstäblich von Fäulnis durchsetzt waren diese Balken in Volker Brauns »Hinze-Kunze-Roman«. Beide Helden, sowohl der zynische Funktionär Kunze als auch sein willensschwacher Chauffeur Hinze, riefen Widerwillen in mir hervor. Das Buch war in der DDR 1985 erschienen und nach einer kritischen Rezension zunächst aus dem Handel zurückgezogen worden. Gegen den Kultusminister wurde ein Disziplinarverfahren eingeleitet, weil er die Druckerlaubnis für dieses »anarchistische« Werk erteilt hatte. Was auch immer die DDR-Parteiführer über unsere Perestroika dachten – sie waren ja der Meinung, dass sie »ihre Tapeten nicht wechseln müssten, auch wenn der Nachbar die Wohnung renoviert« –, die Literatur war das beste Barometer. Der »Hinze-Kunze-Roman« war meine letzte Übersetzung der DDR-Literatur. Wir schrieben schon den September 1989.

Es begann mit Kafka

Dass die Atmosphäre in der zweiten Hälfte der 1960er Jahre deutlich düsterer wurde, spürte ich ganz deutlich. Aber mich und meine Freunde rettete unsere Jugend und das Fehlen der schweren Last der Erinnerung an die erlebten Jahre des Terrors und des Krieges. Und wenn ich heute die veröffentlichten Tagebücher jener lese, die so alt waren wie meine Eltern (oder ein wenig älter), sehe ich deutlich, wie sehr in ihnen damals die Hoffnungslosigkeit wuchs. Auch die Angst kam zurück, die Angst, dass wir vor der Rückkehr zu einer harten Diktatur stehen könnten. Die Autoren der Tagebücher – Dichter, Schriftsteller, Literaturkritiker aus dem Kreis der demokratisch ausgerichteten Intelligenzija, in dem ich aufwuchs – waren sich einig in ihrem Urteil über diese Jahre. Ein bekannter Dichter, David Samojlow, der genau wie mein Vater im Krieg gewesen war, schrieb in diesen düsteren Zeiten Tagebuch:

> *Wir machten schon keine Witze mehr, wir lachten nicht mehr wie früher, sondern sprachen nur noch mit Bitterkeit und Sorge darüber, dass alles scheiße ist. Das war die Realität einer schrecklichen Umkehr der Dinge, in der es keinen Platz mehr*

für irgendwelche hoffnungsvollen Vorschläge geben konnte. (1965)

Die überall hervortretende Lüge verursachte solchen Ekel – davor kannst du dich nicht verstecken, nicht unter die Decke ducken – bittere Zeiten sind das. Man will uns wieder zu Stalin zurückführen, na, uns vielleicht nicht mehr, aber die anderen ohne Probleme. (1967)

Die Stimmung ist grässlich. Ich weiß, dass die Zensur außer Rand und Band geraten ist und die KGBler wieder Morgenluft atmen, sich für »unseren Bruder« interessieren, konkret für mich. Mir ist das alles schon egal, vor allem können sie mich nicht mehr zurück in die »glückliche« Kindheit treiben, als ich nichts verstand ... Also werden wir auch weiterhin ewig mit der erniedrigenden Verfolgung und Verdächtigung leben. (1967)

Und wieder schwere Zeiten ... In der Geschichte Russlands gibt es keine Erleuchtung. Es ist die Geschichte der Unterdrückung des Geistes. Alle unsere Aufstände sind hart und ohne Folge. Russland ist ein Land, in dem es keine Gesellschaft gibt. (1968)

Wieder Sorge und Bitterkeit und es ist so schwer zu glauben, dass das Alte zurückkehrt, dass diese Verfolgung und Verleugnung gleich wieder in Kraft treten werden. Und schon hat einer dieser Besserwisser gesagt, dass zwischen meinen Schriften (in der Zeitung) und den Ereignissen in Polen eine Verbindung besteht. Noch nehme ich das nicht ernst. (1968)

Dabei hatte es wenige Jahre zuvor noch so große Hoffnungen gegeben – es brodelte in der Tschechoslowakei. Vor Kurzem bin ich im Internet auf einen Artikel des Magazins *Der Spiegel* vom

Juli 1963 gestoßen, in dem es um den Beginn der tschechoslowakischen Liberalisierung geht:

> *Seit diesem Frühjahr ist der bisher meistversprechende Wiederbelebungsversuch im Gange. Er begann Ende Mai dieses Jahres mit einer internationalen Tagung zum 80. Geburtstag Franz Kafkas, […] und wurde im neuesten Heft der Literaturzeitschrift »Plamen« (deutsch: Flamme) mit dem Abdruck bisher unveröffentlichter Kafka-Briefe und zweier Essays über Kafkas Werk rüstig weiterbetrieben.*
> *Denn die Zeit zu einem – wenn auch gemäßigten – Liberalismus in der tschechoslowakischen Kunst und Literatur schien, trotz des jüngsten Moskauer Kultur-Winters, jetzt endgültig reif.*

Tatsächlich hatte in Prag alles quasi mit Kafka begonnen. Es schien, als könne ausgerechnet er Antworten auf jene Absurditäten geben, die das Leben der Menschen im 20. Jahrhundert prägten. Und in Russland nahm man das auch wahr. Die erste Publikation eines Werkes von Kafka auf Russisch – die Novelle »In der Strafkolonie«, erschienen 1964 –, machte einen tiefen Eindruck auf die Leser.

Während die Rehabilitierung Kafkas in der Tschechoslowakei als Frühlingszeichen, als Signal der Öffnung aufgenommen wurde, schien bei uns alles in die entgegengesetzte Richtung zu laufen. Dabei wehten die Prager Frühlingslüfte bis zu uns herüber. Mein Vater arbeitete regelmäßig mit der tschechischen Zeitschrift *Plamen* zusammen, schrieb Artikel für sie und führte Interviews mit sowjetischen Schriftstellern, die in dem Blatt veröffentlicht wurden. In jenen Jahren freundete er sich mit tschechischen und slowakischen Literaten an, die später wichtige Personen im »Prager Frühling« werden sollten, darunter Eduard Goldstücker, Ladislav Mňačko und Jiří Hájek.

Im Sommer 1965 waren Vater, Mutter, meine Schwester und

ich für zehn Tage in Prag. Und obwohl bis zum »Prager Frühling« noch mehr als zwei Jahre vergehen sollten, spürte man im Vergleich zu Moskau und Ostberlin, wo wir kurz zuvor gewesen waren, eine größere Freiheit.

Das zeigte sich allein schon in der Mode. Die Straßen Prags waren voll mit entspannt wirkenden jungen Leuten in Schlaghosen, viele trugen dazu weiß-blau gestreifte Oberteile. In der Tschechoslowakei, die keinen Zugang zum Meer hat, wirkte diese Matrosenmode eher lustig, aber sie wirkte auf mich wie der Ausdruck des Wunsches nach Freiheit. Als wolle man zumindest symbolisch die Weite des Meeres in den sozialistischen Alltag holen. Ich beneidete sie weniger um die Hosen (auch wenn ich mir sofort ebensolche zulegte und eines dieser geringelten Oberteile dazu) – ich beneidete sie vielmehr um diese gelöste Atmosphäre, die in der Stadt herrschte, und dass man den Druck, anders als bei uns, weniger spürte.

Einmal holten uns tschechische Freunde meines Vaters spätabends zu einem Spaziergang durch das nächtliche Prag ab. Ich war bis dahin noch nie in einer so mittelalterlich wirkenden Stadt gewesen und durch so enge Gässchen spaziert. Nachts erschien Kafkas Prag tatsächlich sehr mystisch, aber ich dachte damals nicht an Kafka, von dem ich erst eine kleine Sammlung seiner Novellen auf Deutsch gelesen hatte. Ich dachte eher an den Golem aus dem Roman von Gustav Meyrink, den ich mir in einem Antiquariat in Ostberlin gekauft hatte. Immer noch liebte ich alles Erschreckende und diese nächtliche Prager Welt war durchaus unheimlich. Als in Prag alles zu Ende war und es keine Hoffnung mehr gab, musste ich an unseren Spaziergang denken. Die Düsternis wirkte wie ein Vorbote dessen, was kommen sollte.

Anfang 1968 begann in der Tschechoslowakei die entscheidende Hinwendung zu einer Demokratisierung. Der Protest, der sich bis dahin in Kultur, Literatur und Film ausgedrückt hatte, eroberte die Straße. Mit unglaublicher Geschwindigkeit entstanden politische Klubs, wurden bürgerliche Freiheiten erweitert

Meine Mutter, meine Schwester und ich in Prag,
gemeinsam mit einem tschechischen Freund meines Vaters

und Wirtschaftsreformen eingeleitet. Bei uns im Samisdat kursierten Übersetzungen aus der Literaturzeitschrift *Literární listy* (bis 1967 *Literární noviny*), die in den 1960er Jahren zur wichtigsten Plattform intellektueller und oppositioneller Kreise geworden war. Dubček, Smrkovský, Šik – diese Namen wurden ständig genannt, wenn wir Gäste hatten. Alles Tschechische wurde mit einem Mal modern, man las den Kindern Märchen von Karel Čapek vor, und »Die Abenteuer des braven Soldaten Schwejk« von Jaroslav Hašek erlebten eine Renaissance. Heute ist dieses Buch wieder ein wenig in Vergessenheit geraten, aber damals zitierte man im Gespräch immer wieder aus dem Schwejk. Es liegt auf der Hand, warum. Schließlich lebten ja auch wir in der absurden Welt eines widerlichen, aber manchmal auch komischen Imperiums.

Im Frühjahr 1968 wurde jeder, der in Prag gewesen war, ausgefragt, alle wollten wissen, was dort vor sich ging. In jenen Monaten war das Transistorradio der wichtigste Begleiter, alle hörten ausländische Sender. Und je weiter sich die Situation in der Tschechoslowakei entwickelte, was wir mit großem Neid beobachteten, umso mehr hofften wir. Vielleicht gelang es in der Tschechoslowakei, doch alles friedlich zu verändern, anders als in Ungarn 1956? Vielleicht konnten sie die dumpfe und bösartige sowjetische Maschinerie auf schwejksche Art überlisten? Sich aus der sowjetischen Umklammerung lösen?

Im Mai 1968 fuhren meine Eltern nach Prag, wo ihre Freunde die Reformen ganz entschieden unterstützten. Das, was sie nach ihrer Rückkehr erzählten, klang völlig unfassbar. Aber mit Beginn des Sommers wurde mein Vater immer skeptischer. Er konnte sich nicht vorstellen, dass die sowjetische Führung der Tschechoslowakei so weitgehende Reformen erlauben würde. Doch im tiefsten Inneren wollten wir alle an ein Wunder glauben.

Der 21. August 1968 war ein ruhiger, sommerlich heißer Tag. Meine Mutter und ich waren alleine auf unserer Datscha, der Vater war in der Redaktion. Eigentlich hatte ich den Fernsehapparat an diesem herrlichen Tag gar nicht anschalten wollen, aber aus irgendeinem Grund tat ich es doch. Und da ertönte auch schon die Stimme des Nachrichtensprechers: »Die TASS teilt mit, dass sich die Partei- und Staatsfunktionäre der Tschechoslowakischen Sozialistischen Republik an die Sowjetunion und die anderen Bruderstaaten mit der Bitte um dringende Hilfe gewandt haben, einschließlich militärischer Hilfe« und dass die Streitkräfte der fünf Staaten des Warschauer Paktes auf das Territorium der Tschechoslowakei vorgedrungen seien.

Ich kann nur schwer beschreiben, wie ich mich in diesem Moment fühlte. Entsetzlich trifft es wohl am besten. Ich erstickte fast an meinem Hass, und das umso mehr, als ich mir lebhaft vorstellen konnte, was in den Menschen in Prag vor sich gehen musste. Gleichzeitig war ich überzeugt davon, dass es auch für uns keine Hoffnung mehr gab, dass mein ganzes Leben unter dieser breschnewschen Bleidecke vorübergehen würde.

Meine Mutter und ich beschlossen, sofort in die Stadt zurückzufahren. Wir hatten das Transistorradio nicht mitgenommen, konnten also nicht hören, was die westlichen Sender über die Vorgänge in der Tschechoslowakei berichteten. Ich erinnere mich, wie wir erst im Vorortzug und dann in der Metro saßen und ich gar nicht fassen konnte, in welch gleichgültige Gesichter ich blickte. Wussten sie noch nichts davon? Oder begriff wirklich keiner von ihnen, was da gerade vor sich ging?

Dass es Menschen gab, die damals genauso fühlten wie meine Eltern und ich, zeigen die folgenden Tagebucheinträge des oben schon zitierten Dichters David Samoilow:

Ein historischer Tag. Die Streitkräfte sind in die Tschechoslowakei einmarschiert. Wir schämen uns, aber wir sind hilflos. Solche wie uns fragt keiner. Diese Leute wissen alles. Wir sind nur Untergebene.

Russische Panzer auf dem Prager Wenzelsplatz, 21. August 1968

Traurige Tage. Wir kehren zurück in die Stalinzeit. Das, was in der Tschechoslowakei passiert, wirft uns zurück ins Jahr 1939. Diese Tage zeigen allen den wahren Preis. Und der ist niederschmetternd.
Das tschechoslowakische Experiment ist zu Ende. Noch eine zerstörte Illusion. Und keinerlei Hoffnung. Die Nashörner feiern. Die Nashörner.

In den folgenden Tagen wanderte ich ruhelos durch unsere Wohnung. Egoistischerweise kümmerte ich mich nicht um die Eltern – obwohl es ihnen noch schlechter ging als mir –, was ich erst jetzt wirklich verstehe. Keiner meiner Freunde war in der Stadt, alle waren noch in den Ferien und ich wusste nicht, was ich mit mir anfangen sollte. Gemeinsam mit den Eltern lauschte ich westlichen Sendern, aber was wir dort hörten, ließ das letzte Fünkchen Hoffnung ersterben.

Am 24. August, als bekannt wurde, dass die Führung der ČSSR nach Moskau gebracht worden war (man konnte sich lebhaft vorstellen, welcher Druck dort auf sie ausgeübt wurde und wie man ihnen drohte), rief mich ein Bekannter an. Ich kannte ihn noch nicht lange, und er lud mich ein, gemeinsam mit ihm einige seiner Freunde zu besuchen. Wenn mich damals diejenigen angerufen hätten, die später auf dem Roten Platz protestierten, wäre ich, ohne zu zögern (und wahrscheinlich, ohne den Eltern etwas davon zu sagen), mitgegangen. Aber da ich damals keinen dieser Protestierenden kannte, fand ich mich in einer ganz anderen Gesellschaft wieder. Die Party fand in einem der Stalin-Hochhäuser statt, in einer großen Wohnung. Der Gastgeber war offensichtlich der Sohn irgendeines hohen Parteifunktionärs. Die Gäste waren braungebrannt, sie lachten, tanzten und tranken jede Menge und niemand verlor auch nur ein Wort über das, was in Prag vor sich ging. Als ich das Thema anschneiden wollte, sahen mich alle an, als sei ich irgendwie nicht ganz normal. Ich hätte eigentlich sofort gehen sollen, aber stattdessen hielt ich

Das Ende des Prager Frühlings, den die Truppen der Warschauer-Pakt-Staaten unter Führung der UdSSR niedergeschlagen hatten

mich an meinem Glas fest, in das jemand eine große Menge Kognak nachgeschenkt hatte. Ich trank alles in einem Zug aus. Ich vertrug Alkohol schlecht und muss kurz darauf eingeschlafen sein, denn ich erinnere mich an nichts weiter. Gegen Morgen wachte ich auf irgendeinem Diwan auf, eilte auf die Straße und brauchte eine ganze Zeit, bis ich mich orientiert hatte und wusste, wie ich nach Hause kommen konnte. Dort legte ich mich sofort ins Bett und war zwei Tage lang krank. Erst danach erfuhr ich von jenen acht Leuten, die auf den Roten Platz gegangen waren, um gegen den Einmarsch in die Tschechoslowakei zu protestieren.

Unter ehemaligen Spionen

Diese unsägliche Party und die Vorgänge in der Tschechoslowakei ließen mich eine Zeit lang in Depressionen versinken. Aber das Leben musste irgendwie weitergehen, ich musste mich auf die Abschlussprüfungen vorbereiten und eine Arbeit für die Zeit nach der Universität suchen. Das war nicht leicht, vor allem wegen meiner »schlechten Nationalität« in den Fragebogen. Nach langer Suche gelang es mir schließlich, Arbeit an einem für unser damaliges Leben sehr typischen Ort zu finden: bei der Zeitschrift *Sowjetliteratur*, die in fünf Sprachen erschien und deren Aufgabe es war, die ausländischen Leser mit den Errungenschaften der sowjetischen Literatur bekannt zu machen. Der Gerechtigkeit halber muss ich sagen, dass die Zeitschrift den Anspruch hatte, ihren Lesern mehr oder weniger ordentliche Schriftsteller und Literaturkritiker nahezubringen.

Meine Aufgaben in der Redaktion bestanden aus zwei Dingen. Zum einen sollte ich Zitate der russischen Klassiker, die die Autoren verwendeten, aus anerkannten Übersetzungen heraussuchen – zum Beispiel aus »Krieg und Frieden« – und auf ihre Korrektheit überprüfen. Und zum anderen sollte ich die Zuschriften ausländischer Leser beantworten. Die kamen interessanterweise vor allem aus Indien, und fast alle enthielten die Bitte, Geld zu schicken oder wenigstens kostenlose Bücher und Zeitschriften.

Die Zusammensetzung unserer Redaktion war außerordentlich bunt. Da arbeiteten »Relikte« aus den 1930er Jahren, Frauen von Politemigranten, die den GULAG nicht überlebt hatten. Polinnen, die sich 1939 plötzlich in den von der Sowjetunion besetzten Teilen Polens wiedergefunden hatten. Gleichzeitig war die Zeitschrift aber auch eine Art Alterssitz für ehemalige Spione (oder wie man bei uns zu sagen beliebte: »Aufklärer«), die entweder enttarnt oder aus anderen Gründen in die sowjetische Heimat zurückberufen worden waren. Diese Leute mussten von den Sicherheitsorganen ja irgendwo untergebracht werden, und so saßen sie ihre Zeit auch in unserer Zeitschrift einfach ab. Außerdem gab es noch solche, die man wegen allzu großer Liberalität aus den »dicken« Zeitschriften hierherversetzt hatte, denn unser fein säuberlich destilliertes Blatt erschien erst gar nicht auf Russisch.

Der Chef der Zeitschrift war ein ehemaliger Presseattaché der sowjetischen Botschaft in Rumänien. Nun saß er tagelang in seinem riesigen Büro und schrieb ausufernde Romane über die Geschichte der sowjetischen Diplomatie. Sein Stellvertreter war ein Siebzigjähriger mit kahlem Schädel, einem roten Gesicht mit kleinen bösen Augen und einer krächzenden Stimme. Er sprach Russisch mit einem merkwürdigen Akzent, den ich nicht kannte.

Eine meiner Aufgaben bestand darin, ihm jeden Tag die Post und die französischen Zeitungen zu bringen. (Die ausländischen Zeitungen wurden in einem verschlossenen Schrank aufbewahrt und nur einige wenige Leute durften sie lesen.) Eigentlich tat er den lieben langen Tag nichts, außer sich regelmäßig einen Kognak zu genehmigen. Ich wusste, dass in seinem Safe eine Flasche mit einem edlen französischen Tropfen stand, und gegen Ende des Tages war deutlich zu bemerken, dass er sich ihrer des Öfteren angenommen hatte. Der Stellvertreter des Chefs machte den Eindruck eines zwar nicht dummen, aber groben und listigen Menschen. Und es war vollkommen klar, dass ihn die Redaktionsarbeit überhaupt nicht interessierte.

Als ich für einige Tage unsere Sekretärin vertrat, fand ich bei ihr in einer speziellen Schublade die Mitarbeiter-Fragebogen. Ich sah sie sofort durch, weil ich herausfinden wollte, wer von ihnen direkte Beziehungen zu den Sicherheitsbehörden hatte. Den heißesten Draht hatte der Stellvertreter des Chefs. Er war Oberst der Staatssicherheit und bulgarischer Nationalität. Sein Name – Afanassjew – konnte nicht der echte sein. Viele Jahre später sollte ich seinen wirklichen Namen herausfinden und damit auch seine Taten.

Dieser Mensch ähnelte in keiner Weise den Helden aus den Spionagefilmen und ich dachte sehr naiv, dass er vielleicht »einfach nur« viele Jahre im Ausland gelebt und eine konspirative Wohnung bewacht hatte. Ich konnte mir nicht vorstellen, dass ich sechs Jahre lang mehrmals pro Tag das Büro eines Menschen betreten sollte, der im Auftrag Moskaus nicht nur aufsehenerregende Morde organisiert, sondern diese auch selbst begangen hatte. Dass er von 1936 bis 1938 in Paris jene Gruppe geleitet hatte, die vermutlich am Tod von Trotzkis Sohn Lew Sedow beteiligt war und auch für den Diebstahl von Trotzkis Archiv verantwortlich zeichnete. Dass er 1937 in Lausanne den ehemaligen sowjetischen Agenten Ignaz Reiss liquidiert hatte, der mit dem NKWD gebrochen hatte und offen gegen Stalin aufgetreten war. Und dass er die Entführung des zaristischen Generals Jewgeni Miller in Frankreich organisiert hatte. Miller war einer der wichtigsten Führer der Weißen und von 1930 an Vorsitzender der Union aller russischen Militäreinheiten im Exil. 1937 wurde er von Afanassjew und seinen Leuten mit Chloroform betäubt und in einer Holzkiste auf den Dampfer »Maria Uljanowa« gebracht, der in Le Havre vor Anker lag. Am 11. Mai 1939 wurde er in Moskau exekutiert.

Afanassjew hatte damals Glück, er entkam den Säuberungen während des Großen Terrors, obwohl das NKWD Männer wie ihn gerne aus dem Weg räumte. Es gelang ihm nicht nur, am Leben zu bleiben, sondern sogar Karriere zu machen. Lawrenti Beria holte ihn kurz vor seinem Tod 1953 in die neunte Spezialabteilung des NKWD, die gegründet worden war, um Morde in der UdSSR und im Ausland zu organisieren. Als Beria wenig später verhaftet und erschossen wurde, schloss man die Abteilung wieder, die Mitarbeiter wurden eingesperrt, aber Afanassjew wurde einfach so aus den Organen der Staatssicherheit entlassen.

Ein paar Jahre später verschafften ihm seine Freunde den Posten des stellvertretenden Chefredakteurs – mit einem für damalige Verhältnisse sehr hohen Gehalt, einer Datsche und einem

Dienstwagen. Dort schob er zufrieden eine ruhige Kugel bis zu seinem Tod Anfang der 1980er Jahre.

Ich weiß nicht, was ich getan hätte, wenn ich damals schon gewusst hätte, was für ein Mensch Afanassjew war, der in Wirklichkeit Atanasow hieß. Das Widerwärtigste aber war die Tatsache, dass er kein Einzelfall war. Viele ehemalige Untersuchungsrichter, die Akten gefälscht und mit furchtbaren Foltermethoden Geständnisse erpresst hatten, wurden nach ihrer Entlassung aus dem Apparat der Staatssicherheit nicht zur Verantwortung gezogen. Sie saßen seelenruhig und unbehelligt auf irgendwelchen guten Posten in Instituten und der Verwaltung.

In der Redaktion der Zeitschrift *Sowjetliteratur* traf ich aber auch auf Leute, die es gut mit mir meinten und mir vieles beibrachten. Bald nachdem ich dort meine Arbeit aufgenommen hatte, kam eine Dame zu mir, die Sekretärin der Parteiorganisation, die mir einen »wunderbaren Vorschlag« unterbreiten wollte. Sie riet mir, in die Partei einzutreten. Dazu muss man sagen, dass zu Beginn der 1970er Jahre ein Parteieintritt für eine wie mich – aus der Intelligenzija und noch dazu Jüdin – fast unmöglich war. Es sollten vermehrt Arbeiter aufgenommen werden.

Aus ihrer Sicht war das eine sehr freundliche Geste, zumal es gar nicht so leicht für sie gewesen wäre, meinen Parteieintritt durchzukriegen. Sie meinte, das sei der einzige Weg, wie ich meinen Fragebogen »verbessern« und weiterkommen könnte. Ohne eine Parteimitgliedschaft hätte ich keine Chance. Dass ich ihr Angebot ablehnte, enttäuschte sie sehr. Aber sie war klug genug, das Gespräch nie wieder auf dieses Thema zu lenken.

Ganz andere Ratschläge gab mir eine altgediente Mitarbeiterin. Sie war Übersetzerin und hatte vor dem Krieg bei der Zeitschrift *Internationale Literatur** gearbeitet. In meinen Jahren in

* Zentralorgan der Internationalen Vereinigung Revolutionärer Schriftsteller (1933–1943). Das Blatt erschien auf Russisch, Französisch und Deutsch; zwei aufeinanderfolgende Chefredakteure wurden erschossen.

der Redaktion der *Sowjetliteratur* freundete ich mich richtig mit ihr an. Natalja Oskarowna Kamionskaja war schon über siebzig, sehr kurzsichtig und hatte dünnes graues Haar. Sie stammte aus einer reichen jüdischen Familie, hatte viele Jahre ihrer Kindheit im Ausland gelebt und beherrschte vier Sprachen. Es gab kaum etwas, das sie nicht wusste, wenn es um ausländische Literatur ging.

Das Leben hatte ihr übel mitgespielt. Ihr Mann, ein talentierter Künstler, der wie alle Vertreter der russischen Avantgarde in den 1930er Jahren an den Rand gedrängt worden war, hatte sich während des Krieges das Leben genommen. Die Familie war evakuiert worden, und nach dem Tod ihres Mannes war auch noch ihre kleine Tochter an Tuberkulose erkrankt. Sie damals ohne Antibiotika retten zu können war fast unmöglich. Doch Natalja Oskarowna gelang es, unter Einsatz legaler und illegaler Mittel, Sulfonamide zu organisieren und das Kind am Leben zu halten.

»Irotschka«, sagte sie, »das Wichtigste ist, rechtzeitig zu verschwinden und nicht aufzufallen, glauben Sie mir. Sie können sich nicht vorstellen, wie viel Zeit ich in Toiletten zugebracht habe, während die Versammlungen liefen, in denen man dafür stimmen musste, jemanden anzuprangern. Wie Sie sehen, ich hab sie alle ausgesessen!« Wie leicht hätte sie, die in den 1930er Jahren viel mit Ausländern arbeitete, im Lager enden können.

Während meiner Zeit in der Redaktion heiratete ich und brachte 1973 meine ältere Tochter zur Welt. Aber nach einigen Jahren hatte ich das Gefühl, dass mich dieser Sumpf und die sinnlose Arbeit zu verschlucken drohte. Hinzu kam, dass die alten Mitarbeiter, wie Natalja Oskarowna, nach und nach in Pension gingen. Ihre Stellen wurden mit ganz anderen Figuren besetzt, mit Verwandten von Funktionären des Schriftstellerverbandes, mit denen zu arbeiten mir ziemlich widerlich war. Ich wartete nur noch auf mehrere Verträge mit Verlagen für Übersetzungen, um hier zu kündigen.

Ende der 1970er Jahre war es dann so weit. Ich konnte kündigen und die Redaktion verlassen. Der Chefredakteur versuchte, mich zum Bleiben zu bewegen. Er meinte ganz väterlich, ich würde gar nicht begreifen, was für eine Dummheit ich begehe. Einen solchen Arbeitsplatz würde man nicht einfach aufgeben. Ich tat es trotzdem und habe diesen Schritt nie bereut. Von diesem Moment an saß ich bis in die 1990er Jahre nie mehr in irgendeiner sowjetischen Einrichtung.

Ein Tag im Archipel GULAG und noch zwanzig Jahre bis zur Perestroika

Nach der Geburt meiner Tochter 1973 blieb ich ein ganzes Jahr lang zu Hause, ich nahm die mir zustehende Karenzzeit. In jenem Jahr verschärfte sich die Situation rund um die Dissidenten, um Sacharow und Solschenizyn, massiv. Nach Chruschtschows Absetzung hatte man Solschenizyn in der UdSSR nicht mehr gedruckt, und nachdem seine Bücher im Westen erschienen waren und man ihm den Nobelpreis zuerkannt hatte, nahmen die Angriffe auf ihn nicht nur in den Medien zu. Mehrfach gab es Hausdurchsuchungen bei ihm, aber das alles ist bestens bekannt und beschrieben, vor allem von Solschenizyn selbst.

Meine Mutter – und damit wir alle – war in die ganze Situation mit Solschenizyn eingebunden. Ihre engste Kindheitsfreundin und einstige Nachbarin im »Lux«, mit der sie ihr ganzes Leben lang tief verbunden war, Lisa Markstein, war eine der Übersetzerinnen der ersten Bücher Solschenizyns ins Deutsche. (Für den »Archipel GULAG« benutzte sie das Pseudonym »Anna Peturnig«.) Lisa war auch eines der sogenannten Heinzelmännchen, die ihm vom Ende der 1960er Jahre an aktiv halfen. Vor allem im Umgang mit westlichen Verlagen: Sie brachte die Manuskripte heimlich außer Landes und korrigierte die Texte, deren Übersetzung oft fehlerhaft oder vom Autor nicht abgesegnet war. Sie stand ständig in brieflichem Kontakt mit ihm und nannte sich in diesen Schreiben »Betta«.

Da Lisa, wenn sie nach Moskau kam, immer bei uns wohnte, gingen auch einige Briefe bei uns ein. Manchmal enthielten sie chiffrierte Nachrichten, weshalb Natalja Swetlowa, die zweite Frau Solschenizyns, oft zu meiner Mutter kam. Wenn ich auf dem Weg nach Hause war und sah, dass an der Ecke unserer Straße ein schwarzes Auto stand, dann wusste ich, dass Natalja bei uns in der Wohnung war. Schon seit Beginn der 1970er Jahre war eine ganze KGB-Abteilung mit Solschenizyn beschäftigt.

In seinem Buch »Die Eiche und das Kalb«, in dem er seinen damaligen Kampf beschreibt, gibt es sogar Fotos von Lisa Markstein und meiner Mutter. Lisas Aktivitäten führten dazu, dass sie nach einer Durchsuchung am Moskauer Flughafen bis zur Perestroika nicht mehr in die UdSSR einreisen durfte.

Wie sie die Manuskripte beispielsweise in einer Bonbonniere versteckte und außer Landes brachte, beschrieb Lisa in ihren Erinnerungen:

Man nahm alles heraus, zwängte das Skript hinein, deckte es behutsam mit einer Schicht Pralinés zu und schlang zu guter Letzt ein schönes Band mit Mascherl darüber. Die Zöllner waren derlei Mitbringsel bei Touristen gewohnt. Mit Lew Kopelew vereinbarte ich, dass ich aus Wien sofort anrufen und mit dem Satz »Sind gut angekommen, Mirli [Lisas jüngste Tochter] hat nicht einmal geweint« die Ankunft ohne Filzerei bestätigen sollte.

Und A.S. erdachte sich einen Modus, um trotz Postzensur verschlüsselte Nachrichten zu schicken. Eine Grußkarte mit Landschaft meldete Gutes, eine mit Stadtansicht Übles. (A.S. war kein Stadtmensch.) Einmal spielte unsere Tochter Babsi die Kurierin, um Briefe und Fragen an A.S. zu überbringen. So

Элизабет Маркштейн («Бетта»)

Ная Лазарева

Н.А.Струве,
А.И.Солжен
фрау Хееб. П
дни в Цюри
февраль 1974

Fotos von meiner Mutter (oben rechts) und Lisa Markstein
aus Solschenizyns »Die Eiche und das Kalb«.
Unten der Autor bei seiner Ankunft in Zürich

begannen, wie Lew Kopelew es später lachend benannte, unsere »Tom-Sawyer-Spiele«, zu denen ich sofort einen findigen Beitrag leistete: Die Korrekturen, die mir A.S. zu »Krebsstation« gab, schrieb ich per Hand in die Seitenränder eines dafür extra gekauften Buches über die russische Syntax. Es sah nach hochwissenschaftlichen Notizen aus. Der Luchterhand Verlag bekam die Korrekturen unbeschadet und konnte obendrein vor Gericht die Echtheit des Textes nachweisen.

Hatten wir Angst, in solche Angelegenheiten hineingezogen zu werden? Natürlich hätte man sich fürchten müssen, aber das ganze Leben war damals ein sehr merkwürdiges – so, als ob man tatsächlich Katz und Maus spielte. Der KGB agierte unterschiedlich, es gab eine Art rote Linie, die zu überschreiten wirklich gefährlich war. Meine Mutter hat diese rote Linie damals tatsächlich überschritten. Eine Sache war es, die Samisdat-Texte zu lesen oder sie gar aufzubewahren – aber direkte Hilfe zu leisten bei der Ausfuhr von verbotenen Schriften, bei der Herstellung von Kontakten zum Ausland für den damaligen »Staatsfeind Nummer 1«, das war schon sehr gefährlich.

Im Dezember 1973 erschien im Westen der »Archipel GULAG« und es war eine wirkliche Bombe, die Solschenizyn da für unsere Machthaber hochgehen ließ. Im Februar 1974 wurde er verhaftet und ausgewiesen. Kurz zuvor waren allerdings schon die ersten Exemplare des Buches in Russland aufgetaucht. Und wenn es damals etwas wirklich Gefährliches gab, dann war es dieses Buch.

Natürlich gelangten auch meine Eltern an ein Exemplar, sie bekamen es von Leuten, die Solschenizyn sehr nahestanden. Meine Mutter, die wusste, dass ich das Buch unbedingt lesen wollte, überließ es mir für 24 Stunden. Es war auf sehr dünnem Papier gedruckt, und auf der Titelseite stand »Reise durch die flandrischen Schlösser«.

Meine neun Monate alte Tochter verhielt sich an jenem Tag

erstaunlich ruhig, sodass ich alles fast in einem Rutsch lesen konnte. Ich verschlang diesen ersten Band regelrecht und er machte auf mich einen so starken Eindruck, dass ich am nächsten Tag, als mich meine Mutter anrief, unbedacht und laut ins Telefon schrie: »Mama, das Kind hat sich so gut benommen, ich hab den ganzen Archipel GULAG schon ausgelesen!« In jenen Tagen konnte man kaum etwas Verfänglicheres sagen. Meine Mutter schwieg und sagte dann nur einen einzigen Satz: »Du bist wohl vor lauter zu Hause herumsitzen ganz verrückt geworden!«

Wenn wir damals über so etwas am Telefon redeten, dann immer verschlüsselt, wobei manchmal etwas ganz Komisches rauskam: »Ich hab die Bonbonniere, die du mir mitgebracht hast, leer gegessen«, sagte man zum Beispiel. »Nun hat mein Mann endlich etwas zu naschen.« Im Rückblick wirkt das beinahe lächerlich, aber dass ich mich so verplappert hatte, konnte ein schlechtes Ende nehmen. Zum Glück blieb es aber ohne Folgen.

Einige Jahre später, 1976, holte uns Solschenizyn allerdings wieder ein, als der KGB den Dissidenten Alexander Ginsburg suchte. Ginsburg war bereits mehrfach in Haft gewesen und nach seiner Entlassung als Sekretär von Andrei Sacharow tätig. 1974 hatte er die Verwaltung von Solschenizyns »Fonds zur Hilfe für politische Gefangene« übernommen, in den vor allem die Tantiemen für den »Archipel GULAG« flossen, aber auch Spenden sowjetischer Bürger.

Wir kannten Ginsberg nicht persönlich, aber viele Leute, die mit ihm zu tun hatten. Eines Tages kam mein Mann völlig aufgelöst von der Arbeit im Kurtschatow-Institut für Atomenergie nach Hause. Er zog seinen Pullover aus, und sein Hemd darunter war so nass, als ob er in einen Regenguss geraten wäre. Es stellte sich heraus, dass er gleich am Morgen in die »Erste Abteilung« gerufen worden war. Das Kurtschatow-Institut war riesig und der KGB unterhielt dort eine eigene Abteilung. Dort fragten ihn stundenlang zwei Mitarbeiter der Staatssicherheit aus. Sie verlangten, er solle einen ihrer Leute in unseren Freundeskreis einführen. Offenbar waren sie bestens darüber informiert, dass einige daraus eng mit Ginsburg befreundet waren. Sie übten großen Druck auf meinen Mann aus, der dieses Ansinnen abwies. Eigentlich wusste man, dass man mit den KGB-Leuten am besten überhaupt nicht reden und nicht auf Fragen antworten sollte. Aber das war natürlich einfacher gesagt als getan. Und als sich mein Mann zuletzt auch noch weigerte, ein Schweigepapier über den Inhalt dieses Gespräches zu unterzeichnen, drohten sie ihm mit Hausdurchsuchungen und Entlassung.

Nachdem er mir von diesem Vorfall berichtet hatte, überlegten wir, was wir mit dem vielen Samisdat und Tamisdat tun sollten, das sich bei uns angesammelt hatte, falls es wirklich eine Hausdurchsuchung geben sollte. Frustriert trugen wir die ganzen Bücher und Manuskripte zusammen. Bald hatten wir einen Koffer vollgepackt, den wir zu einer älteren Verwandten bringen wollten, in der Hoffnung, dass der lange Arm des KGB nicht bis zu ihr reichen würde. Just in dem Moment, als wir den Koffer aus der Wohnung bringen wollten, tauchte meine Schwester bei uns auf und fragte, ob wir nicht einen Koffer mit religiöser Dissidentenliteratur bei uns aufbewahren könnten. Das waren zwar Schriften ganz anderer Kreise, aber Dissident war nun einmal Dissident. Es war eine so groteske Situation, dass wir alle in schallendes Gelächter ausbrachen. Am Ende brachten wir nichts irgendwohin, aber wir warnten unsere Freunde umgehend vor »neuen und netten« Leuten, deren Bekanntschaft sie demnächst machen könnten.

Alexander Ginsburg wurde im Februar 1977 verhaftet. Im Juli 1978 begann der Prozess, Ginsburg wurde zu acht Jahren Lagerhaft verurteilt. Bis 1991 gerieten die Verwalter des Fonds immer wieder ins Visier der Behörden. Es gab Hausdurchsuchungen, Verhöre, einige wurden des Landes verwiesen oder zur »Auswanderung« gezwungen.

Unser Leben in jenen Jahren glich einem merkwürdigen Balanceakt. Und worauf hofften wir? Dass wir eine Veränderung erleben würden? Die war nicht in Sicht. Aber wir machten weiter und hielten an etwas fest, an dem auch meine Eltern ihr ganzes Leben festhielten: an die seit dem 19. Jahrhundert für die russische Intelligenzija so enorm wichtige Idee der Aufklärung. Meine Mutter versuchte sechzig Jahre als Lehrerin, ihren Schülern russische Literatur so zu vermitteln, dass diese darin einen humanistischen und demokratischen Sinn begriffen. Und mein Vater kämpfte um die Veröffentlichung von Artikeln und Büchern, die den Leser wenigstens ein Stück weit der Wahrheit näherbringen würden, der Wahrheit über unsere Geschichte und unser Leben. Für mich aber wurde der »Archipel GULAG« zum Ausgangspunkt für einen neuen Weg, den ich beschreiten sollte. Durch die Lektüre dieses Buches begriff ich, dass es nichts gab, das mich mehr interessierte, als das Schicksal der Menschen, die die Stalin-Lager überlebt hatten.

Ich im Jahr 1993 bei einer Veranstaltung in Bremen

8
Eine verlorene Generation und gewonnene Zeit

Neurosen und Ängste

1979 wurde ich dreißig Jahre alt. An meinem Geburtstag rutschte ich mit einem Tablett voller Geschirr auf dem Parkettboden aus und stieß mit dem Gesicht gegen ein Bücherregal. Die Folgen waren ein gebrochenes Nasenbein und riesige blaue Flecken unter den Augen. Die nächsten zwei Wochen saß ich zu Hause und dachte über mein Leben nach. Natürlich war das zum Teil Ausdruck der klassischen Krise, die man in diesem Alter durchläuft und sich gewahr wird, dass man »noch nichts für die Ewigkeit« geschaffen hat. Aber eben nur zum Teil, denn vor allem haderte ich mit dem deprimierenden Gefühl, dass in meinem Leben alles auf Jahrzehnte hinaus vorherbestimmt sei.

Dabei konnte ich mich eigentlich nicht wirklich beschweren. Ich hatte einen Ehemann, eine inzwischen sieben Jahre alte Tochter und meine Arbeit als Übersetzerin. Seit meinem Ausscheiden aus der Redaktion von *Sowjetliteratur* konnte ich frei und sinnvoll über meine Arbeitszeit verfügen, statt sie durch Herumsitzen in einer sowjetischen Einrichtung zu vergeuden. Meine Eltern waren viel jünger als ich heute, und auch meine geliebte Großmutter war noch am Leben. Und niemals mehr in meinem Leben sollte ich je wieder so viel Zeit haben, um Bücher zu lesen und mich mit Freunden zu treffen, wie in dieser Zeit, die ich als so bleiern und zäh empfand.

Es ist charakteristisch für jene Zeit, dass es damals populär war, Bücher über verschiedene Mythen, Sagen und Legenden zu lesen. Zu einem bestimmten Zeitpunkt beschäftigten sich fast alle um mich herum mit chinesischen mittelalterlichen Märchen, deren Held ein Fuchs war, der sich verwandeln konnte. Mal war er eine Frau, dann wieder ein Fuchs. Wahrscheinlich war das Märchen deshalb so beliebt, weil es den Eindruck vermittelte, dass man sein Leben nur mit Hilfe eines Wunders oder durch Zauberei ändern konnte, während die Wirklichkeit ansonsten vorbestimmt schien. Abgesehen von solchen Sagen war eines der wichtigsten Bücher der 1970er und 1980er Jahre »Hundert Jahre Einsamkeit« von Gabriel García Márquez und wenig später das »Glasperlenspiel« von Hermann Hesse, in dem es auch um ein vorgezeichnetes Schicksal geht, und um Mittel, der Realität, an der man nichts ändern kann, zu entfliehen. Die Literatur, mit der wir uns damals befassten, sie passte zur Zeit. Man hatte das Gefühl, alles habe sich verlangsamt, sei beinahe zum Stillstand gekommen. Später sollte man die Breschnew-Zeit tatsächlich als Phase des Stillstands bezeichnen, und ich habe das fast physisch gespürt. Es war, als befände man sich in einem stehenden Gewässer, das nicht besonders kalt und auch nicht besonders gefährlich war. Man konnte darin weder erfrieren, noch musste man fürchten, von einem Krokodil gefressen zu werden. Man konnte aber auch nicht auf einen starken Windstoß hoffen, der das brackige Wasser ein wenig aufwirbeln würde. Es war wie in einem Sumpf, der einen immer tiefer hineinzog, ohne Chance, an eines der Ufer zu gelangen.

Wir alle waren davon überzeugt, dass dieses Trägheitsmoment noch viele Jahre anhalten würde. Lachen und Zynismus halfen dabei, Hoffnungslosigkeit und Frust in Zaum zu halten. Wir lachten über alles und jeden, auch über uns selbst. Nie zuvor und auch nicht danach kursierten so viele Witze wie in den letzten Jahren der Ära Breschnew. Es schien, als ob das ganze Land über die Dumpfheit und Schwäche seines senilen Führers und über seine unfähigen Mitstreiter lachte. Man machte sich darüber lustig, wie Breschnew sich abmühte, das Wort »sozialistische Länder« auszusprechen, und es gab Gerüchte, dass er dement sei oder irgendwelche schlimmen Medikamente einnehme.

Professor Jewgeni Tschasow, der im Gesundheitsministerium damals die 4. Abteilung leitete, die für die Gesundheit der Kremlführung zuständig war, schrieb dazu in seinen Erinnerungen:

> *»Zu irgendeinem Zeitpunkt verlor das Land seine konkrete Führung. [...] Ab dem XXV. Parteitag [1976] führte ich eine Liste der Unfähigkeiten Breschnews als Führer und politischen Akteurs des Landes. [...] Es ist schwierig, sich heute daran zu erinnern, wie viele offizielle Informationen wir über den Gesundheitszustand von Breschnew in den letzten sechs, sieben Jahren seines Lebens an das Politbüro geschickt haben. Auf keinen unserer Briefe gab es irgendeine Reaktion, keines der Mitglieder des Politbüros schien sich auch nur im Geringsten für diese Fakten zu interessieren!«*[7]

Den Menschen war allerdings auch ohne ärztliche Diagnose klar, dass Breschnew nicht mehr ganz bei sich war, aber genau das kam der »kollektiven Führung« und vor allem dem KGB-Chef Juri Andropow, der nur auf seine Stunde wartete, sehr entgegen. Eine Liberalisierung war nicht in Sicht, im Gegenteil. Die Dissidentenbewegung war zu jener Zeit de facto zerstört, Andrei Sacharow waren sämtliche Auszeichnungen aberkannt worden, man hatte ihn nach Gorki in die Verbannung geschickt. Wenn die Breschnew-Zeit heute als ruhigste und sogar angenehmste Epoche Russlands im 20. Jahrhundert dargestellt wird und Breschnew selbst als gutmütig und sympathisch, dann scheint es mir immer, als ob ich in einem anderen Land gelebt hätte. Natürlich empfanden die Älteren, die Stalins Terror, den Krieg und den Hunger er- und überlebt hatten, die Breschnew-Zeit als sehr viel ruhiger und das Leben als sehr viel sicherer. Doch auch hier waren die Regeln genau festgelegt und es gab rote Linien, die man besser nicht überschritt. Für Verhaftungen aus politischen Gründen war der KGB unter Andropow verantwortlich. Ihm ging es vor allem um »Prophylaxe«: Menschen wurden vorgeladen und eingeschüchtert. Der KGB drohte ihnen verschiedene Strafen an, *falls* sie sich eines Tages als Dissidenten betätigen sollten.

Wir blickten damals voller Neid auf Polen und die »Solidarność«-Bewegung. Und bedauerten, dass so etwas für uns nur eine Utopie bleiben würde, denn in der UdSSR gab es weder eine Arbeiterbewegung noch eine oppositionelle Kirche mit einem solchen Einfluss. In jenen Jahren gab es in Moskau viele Leute, die Polnisch lernten, da hier einige polnische Zeitungen und Zeitschriften frei verkauft wurden. Ich kann mich bis heute erinnern, welche Kioske sie anboten. Die einen lernten Polnisch wegen der Schnittmuster, die regelmäßig in der bei uns sehr populären Zeitschrift *Kobieta i Życie* erschienen, die anderen, um über das polnische Kino zu lesen, das auf großes Interesse stieß, oder auch Artikel über gesellschaftlich-politische Themen, die dank der in Polen stark gelockerten Zensur erscheinen konnten. Aber als die Veranstaltungen der Solidarność immer mehr Menschen anzogen, verschwanden die polnischen Blätter aus der Öffentlichkeit, es gab sie nur noch unter der Hand und in speziellen Archiven der Bibliotheken.

Es war eine sehr angespannte Zeit. Allein der Gedanke, dass unsere Machthaber auf die Idee kommen könnten, sich einzumischen und Truppen nach Polen zu schicken, war entsetzlich. Alle wussten, dass es in diesem Fall zu einem großen Blutvergießen kommen würde, viel schlimmer als in der Tschechoslowakei. Zum Glück kam es nicht zu einem Einmarsch, aber gleichzeitig schwanden auch die Hoffnungen auf einen Sieg der Solidarność. Als General Jaruzelski im Dezember 1981 das Kriegsrecht verhängte, um den Einfluss von Solidarność zu brechen, schien es, als würden in Polen auf lange Zeit die Uhren zurückgedreht, das Volk unterdrückt werden. (Damals wusste ich nur wenig über Jaruzelski, der aus einer typischen polnischen Elitefamilie stammte, die sich nach dem Hitler-Stalin-Pakt 1939 plötzlich in dem von der UdSSR besetzten Teil des Landes wiederfand. Die Jaruzelskis waren in den Altai in die Verbannung geschickt worden, wo sein Vater starb und wo er sich die Augen verletzte. Deshalb trug er auch jene dunkle Brille, die sein Erscheinungsbild unangenehm machte. Für mich war und ist es erstaunlich, wie jemand mit einer solchen Biografie zum Mitstreiter eines kommunistischen Regimes werden konnte.)

In Polen war die sowjetische Armee nicht einmarschiert, doch zuvor hatte sie genau das im Dezember 1979 in Afghanistan getan. Die Entscheidung über die »internationale Hilfe für das afghanische Brudervolk« war wohl auch aus Gewohnheit gefasst worden – man konnte schließlich nicht »einfach so« eine Einflusszone aufgeben – aber die Bevölkerung zeigte von Anfang an keinerlei Enthusiasmus für diesen Schritt. Die Propaganda lief ins Leere, egal, was die Zeitungen schrieben oder die Fernsehsprecher vortrugen, die Haltung blieb ablehnend. Viele hatten das Gefühl, dass dieser Krieg lange dauern würde und im Grunde sinnlos war. Dass aber die UdSSR auch infolge des afghanischen Abenteuers »nicht länger als bis 1984 existieren würde«, wie das ein bekannter Dissident formulierte, erschien uns denn doch als absurde Prophezeiung. Erst im Nachhinein wurde klar, dass vieles damals schon auf den bevorstehenden Zerfall hingewiesen hatte.

Die sowjetische Intervention in Afghanistan führte zum westlichen Boykott der olympischen Sommerspiele 1980 in Moskau. Statt einer lebendigen Metropole voller Touristen und Sportler präsentierte sich die Stadt als posttotalitäres Absurdum. Moskau war in jeder Hinsicht gesäubert worden. Man hatte nicht nur alle »asozialen Elemente« entfernt – »leichte« Mädchen, Straßenkinder und überhaupt alle verdächtigen Personen –, sondern auch die große Menge an Menschen ausgesperrt, die üblicherweise während des Sommers aus anderen Teilen des Landes in die Stadt strömten. Während der olympischen Spiele wurde die Stadt faktisch für alle Nicht-Moskauer gesperrt. Und selbst die Moskauer

Eltern wurden aufgefordert, ihre Kinder in dieser Zeit entweder auf die Datscha oder in ein Sommerlager zu schicken.

Man hatte viele Touristen erwartet, aber wegen des Boykotts von mehr als fünfzig Ländern, blieben viele Sportfans aus.

Ich saß damals in halbleeren Metro-Zügen, was es sonst im sommerlichen Moskau nie gab. Es hatte auch deshalb etwas Surreales, weil wegen der ausländischen Touristen alle Haltestellen auf Englisch angesagt wurden. Weil die nicht in erhoffter Zahl erschienen waren, tauchten in den Geschäften merkwürdige Lebensmittel auf, die meisten aus finnischer Produktion, die eigentlich für die Hotels gedacht waren, dort aber nicht verbraucht wurden und deshalb in den allgemeinen Handel kamen: Käse und Wurst in bis dahin nie gesehenen ausländischen Verpackungen und Marmelade in kleinen Gläsern.

Nach dem Ende der olympischen Spiele verschwanden diese Waren wieder aus den Regalen, die Versorgungslage verschlechterte sich, die Schlangen vor den Geschäften wurden immer länger. Das ganze Land war mit der Selbstversorgung beschäftigt. Und wenn die Versorgung in Moskau noch irgendwie funktionierte, so mussten die Menschen in der Provinz buchstäblich allem nachjagen. Sie kamen nach Moskau, in der Hoffnung, hier die dringend benötigten Lebensmittel erstehen zu können. Nachbarn und Kollegen legten das Geld für eine Fahrkarte zusammen, damit wenigstens einer von ihnen fahren konnte, lange Listen im Gepäck, auf denen stand, was zu besorgen war. Das war keine leichte Aufgabe, zumal die Moskauer, die selbst um alles anstehen mussten, den Käufern von außerhalb nicht gerade freundlich begegneten.

Es gab damals folgenden Witz: »Anfrage an Radio Eriwan: ›Was ist das? Es ist lang, grün, windet sich und riecht nach Wurst?‹ – Die Antwort: ›Ein Zug aus Moskau!‹« (Damals waren unsere Züge grün gestrichen.) Andererseits muss man aber auch sagen, dass Freunde und Verwandte aus anderen Orten Pakete mit Lebensmitteln nach Moskau schickten, die man hier nicht bekommen konnte: Granatäpfel aus Baku, Melonen und Weintrauben aus Duschanbe, Käse und getrocknete Pilze aus Vilnius, Schokoladekonfekt aus Lemberg. Normalerweise gelangten solche Pakete nach Moskau, indem der Absender sie verbunden mit einem kleinen Trinkgeld dem Schaffner eines Zuges anvertraute. Für sie war das ein willkommenes und einträgliches Geschäft. Da die Fernzüge oft in den frühen Morgenstunden in Moskau ankamen, musste man früh aus den Federn, um sie abzuholen. Aber das war zu verschmerzen.

Zu Beginn der 1980er Jahre wurde gleich gegenüber unserem Wohnhaus ein großes Lebensmittelgeschäft eröffnet, im dem alles sehr modern sein sollte: Das hieß, dass man sich nicht mehr zuerst an der Theke anstellen musste, um die Waren auszuwählen und vielleicht abwiegen zu lassen, dann zur Kasse eilte, um zu bezahlen, um anschließend mit der Quittung wieder zur Theke zu laufen, um sich die Waren aushändigen zu lassen. In diesem Geschäft konnte man »wie im Westen« die Waren aus dem Regal nehmen, in den Einkaufswagen legen und dann alles bei der Kasse am Ausgang bezahlen. Nur leider waren begehrte Waren wie die rosa-grünliche Wurst (geräucherte Wurst war schon lange kaum noch zu bekommen), Würstchen und Fleischwaren (in der Regel waren das Einlagen für Suppen oder klein geschnittenes Gulasch, das fast nur aus Knorpeln und Fasern bestand) sofort ausverkauft. Zurück blieben nur sogenannte Halbfabrikate: eine Sorte Pelmeni beispielsweise, halb fertige Teigtaschen mit Hackfleisch, das als solches nicht mehr zu erkennen war. Und bis die nächste Portion Fleisch und Wurst geliefert wurde, konnte es dauern.

Zu dem wenigen, was es Anfang der 1980er Jahre noch gab, gehörten tiefgefrorene Hühnchen, die meine Großmutter »blaue Vögel« nannte – in Erinnerung an das bekannte Märchenspiel »Der blaue Vogel« von Maurice Maeterlinck, und weil sie tatsächlich eine bläuliche Farbe hatten. Meine Großmutter, die von 1917 an daran gewöhnt war, geduldig irgendwo anzustehen und mit Lebensmittelkarten und Bons über die Runden zu kommen, sagte immer, jeder Sowjetbürger sei ein urzeitlicher Jäger. Er verlässt das Haus auf der Jagd nach Beute und weiß nie, was er erlegen wird. Deshalb hatten auch alle immer Plastiktüten und Einkaufsnetze dabei, für den Fall, dass es irgendwo etwas zu erjagen gab. Die Plastiktüten, die man aus dem Ausland mitbrachte, wurden sehr geschätzt. Nach jeder Verwendung wurden sie gründlich gewaschen und zum Trocknen aufgehängt. Einer meiner Bekannten erzählte, seine Großmutter, die irgendwo in der Provinz lebte, habe sogar gelernt, Plastiktüten zu flicken. (Auf Besucher aus dem Ausland muss das damals gewirkt haben, als seien die Russen ökologische Vorreiter, die Plastiktüten nicht auf den Müll warfen, lange bevor man im Westen daran überhaupt zu denken begann.)

Neben Plastiktüten brachte jeder, der von einer Auslandsreise zurückkam, Geschenke für Freunde und Bekannte mit: Gewürze, Tee, Seife, Jeans – die Liste könnte man unendlich fortsetzen. Bei Kleidung war es fast tragisch, wenn die Größe nicht stimmte. (Mein späterer Ehemann bekam einmal Anfang der 1970er Jahre ein wahrhaft königliches Geschenk von Swjatoslaw Richter, einem der bekanntesten Pianisten des Landes, echte Levi's-Jeans, keine ungarischen oder tschechischen Kopien. Echte Levi's waren der Traum jedes sowjetischen Studenten; hin und wieder bekam man sie als »Bückware«, dafür musste man aber das Monatsgehalt eines wissenschaftlichen Mitarbeiters hinblättern. Leider hatte sich Richter in der Größe geirrt, die Jeans waren viel zu groß. Wobei es schlimmer gewesen wäre, wenn sie zu klein gewesen wären. So konnten sie irgendwie abgenäht und geändert werden. Und sie wurden so lange getragen, bis sie fast zerfielen.)

Wenn man Moskau verließ, musste man immer daran denken, etwas zu essen mitzunehmen. In anderen Städten war es teils sogar schwierig, in Restaurants etwas Essbares zu bekommen. Anfang der 1980er Jahre sollte mein Mann für einen Tag dienstlich nach Gorki fahren und er weigerte sich, Wurstbrote mitzunehmen. »Ich werde dort schon irgendwo zu Mittag essen können!« Aber das Einzige, was er den ganzen Tag über auftreiben konnte, war eine Tasse Tee und ein Stück Brot.

Die Kellner in den Restaurants waren meistens ziemlich ehrlich und rieten einem manchmal entschieden von bestimmten Gerichten ab, die nicht genießbar waren. Das wäre sicher anders gewesen, hätte ihr Gehalt von der Anzahl der bewirteten Gäste abgehangen. Ich erinnere mich noch gut daran, wie wir einmal mit unserer Tochter für ein paar Tage nach Riga fuhren, im Sommer 1979. In einem Restaurant bestellte ich für meine Tochter Frikadellen. Der Kellner sah mich an, als sei ich eine Verbrecherin. »Gute Frau«, sagte er vorwurfsvoll, »man kann doch in einem sowjetischen Laden für ein Kind kein Gericht mit Hackfleisch bestellen!«

Diese Ehrlichkeit machte auch auf unsere ausländischen Freunde einen unauslöschlichen Eindruck. Anfang der 1980er Jahre ging ich mit einem deutschen Journalisten in das Restaurant des Schriftstellerverbandes in Moskau, das als durchaus gediegenes Lokal galt. Nachdem ich die recht übersichtliche Speisekarte studiert hatte, beschloss ich, für uns beide Brathähnchen zu bestellen. Die Kellnerin schüttelte den Kopf, hielt diese Geste aber offenbar nicht für ausreichend verständlich. Zu unserer Verblüffung drehte sie sich zum Nachbartisch um, an dem ein junges Paar saß. Der Mann hatte sich ebenfalls für Brathähnchen entschieden. Sie nahm den Teller vom Tisch, wandte sich wieder zu uns und sagte: »Schauen Sie sich das an. Kann man das etwa essen?« Danach stellte sie den Teller wieder vor den sprachlosen Gast am Nebentisch. Auch mein deutscher Besuch konnte sich lange nicht wieder fassen.

Alle arrangierten sich, so gut sie konnten. Für Beamte gab es ein gesondertes Versorgungssystem, je nach Rang. Von uns hatte niemand Anspruch darauf, sieht man einmal von den Feiertagszuteilungen ab, die meinem Vater als Veteranen an jedem 9. Mai zustanden. Aber wieder einmal hatten wir großes Glück. Meine Eltern waren mit der Tochter von Ilja Ehrenburg befreundet, einer Französisch-Übersetzerin. Sie hatte ihr Auto – ebenfalls eine sehr seltene Ware, auf die man jahrelang warten musste – an einen sehr wichtigen Mann verkauft. Er arbeitete in der Abteilung für Lebensmittelbestellungen in einem der bekanntesten Moskauer Geschäfte, im GUM auf dem Roten Platz. Weil er sich so über den Wagen freute, brachte er ihr – gegen einen kleinen Obulus – einmal in der Woche ein Paket mit Dingen, die als Mangelwaren galten: indischer Tee, geräucherte Wurst, finnischer Streichkäse und vor allem ordentliches Fleisch, das man, wenn überhaupt, sonst nur auf dem Markt und für viel Geld kaufen konnte. Verglichen damit waren diese »illegalen« Pakete relativ günstig. Irina gelang es, diesen »Mister Bestellung«, wie ihn meine Großmutter nannte, zu überreden, meine Eltern auf die gleiche Art zu versorgen. Und die wiederum bemühten sich, gleich für mich mit zu bestellen.

Dieses Lebensmittelglück hielt einige Jahre an. Doch als Breschnew starb, begannen Andropows Säuberungen, und in allen großen Moskauer Geschäften wurden Leute wie unser »Mister Bestellung« verhaftet. Der Direktor des berühmten Feinkostladens »Jelissejew« neben dem ehemaligen Hotel »Lux« wurde 1985 wegen Veruntreuung und Unterschlagung in besonders großem Stil sogar erschossen. Aber sosehr die Sowjetmacht auch dagegen ankämpfte, der schwarze und der graue Markt existierten weiter. Die Lücken, die durch die Verhaftungen entstanden waren, wurden schnell wieder geschlossen, und daran würde sich nichts ändern, solange die Verteilungs- und Versorgungsschwierigkeiten bestehen blieben.

Alle schimpften damals auf die Machthaber, ich kenne niemanden, der damals zufrieden gewesen wäre. Man musste nur in den Zug steigen oder sich in eine der üblichen Schlangen einreihen, irgendjemand beschwerte sich immer und rasch wuchs diese Klage zu einem vielstimmigen Beschwerdechor an. Über die Situation in der Arbeit, über die staatlichen Institutionen, die ewige Warterei und das Leben insgesamt. Der Alltag fraß unglaublich viel Zeit und Kraft auf. In den 1980er Jahren schien es, als ob nichts mehr wirklich funktionierte außer vielleicht im militärischen Bereich. Wobei meinem Mann, der als Physiker am Kurtschatow-Institut arbeitete, dem wichtigsten Atominstitut des Landes, ständig irgendwelche Versuchsreihen um die Ohren flogen, weil beispielsweise das flüssige Helium nicht geliefert wurde, das sie für ihre Arbeit am Testreaktor brauchten. Und wenn die stolze sowjetische Atommacht schon nicht einmal in der Lage war, so etwas bereitzustellen, wie sollten dann Kleinigkeiten funktionieren? Wobei es ja nicht nur um das Fehlen von Lebensmitteln oder Kleidern ging.

Ich beneidete damals meine Eltern. Nicht, weil sie optimistischer waren, sondern weil ihre Arbeit ihnen half, sich nützlich zu fühlen. Meine Mutter unterrichtete russische Literatur und war in Moskau eine sehr bekannte Lehrerin. Genau wie mein Vater profitierte sie davon, dass viele Menschen Hoffnung und Kraft in der Literatur suchten, vor allem in den Büchern der russischen Klassiker. Bei Puschkin, Tolstoi, Dostojewski und Tschechow. Und natürlich spielte auch eine Rolle, dass meine Eltern (und noch mehr die Generation meiner Großmutter) sich sehr gut daran erinnerten, was es hieß, in Angst zu leben, wie das in den 1930er und 1940er Jahren der Fall gewesen war.

Ich geriet in dieser Zeit in eine schwere Krise. Alles, was ich tat, erschien mir sinnlos, ich entwickelte Neurosen, meine diffusen Ängste beeinträchtigten mein Leben und das meiner Nächsten. Einige Jahre später, als ich in Situationen geriet, die tatsächlich Angst hätten auslösen müssen, fühlte ich gar keine. Aber damals, in diesen relativ ruhigen Zeiten, hatte ich ständig Angst, dass einem meiner Lieben etwas passieren könnte. Ich stand stundenlang am Fenster und wartete nervös auf die Rückkehr meines Mannes oder meiner Tochter. Für mich war das quälend, doch der Entwicklung meiner Tochter, die ich am liebsten gar nicht mehr aus den Augen gelassen hätte, war das nicht zuträglich. Ich versteckte meine Ängste, so gut ich konnte, aber das gelang mir nicht immer. Ich begann, Antidepressiva zu nehmen, von denen es damals nur wenige verschiedene Präparate gab. Geholfen haben sie nicht, ich rutschte immer tiefer in düstere Gedanken ab, alles kreiste um die Sinnlosigkeit meines Lebens in diesem sinnlosen, stillstehenden System. Und da begann ich nachzudenken: Gibt es überhaupt irgendetwas, womit ich mich wirklich beschäftigen wollen würde? Und nach und nach begriff ich: Das ist unsere Geschichte der 1930er Jahre, aber nicht einfach so. Ich wollte mich nicht mit irgendwelchen Ereignissen beschäftigen, sondern mit dem Leben der Menschen, mit ihrem Schicksal.

Die Zeit der Witwen

Den Anstoß dazu, mich mit dem Schicksal jener Menschen zu befassen, die Stalins Gefängnisse und Lager überlebt hatten, hatte die Lektüre von Solschenizyns »Archipel GULAG« im Winter 1973 gegeben. Das Buch hatte mich sehr beeindruckt, aber ich hatte viele Fragen, ich wollte noch mehr wissen und vor allem wollte ich selbst mit Zeitzeugen sprechen. Denn jene Erzählungen, die ich bis dahin bruchstückhaft von Menschen aus dem Umfeld der Eltern und der Großmutter gehört hatte, die den GULAG überlebt hatten (sie stammten vor allem von Frauen, die ich seit meiner Kindheit kannte), passten nicht immer zu jenem Bild, das Solschenizyn zeichnete.

An dieser Stelle muss ich einige Worte über jene Frau schreiben, deren Bekanntschaft für mich ein weiterer Antrieb war, Zeitzeugen zu befragen. Ich spreche von Nadeschda Jakowlewna Mandelstam, der Witwe des Poeten Ossip Mandelstam.

Nach wiederholten Verhaftungen war Mandelstam 1938 wegen »konterrevolutionärer Tätigkeit« zu fünf Jahren Lagerhaft verurteilt und nach Kolyma geschickt worden, wo er allerdings nie ankam. Er starb im Winter des gleichen Jahres in einem Durchgangslager in der Nähe von Wladiwostok. Nach dem Tod ihres Mannes wechselte Nadeschda Jakowlewna häufig ihren Aufenthaltsort, aus Furcht vor einer Verhaftung. Sie unterrichtete Englisch an verschiedenen Provinzuniversitäten, war ständig auf dem Sprung. Erst 1958 erhielt sie die Erlaubnis, nach Moskau zurückzukehren. Dort gelang es ihr, mit Hilfe von Freunden eine kleine Einzimmerwohnung zu bekommen, die sie als luxuriöse Unterkunft betrachtete, vor allem wegen des eigenen Badezimmers.

Als ich Nadeschda Jakowlewna kennenlernte, wusste ich vom Schicksal ihres Mannes, ich kannte seine Gedichte und ich hatte den ersten Band ihrer Erinnerungen* gelesen. Das alles hatte einen tiefen Eindruck auf mich gemacht: Einer der besten russischen Dichter des 20. Jahrhunderts war in der Hölle umgekommen – schlimmer als das Durchgangslager in Wladiwostok war nur noch die Kolyma selbst. Man hatte ihn zusammen mit vielen anderen Toten einfach in ein Massengrab geworfen. Schon Mitte der 1930er Jahre hatte das Paar eine Zeit lang in der Verbannung zugebracht, erst in Tscherdyn im Ural, dann in Woronesch. Nach dem Tod ihres Mannes und den vielen Ortswechseln war Nadeschda Mandelstam in großer Sorge, dass seine Manuskripte verloren gehen könnten. Sie lernte viele Texte auswendig und fertigte Abschriften an, die sie bei wenigen zuverlässigen Freunden hinterlegte. Die Bewahrung von Ossip Mandelstams Archiv war für die nächsten Jahre ihr wichtigster Lebensinhalt.

Ich erinnere mich nicht mehr ganz genau, wann ich Nadeschda Jakowlewna zum ersten Mal begegnete, wahrscheinlich war das

* Ihre auf drei Bände angelegten Memoiren kursierten zunächst im Samisdat, Anfang der 1970er Jahre erschienen sie dann auf Englisch und Deutsch (»Das Jahrhundert der Wölfe« und »Generation ohne Tränen«). Der dritte Band blieb unvollendet; Passagen daraus, die jahrzehntelang als verschollen galten, erschienen erst 2011 auf Deutsch (»Erinnerungen an Anna Achmatowa«).

1969 oder 1970, als ich noch studierte. (Warja Schklowskaja, die Tochter des Schriftstellers Wiktor Schklowski, hatte meine Eltern mit ihr bekannt gemacht. Während der Jahre der Verfolgung waren die Schklowskis eine der wenigen Familien, wo die Mandelstams Hilfe und Unterschlupf fanden.) Ich kam von da an regelmäßig mit meinen Eltern und meiner Schwester zu ihr und später auch alleine, wenn sie bei irgendetwas Hilfe brauchte oder mich eingeladen hatte. Jetzt, wo schon so viele Jahre seit ihrem Tod 1981 vergangen sind, ist sie selbst zur Legende geworden. Man hat Bücher über sie geschrieben, doch die Meinungen über sie gehen auseinander: Die einen verehren sie, bei den anderen verursacht sie Widerwillen und Unmut. Ich glaube, sie wäre sehr zufrieden damit, dass ihr gegenüber keiner gleichgültig bleiben kann.

In ihrer winzigen Wohnung versammelten sich ständig viele Menschen. Heute schreibt man gerne, sie habe so etwas wie einen Salon betrieben. Wenn mir damals jemand gesagt hätte, dass Nadeschda Jakowlewna einen Salon betreibt, wäre mir das lächerlich erschienen. Einen Salon stellte ich mir ganz anders vor, so gar nicht wie die enge Küche von Nadeschda Jakowlewna, in der sie fast immer im Schlafrock auf dem Diwan lag, die unvermeidliche Papirossa in der Hand. Und abgesehen von ein paar Ikonen und Mandelstams Manuskripten gab es nichts Wertvolles in diesem beengten Raum.

Über die bekannte »Muse der Russischen Avantgarde«, Lilja Brik, kann man dagegen sehr wohl sagen, sie habe einen Salon geführt, in dem sich zahlreiche Mitglieder der Moskauer Kulturelite trafen. Ich war einige Male mit meinen Eltern sowohl in ihrer Wohnung als auch auf ihrer Datscha. Von Lilja Brik hatte ich viel früher gehört als von Nadeschda Jakowlewna. Ich wusste, welche enorme Rolle sie im Leben von Wladimir Majakowski gespielt hatte und dass er sie in seinem Abschiedsbrief vor seinem Selbstmord als Erste unter den ihm Nahestehenden genannt hatte. Und natürlich kannte ich Majakowskis Gedichte, die er ihr gewidmet hatte, aus meiner Schulzeit.

Es war interessant, Lilja Brik kennenzulernen, die ja nicht nur »Majakowskis Muse« oder die der »Russischen Avantgarde« war, sondern auch eine der bekanntesten Frauen in der literarischen Szene der 1920er Jahre. Es gibt eine lange Liste von Männern, mit denen sie eine Affäre gehabt haben soll. Ich hatte ihre Memoiren (»Schreib Verse für mich. Erinnerungen an Majakowski«) gelesen und den Briefwechsel mit Majakowski. Die Veröffentlichung Ende der 1950er Jahre während der »Tauwetter«-Periode glich einer Sensation. Nie zuvor hatte man den sowjetischen Vorzeigedichter in einem so persönlichen Licht sehen dürfen. Ich kann nicht sagen, dass mich diese Briefe damals sehr beeindruckt hätten. Obwohl dieses Leben der Boheme mit ihren offenen Beziehungen (nicht nur Dreiecke, sondern noch viel kompliziertere geometrische Figuren waren da mit Liebe ausgefüllt worden) für meine Generation besonders interessant war. Die moralische Entgrenzung der Avantgarde in den 1920er Jahren war Teil jener Freiheit, die der sowjetischen Gesellschaft danach für Jahrzehnte vorenthalten wurde, als Heuchelei und Bigotterie die Oberhand behielten.

Aber der Briefwechsel zwischen Majakowski und Lilja Brik kreiste für meinen damaligen Geschmack zu viel um banale Alltagsfragen (etwa lange Listen von Dingen, die er ihr von seinen Auslandsreisen mitbringen sollte). Außerdem stieß es mir in meiner Verbohrtheit unangenehm auf, dass Lilja Brik, die ständig ihre Männer wechselte, ihr ganzes Leben unter für sowjetische Verhältnisse außerordentlich privilegierten Umständen leben konnte. Nur ein paar Monate nach Majakowskis Tod heiratete sie 1930 Wiktor Primakow, einer der wichtigen sowjetischen Militärführer. Sieben Jahre später wurde er gemeinsam mit anderen hohen Militärs verhaftet und erschossen. An Lilja Brik zog das Gewitter vorbei, sie war der Meinung, Stalin selbst habe ihren Namen von der Liste der zu Verhaftenden gestrichen. (1935 hatte

Ein signiertes Foto aus den 1930er Jahren, das Lilja Brik mir schenkte

sie einen Brief an Stalin geschrieben, in dem sie sich über die Vernachlässigung von Majakowskis poetischem Erbe beklagte. Woraufhin Stalin anordnete, dass eine Majakowski-Gesamtausgabe zu erscheinen habe und seine Werke fortan im Schulunterricht durchzunehmen seien.)

Auch der erste Eindruck, den ich von ihr persönlich hatte (es war zu Beginn der 1970er Jahre), war unangenehm. Ich bin sogar regelrecht erschrocken: Lilja Brik war klein, mit einem großen Kopf, der aufgrund ihrer tief liegenden Augen wie ein Totenschädel aussah, von dem ein langer, rot gefärbter Zopf herunterhing. Sie trug enge schwarze Samthosen, eine schwarze Samtbluse und hohe Stiefel. (Ihre Kleider fertigte Yves Saint Laurent persönlich.) An einer Kette um ihren Hals trug sie den Ring mit ihren Initialen, den Majakowski bis zu seinem Tod getragen hatte (sie hatten im Jahr 1918 die Ringe getauscht). Er wirkte riesig und ich fragte mich, wie groß Majakowskis Hände gewesen sein mussten.

Ihre Datscha im Schriftstellerdorf Peredelkino im Südwesten von Moskau, wo sie mit ihrem letzten Mann Wassili Katanjan lebte, war für jene Zeit verspielt und prächtig eingerichtet. Eine Mischung aus Bürgerlichkeit und Erinnerungen an die Avantgarde. Dass Lilja Brik das ohne Zweifel schon immer sehr gut gekonnt hat – den Alltag schön zu gestalten –, daran erinnern sich viele. Das alles gefiel mir gar nicht und schien mir ein Symbol für die Anpassungsfähigkeit der kulturellen Elite des Landes zu sein. Natürlich lebten auch die Schriftsteller in den Nachbardatschen auf großem Fuß, verglichen mit den Lebensumständen der einfachen Menschen. Aber bei Lilja Brik war alles auf westliche Art schön.

Hinzu kam, dass es mir im ersten Moment unmöglich war, in Lilja Brik jene ungewöhnliche und faszinierende Frau zu erkennen, die einst die Männer so zahlreich in ihren Bann gezogen hatte. Erst als sie zu sprechen begann, war die Anziehungskraft mit einem Mal da. Unweigerlich geriet auch ich in ihren Bann. Vielleicht lag es an der Leichtigkeit, mit der sie über die Vergangenheit sprach, über all die Menschen, die sie umgeben hatten, allen voran Majakowski. Brik konnte sehr lebendig erzählen und war gleichzeitig eine einfühlsame Gesprächspartnerin, die es verstand, ihr Gegenüber zu begreifen und sich dessen Bedürfnissen anzupassen. Bis zum Schluss war sie offen für Begegnungen mit neuen Menschen. Die Spuren, die sie im Leben so vieler hinterließ, sprechen von ihrer Ungewöhnlichkeit.

Dass ich Lilja Brik einige Male treffen konnte, war für mich lehrreich und gut. Ich lernte, mich von Vorurteilen und Voreingenommenheit zu befreien. Und es gab da noch etwas, das nicht nur mich, sondern viele andere dazu veranlasste, mit ihr mitzufühlen. Seit Mitte der 1970er Jahre gab es eine ganze Reihe antisemitischer Literaten, die sich mit Unterstützung der Kulturabteilung des ZK der KPdSU bemühten, Lilja Brik aus dem Leben und der

Biografie Majakowskis zu tilgen. In neuen Veröffentlichungen wurden entsprechende Widmungen gestrichen, aus Fotos, die sie gemeinsam mit Majakowski zeigten, wurde sie herausgeschnitten und schließlich wurde das Museum in jener Wohnung geschlossen, in der Majakowski mit dem Ehepaar Brik zusammengewohnt hatte. Der Hintergrund all dieser Bemühungen war eindeutig auch Antisemitismus. Man musste den großen sowjetischen Dichter vor allem aus diesem jüdischen Umfeld herausreißen.

Als mein Vater Teile der Erinnerungen von Lilja Brik in seiner Zeitschrift veröffentlichte, löste das eine neue Welle von Angriffen aus. Dass Lilja Brik dies alles am Ende ihres Lebens durchmachen musste, war schlimm. Aber sie hatte einen starken Charakter und schied 1978 auch so aus dem Leben, dass sie dies noch einmal unter Beweis stellen konnte. Sie hatte sich die Hüfte gebrochen und erfahren, dass sie nie mehr würde gehen können. Sie nahm sich mit Schlaftabletten das Leben.

Während ich bei Brik eine Weile brauchte, war zu Nadeschda Jakowlewna von Anfang an eine große Nähe da. Einmal verbrachte ich einen ganzen Tag bei ihr. Es war kurz vor Ostern und ich sollte ihr beim Aufräumen und Saubermachen helfen. Als ich kam, werkelte bereits einer ihrer Freunde (ein wunderbarer Priester aus Pskow aus dem Kreis der Kirchendissidenten) gemeinsam mit zwei Frauen herum. Ich war verblüfft, mit welcher Schnelligkeit, Gründlichkeit und vor allem Fröhlichkeit sie die kleine vollgestellte Wohnung aufräumten und sauber machten. Ich stand ihnen nur im Weg herum und konnte gar nicht helfen. Und begann, Nadeschda Jakowlewna mit meinen Fragen zu belästigen.

Nadeschda Jakowlewna interessierte mich nicht nur als Witwe eines großen Dichters, sondern als Person. Ihre Memoiren hatte ich buchstäblich verschlungen, den ersten und den zweiten Band gleichermaßen, und ihre Offenheit und Schärfe haben mich sehr beeindruckt. Sie scheute sich nicht, unbequeme und unangenehme Dinge laut auszusprechen. Natürlich kannte ich die literarischen Zirkel der 1930er Jahre nicht, aber einige Personen daraus waren ja noch am Leben. Und in den Schriftstellerheimen, wohin ich mit meinen Eltern fuhr, und in der Schriftsteller-Poliklinik sah ich die Sattheit, die Privilegien und den Konformismus vieler Vertreter eben dieser Kreise. Weshalb mir die beleidigten Philippiken an die Adresse von Nadeschda Jakowlewna falsch erschienen. Umso mehr, als sie begleitet wurden von der Forderung, Nadeschda Jakowlewna sei selbst ein Niemand, nur die Frau von Mandelstam, weshalb »der Schatten seinen Platz kennen sollte«. Ich kannte den Typ »hauptberufliche Schriftstellergattin«, den gab es auch noch in den 1970er Jahren, aber es wäre mir nie in den Sinn gekommen, dass man Nadeschda Jakowlewna auf eine Ebene mit diesen Frauen stellen könnte. Ich war der Meinung, dass sie das Recht hatte, leidenschaftlich und wählerisch zu sein und die Welt daran zu erinnern, wer sich wie verhalten hatte, als man ihren Mann verfolgte und schließlich ermordete.

Im Rückblick habe ich das Gefühl, dass Nadeschda Jakowlewna meine Neugier spürte und dass ich sie nicht als Witwe eines großen Poeten verehrte, sondern mich wirklich für ihr früheres Leben interessierte. Und vor allem hatte ich keine Scheu, sie zu verschiedenen Dingen zu befragen, von denen ich in ihren Büchern gelesen hatte. Zum Beispiel zu Mandelstams heftiger Affäre mit der Schauspielerin Olga Waksel im Jahr 1925, über die er zwei seiner schönsten Gedichte schrieb. Über ihren Abschiedsbrief und darüber, ob Mandelstam wirklich über den Anblick ihrer gepackten Koffer so erschrocken gewesen war, dass er die Affäre beendete. Und ob es in ihrem Leben selbst einmal jemanden gegeben hat, dem zuliebe sie Mandelstam hätte verlassen wollen. Einmal fragte ich sie, ob Anna Achmatowa, mit der sie eng befreundet war, in ihrer Jugend wirklich so schön gewesen war, wie alle sie beschrieben. Natürlich hatte ich ihre Jugendfotos gesehen, aber ich wusste auch, dass Schwarz-Weiß-Fotos nicht immer das richtige Bild wiedergeben. Aber als ich Achmatowa einmal persönlich sah, konnte ich keinen ihrer jugendlichen Züge an ihr erkennen. Nadeschda Jakowlewna sah mich spöttisch an und sagte: »Na ja, sie hatte eine sehr gute Figur, aber ihre Haut war schlecht.« Mir blieb der Mund offen stehen und sie war sichtlich mit dem Effekt zufrieden, den sie erzielt hatte. Sie wusste genau, dass ich mich an dieses Detail ganz sicher erinnern würde.

Ich schätzte an Nadeschda Jakowlewna ihren Humor und ihre Lust an der Provokation, aber vor allem, dass sie nicht durch mich hindurchsah, sondern mich ernst nahm, obwohl ich damals nur eine kleine, naive Studentin war. Dass ich Germanistik studierte, begrüßte sie sehr, aber meiner Leidenschaft für die sowjetische Geschichte konnte sie wenig abgewinnen. Sie war der Meinung, es sei gefährlich und sinnlos, sich damit zu beschäftigen, und ich solle mich stattdessen lieber auf die Linguistik konzentrieren. Ihr selbst habe es das Überleben gesichert, dass sie mit ihren Englischkenntnissen noch in schlimmen Jahren Arbeit bekommen konnte, betonte sie immer wieder.

Als ich einmal bei ihr war, räumte ich den kleinen Tisch neben ihrem Diwan auf. Er war übersät mit allem Möglichen, und während ich herumsortierte, stieß ich plötzlich auf ein Einladungsschreiben von Solschenizyn. Er hatte sich geweigert, zur Verleihung des Nobelpreises nach Stockholm zu reisen, weil er befürchtete, dass man ihm die Rückkehr in seine Heimat verweigern könnte. Solschenizyn hatte daher vorgeschlagen, ihm den Preis in seiner Moskauer Wohnung zu überreichen. Einige sorgfältig ausgewählte Menschen waren eingeladen worden, aber einige Tage vor der Verleihung war dem Sekretär der schwedischen Nobelakademie das Visum für die Einreise in die UdSSR verweigert worden.

»Soll ich das auch wegwerfen?«, fragte ich. »Natürlich! Wirf das weg, wer braucht das schon?«, sagte Nadeschda Jakowlewna. »Kann ich es haben?«, fragte ich. Sie sah mich listig an und sagte:

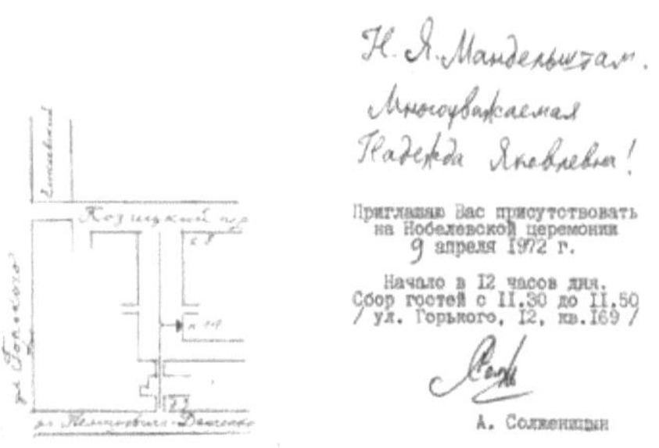

Н. Я. Мандельштам.
Многоуважаемая
Надежда Яковлевна!

Приглашаю Вас присутствовать
на Нобелевской церемонии
9 апреля 1972 г.

Начало в 12 часов дня.
Сбор гостей с 11.30 до 11.50
/ ул. Горького, 12, кв.169 /

А. Солженицын

Solschenizyns Einladung für Nadeschda Mandelstam zur Übergabe des Nobelpreises für Literatur in seiner Wohnung in Moskau, die am Ende scheiterte

»Du sammelst also schon für dein Archiv, das ist sehr dumm, es wäre besser, du beschäftigst dich mit der Germanistik.«

So freigiebig war Nadeschda Jakowlewna in vielen Dingen. Sie, die wie eine Nomadin herumgeirrt war, ohne Geld und manchmal wirklich im Elend gelebt hatte. Und jetzt, da ihr verschiedene Verehrer, auch aus dem Ausland, Geschenke machten und sie kleine Honorare für die Mandelstam-Ausgaben erhielt, verschenkte sie sofort alles. Was sie für sich behielt, waren unglaublich grel gelb geblümte Laken, die man nicht bügeln musste – ein Geschenk von Nabokov. Sie war sehr stolz darauf, auch wenn sie in ihrer üblichen Art spöttisch anmerkte, er denke offenbar, sie sei schon eine bettlägerige Alte, die nicht mehr aufstehen könne. Ein anderes Mal witzelte sie, dass diese Blümchenbettwäsche eher für eine Lolita geeignet wäre als für sie.

Mir versuchte sie hartnäckig einen luxuriösen Lammfellmantel aufzudrängen (ich konnte das gerade noch verhindern), und in einem der »Berjoska«-Geschäfte erstand sie Pullover und Mützen für meine ganze Familie. (»Berjoska« war eine Kette von Geschäften in der UdSSR, wo westliche Waren verkauft wurden. An Ausländer gegen Devisen, an Russen gegen spezielle Bons, für die man zuvor ebenfalls andere Währungen hinblättern musste.

Bei Nadeschda Jakowlewna waren das zum Beispiel Honorare für Bücher, die sie aus dem Ausland bekam. Die »Berjoskas« wurden 1991 geschlossen.)

Einmal rief mich Nadeschda Jakowlewna an und sagte, ich solle sie unbedingt abholen kommen, sie habe im »Berjoska« ein wunderbares Kostümchen gesehen, das mir sehr gut stehen würde. Sie wusste natürlich, welche Bedeutung Mode für mich hatte, zu Beginn der 1970er Jahre waren das Miniröcke, dazu weiße Kniestrümpfe und riesige Ohrclips. Ich eilte umgehend zu ihr und als wir im berühmten »Berjoska« an der Profsojusnaja-Straße ankamen, war das Kostüm tatsächlich noch da. Es war ein englischer Hosenanzug aus grellrotem Jersey und mit goldenen Knöpfen. Ich war vollkommen außer mir, und als ich aus der Umkleidekabine kam, sagte Nadeschda Jakowlewna nur: »Wunderbar!« Und als wir mit unserem Einkauf das Geschäft verließen, sah sie mich zufrieden an und sagte: »Du siehst darin aus wie ein richtiger Zirkusaffe!« Was mir keineswegs die Laune verdarb, im Gegenteil, ich musste herzhaft lachen. Zum einen kannte ich solche Sprüche schon von meiner geliebten Großmutter, von der ich derlei auch immer wieder zu hören bekam, wenn ich mit einem Kleidungsstück auftauchte, dem sie nicht viel abgewinnen konnte. Und zum anderen hatte Nadeschda Jakowlewna nicht ganz unrecht.

Wenn man zu Nadeschda Jakowlewna kam, musste man zweimal läuten, ein Zeichen, dass kein Fremder vor der Tür stand. Einmal warteten wir gemeinsam auf den Maler Boris Birger, der ein Porträt von Nadeschda Jakowlewna gemalt hatte (und auch von anderen Vertreten des liberalen Moskaus, darunter eines meiner Eltern, meiner Schwester und mir). Wir saßen und saßen, aber er kam nicht. Nadeschda Jakowlewna begann sich über die Verspätung zu ärgern: »Gleich wird er auftauchen und sagen, er habe nicht früher kommen können, weil der KGB ihn verfolgt hat.«

Man muss dazu sagen, dass Birger wirklich eine komische An-

Nadeschda Mandelstam auf dem Diwan in ihrer winzigen Wohnung, Ende der 1970er Jahre

gewohnheit hatte: Er erzählte ständig Geschichten darüber, dass ihn der KGB verfolge, dass ihm dauernd irgendwelche schwarzen Autos folgen würden.

Die Stimmung wurde zunehmend gereizter, Nadeschda Jakowlewna war es leid, gestiefelt und gespornt herumzusitzen (wir wollten mit Birger irgendwohin fahren), da erklangen endlich die zwei Klingeltöne. Kaum hatte ich die Türe geöffnet, stürzte ein heftig schnaufender Birger in die Wohnung und rief schon von der Schwelle aus: »Ihr glaubt nicht, was mir passiert ist! Den ganzen Weg hat mich ein schwarzer …« Der Rest des Satzes – »Wolga verfolgt« – ging in unserem Gelächter unter, die Verspätung war schon verziehen.

Nadeschda Jakowlewna schien mir ein sehr freier Mensch zu sein, und der wichtigste Beweis dafür waren ihre Bücher. Aber es gab einen Vorfall, der mir zeigte, dass auch sie von diesem Staat, in dem wir lebten, gefangen war. Auch wenn er kein »Menschenfresserstaat« mehr war, wie sie gerne sagte, so war das ganze System dennoch abscheulich. Wir waren im Konservatorium, ich glaube, um ein Konzert des DDR-Rundfunkorchesters zu hören, saßen in der zweiten oder dritten Reihe, und als zum Auftakt die sowjetische Hymne gespielt wurde, standen alle auf, wenn auch ohne jeglichen Enthusiasmus. Nadeschda Jakowlewna blieb sitzen und ich dachte, ich tue es ihr gleich. Wir taten so, als seien wir Invaliden, zumal es Nadeschda Jakowlewna tatsächlich schwerfiel aufzustehen. Aber ich fühlte mich ungemütlich, es schien, als ob uns alle ansahen. Und da hielt sie es doch nicht aus; ich half ihr beim Aufstehen und danach fühlte ich mich ziemlich scheußlich. An das Konzert kann ich mich überhaupt nicht mehr erinnern, aber das Gefühl ist mir heute noch präsent.

Warum ich an Nadeschda Jakowlewna denken muss, wenn ich mich daran erinnere, wie ich damit begann, Erzählungen von GULAG-Überlebenden mit dem Tonbandgerät aufzuzeichnen? Weil ihr tiefster Schmerz, auf den sie nicht nur in ihren Büchern, sondern auch in den Gesprächen immer wieder zurückkam, von dem Gedanken daran herrührte, wie und wo Ossip Mandelstam gestorben war. Und viele Jahre sammelte sie Berichte von Überlebenden, die damals mit Mandelstam zusammengetroffen waren, oder von Dritten, die etwas über ihn und seinen Verbleib gehört hatten. Jetzt, da die Archive zugänglich sind und es möglich ist – wenn auch mit der gebotenen Vorsicht – zu rekonstruieren, was mit ihm in den letzten Wochen vor seinem Tod geschehen war, denke ich besonders oft an Nadeschda Jakowlewna.

Denn damals konnte ich nicht einmal davon träumen, die Transportlisten des NKWD einsehen zu können, in denen Ossip Mandelstam unter der Nummer 112 geführt ist. Es war ein Transport von 1770 Menschen, die am 7. September 1938 aus verschiedenen Moskauer Gefängnissen abgeholt und Ende Oktober nach Wladiwostok gebrachten wurden. Und wenn man sich diese Liste ansieht, die Familiennamen und Geburtsjahre der Opfer, muss man einfach an die folgenden Zeilen aus einem der letzten

Gedichte von Mandelstam denken. In den »Versen vom unbekannten Soldaten« heißt es:

Von dem Blut schwellen an die Aorten
Und ein Flüstern klingt hin durch die Schar:
Vierundneunzig, da bin ich geboren,
Und ich zweiundneunzig, in jenem Jahr ...
Und dann press ich, zerreibe im Fäustepaar
Meine Jahrzahl, die zahllos geteilte,
Und ich flüstre mit blutleeren Lippen:
Bin geboren zur Nachtzeit vom zweiten zum dritten
Januar einundneunzig, im glücklosen Jahr –
Und wie Feuer umzingeln mich: Zeiten.

Nadeschda Jakowlewna vermochte vieles. Sie rettete Mandelstams Archiv und erlebte die Veröffentlichung ihrer Bücher. Und sie war auch mit den Ausgaben seiner Gedichte im Ausland zufrieden. Aber seine volle Rehabilitierung erlebte sie nicht mehr.

Sie hatte sich mehrmals an Chruschtschow gewandt mit der Bitte, Mandelstam wegen seiner ersten Akte zu rehabilitieren. 1934 war er ja zum ersten Mal wegen eines Gedichtes über Stalin, das später eines seiner berühmtesten werden sollte, verhaftet und in die Verbannung geschickt worden. Aber nie hatte sie eine Antwort erhalten. Rehabilitiert wurde Mandelstam erst 1987, sechs Jahre nach dem Tod von Nadeschda Jakowlewna. Dann wurde auch jenes Gedicht bei uns gedruckt, das zur Verbannung des Dichters geführt hatte.

Nach ihrem Tod, wenn ich ihre Bücher las und mich an sie erinnerte, fiel mir als Erstes ihre vom Rauchen der vielen Papirossi raue Stimme ein und ihr Lachen. Und heute muss ich immer öfter an einen ganz bestimmten Satz von ihr denken: »Niemand hat uns Glück versprochen.« Erstaunlicherweise hat mir dieser einfache Satz geholfen, meine Mutlosigkeit zu überwinden. Schließlich hatten wir – meine Generation – das große

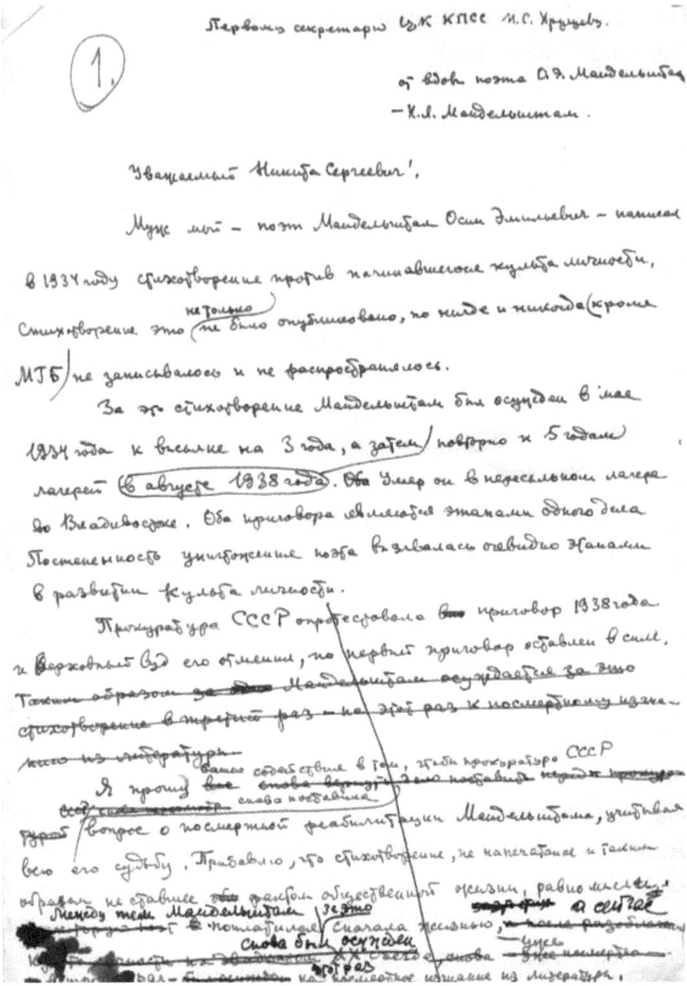

Первому секретарю ЦК КПСС Н.С. Хрущеву.

от вдовы поэта О.Э. Мандельштама
— Н.Я. Мандельштам.

Уважаемый Никита Сергеевич!

Муж мой — поэт Мандельштам Осип Эмильевич — написал в 1934 году стихотворение против начинавшегося культа личности. Стихотворение это не только не было опубликовано, но нигде и никогда (кроме МГБ) не записывалось и не распространялось.

За это стихотворение Мандельштам был осужден в мае 1934 года к высылке на 3 года, а затем повторно к 5 годам лагерей в августе 1938 года. Умер он в пересыльном лагере во Владивостоке. Оба приговора являются этапами одного дела. Постепенность уничтожения поэта вызывалась очевидно этапами в развитии культа личности.

Прокуратура СССР опротестовала приговор 1938 года, и Верховный суд его отменил, но первый приговор оставлен в силе.

Я прошу … вопрос о посмертной реабилитации Мандельштама, учитывая всю его судьбу. Прибавлю, что стихотворение, не напечатанное и таким образом не ставшее фактом общественной жизни, равно мыслям …

Entwurf eines Briefes von Nadeschda Mandelstam aus dem Jahr 1956 an Nikita Chruschtschow, mit der Bitte, ihren Mann zu rehabilitieren

Glück, in einer anderen Zeit geboren zu werden als sie. Um dieses Glück ermessen zu können, braucht es die Erinnerung an die Vergangenheit.

Mit dem Tonbandgerät

Seit Ende 1979 besaß ich ein tragbares Tonbandgerät von Philips, für heutige Maßstäbe natürlich ein ziemlich großes. (Es war ein wunderbares Geschenk der Freundin meiner Mutter Lisa Markstein, der Solschenizyn-Übersetzerin.) Ich begann meine Befragungen über die Repressionen der Stalinzeit mit Menschen, die ich gut kannte. Dann wurde ich sozusagen weitergereicht, denn viele ehemalige Häftlinge hielten den Kontakt untereinander aufrecht. So führte ich im Laufe einiger Jahre Dutzende Interviews.

Aus heutiger Sicht war ich auf diese Aufgabe schlecht vorbereitet, vor allem, was die Technik betraf. Ständig gingen mir die Tonbänder aus. Die Qualität der sowjetischen Bänder war zudem miserabel und das Gerät fraß sie regelmäßig auf. Manchmal überspielte ich Bänder, auf denen sich Musik befand, was der Qualität der Aufzeichnungen ebenfalls wenig zuträglich war. Darüber hinaus wusste ich vor allem zu Beginn nicht so recht, wie ich die Interviews führen sollte. Oft unterbrach ich meine Gesprächspartner mit ziemlich dummen Fragen, die zeigten, dass ich damals trotz meiner Lektüre von Solschenizyn, Jewgenija Ginsburg und Warlam Schalamow keine Vorstellung vom wirklichen Alltag im GULAG hatte. Von vielem hörte ich zum ersten Mal, was mein Interesse nur noch steigerte. Heute denke ich manchmal nicht ohne eine gewisse Trauer daran, mit welcher Aufregung ich zu diesen Treffen ging und wie gespannt ich war, was ich diesmal Neues hören würde. Fast jede Lebensgeschichte hätte als Vorlage für einen spannenden Film dienen können.

Heute würde ich die Zeitzeugen nach anderen Dingen fragen, von denen ich damals nicht wusste, dass ich ihnen auf den Grund gehen sollte – Einzelheiten und Details des Lagerlebens etwa, oder der Zeit nach der Befreiung. Und ich könnte vielleicht auch besser zwischen Realität und Mythen unterscheiden, von denen ich sehr viele zu hören bekam. Aber ich begriff zum Glück schon damals, dass ich es nicht mit Geschichte im faktisch überprüfbaren Sinn zu tun hatte, sondern mit Erinnerung. Es ging nicht darum, die eine Wahrheit zu hören, sondern die ganz persönliche.

Als ich mit den Aufzeichnungen anfing, habe ich nicht besonders viel darüber nachgedacht, was das ist: Erinnerung, Trauma, Verdrängung. Diese Dinge wurden erst viele Jahre später Gegenstand der Forschung und der gesellschaftlichen Debatten. Mich interessierte einfach, wie die Menschen überlebt hatten, woran sie sich erinnerten, wie sich ihr weiteres Leben und ihre familiären Beziehungen danach entwickelten. Wenn man so will, war das ein »weiblicher Blickwinkel«, und ich sprach ja vor allem zu Beginn vorwiegend mit Frauen. Unter anderem deshalb, weil schlicht mehr Frauen überlebt hatten. All diese Gespräche fügten sich nach und nach zu einem Bild: Die meisten Frauen hatten einen städtischen Hintergrund, sie waren ungefähr so alt wie ich damals, so um die dreißig, als sie Gefangene des GULAG wurden.

Natürlich war ich nicht die Einzige, die sich mit diesem Thema beschäftigte. Ich erfuhr, dass es in Leningrad eine ganze Gruppe von Menschen gab, die Erinnerungen über den GULAG sammelten und diese im Ausland in Bänden unter dem Titel »Pamjat« veröffentlichten. Arseni Roginski, einer der Initiatoren und später Vorsitzender der Gesellschaft »Memorial«, wurde deshalb 1981 verhaftet und zu vier Jahren Lagerhaft verurteilt. Ich wusste auch, dass diese Gruppe im Unterschied zu mir wie professionelle Historiker arbeitete. Sie befasste sich mit der konkreten Lage im GULAG, versuchte Statistiken über die Zahl der Häftlinge zu erstellen und fertigte Skizzen der verschiedenen GULAGS an. Ich hätte es nie im Leben geschafft, irgendwelche Verzeichnisse anzulegen oder Karten zu zeichnen. Wenn ich für mich im Kopf etwas skizzierte und zu einem Bild verknüpfte, dann waren das Erinnerungen von Menschen, für deren Schicksal der GULAG eine Art Hintergrundfolie gewesen war.

Mich beschäftigten weniger die Gegebenheiten vor Ort oder

Im Gespräch mit einer Zeitzeugin, die den GULAG überlebt hat. Das war allerdings schon 1991, das Interview wurde für das Radio aufgezeichnet. Aber Elena Werschblowskaja kannte ich schon von früheren Gesprächen.

die geografische Lage, sondern vor allem die Frage, wie Biografien und Schicksale einander kreuzten, miteinander verwoben waren, weil man zufällig in der gleichen Zelle saß oder mit dem gleichen Transport ins Lager gekommen war. Fragen, wem man vertrauen konnte und wem nicht und wer im Kreis der ehemaligen Häftlinge als Lagerspitzel galt. Aus all dem entstand eine Art Epos, fast wie in Tolstois »Krieg und Frieden«. Flüchtige Begegnungen, aus denen tiefe Bindungen wurden oder lebenslanger Hass.

Ich sprach mit Dutzenden ehemaligen Häftlingen und bekam nach und nach eine bessere Vorstellung davon, wie es im GULAG gewesen war. Wobei sich jeder auf seine Weise erinnerte. Ins Lager kamen schließlich die unterschiedlichsten Menschen, sie hatten sich dort unterschiedlich verhalten und taten das auch jetzt. Ich begegnete dem, was man später Trauma nennen würde.

Den Folgen der Angst und der erlittenen Folter, die nicht nur bei den Opfern selbst, sondern auch bei den Kindern nachwirkten, die ohne ihre Eltern oder nur mit einem Elternteil aufwuchsen, während der andere im Lager saß. Wie schwierig und manchmal sogar unmöglich es war, ins »normale« Leben zurückzukehren. Die Lebensumstände waren für viele der ehemaligen Opfer auch noch Jahre oder Jahrzehnte später sehr schlecht. Sie bekamen auch nach der Rehabilitierung nur unter großen Schwierigkeiten kleine Zimmerchen in Gemeinschaftswohnungen am Stadtrand zugewiesen, die meisten hatten gesundheitliche Probleme wegen der erlittenen Folter oder der schweren Arbeit im Lager.

Nie werde ich meinen Besuch bei der ehemaligen Englisch-Lehrerin Wera Rubinstein vergessen, die wegen Spionage verurteilt worden war. Sie war bettlägerig und öffnete mir die Türe mit Hilfe einer Schnur, die sie an die Türklinke gebunden hatte. Ihre Beine hatten schon im Lager versagt. Bei unzähligen Verhören hatte man sie gezwungen, bis zu 48 Stunden lang zu stehen.

Zu Beginn versuchte ich unwillkürlich das, was diese Frauen durchgemacht hatten, an mir zu messen. Denn trotz meines eigentlich wohlbehaltenen Lebens plagten mich Ängste und ich dachte ständig daran, wie meine Gesprächspartnerinnen, denen man die Männer, die Kinder und die Freiheit genommen hatte, all das durchgestanden hatten. Aus heutiger Sicht war das natürlich ziemlich unprofessionell und egozentrisch. Aber wie banal es auch klingen mag, der Effekt dieser Begegnungen war sehr heilsam für mich. Ich bemerkte gar nicht, wie ich mich von meinen Neurosen und Ängsten befreite.

Bis 1989 verbrachte ich jede freie Minute, die mir Familie und Übersetzungstätigkeit ließen, mit diesen Aufzeichnungen. Bis dahin hatten weder die Zeitzeugen noch ich jemals daran gedacht, dass ihre Erinnerungen jemals gedruckt werden könnten. Als dann die Perestroika kam, war der GULAG mit einem Mal – wenn auch nicht für lange – ein großes Thema. Erstaunlicherweise löste genau das eine Art »Selbstzensur« aus, denn die Erzähler dachten nun daran, dass viele Leute ihre Geschichten hören oder lesen könnten. Einige sprachen nun deutlich weniger offen über ihre Erlebnisse als zuvor.

Was ich bedaure, wenn ich an diese Zeit denke? Dass ich damals, als alles noch so frisch und präsent war, kein Buch geschrieben habe. Erst später verwendete ich dieses Material in meinen Vorlesungen und Artikeln. Und auch für ein kleines Buch, das ich in vollem Umfang allerdings nur auf Deutsch veröffentlichte. Auf Russisch erschienen nur einzelne Beiträge, weil ich der Meinung war, dass ich das Buch für eine russische Ausgabe vollkommen hätte überarbeiten und ganz anders angehen müssen. Denn die geheimen Archive hatten sich geöffnet, man gelangte an die Untersuchungsakten und auch an andere Quellen und Dokumente, die man hätte mit einbeziehen müssen. Man hätte ein viel komplexeres Bild zeichnen müssen, hätte sich nicht nur mit der Erinnerung als solcher beschäftigen müssen, sondern auch mit Briefen, Tagebüchern und vielem mehr.

Das Ende einer Epoche

Am Ende der Breschnew-Epoche traf meine Familie ein riesiger Verlust. Meine Großmutter, die bis zuletzt das Familienoberhaupt gewesen war, starb. Mit Freuden hatte sie immer aufgezählt, wie viele Machthaber sie schon überlebt hatte: »Erst den Zaren, dann Lenin, dann Stalin, danach Chruschtschow und jetzt muss ich mich bemühen, auch noch Breschnew zu überleben.« Das ist ihr leider nicht gelungen, sie starb 1981, ein Jahr vor ihm.

Für eine Frau ihrer Generation hat sie ein sehr glückliches Leben gelebt, was sie auch immer anerkannte. Sie beschwerte sich nie und bedauerte nur, dass sie am Ende ihres Lebens ihrer liebsten Betätigung nicht mehr nachkommen konnte, dem Lesen. Zuletzt war sie fast völlig blind. Wir lasen ihr vor und versuchten, aller-

Eines der letzten Bilder der Großmutter

dings ohne Erfolg, ihr die riesigen Tonbandgeräte nahezubringen, auf denen man damals schon »Hörbücher« abspielen konnte.

Die Großmutter starb schwer und wir kämpften mit den Hindernissen der sowjetischen Medizin. Um kein Geld der Welt konnte man die dringend notwendige Operation beschleunigen oder sie in einem Krankenzimmer unterbringen, in dem neben ihr nicht noch zehn andere Personen lagen. Um sie zu pflegen, übernachteten wir abwechselnd im Krankenhaus auf einer Matratze neben ihrem Bett. Sie starb umgeben von ihren Kindern und Enkelkindern und wir wussten, dass unsere Familie von nun an nie mehr die gleiche sein würde. Meine Schwester und ich konnten uns nicht vorstellen, wie unsere Kinder, ihre Urenkel, ohne Großmutter und ihre Geschichten aufwachsen sollten. Jetzt mussten wir selbst erzählen, aber wir würden nie an sie heranreichen. Bis heute vergeht kein Tag, an dem ich mich nicht an irgendeinen Sinnspruch oder ein Sprichwort meiner Großmutter erinnere – sei er nun aus dem Russischen, dem Ukrainischen oder dem Weißrussischen. All die Dialekte, die in der Umgebung von Starodub gesprochen worden waren. Meine Kollegen und Freunde lachen mich oft aus, aber manchmal fragen sie mich auch: »Was hätte deine Großmutter in diesem Fall gesagt?«

Woran ich mich heute oft erinnere, ist ein Sprichwort, das sie oft wiederholte: »Weine nicht ohne Kummer, denn wenn der Kummer kommt, wirst du genug weinen!« Sie hatte wirklich für jede Lebenslage einen passenden Satz parat. Und auch wenn sie sich diesen eben erst ausgedacht hatte, fügte sie am Ende immer hinzu: »… wie das Volk sagt.« Weil sie sich selbst als Teil dieses Volkes sah.

Breschnew starb im November 1982. Obwohl alle sehen konnten, in welch schlechtem Zustand er war, kam sein Tod doch unerwartet. Drei Tage zuvor, am 7. November, hatte er den Teilnehmern der Gedenkfeier anlässlich der Oktoberrevolution noch von der Tribüne zugewinkt, wenn auch seine Hand wie ein Fremdkörper gewirkt hatte, als habe man sie an seinen Arm angeklebt.

Sein Tod wurde, wie bei uns üblich, erst am folgenden Tag bekannt gegeben. Aber wir wussten die Zeichen zu deuten, als allzu lustige Fernsehsendungen aus dem Programm genommen wurden und im Radio nur getragene Musik erklang. Das gesamte Zentrum Moskaus, in dem ich mich just befand, wurde abgeriegelt und ich kam nicht nach Hause. Ich ging also zu Freunden, die in der Nähe wohnten, und harrte dort die nächsten Stunden aus. Sie wohnten am Trubnaja-Platz, wo 29 Jahre zuvor während Stalins Begräbnis jenes schreckliche Gedränge zum Tod von Dutzenden Menschen geführt hatte. Verglichen damit wirkten die Absperrungen diesmal wie eine Parodie. Auch von einer allsowjetischen Trauer war nichts zu spüren. Und wie als Vorwegnahme des allgemeinen Zusammenbruchs krachte der Sarg mit Breschnew polternd und ohne jede Zeremonie in die Grube an der Kremlmauer.

Es begann eine merkwürdige Zeit. Nicht, dass man irgendwelche grundlegenden Veränderungen erwartet hätte, aber etwas geriet in Bewegung. Ein knappes Jahr nach Breschnews Tod regierte der ehemalige KGB-Chef Juri Andropow, in den einige seltsamerweise große Hoffnungen setzten. (Dieser Mythos lebt bis heute fort und wird auch weiter befeuert: Hätte Andropow länger gelebt, hätte er für Ordnung gesorgt und die Sowjetunion wäre nicht zerfallen.) Weder meine Eltern noch ich glaubten auch nur einen Moment lang daran, dass Andropow eine Liberalisierung herbeiführen oder die sowjetischen Truppen aus Afghanistan herausführen könnte. Wir wussten, wie er die Dissidenten und überhaupt alle Andersdenkenden bekämpft hatte, wie er Sacharow in die Verbannung geschickt und Solschenizyn ausgebürgert hatte und wie viele Leben durch den KGB zerstört wurden. Nein, da gab es keine Hoffnung.

Andropow sorgte für Ordnung, indem er die Arbeitsdisziplin überwachen ließ. Leute, die ihren Arbeitsplatz verließen, um etwas einzukaufen – wenn es bestimmte Waren plötzlich gab –, wurden mit einem Mal angezeigt, man konnte deswegen sogar seinen Job verlieren. Solche Aktionen waren natürlich völlig sinnlos, genauso wie der Kampf gegen Schwarzmarkthändler, die nun mit harten Verurteilungen, manchmal sogar der Todesstrafe rechnen mussten.

Dass die Arbeitsdisziplin in der Sowjetunion so schlecht war, hatte weniger mit einer fehlenden Moral zu tun, als damit, dass es jede Menge unnötige Organisationen, Institute und Einrichtungen gab, wo die Menschen einfach ihre Zeit absaßen und dafür ein winziges Entgelt erhielten. Es gab da diesen passenden Spruch: »Die tun so, als ob sie uns bezahlen würden – und wir tun so, als ob wir arbeiteten.«

Da Andropow schwer krank war, verging nur etwas mehr als ein Jahr, bis eines Morgens im Radio wieder Beethoven lief. Meine Tochter, die damals in die dritte Klasse ging, freute sich, denn die Trauermusik und die heuchlerisch-belegte Stimme des Radiosprechers bedeutete schulfrei. Das neuerliche Staatsbegräbnis war für sie wie in unerwarteter Feiertag. Von der Perestroika allerdings trennte uns noch ein weiteres Begräbnis. Obwohl es schon lange das Gerücht gab, unter den Mitgliedern des Politbüros gebe es nur eine einzige Person, von der man sich Veränderungen erwarten könnte, nämlich Michail Gorbatschow. Der war viel jünger als die alten Männer im Kreml, aber da diese Widerstand leisteten, mussten wir ein weiteres Jahr warten und Konstantin Tschernenko, einen ehemaligen engen Mitarbeiter Breschnews, ertragen. Über ihn wusste man im Wesentlichen zwei Dinge: dass er Stalinist war und so schwer krank, dass er fast die ganze Zeit über im Krankenhaus lag. Ein Freund meiner Eltern, der Kameramann war und auch die Regierenden filmte, erzählte uns, dass Tschernenko seine Urkunde als Abgeordneter des Obersten Sowjets im Krankenhaus entgegennahm. Der Beitrag musste so gefilmt werden, dass es aussah, als würde Tschernenko nicht liegen, sondern stehen, was er gar nicht mehr konnte. Viel brachte Tschernenko nicht zustande, aber er schaffte es noch, Molotow, der von Chruschtschow ausgeschlossen worden war, wieder in die Partei aufzunehmen, und überreichte ihm persönlich das Parteibuch.

Die Beschleunigung des Lebens

Ich versuche mich daran zu erinnern, wann wir zum ersten Mal spürten, dass sich wirklich etwas ändert. Hoffnungen darauf waren vom ersten Moment an da, als Gorbatschow im März 1985 zum Generalsekretär des Politbüros ernannt wurde. Das war charakteristisch für das sowjetische Leben, wir hatten keinerlei Informationen, aber wir versuchten anhand kleinster Signale zu erraten, in welche Richtung der Wind weht. So war es auch mit Gorbatschow.

Die Veränderungen waren zunächst nur an Kleinigkeiten festzumachen. Alle sahen, dass der neue Generalsekretär eine Frau hatte, die ganz anders war als die Frauen der früheren Staatschefs, die niemals öffentlich auftraten und wenn sie doch in eine offizielle Reportage gerieten, immer eher plump wirkten – wie Nina Petrowna Chruschtschowa neben Jackie Kennedy. Raissa Gorbatschowa wirkte modern, elegant, aber es war nicht nur ihre äußere Erscheinung, die beeindruckte. Man sah deutlich, dass sie nicht gewillt war, den Platz einzunehmen, der in der UdSSR Ehefrauen von Politikern zugedacht war: nur nicht auffallen.

Bei Gorbatschow war sofort klar, welche Rolle seine Frau spielte, und er unterstrich das auch bei jeder Gelegenheit. Während einer seiner ersten Reden sagte er zum Beispiel: »Als Raissa Maximowna und ich Dostojewski lasen …« Alle wunderten sich sogleich über zwei Dinge: dass sie gemeinsam lasen, und nicht etwa Puschkin, sondern Dostojewski. In den Reden früherer Sowjetführer wäre so ein Satz nie vorgekommen.

Es hieß, Gorbatschow sei seiner Frau gegenüber sehr aufmerksam und hilfsbereit. So unterbrach er einmal eine Ansprache, weil er sah, dass seine Frau gerade den Saal betrat: »Vorsicht, Raissa Maximowna, da sind Stufen!« Er nahm sie nicht nur überall mit hin, sondern sie war auch über alles informiert, mit dem er sich beschäftigte.

Dass genau diese Beziehung zu seiner Frau viele irritierte, war ein schlechtes Signal und ein Symptom für den Traditionalismus der sowjetischen Gesellschaft. (Das Bösartigste, das ich in diesem Zusammenhang viele Jahre später hören sollte, war ein Satz, den der ehemalige KGB-Chef Wladimir Krjutschkow während eines Interviews mit mir fallen ließ: »Gott sieht alles. Nicht umsonst hat er Gorbatschow seine Raissa weggenommen!« Krjutschkow war 1991 am Putsch gegen Gorbatschow beteiligt.)

Für meine Eltern und mich dagegen waren das erste positive Signale. Und sehr bald kamen andere hinzu. Wenige Wochen nach seinem Machtantritt sprach Gorbatschow erstmals über »Beschleunigung« und »Perestroika«. Über diese »Beschleunigung« machten sich viele lustig und verfassten sogar unanständige Verschen darüber, schließlich hatten frühere sowjetische Führer auch schon gerne irgendwelche Losungen ausgegeben, aber in diesem Fall beschleunigten sich die Ereignisse.

Wenn ich an jene Zeit zurückdenke, fällt mir der bekannte Satz des Schriftstellers Andrei Platonow ein: »Zuerst verging ein Jahr und dann gleich zwei.« Unser Leben beschleunigte sich tatsächlich, auch wenn wir uns nicht vorstellen konnten, bis zu welchem Grad es sich beschleunigen sollte. Das heißt allerdings nicht, dass der neue Parteichef sich nicht – vor allem zu Beginn – der alten Methoden bedient hätte. Eine seiner ersten Amtshandlungen war eine Kampagne gegen Trunkenheit. Mitte der 1980er Jahre war die Alkoholsucht tatsächlich zu einer nationalen Krankheit geworden. Aber man handelte im Sinne der alten sowjetischen Massenkampagnen, erließ Verbote und schränkte die Produktion und den Verkauf von Alkohol ein. Das Resultat hatte ich jeden Tag vor Augen. In der Weinabteilung im großen Geschäft gegenüber unserer Wohnung bekam man Alkohol nur noch zwischen 14 und 19 Uhr. Was sich dort in diesen Stunden abspielte, war furchtbar. Jeden Tag versammelten sich dort sämtliche Alkoholiker unseres Bezirkes, es kam zu hitzigen Wortgefechten und Prügeleien. Aber auch mein Mann brachte fast jeden Tag irgendwelche komischen Geschichten aus dem Kurtschatow-Institut mit: was sich die Laboranten nicht alles einfallen ließen, um zu Alkohol zu kommen. Einen Mitarbeiter fand er eines Morgens im wahrsten Sinne festgeklebt im Labor vor. Er hatte versucht, aus einem Klebstoff Ethylen-Alkohol zu destillieren. Die Menschen tranken alles, was auch nur irgendeine Form von Alkohol enthielt. Diese Kampagne richtete viel Schaden an, nicht nur in wirtschaftlicher Hinsicht. Sie löste in der Bevölkerung auch negative Gefühle gegenüber der neuen Kremlführung aus.

Einmal allerdings, Ende April 1986, brachte mein Mann aus dem Kurtschatow-Institut eine Geschichte mit, die ganz und gar nicht lustig war. »Irgendetwas ist passiert«, sagte er, »bei uns ist Alarm ausgelöst worden!«

Im ersten Moment erschrak ich sehr, denn unser Wohnhaus befand sich nahe den Versuchsreaktoren des Instituts, und ich dachte, dass es dort einen Unfall gegeben habe. Das war allerdings nicht der Fall gewesen. Vielmehr hatten die Geigerzähler an den Eingängen des Instituts ausgeschlagen, als einige Mitarbeiter hindurchgehen wollten. Die Männer waren gerade von einem Wettbewerb im Deltasegeln zurückgekehrt und am 26. April, während des Unglücks im Atomreaktor von Tschernobyl, in unmittelbarer Nähe vorbeigeflogen. Sie hatten keine Ahnung und waren verstrahlt nach Moskau gekommen. Und als sie am nächsten Tag zur Arbeit gegangen waren, hatten die Geigerzähler ausgeschlagen. Im Institut wurde Alarm ausgelöst, man begann eilig nachzuforschen, was geschehen war. So erfuhren wir einige Stunden vor allen anderen vom Unglück in Tschernobyl.

Da das alte sowjetische System, wonach alle Katastrophen zur Geheimsache erklärt wurden, noch funktionierte, wurden zunächst auch die Vorkommnisse von Tschernobyl gedeckelt. Sicher auch, weil man nicht begriff, welche Dimensionen diese Katastrophe hatte. Um in Kiew keine Panik auszulösen (die Wolke aus Tschernobyl kam genau dorthin), sagte man die Demonstration zum 1. Mai nicht ab, zu der viele ihre Kinder mitbrachten.

Tschernobyl wurde zum Symbol für den Zusammenbruch des Systems. Einige der schönsten Plätze in der Ukraine wurden zur Todeszone, Zehntausende Menschen mussten umgesiedelt werden, das Leben vieler wurde zerstört.

Es ist gut, dass die Großmutter das nicht mehr erlebt – dachte ich damals, denn der Ort, wo sie aufgewachsen war und an dessen Schönheit sie sich immer erinnerte, grenzte an diese Zone. Die Panik, die uns damals erfasste, hielt den ganzen Sommer über an, in Moskau gingen die Leute mit Geigerzählern herum, um Gemüse und Obst vor dem Kauf zu überprüfen.

Vieles, was in jenen Jahren im Zuge der Perestroika passierte, war fehlerhaft, nicht durchdacht. Und doch, wie Gorbatschow und viele, die ihn nachäfften, sagten: »Der Prozess hat begonnen!« Je mehr Abstand ich heute zu diesen Ereignissen habe, in umso besserem Licht erscheint mir trotz allem Gorbatschow. Er hat vor allem gegen Ende seiner sechs Jahre an der Macht mit seiner Unentschlossenheit und dem Aufschieben von Reformen viele enttäuscht. Aber ob er es wollte oder nicht, er war zweifellos der Katalysator des Zusammenbruchs eines Systems, das zwar altersschwach war, aber immer noch gewisse Reserven hatte. Hätte es noch länger existiert, wäre sein Zusammenbruch möglicherweise sehr viel dramatischer gewesen.

Im Winter 1986 holte Gorbatschow Sacharow aus der Verbannung zurück. KGB-Mitarbeiter waren in dessen Wohnung in Gorki gekommen und hatten mit den Worten »Man ruft Sie an!« ein Telefon angeschlossen. Am nächsten Tag war Gorbatschow am Apparat. Wir begriffen natürlich, dass das unter Druck geschehen war: Einige Tage zuvor war der Dissident Anatoli Martschenko nach einem 17-tägigen Hungerstreik im Lager gestorben. Er hatte die Freilassung aller politischen Gefangenen gefordert und seine Todesumstände sind niemals wirklich aufgeklärt worden. Proteste und Hungerstreiks von Gefangenen hatte es auch früher gegeben – jetzt aber, nachdem dieser Tod bekannt geworden war, gab Gorbatschow nach.

Die Veränderungen wurden vor allem in der Presse deutlich, als das Schlüsselwort der Perestroika auftauchte: »Glasnost«, Öffnung. Mein Vater, der während seiner gesamten Zeit als Redakteur die Hand am Puls der Zensur halten musste, fühlte, wie dieser Puls jeden Tag schwächer wurde. Die ersten scharfen und kritischen Artikel erschienen und alle diskutierten darüber. Jeden Morgen bildeten sich lange Schlangen vor den Zeitungskiosken. Und an den Boulevards, wo die aktuellen Zeitungen in Glasvitrinen ausgehängt wurden (was heute längst vergessen ist), standen Menschentrauben.

Bücher wurden veröffentlicht, die früher verboten gewesen waren. Früher hätte man wegen ihres Besitzes beim KGB landen können, nun wurden sie in den Zeitschriften abgedruckt und jeder konnte sie lesen. Es geschah Unglaubliches: Wassili Grossmans »Leben und Schicksal« wurde veröffentlicht, jener Roman, über den 1961 das ZK erklärt hatte, er werde frühestens in 200 Jahren erscheinen. Und ich übersetzte das von Heinrich Böll für die deutsche Ausgabe verfasste Vorwort ins Russische.

Wenn mein Vater samstags auf die Datscha kam, wo sich in jenen Jahren in den Sommermonaten unsere ganze große Familie versammelte (ich hatte schon zwei Kinder, meine Schwester drei), brachte er immer ein riesiges Paket an Zeitungen und Zeitschriften mit, die wir im Lauf der Woche nicht hatten auslesen können. Viele seiner Freunde wurden »Architekten« der Perestroika. So nannte man diejenigen, die mit ihren Artikeln oder mit öffentlichen Auftritten versuchten, den Prozess der Demokratisierung weiter voranzutreiben. Die meisten waren schon um die sechzig, sie hatten schon das »Tauwetter« unter Chruschtschow erlebt, aber nun schienen ihre Hoffnungen endlich wahr zu werden.

Merkwürdig war, dass an dieser Bewegung vor allem die alten Sechziger teilnahmen und Leute, die vielleicht fünfzehn oder zwanzig Jahre jünger waren als sie. Es gab fast keine Jugend, keine Studenten. Vermutlich war ihre eher unpolitische Haltung der depressiven und zynischen Atmosphäre der 1970er Jahre geschuldet, in denen sie aufgewachsen waren.

In dieser Phase der Öffnung erfuhr man immer wieder von neuen Initiationen oder Klubs, in denen Diskussionsrunden abgehalten wurden. Anfang 1988 hörte ich von einer Gruppe Aktivisten, die in Moskau Unterschriften für die Errichtung eines Denkmals für die Opfer des Großen Terrors sammelte. Seit Stalins Tod waren 34 Jahre vergangen, aber nirgends im Land gab es ein Denkmal, nicht einmal eine Gedenktafel, die an die Opfer erinnerte. Bei dieser Aktion ging es um mehr als ein Denkmal: Es ging darum, die Tür zu dieser dunklen Vergangenheit zu öffnen.

Obwohl es in vielen Familien Opfer gab, hatte die Erinnerung an sie nie die privaten Grenzen verlassen, sie war nie zu einer kollektiven Erinnerung geworden. Man wusste fast nichts, weder über das Schicksal der Opfer noch über die Archive, wo deren Akten aufbewahrt sein mussten. Waren sie überhaupt aufbewahrt worden? Auch diese Frage konnte niemand eindeutig beantworten. Es war an der Zeit, das aufzudecken, was so viele Jahre lang hinter Mauern aus Schweigen und Lügen verborgen gewesen war.

Ich selbst hatte gegen Ende 1987 damit begonnen, langsam mit den Geschichten jener, die den GULAG überlebt hatten, »an die Oberfläche« zu gehen, wie ich das nannte, wenngleich das erste Treffen mit den Aktivisten in einem Keller stattfand. Das waren ganz verschiedene Leute, Philologen, Chemiker, Mathematiker, aber kaum Historiker. Sie hatten mich eingeladen, um ihnen von meinen Erfahrungen mit Zeitzeugen zu erzählen. Denn sie kämpften zwar für ein Denkmal für die Opfer, aber sie hatten keine Vorstellung von deren Erinnerungen. In jenem Keller, wo sich rund 25 Leute versammelt hatten, versuchte ich zum ersten Mal, jene stückhaften Schilderungen zu einem Ganzen zusammenzusetzen.

Nach dem Treffen wurde ich gebeten, einen Artikel für eine der damals meistgelesenen Zeitungen, *Moskowskije Nowosti*, zu schreiben. Am Tag seines Erscheinens saß mir in der Metro einer gegenüber und las meinen Artikel. Und dort in der Ecke, die Frau mit der schweren Tasche las ihn auch. Aus der Redaktion bekam ich viele Briefe. Leute schrieben mir, die ebenfalls ihre Geschichte erzählen wollten oder die ihrer Nächsten. Es war seltsam, so als habe das gar nichts mit mir zu tun, als sei ich für sie eine Art Medium, über das sie ihre Erinnerungen einer breiten Öffentlichkeit zugänglich machen konnten.

Das Jahr 1988 endete für mich mit einem Auftritt bei der »Woche des Gewissens« in einem der riesigen Moskauer Kulturhäuser. Hunderte Menschen kamen zusammen, darunter viele, mit denen ich gesprochen hatte, und brachten Fotografien und Dokumente mit, die an eine große Wand gehängt wurden – damals war das das bestmögliche Denkmal. Im Rahmen dieser »Woche des Gewissens« fand dort auch eine große Abendveranstaltung statt. In dem zum Bersten gefüllten Saal saßen nicht weniger als tausend Menschen. Ich stand hinter dem Vorhang und sollte nach unserem populärsten Satiriker auftreten, dessen Monologe Millionen auswendig konnten. Nie hätte ich mir träumen lassen, dass ich jemals vor so vielen Menschen sprechen würde. Was sollte ich ihnen sagen? Wovon erzählen?

Als der Schlussapplaus für den Satiriker langsam verebbte, ging ich auf die Bühne hinaus. Während ich nervös die ersten Worte sprach, sah ich im Saal einige meiner Gesprächspartnerinnen sitzen. Und ich sagte: »Sehen Sie, hier sitzt Paulina Mjasnikowa – sie hat zwanzig Jahre in Gefängnissen und Lagern verbracht. Und hier ist Zoja Martschenko, sie hat man zweimal verhaftet und ihren Mann hat man erschossen. So viele Jahre haben sich diese Menschen mit ihrer Geschichte verstecken müssen. Es ist an der Zeit, dass wir jetzt das Licht auf sie richten.«

Ein erstaunliches Jahr

1979 war ich überzeugt davon gewesen, dass es in unserem Leben nie irgendwelche Veränderungen geben würde. Und ein Jahrzehnt später gab es so viele Neuerungen, dass man kaum noch hinterherkam. Fast alles, was 1989 geschah, geschah zum ersten Mal.

Aus einer kleinen Gruppe von Aktivisten und ihrem Kampf für das Erinnern wurde eine richtige Bewegung, es gab Nachahmer in der gesamten Sowjetunion. Allen war klar, dass man sich zusammentun musste, wenn man wirklich etwas erreichen wollte. Und mit genauso einer Vereinigung begann das neue Jahr 1989.

Bei der Gründungskonferenz wurden die »Architekten der Perestroika« ins Präsidium gewählt: Juri Afanassjew, Jewgeni Jewtuschenko und andere Sechziger. Zum Vorsitzenden der Bewegung, die den Namen »Memorial« erhielt, wurde Andrei Sacharow gewählt.

Ich war im Vorfeld der Konferenz gebeten worden, Einladungen zu verschicken. Es war eine lange Liste mit Adressen, die auf Kuverts geschrieben und zur Post gebracht werden mussten. Man lud in erster Linie Opfer ein, die man kannte, Journalisten, Personen aus der Öffentlichkeit. (Um ehrlich zu sein: Ich adressierte nur wenige Kuverts, die übrigen beschriftete meine Schwiegermutter mit ihrer schönen und deutlichen Handschrift.) Als nun die Vertreter der verschiedenen Sowjetrepubliken die Bühne in jenem Saal betraten, in dem wir uns versammelt hatten, war das ein bewegender Moment. Am deutlichsten in Erinnerung ist mir eine Gruppe schwarzgekleideter Frauen aus Abchasien geblieben. So sowjetisch das auch anmutete, es waren Menschen gekommen, um die Spuren des Terrors offenzulegen, die dieser vor Ort in ihren Regionen hinterlassen hatte. Aber aus irgendeinem Grund erinnerte mich das an die Kulturtage der Sowjetrepubliken. Der Stil war derselbe geblieben, nur die Inhalte waren entschieden andere, und neue Formen, sie zu präsentieren, mussten erst noch gefunden werden. Das gleiche Gefühl hatte ich ein Jahr später, als die Entwürfe von Denkmälern für die Opfer der Repressionen in einem Saal vorgestellt wurden. Fast alle schienen aus der »Tauwetter«-Truhe hervorgeholt worden zu sein. Nicht eines dieser Projekte wurde verwirklicht, allerdings nicht aus ästhetischen Überlegungen, sondern weil das Geld fehlte. Das einzige Denkmal sollte für fast dreißig Jahre ein Stein von den Solowki-Inseln sein (ein Archipel im Weißen Meer, auf dem schon in den 1920er Jahren erste Straf- und Arbeitslager entstanden), den Leute von »Memorial« am Lubjanka-Platz direkt gegenüber der KGB-Zentrale platzierten.

Das Ziel war, nicht nur ein Denkmal zu errichten, sondern

auch ein Gesetz zur Rehabilitierung durchzusetzen und den Zugang zu den Archiven – was vor allem auch für die Opfer wichtig war. Aber es würde nicht leicht sein. Die meisten Opfer – obwohl sie Gefängnis und Lager durchgemacht hatten – blieben doch Menschen mit sowjetischem Denken. Und die Kinder der Ermordeten, die in Heimen aufgewachsen waren oder zwischen Verwandten herumgereicht wurden, litten unter ihrer gespaltenen Identität. Ständig hatten sie beweisen müssen, dass sie nicht Kinder von »Volksfeinden« waren, sondern loyale Sowjetbürger. Auch war klar, dass die Beantwortung der Frage, wer Opfer und wer Täter war, nicht leicht sein würde. Stalins Repressionen hatten viele Jahre umspannt, und die Schuldigen früherer Säuberungsaktionen waren nicht selten Opfer neuer geworden.

Gerade an dieser Frage, wie damit umzugehen war, entzündeten sich heftige Debatten. Opfer, die mit den Mächtigen zusammenarbeiten wollten, und Leute, die sich eilig eine heroische GULAG-Vergangenheit zusammenreimten, drängten sich in den Vordergrund und gaben sich mit einem Mal als Anführer der Lageraufstände am Beginn der 1950er Jahre aus. Es meldeten sich hohe Parteifunktionäre, die nun laut aussprachen, worüber sie bislang geschwiegen hatten: dass es auch in ihren Familien Opfer gab. Allerdings redeten sie nun nur deshalb darüber, um sich selbst zu den Opfern des kommunistischen Regimes zählen zu können.

Es war ein schier unentwirrbares Knäuel an Widersprüchen, die Debatte wurde mit großer Heftigkeit geführt. Und sehr bald sah man, wie die Konflikte das Land zerrissen, wie ein Krieg der Erinnerungen aufflammte, der bald wieder in blutige Auseinandersetzungen münden würde: zwischen Armeniern und Aserbaidschanern, zwischen Abchasen und Georgiern, Russen und Tschetschenen.

Als 1989 auf der Versammlung die Gründung einer unabhängigen gesellschaftlichen Organisation »Memorial« verkündet wurde, wusste keiner, was ihr tatsächlicher Status war. Und auch

Gorbatschow hatte keine Ahnung, was er damit anfangen sollte. Zum ersten Mal in der sowjetischen Geschichte gab es plötzlich eine von Menschen gegründete reale Organisation, die mehr war als nur eine Attrappe – wie zum Beispiel das »Komitee sowjetischer Frauen« als höchstes Organ der Frauenbewegung. Das Politbüro erörterte den Fall zweimal, aber schließlich, Ende 1989, wurde »Memorial« nach dem plötzlichen Tod von Andrei Sacharow doch als ordentlicher Verein registriert. Als Gorbatschow Sacharows Witwe Elena Bonner beim Begräbnis gefragt hatte, was er für sie tun könne, hatte diese geantwortet: »Registrieren Sie ›Memorial‹.«

Das war aber schon am Ende jenes Jahres gewesen, in dem es die ersten freien Wahlen in der Sowjetunion gegeben hatte; viele Vertreter der Parteinomenklatur hatten dabei Niederlagen erlitten. Als ich im Mai 1989 mit dem Vorortzug zur Datscha fuhr, hatte fast jeder ein Transistorradio dabei und lauschte den Reden der neugewählten Abgeordneten, die durchaus nicht das sagten, was bisher von den Parteitribünen herab zu hören gewesen war. Überall gab es Kundgebungen und Demonstrationen, vor der Wahl und auch danach. Anfangs war noch versucht worden, sie zu zerstreuen, aber als immer mehr Menschen kamen, ließ man das Treiben zu. Unsere ganze Familie ging zu den Demonstrationen, allen voran meine Eltern. Meine Mutter war von uns allen die entschlossenste. Mein Mann trug unsere dreijährige Lisa auf den Schultern, die aus voller Kehle schrie: »Nieder mit dem GGB« – das »K« von KGB konnte sie noch nicht richtig aussprechen. Ich sah sie an und dachte, vielleicht wird das eines Tages eine ihrer ersten Erinnerungen sein, so wie für mich Stalins Tod.

Überall – in Hauseingängen, an Bushaltestellen und in der Metro – hingen Flugblätter, die zu Demonstrationen und Kundgebungen aufriefen. Die wichtigste Forderung war die Abschaffung des Ein-Parteien-Systems. Neben uns in der Menge ging ein Mann mit einem selbstgemalten Plakat, auf dem stand: »Tausche altes Politbüro gegen runden Tisch tschechischer Machart.« Un-

sere Freunde, Bekannten und Nachbarn gingen zu den Kundgebungen und als sich selbst eine Bekannte anschloss, die Panik vor großen Menschenmengen hatte, glaubten wir ernsthaft, dass das Ende des kommunistischen Regimes gekommen war.

Es gab auch andere Anzeichen: Solschenizyns »Archipel GULAG« zum Beispiel wurde veröffentlicht. Wenige Monate zuvor hatte ein Redakteur der *Moscow News* sogar noch dessen Erwähnung aus einem meiner Artikel gestrichen!

Das wichtigste Ereignis des Jahres 1989 trat dennoch völlig unerwartet ein. Polen, Ungarn, die Tschechoslowakei – das sozialistische Lager zerfiel ganz offensichtlich und es schien, als habe kaum noch jemand Interesse am Erhalt dieses maroden Gebäudes. Die DDR war eine der letzten verbliebenen Bastionen.

Im Mai 1989 war ich für einige Tage in Ostberlin. Die Stadt war voll mit Menschen, Hunderttausende FDJ-Mitglieder zogen an der Tribüne vorbei, von der ihnen Honecker und andere Mitglieder des Politbüros zuwinkten. Die Menge mit ihren Fahnen

In den Jahren 1989 und 1990 fanden – wie hier in Moskau – zahlreiche Kundgebungen und Demonstrationen statt, auf denen auch Andrei Sacharow (1990) und Jewgeni Jewtuschenko sprachen (1989)

und Transparenten skandierte »Die DDR ist unsere Heimat«. Nie hätte ich mir vorstellen können, dass nur drei Monate später in Leipzig Tausende zu Protestdemonstrationen zusammenkommen würden.

Seit 1988 hatten Leute aus der DDR, die uns besuchten – Journalisten, Schriftsteller, Freunde oder Freunde von Freunden –, sich wie Verhungernde auf jedes noch so kleine Zipfelchen an Informationen darüber gestürzt, was bei uns vor sich ging. Vor allem auf die *Prawda,* die in der DDR von Honecker beinahe verboten worden wäre. Wie es hieß, wollte er damit eine »Ansteckung« verhindern.

Es sollte ihm nicht gelingen. Umso mehr, als Gorbatschow auf seine etwas schwammige Art, aber doch offen, den Satz aussprach, dass die Berliner Mauer von Menschen gebaut worden sei. Als ich diese Worte hörte, konnte ich es kaum glauben. Hatte er das wirklich gesagt? Den heutigen Jungen mag es unsinnig erscheinen, dass ich in diesen Satz so hineinhörte. Natürlich hatten Menschen die Mauer gebaut, wer denn sonst? Aber wir waren nun einmal daran gewöhnt, zwischen den Zeilen zu lesen, das Ungesagte hinter dem Gesagten herauszuhören. Und in dem Moment, wo Gorbatschow sagte, die Mauer sei von Menschen gebaut, hieß das im Umkehrschluss, dass sie nicht für die Ewigkeit gebaut war, sondern dass Menschen sie wieder abtragen konnten.

Heute ist es schwer zu verstehen, wie tief dieses »für die Ewigkeit« in unseren Köpfen verankert war. Diese Ewigkeit galt für das ganze kommunistische System und erst recht für die Mauer. Niemand von uns konnte sich vorstellen, den Zusammenbruch beider jemals zu erleben.

Am 6. Oktober fuhr Gorbatschow zur Vierzigjahrfeier des Bestehens der DDR, aber es war deutlich zu spüren, dass er Honecker ziemlich kühl und distanziert begegnete. Es gab Gerüchte, er habe eigentlich gar nicht fahren wollen. Als viele Jahre später die Aufzeichnungen seines Mitarbeiters Anatoli Tschernjajew veröffentlicht wurden (den meine Eltern kannten, weil er mit ihren engen Freunden in eine Klasse gegangen war) dessen Ernennung zu Gorbatschows Mitarbeiter allein schon als ein Signal verstanden wurde, wurde klar, wie sehr er sich gegen den Besuch gesträubt hatte. Und welchen Eindruck die vielen Demonstrationen gegen die DDR-Regierung auf ihn gemacht hatten:

Notiz vom 5. Oktober 1989:
Michail Sergejewitsch fliegt morgen in die DDR zur 40-Jahr-Feier. Er hat gar keine Lust dazu. Er hat heute zweimal angerufen. Den Text [der Rede] hat er bis auf den letzten Buchstaben mehrfach durchgekaut. »Man wird den ja überall mit dem Mikroskop anschauen ... Kein Wort als Unterstützung für

Honecker werde ich sagen« ... heute gab es in Dresden eine Demonstration mit 20000 Menschen – gestern gab's das in Leipzig. Es gibt Informationen, dass sie in Anwesenheit Gorbatschows versuchen werden, die Mauer zu stürmen.

Unglaubliche Szenen bei der Ankunft des Spezialzuges aus Prag, der über Dresden in die BRD gefahren ist. Das westdeutsche Fernsehen hat alles gefilmt und strahlt das in die ganze DDR aus. Die westdeutsche Presse ist voll mit Artikeln über die Vereinigung der beiden Deutschlands.

Einige Tage später heißt es:

Habe die Notizen zum Gespräch von M.S. mit Honecker in Berlin gelesen. M.S. hat Honecker einen Id... [einen Idioten] genannt. Er hätte den Seinen sagen können: »Ich habe vier Operationen überlebt, ich bin 78 Jahre alt, in dieser schwierigen Zeit braucht man viel Kraft. Lasst mich gehen, ich habe das meine getan.« Dann würde er vielleicht in die Geschichte eingehen. Jetzt wird er vom Volk schon verdammt.

Am 10. November 1989 notiert Tschernjajew schließlich:

Die Berliner Mauer ist gefallen. Eine ganze Epoche des »sozialistischen Systems« geht zu Ende. Das hat Gorbatschow getan. Er ist wirklich ein Großer. Er hat den Strom der Geschichte erkannt und hat geholfen, ihn ins richtige Bett zu leiten.

Bedauerlich für mich war die Tatsache, dass ich, als dieses unglaubliche Ereignis geschah, zum ersten Mal in meinem Leben in Westdeutschland war und zwar in München. So oft hatte ich diese Mauer von der anderen Seite aus gesehen und ausgerechnet jetzt, als sie fiel, war ich weit weg in Bayern. Nach dem Moskauer Verfall, den dunklen Straßen und den leeren Geschäften schien es mir, als lebte man hier auf einem anderen Planeten. Im Supermarkt verstand ich nicht, was ich mit den Bergen von Gemüse und Obst machen sollte, die sich vor mir auftürmten. Dass ich sie selbst in eine Tüte tun und abwiegen musste, begriff ich erst, als ich sah, wie andere Kunden das machten. (Das alles war nichts im Vergleich zu dem, was ich ein Jahr später in Amerika sehen sollte, wo man Geld aus dem Bankomaten ziehen konnte, ohne dafür aus dem Auto aussteigen zu müssen. Und das, wo ich mein Leben lang noch nicht einmal eine Bankkarte gesehen hatte.) Aber wenn man mir 1989 gesagt hätte, bleib doch einfach hier, hätte ich um nichts in der Welt zugestimmt. Was bei uns vor sich ging, erschien so unglaublich und packend, dass man es nicht einmal mit dem wohlhabendsten und schönsten Leben vergleichen konnte, dem ich in Bayern hier zum ersten Mal begegnete.

So traurig es auch war, dass ich die Ereignisse in Berlin nur im Fernsehen verfolgen konnte, die Reaktionen selbst im fernen Feldafing waren bewegend. Die Schriftsteller und Journalisten, die ich bei jener Reise kennenlernte, weinten fast, als sie die Bilder aus Berlin sahen. Vor unseren Augen ging eine Epoche zu Ende. Und es schien unglaublich, dass ich Ostdeutschland viel besser kannte als meine westdeutschen Bekannten, die noch nie dort gewesen waren.

Eine Wiedervereinigung schien mir unvermeidbar und ich ahnte, dass es ein schwieriger und schmerzhafter Prozess sein würde, schließlich waren vierzig Jahre vergangen. Und die Atmosphäre der Angst, die ständige Gegenwart der Staatssicherheit, waren in den 1970er und 1980er Jahren in der DDR unvergleichlich viel deutlicher zu spüren gewesen als bei uns. Welche massiven Auswirkungen die Machenschaften der Stasi noch nach der Wiedervereinigung haben sollte, auch das konnte sich niemand vorstellen. Sie zerstörte nicht nur Leben während der DDR-Zeit, sondern noch viele nach ihrem Zusammenbruch.

Doch zunächst war ich nur begeistert darüber, wie schnell die Aktivisten in Berlin agierten und das Archiv der Stasi übernahmen. Wir hatten gerade erst die Öffnung unserer Archive gefordert – und hier waren sie schon in der Hand der Öffentlichkeit. Das alles erschien so fantastisch, dass es vieles überstrahlte, was ich auf meiner Reise durch Westdeutschland erlebte. Obwohl die an sich schon unglaublich genug war – mit meinem ersten öffentlichen Auftritt in München, wo ich über das Schicksal der Menschen sprach, die den GULAG überlebt hatten. Der Saal war voll und die Fragen prasselten nur so auf mich ein. Und dann die Frankfurter Buchmesse, bei der ich Anna Larina Bucharina betreute, deren Erinnerungen gerade auf Deutsch erschienen waren. Die Journalisten standen Schlange, um mit ihr sprechen zu können. Zum ersten Mal seit vielen Jahren traf ich auch Lew Kopelew wieder und viele andere. Vor allem aber bewegten mich die Sympathie und die Unterstützung, mit der die verschiedensten Leute auf das reagierten, was bei uns gerade vor sich ging. Dieses Mitgefühl und die Unterstützung nahmen auch ganz konkrete Formen an. Für uns war das sehr wichtig, denn der Alltag wurde immer schwieriger.

Ich hatte zwei Kinder, meine Schwester hatte drei und ich kann mir kaum noch erklären, wo wir Geld damals hernahmen und was man dafür kaufen konnte. Der Verlag, für den ich übersetzte, hielt meine Honorare regelmäßig zurück oder zahlte sie gar nicht aus. Das Gleiche geschah mit dem Gehalt meines Mannes im Kurtschatow-Institut. Vom Lehrergehalt meiner Mutter, das sehr gering war, konnte man kaum existieren und das Gehalt meines Vaters fraß die Inflation auf. Meine Eltern, so wie die meisten der Intellektuellen, die die Perestroika unterstützt hatten, sahen sich in den 1990er Jahren ihrer Existenzgrundlage beraubt. Aber sie trauerten nie ihrem verhältnismäßig wohlhabenden Leben zu sowjetischen Zeiten nach – im Gegensatz zu vielen Schriftstellern und Literaten, die sehr bald begannen, über die Reformen und die Perestroika zu schimpfen. Sie waren ganz im Gegenteil dazu bereit, sich von allem zu trennen, denn der vermeintliche Wohlstand schien nichts im Vergleich zu den Veränderungen, auf die sie so lange gehofft hatten und von denen sie nie gedacht hätte, sie jemals erleben zu dürfen. Und so blieb es bis an ihr Lebensende.

In den 2000er Jahren, als klar wurde, wohin sich Putins Russland bewegte, sagte mein Vater manchmal, dass er nicht begreifen könne, was Journalisten und Literaten dazu veranlasse, nun die Demokratie, die Liberalen und die Perestroika so sehr zu verdammen. Mit dieser Rolle rückwärts mochte er sich einfach nicht abfinden.

Damals, 1990 und 1991, lebten wir vor allem von den Paketen und der Unterstützung, die wir aus Deutschland erhielten. Unsere Freunde und unsere Verwandten in Berlin versuchten auf verschiedene Art, uns zu helfen. Dazu kam die humanitäre Hilfe aus Deutschland. Heute macht man sich oft darüber lustig, aber damals waren der Zucker, das Mehl und die Konserven aus Deutschland tatsächlich eine große Hilfe für Tausende Familien. Es wurde ein Kartensystem eingeführt, wobei die Lebensmittelkarten wenig wert waren, weil man sie nur selten gegen etwas eintauschen konnte. Meine Schwester erhielt als Mutter von drei Kindern besondere Zuteilungen. Für Neujahr 1989/90 war das beispielsweise eine Flasche Wodka, ein Glas Senf und ein Paket mit schwarzem Pfeffer. Auch jenen, die keine Ökonomen waren und nichts vom Finanzsystem, den Ölpreisen und Ähnlichem mehr verstanden, war klar, dass das Land kurz vor dem Zusammenbruch steht.

In den Thesen, die man für Gorbatschows Rede beim ZK-Plenum im Herbst 1990 vorbereitete, hieß es klar und deutlich:

> *Die sehr schwierige Lage am Verbrauchermarkt und die ernsthaften Lücken in den landwirtschaftlichen Bereichen, die Verfehlungen im Transportwesen und das deutliche Verschwinden der staatlichen Disziplin, die zu diesen Zeiten den scharfen Charakter politischer Zusammenstöße rund um die Frage des Eigentums und der Souveränität annehmen, all das zeigt, dass die Krise sich weiter verschärft.*

Alle unabhängigen Ökonomen schrieben darüber, dass man zu allererst die Preise im Einzelhandel freigeben müsse, aber Gorbatschow scheute die entscheidenden Schritte und je länger dieses Zögern anhielt, umso größer wurde die Unzufriedenheit.

Ich muss sagen, dass mich damals schon manchmal ein Gefühl der Hoffnungslosigkeit überkam. Als ich im Herbst 1989 aus Bayern zurückgekommen war, war der Kontrast zu unserem Leben kaum auszuhalten gewesen. Ich weiß noch, dass ich eines Tages die Twerskaja-Straße entlangging, die damals noch Gorki-Straße hieß. Es fiel kalter Regen und ich konnte meinen Schirm nicht aufspannen, weil ich Einkaufstaschen in den Händen hielt. Ich hatte den halben Tag damit zugebracht, mich in einem Geschäft um irgendwelche Konserven anzustellen, in einem anderen um Mehl und in einem dritten um noch irgendetwas. Und plötzlich dachte ich, dass ich keine Kraft mehr habe, dass ich es nicht mehr ertragen kann, dass jede Hoffnung unsinnig ist und jene recht hatten, die das Land verlassen wollten.

Als der Regen immer heftiger wurde, flüchtete ich in die Buchhandlung *Moskwa*, damals eine der größten der Stadt. Ich stellte mich mit meinen schweren Einkaufstaschen in die Antiquitätenabteilung vor eine gläserne Vitrine und schaute automatisch nach, was darin so lag. Es schien, als habe jemand die Bücher speziell für mich dorthin gelegt. Denn was ich dort sah, war eine ziemlich seltsame Auswahl, die aber irgendwie direkt etwas mit mir zu tun hatte.

Ich entdeckte dort »Das Alphabet des Kriegskommunismus«, das der Großvater meines Mannes 1918 gemeinsam mit Yuri Larin geschrieben hatte, dem Vater von Anna Bucharina. Es hatte die Grundlage für ein ultralinkes ökonomisches Programm geliefert, das die Bolschewiki nach ihrer Machtergreifung einführten. In der Vitrine lagen auch die Materialien vom siebten Kongress der Komintern, die mein Großvater 1935 zusammengestellt und veröffentlicht hatte. Und schließlich sah ich da noch ein Lehrbuch für marxistische Ethik, das der Großvater eines engen

Freundes verfasst hatte. Spontan dachte ich: Na, da haben uns unsere Großväter ja einen schönen Brei eingebrockt und ich soll jetzt davonlaufen? Hoffentlich können sich unsere Kinder einmal von dieser verdammten Last freimachen, ich kann es leider nicht! Und ohne abzuwarten, dass der Regen endlich aufhört, schleppte ich mich zur Metro.

Was mich in jenen Jahren beruflich rettete, waren meine Deutschkenntnisse. Denn ich begann, mein Geld mit Dolmetschen zu verdienen. In jenen Jahren des Umbruchs strömten verschiedenste Journalisten und später auch Historiker nach Moskau, und nur wenige konnten Russisch. Sie hatten Mühe, Situationen zu verstehen oder den lauten Versammlungen und Kundgebungen zu folgen. Ich erfüllte somit eine doppelte Funktion für sie, als Dolmetscherin und auch als Referentin. Mit dem Geld, das ich erhielt und bei den Schwarzhändlern in Rubel eintauschte (offiziell wurde erst im Dezember 1991 gestattet, Devisen zu wechseln), kamen wir einigermaßen über die Runden.

Die deutschen Journalisten, mit denen ich damals zu tun hatte, wandten sich mit den verschiedensten Fragen an mich. Ich sollte ihnen helfen, die »Architekten der Perestroika« zu treffen, Interviews für sie zu arrangieren und so weiter.

Eines Tages im Herbst 1989 riefen mich gute Bekannte vom WDR an. Sie hatten ein Problem. Johannes Rau, Ministerpräsident von Nordrhein-Westfalen, wollte Andrei Sacharow treffen. Der allerdings hatte abgelehnt, und hinter vorgehaltener Hand hieß es, Sacharow habe gesagt, er hätte keine Lust, sich mit deutschen Sozialdemokraten zu treffen, denn die hätten die russischen Dissidenten bis zur Perestroika nie unterstützt und auch nie gegen deren Verfolgung protestiert. Nun wurde ich also gebeten, Sacharow davon zu überzeugen, dass andere Zeiten angebrochen seien, und die deutsche Sozialdemokratie sei bereit, das neue Russland zu unterstützen.

Da auch ich der Meinung war, dass Beziehungen dieser Art

nur von Nutzen sein konnten, rief ich Sacharow an. Zum Glück nahm er selbst den Hörer ab. Bei seiner Frau Jelena Bonner hätte ich vermutlich mit meinem Anliegen auf Granit gebissen. Sacharow wirkte wenig begeistert, sagte aber am Ende unseres Gesprächs, er werde sich das noch einmal durch den Kopf gehen lassen. Ich solle ihn um zehn Uhr abends noch einmal anrufen. Ich war den ganzen Tag irgendwo unterwegs und kam erst kurz vor zehn Uhr nach Hause. Eigentlich hätte ich die vierjährige Lisa schleunigst ins Bett bringen müssen, aber ich stürzte sofort zum Telefon. Schon an Sacharows Tonfall erkannte ich, dass ich nichts erreicht hatte. Mitten in unser Gespräch platzte mein Mann herein, der gerade von der Arbeit gekommen war. Als er hörte, wie ich sagte: »Andrei Dimitrewitsch …«, und die munter herumtanzende Lisa sah, sagte er sehr laut zu mir: »Auch wenn du mit dem Sacharow redest, ist es eine große Sauerei, dass du das Kind immer noch nicht schlafen gelegt hast!« Im Normalfall hätte ich ihn natürlich »höflich« aufgefordert, sich doch selbst um seine Tochter zu kümmern. Aber Sacharow hatte alles gehört und vielleicht tat ich ihm leid. Jedenfalls lachte er und sagte: »Na gut, soll er kommen, aber nur für 20 Minuten und ohne ein gemeinsames Foto.«

Am nächsten Tag stand ich vor einem Fußgängerübergang am Gartenring und an mir vorbei rasten einige schwarze Autos mit Blaulicht. Und ich dachte: »Vielleicht fahren die zu Sacharow«, bevor ich mich mit einem Satz zurück vor dem aufspritzenden Wasser in Sicherheit brachte.

Schwanensee

Am Morgen des 19. August 1991 wachte ich sehr früh auf. Nach einer schnellen Tasse Kaffee eilte ich mit meinem Mann zum Vorortzug. Wir hatten auf der Datscha übernachtet, nun mussten wir beide zur Arbeit zurück nach Moskau. Ich war zu jener Zeit bei der gerade erst gegründeten *Nesawissimaja Gaseta* beschäftigt, die damals als besonders demokratisch und fortschrittlich galt.

Kaum hatten wir unsere Wohnung betreten, läutete das Telefon. Mein Vater war am Apparat und sagte nur: »Schaltet das Radio und den Fernseher an, es gibt einen Staatsstreich!«

Im Fernsehen lief »Schwanensee«. Im Radio aber verlas der Sprecher gerade eine Erklärung über die Verhängung des Ausnahmezustandes in einigen Teilen der UdSSR. Außerdem habe Vizepräsident Gennadi Janajew wegen Gorbatschows gesundheitlicher Probleme das Amt des Präsidenten übernommen. Als Letztes verlas der Sprecher noch die Erklärung über die Gründung eines »staatlichen Komitees für den Ausnahmezustand in der UdSSR«. Fast sofort danach wurde verkündet, dass bei einem Ausnahmezustand alle politischen Freiheiten wieder abgeschafft, Parteien verboten und die Zensur wieder eingeführt würden.

Sehr bald war klar, was geschehen war. Am 17. August hatte ein Treffen der künftigen Mitglieder des sogenannten Krisenkomitees in einer geheimen Residenz des KGB stattgefunden. Bei dem Treffen waren auch viele Mitglieder der Regierung anwesend. Man einigte sich darauf, Gorbatschow ein Ultimatum zu stellen: Entweder solle er den Ausnahmezustand verhängen oder zurücktreten. Damit wollte man einen neuen Unionsvertrag, der am 20. August unterschrieben werden sollte, unterbinden, »um die UdSSR vor dem Zerfall zu retten«.

Putschisten flogen zu Gorbatschow, der sich auf seiner Datscha in Foros auf der Krim befand, doch er weigerte sich, mit ihnen zu sprechen. Daraufhin wurden alle Telefonverbindungen zu ihm gekappt, Gorbatschow fand sich völlig von der Außenwelt abgeschnitten wieder.

Jelzin aber, der Präsident der Russischen Föderation war, stellte sich gegen die Putschisten, begab sich ins Weiße Haus, damals Sitz des russischen Obersten Sowjets, und rief seine Anhänger auf, ebenfalls dorthin zu kommen. So wurde das Weiße Haus zum Zentrum des Widerstands gegen die Putschisten.

In den Jahren zuvor hatte es im ganzen Land noch Pogrome gegeben. Im aserbaidschanischen Sumgait und im usbekischen Fergana etwa. Im April 1989 war in Tiflis eine Demonstration blutig niedergeschlagen worden, aber die Machthaber in Moskau hatten die Verantwortung dafür nicht übernehmen wollen. Und ein Jahr später, im Januar 1990, hatten wir einige bange Stunden erlebt und um das Leben unserer engen Freunde in Baku gefürchtet. Die Beziehungen zwischen Armenien und Aserbaidschan waren so angespannt, dass es zu einem Krieg um die armenische Enklave Karabach und daher zu Fluchtbewegungen auf beiden Seiten gekommen war. In Baku hatte es ein Pogrom an den Armeniern gegeben, die Losung hatte gelautet, die Armenier aus ihren Bezirken zu vertreiben, um dort jene Aserbaidschaner anzusiedeln, die aus Armenien geflüchtet waren.

In Baku lebte eine enge Freundin meiner Mutter, die sie seit dem Kindergarten kannte. Sie hatte einen Aserbaidschaner geheiratet und war mit ihm nach Baku gezogen. Beide waren Ärzte und lebten in einem großen alten Haus im Stadtzentrum. Dort wohnten Aserbaidschaner, Juden, Armenier und Russen viele Jahre friedlich nebeneinander. Man pflegte enge Beziehungen, die Nationalität spielte keine Rolle.

Wir erfuhren sehr schnell von dem antiarmenischen Pogrom und waren in großer Sorge. Die meisten armenischen Männer hatten Baku schon vor dem Pogrom verlassen, als die Lage sich immer weiter zugespitzt hatte. Aber wo hätten Frauen und Alte und Kinder hingehen sollen? Wir konnten nicht in Baku anrufen, die Verbindung brach immer wieder ab, und wir wussten nicht, was mit unseren Freunden geschehen war.

Einige Tage später läutete es an unserer Türe. Draußen stand eine Frau, die wir kannten. Sie war eine gute Bekannte unserer Freunde, eine Armenierin, die bei einer kleinen Zeitung in Baku arbeitete. »Kommt mir nicht zu nahe«, warnte sie uns, »ich habe mich seit einer Woche nicht umgezogen.« Wir baten sie herein, und dann erzählte sie uns, was sie durchgemacht hatte. Man hatte sie rechtzeitig vor dem bevorstehenden Pogrom gewarnt und es war ihr gelungen, sich gemeinsam mit einer Gruppe anderer Armenier zu den Kasernen der damals noch sowjetischen Armee durchzuschlagen. Unmittelbar vor ihrer Flucht, so erzählte sie, sei sie in ihrer Wohnung gewesen, um wichtige Dokumente einzupacken. Plötzlich sei eine der Nachbarinnen, die sie seit Kindertagen kannte, in die Wohnung gekommen. Ohne sie eines Blickes zu würdigen, sei sie direkt zu ihren Schränken gegangen, habe sie geöffnet und nach Brauchbarem durchstöbert. Dann sei sie zur Anrichte gegangen, habe sie geöffnet und alles, was sich darin befand – Kristall und Porzellan – auf dem Boden zertrümmert.

Mit einem Militärflugzeug war sie schließlich nach Moskau gebracht worden. Wir brachten sie danach einige Zeit bei meiner Schwester unter, und eine Bekannte fand für sie Arbeit in einer Bibliothek. Aber sie hat nicht lange durchgehalten und starb mit kaum vierzig an Herzversagen.

Was unsere Freunde erlebten, erfuhren wir etwas später, nachdem noch mehr Blut geflossen war. Sowjetische Truppen waren in Baku einmarschiert, um »die konstitutionelle Ordnung« wiederherzustellen.

In der Pogromnacht hatten sie (die Freundin meiner Mutter, ihre Tochter, ihr Schwiegersohn und die zwei Kinder) ihre armenischen Nachbarn bei sich versteckt. Die einen hockten im Vorraum in einem großen Schrank, andere verbargen sich unter einem Berg Decken im Bett. Man ermordete in jener Nacht nicht nur Armenier, sondern auch die, die sie versteckten, schwebten in tödlicher Gefahr. Die Mörder hatten offensichtlich Listen der Bewohner, mit denen sie von Haus zu Haus gingen. Unsere Freunde hatten riesiges Glück. Nachdem sie anhand ihrer Dokumente belegen konnten, dass hier Aserbaidschaner wohnten, wurde ihre Wohnung nicht durchsucht. Ich möchte mir gar nicht ausmalen, welche Ängste sie in dieser Nacht durchgestanden haben müssen. Welches Risiko sie damit eingegangen waren, kann wohl nur ermessen, wer in jener Nacht in Baku war.

Unsere Freunde in Litauen waren dabei, als sich im Januar 1991 zahllose Menschen als lebende Schutzschilde rund um das Fernsehzentrum aufstellten, um dessen Erstürmung zu verhindern und den Obersten Sowjet Litauens zu verteidigen, der gerade die Unabhängigkeit des Landes erklärt hatte. Auch in jener Nacht starben Menschen.

Und wenn ich mir auch nur eine Sekunde lang vorstelle, dass die Mitglieder des Krisenkomitees im August 1991 gewaltsam gesiegt hätten, dann weiß ich, dass keine Probleme gelöst worden wären. Im Gegenteil, der Zerfall des sowjetischen Imperiums wäre noch sehr viel dramatischer ausgefallen. Sehr bald danach konnten wir das ja am Beispiel des ehemaligen Jugoslawien sehen.

Heute, da unsere offiziellen Medien den Leuten ständig einreden, dass der Zerfall der Sowjetunion die Folge einer Verschwörung gewesen sei und dass es diese »größte geopolitische Katastrophe des 20. Jahrhunderts« nicht gegeben hätte, hätten die Putschisten gesiegt, würde ich sie alle gerne mithilfe einer Zeitmaschine ins damalige Moskau und nach Leningrad zurückversetzen!

Damals, am Morgen des 19. August 1991, war der Ausgang dieser Geschichte natürlich gar nicht klar. Allerdings beschlich mich ein Gefühl – und nicht nur mich allein –, dass dieser Putsch auch zu einer Farce geraten könnte. Dass der Versuch dieser traurig aussehenden Putschisten (so empfanden wir sie bei der Pressekonferenz an jenem Abend) nicht mehr ernst zu nehmen war.

Und mit einem geradezu aufbauenden Wutgefühl packte ich meine Schreibmaschine ein, in die ich gerade ein neues Blatt eingespannt hatte (ich übersetzte damals gerade Freuds Vorlesung »Wir und der Tod« von 1915), und lief gemeinsam mit meinem Mann in die Stadt. Ich in die Redaktion, er zum Weißen Haus, um zu sehen, was dort vor sich ging. (Ich kann mich daran nicht erinnern, aber er behauptet, ich hätte verlangt, er solle seine abgewetzten Jeans aus- und etwas Anständigeres anziehen, begleitet von den Worten: »So wie du aussiehst, geh ich mit dir nicht auf die Barrikaden!«)

Die Redaktion der *Nesawissimaja Gaseta* lag im Zentrum der Stadt an der Mjasnitzkaja-Straße gleich neben dem Lubjanka-Platz. Als ich aus der Metro kam, bot sich mir ein unerfreulicher Anblick. Entlang der gesamten Straße standen gepanzerte Mannschaftswagen, auch direkt vor dem Eingang zur Redaktion. Dort herrschte größte Anspannung, das Telefon läutete ununterbrochen.

Während der folgenden zwei Tage pendelte ich zwischen dem Weißen Haus und der Redaktion hin und her, wo ständig irgendwelche Aufrufe verfasst wurden und Anfragen ausländischer Korrespondenten und Agenturen beantwortet werden mussten. Mein Mann hielt die Stellung vor dem Weißen Haus, wo zudem der Mann meiner Schwester als Arzt bereitstand, um Erste Hilfe leisten zu können, falls die Putschisten doch noch zur Gewalt greifen würden. Und eine Bekannte meiner Eltern, eine alte Dichterin, die direkt neben dem Weißen Haus wohnte, hatte Bügeleisen und Teekannen bereitgestellt, die sie auf Panzer und Mannschaftswagen werfen wollte, falls diese zum Weißen Haus fahren würden.

Aber weder die Armee noch die Miliz setzten sich in Bewegung, die Verschwörer wussten offensichtlich nicht, was sie tun sollten. Die Situation war absurd. Und noch absurder ist im

Rückblick, dass mit dieser Parodie eines Putsches eine fast 75-jährige Epoche vor unseren Augen endete. Am 22. August kehrte Gorbatschow mit seiner Familie aus Foros zurück und wir gingen wieder zum Weißen Haus, dieses Mal zu einer festlich-freudigen Kundgebung. Und als die Menge »Russland! Russland!« zu skandieren begann, schrie ich nach Leibeskräften mit. Es war das erste und einzige Mal in meinem Leben, dass ich nicht nur Begeisterung, sondern auch so etwas wie Stolz empfand. Auch wenn das nur ein kurzer Moment war, nur ein winziger Augenblick im Lauf der Zeiten, so muss er der Wahrheit zuliebe doch erwähnt werden. Denn es sollten nur wenige Jahre vergehen, bis von der Begeisterung und dem Gefühl des Stolzes nichts mehr zurückblieb.

Marc Chagalls Gemälde »Über der Stadt«

Epilog

Familienporträt

Die letzten zehn Jahre des 20. Jahrhunderts lebten wir noch alle gemeinsam in Moskau. Diese Jahre zu beschreiben ist nicht einfach, denn kaum etwas entwickelte sich so, wie wir es uns während der Perestroika erhofft hatten, obwohl sich das Leben auf die entschiedenste Art verändert hatte.

Im Herbst 1990 starb meine Schwiegermutter mit noch nicht einmal siebzig Jahren. Ich habe in diesem Buch wenig über sie geschrieben, weil sie eine lange eigene Erzählung verdienen würde. Vom ersten Moment an, als ich ihr 1972 begegnete, war ich überzeugt, dass sie ein wichtiger Teil unserer Familie werden würde. In keinem anderen sonst habe ich diese natürliche Verbindung von Schönheit und Güte gefunden. Ich hatte sie schon lange vor der Bekanntschaft mit meinem Mann ein paarmal aus der Ferne gesehen, denn sie arbeitete in der Philharmonie und moderierte dort die Konzerte. Von ihren Altersgenossen hörte ich immer, dass sie eines der schönsten Moskauer Mädchen ihrer Generation gewesen sei. Diese Schönheit bewahrte sich fast bis zu ihrem Lebensende, obwohl ein schwieriges Leben hinter ihr lag.

In der für Juden schlechtesten Zeit, 1950, trennte sie sich von ihrem Mann und konnte keine Arbeit finden. Ihr fünfjähriger Sohn erkrankte an Tuberkulose und man musste wahre Wunder vollbringen, um die nötigen Medikamente für ihn aufzutreiben. Bis zum Alter von fünfzig Jahren lebte sie in einer Gemeinschaftswohnung, fuhr von einem Konzert zum anderen in Moskau und in der Umgebung, nähte sich selbst ihre Kleider und verzierte sogar die Schuhe für ihre Auftritte mit allem, was ihr gerade so unterkam. Der harte Alltag konnte ihrer Lebensfreude nichts anhaben, im Gegenteil. Sie war immer bemüht, anderen zu helfen, und ohne sie hätten meine Schwester und ich das Leben mit drei bzw. zwei Kindern – um nicht von meinen Interviews zu sprechen – sicher sehr viel schlechter gemeistert. Wenn meine Schwester auf die Frage »Bei wem sind denn deine Kinder?« mit dem Satz antwortete: »Bei der Schwiegermutter meiner älteren Schwester!«, war die Verblüffung jedes Mal groß.

Meine Schwiegermutter starb, so wie sie gelebt hatte, ohne irgendwen zu belasten, ganz plötzlich. Ihr Tod veränderte unser Leben von Grund auf. Vor allem das meiner Kinder und ganz besonders das von Lisa, die damals erst fünf Jahre alt war. Ich verstand das nur zu gut, schließlich wusste ich selbst, was es bedeutete, mit der Großmutter aufzuwachsen.

Ich selbst hatte in dieser Phase den Eindruck, als hätte ich für nichts mehr Zeit. Ich blieb noch eine Weile bei der *Nesawissimaja Gaseta*, aber parallel dazu begann ich, an der gerade erst gegründeten Humanistischen Universität zu arbeiten. Sie war ein typisches Produkt der Perestroika. Viele, die früher nicht hatten unterrichten dürfen, weil ihr Fragebogen »schlecht« war, ihre Ansichten nicht den offiziellen entsprachen, kamen jetzt hierher. Wir organisierten dort ein Zentrum für »oral history«, wo ich den Studenten über die Erinnerungen der ehemaligen Häftlinge des GULAG erzählte.

Bei meiner ersten Vorlesung fragte mich ein Student aus dem ersten Studienjahr, ganz so, als spräche ich über die Veteranen des Krieges von 1812, ob ich je einen lebenden Stalinisten gesehen hätte. Die Frage kam natürlich nicht von ungefähr. Auch wenn die Stalinzeit immer noch ein gewisses Interesse hervorrief, erschien sie vielen doch Lichtjahre entfernt.

Die Aufrufe von »Memorial«, endlich mit der wirklichen Vergangenheitsbewältigung zu beginnen, also Stalin und das kommunistische Regime auch juristisch zu beurteilen, die Massengräber der Opfer zu finden und Denkmäler zu errichten, erzeugten in der Gesellschaft immer geringere Resonanz. Nach und nach beschäftigten sich nur noch örtliche Aktivisten mit diesen Dingen. Sie wurden dabei nicht besonders gestört, aber sie erhielten auch keine Unterstützung. Die neuen Leute, die in den 1990er Jahren an die Macht kamen, waren der Meinung, dass die Wirtschaftsreformen am wichtigsten waren und dass sich alles andere schon irgendwie von selbst regeln würde. Sie sahen keinen praktischen Nutzen in einer historischen Aufarbeitung, die sie als eine Art Rückkehr zur staatlichen Ideologie nur unter anderen Vorzeichen betrachteten, und beriefen sich auf die deutschen Erfahrungen unter Adenauer. Im Sinne von: Eine solche Vergangenheitsbewältigung würde die Gesellschaft nur aufheizen.

Den jüngeren Leuten erschien die Vergangenheit schon in einem helleren Licht, denn ihre Erinnerungen bezogen sich ja auf die Breschnew-Zeit und nicht auf die Stalin-Epoche. Man wollte sich nicht an das weiter zurückliegende Tragische und Schreckliche erinnern. Viele Intellektuelle meinten, man müsse an die Stalin-Zeit denken wie an die Zeit der Pharaonen im alten Ägypten. Man solle sich die Spuren ansehen, die Stalin in der Kultur hinterlassen habe, als handele es sich dabei um so etwas wie die Pyramiden. Nur die früheren Dissidenten, so meinten sie, würden keine Ruhe geben wollen.

Der ganze Kulturbetrieb verlor nach und nach die aufklärerische Rolle, die er während der Perestroika besessen hatte, die differenzierten Stimmen wurden weniger. Jetzt musste man nicht mehr mit der Zensur kämpfen, wenn man eine intellektuelle Zeitschrift herausgeben oder einen ernsthaften Film drehen wollte, jetzt ging es um Geld, um Auflagen, um Zahlen. Aber die so unerwartet aufgetretenen Veränderungen – der schnelle Zerfall des Imperiums und das Mehr an Freiheit – schienen solche Wunder zu sein, dass man nur allzu bereit war, daran zu glauben, dies alles seien nur Schwierigkeiten der Übergangsphase. Die Leichtigkeit und die Geschwindigkeit, mit der das alles vor sich ging, erzeugte die Illusion, dass es keinen Weg zurück mehr geben würde. Die Veränderungen, die uns alle betrafen, überdeckten alles.

Meine Mutter, die sich auch früher schon in ihrem Unterricht nie um irgendwelche Verbote gekümmert hatte, konnte sich jetzt in der Schule völlig frei fühlen. Mein Vater veröffentlichte in seiner Zeitschrift, was die Redaktion für richtig hielt, und nicht, was die Zensur vorher abgesegnet hatte. Mein Mann wiederum änderte sein Leben in den 1990er Jahren auf radikale Weise. Er verließ das Atominstitut und begann, bei einer gerade eben gegründeten ökologischen Zeitschrift zu arbeiten. Die Idee war wunderschön und typisch für die damalige Zeit: Informationen über ökologische Probleme aus der ganzen damals schon ehemaligen Sowjetunion sollten gesammelt und veröffentlicht werden. Aber sehr bald wurde klar, dass kaum jemand in den einstigen Sowjetrepubliken Interesse an dieser Art von Transparenz hatte, vor allem nicht die neuen Business-Leute. Als dieses Projekt scheiterte, begann er als Redakteur in der politischen Abteilung der gerade gegründeten und schnell populär werdenden Zeitschrift *Itogi*.

Unsere Kinder wuchsen jetzt in einer anderen Atmosphäre auf, und als wir einmal am Lenindenkmal am Oktoberplatz vorbeifuhren, fragte unsere sechsjährige Tochter Lisa: »Für wen ist das Denkmal?« Ein sowjetischer Schüler hätte früher niemals eine solche Frage stellen können!

1993 wurde endlich das Ausreisevisum abgeschafft, jeder konnte einen Reisepass erhalten, die Grenzen gingen auf und wir sahen zum ersten Mal Gegenden, die in diesem Leben zu sehen wir nicht einmal zu träumen gewagt hatten. Ich freute mich besonders für meine Eltern, sie waren immer gerne gereist und nun war das auch ins Ausland möglich. Aber auch für mich waren die 1990er Jahre die Jahre der Wanderschaft und des Studiums anderer Länder, denn meine Vorstellungen von der westlichen Welt stammten ja entweder aus Büchern oder aus dem Kino. Als ich

Mit meinem Mann und Tochter Lisa in den 1990er Jahren

zum ersten Mal in New York war und in der Früh im Hotel aufwachte, konnte ich mich lange nicht überwinden, hinunter und auf die Straße zu gehen – als sei ich auf dem Mars gelandet, so fremd war alles. Das Leben änderte sich, ich nahm an Konferenzen teil, hielt Vorträge, gemeinsame Projekte entstanden, die mich mit den unterschiedlichsten Menschen in Kontakt brachten. Viele von ihnen wurden wirkliche Freunde.

Diese positiven Erlebnisse halfen dabei, die Schwierigkeiten zu ertragen, die in den 1990er Jahren auftraten. Die galoppierende Inflation, der Anstieg der Kriminalität. Bald schon gab es in unserem Bekanntenkreis niemanden mehr, in dessen Wohnung oder Datscha nicht eingebrochen worden wäre. Aber, wie bereits erwähnt, wir hielten das für die Probleme der Übergangszeit. Und es schien mir, als könnten wir sie leichter ertragen als andere, weil wir zusammen waren. Nicht nur im Alltag, wo wir uns gegenseitig helfen konnten, sondern weil wir alle – meine Eltern, meine Schwester, unsere Ehemänner, und unsere heranwachsenden Kinder – einer Meinung waren. Deshalb benutze ich auch so oft das Wort »wir«, ohne weiter zu differenzieren. Ich weiß nicht, ob »wir« darin allen anderen glücklichen Familien gleichen, aber für mich war es immer ein besonderes Geschenk, eine glückliche Gabe.

In den 1990er Jahren kam es in Familien und in der Gesellschaft insgesamt zu Brüchen, die Stimmung änderte sich sehr schnell. Es gab noch keine wirkliche Freiheit und keine wirkliche Demokratie und schon zeigte sich die Enttäuschung über die Reformen, wurden diese »Freiheit« und diese »Demokratie« verdammt. Im Oktober 1993 mündete das in eine schwere Krise: Jelzin und seine Regierung gegen die Mehrheit der Abgeordneten des Obersten Sowjets. In der Folge erklärten die im Weißen Haus versammelten Abgeordneten – die Gegner der Marktreformen, die Kommunisten und Generäle im Ruhestand und alle, die sie unterstützten – die Absetzung des Präsidenten und der Regierung. Sie besetzten das Bürgermeisteramt von Moskau und versuchten, das Fernsehzentrum in Ostankino zu stürmen. Es kam zu einer Schießerei und es gab Tote.

Am 3. Oktober herrschte in der Stadt große Unruhe und ich sollte mich mit deutschen Journalisten ausgerechnet beim Weißen Haus treffen. Ich hatte mich verspätet und rannte nun mit einem riesigen grünen Plüschfrosch in der Hand zum Treffpunkt. Der Frosch war halb so groß wie ich und ich hatte ihn gerade für meine Tochter zum Geburtstag gekauft. Als ich mit den deutschen Journalisten vor dem Weißen Haus zusammentraf, fühlte ich mich sehr unwohl. Überall trieben sich irgendwelche finsteren Gestalten herum, ich hatte Angst, sie könnten bewaffnet sein. Als ich mich zufällig umdrehte, sah ich, wie eine Gruppe von wütenden Menschen direkt auf uns zukam, die zum Sturm des Fernsehzentrums in Ostankino aufrief. Es blieb uns nichts anderes übrig, als ganz schnell von dort zu verschwinden.

Am Abend rief Jegor Gaidar, damals der erste stellvertretende Ministerpräsident, im Radio alle Anhänger Jelzins dazu auf, zum

Mossowjet-Haus an der Twerskaja-Straße zu kommen, wo schon Barrikaden gebaut wurden und offenbar Waffen ausgegeben werden sollten. Mein Mann verfluchte alles und jeden auf der Welt, nahm sein Wehrbuch und machte sich auf den Weg dorthin. Von der Begeisterung, die es noch im August 1991 gegeben hatte, war nichts zu spüren.

Wenige Stunden später kamen Jelzin-treue Armeeeinheiten in die Stadt. Am nächsten Tag konnte man bei der Liveübertragung von CNN miterleben, wie mitten in Moskau Panzer das Weiße Haus beschossen und gegenüber auf der Borodinski-Brücke eine Menschenmenge diesem unglaublichen Ereignis zusah. Natürlich waren jene, die damals gegen Jelzin aufstanden, Ewiggestrige, sie wollten mit Gewalt zurück in die Vergangenheit. Aber dass damals Dutzende Menschen starben, dass die Situation auf diese Weise eskalierte, war nicht nur ein furchtbares Schauspiel, sondern auch ein Symptom für die Schwäche der Mächtigen. Und das war nur der Anfang. Ein viel schrecklicherer Beweis für diese Schwäche war der Beginn des ersten Tschetschenien-Krieges Ende 1994. Der Versuch, sich des tschetschenischen Anführers Dudajew mit Gewalt zu entledigen, der sich der Kontrolle des Kreml immer mehr entzog, wuchs sich zu einem lokalen Krieg aus. Dieser angeblich räumlich begrenzte Krieg stellte sich als langwierig und blutig heraus und spielte im Endeffekt eine Schlüsselrolle auch für den Rest des Landes. Er bereitete auf viele Arten den Weg, den Russland in den Nullerjahren einschlug.

Trotzdem schien es mir damals, als seien das zwar gefährliche, aber doch nur letzte Zuckungen des Imperiums. Vielleicht wollte ich mich mit diesen Gedanken aber auch einfach nur trösten.

1999 ging ich mit einem Projekt zu »Memorial«, das mich selbst überrascht hatte. Ich hatte das Gefühl, dass ich in diesen Jahren zu viel im Ausland gewesen war und nicht mehr begriff, was bei uns und in den Menschen in unserem Land vor sich ging. Ich sah, dass wir auf einen Bruch zusteuern, wusste aber nicht, in welche

Mit Arseni Roginskij, dem Vorsitzenden von »Memorial«, 2008

Richtung das gehen würde. Ich fragte mich, was die Jugendlichen darüber dachten, die schon in dieser neuen Epoche aufgewachsen waren, was sie wussten über die Geschichte ihrer Familie, über Stalin. Also machte ich Arseni Roginskij von »Memorial« folgenden Vorschlag: Organisieren wir einen Geschichtswettbewerb, spüren wir dem nach, was die Jugendlichen denken. Er war einverstanden und so schrieben wir diesen Wettbewerb aus. Wir konnten den Wettbewerb nicht im Fernsehen und Radio ankündigen, sondern nur über die »Memorial«-Gruppen in den verschiedenen russischen Städten. Den Rest übernahm die »Flüsterpropaganda«.

Anfang 2000 gingen die ersten Arbeiten bei uns ein. In der russischen Provinz war das Internet erst ganz am Anfang, die Schulen hatten sich noch nicht vom Elend der 1990er Jahre erholt, fast alle Arbeiten, die man uns in großen Säcken von der Post brachte, waren entweder mit der Hand geschrieben oder auf der Maschine getippt, vielen waren Familienfotos beigelegt.

Nie hätte ich gedacht, dass dieser Wettbewerb und überhaupt die Arbeit bei »Memorial« einmal zu meiner Hauptbeschäftigung werden würde. Dass wir in diesen Jahren Zehntausende Arbeiten erhalten würden und dass dieser Wettbewerb für uns zu einem wichtigen Seismographen für die Stimmungslage werden würde. Wie in einer Fieberkurve spiegelte sich darin die Durchschnittstemperatur des »Volksempfindens«. Nie hätte ich gedacht, dass wir von 2005 an sehen sollten, wie sich das Verhältnis zu Stalin änderte, wie der Samen des Nationalstolzes und der nostalgischen Sehnsucht nach der sowjetischen Vergangenheit aufzugehen begann.

Aber wir haben, wahrscheinlich früher als alle anderen, auch einen anderen Stimmungswechsel bei den Jugendlichen gesehen, und zwar noch bevor sie, zum ersten Mal in all diesen Jahrzehnten, 2017 aus Protest gegen die Regierung auf die Straße gingen. Schon 2016 hatten wir von ihnen gehört: »Wir haben immer unter Putin gelebt, haben nie etwas anderes gesehen, wann ändert sich das endlich?«

Und natürlich hätte ich mir im Jahr 2000, als wir den Wettbewerb ins Leben riefen und ich schon den Eindruck hatte, dass sich die Zeiten ändern, nicht vorstellen können, dass dieser Wettbewerb 16 Jahre später beinahe als verboten gelten würde. Dass man den Schülern und Lehrern mit allen möglichen Strafen drohen würde, wenn sie an diesem unpatriotischen und unsere große Vergangenheit schwarzmalenden Wettbewerb teilnähmen. Und dass man die Gesellschaft »Memorial« nach der neu aufgelegten Formel aus den 1930er Jahren als von »ausländischen Agenten« durchsetzt erklären würde. Weshalb sich Schüler und Lehrer und wir fast wie Dissidenten fühlten.

Abschied

Neujahr feierten wir immer alle gemeinsam in der Wohnung meiner Eltern, aber das Millennium wurde uns verdorben. Um Punkt 12 Uhr erklärte Jelzin seinen Rücktritt und die Übergabe der Macht an Putin. Ich will mich nicht als Kassandra gerieren – in den 1990er Jahren hatte ich viel Abstoßendes gesehen, aber ich hatte gehofft, dass das vorbeigehen würde. Deshalb hatten wir auch einen Kompromiss mit uns selbst geschlossen und für Jelzin gestimmt, damit die Kommunisten nicht an die Macht zurückkehrten. Aber jetzt war uns allen auch bewusst, dass der von Jelzin ernannte Nachfolger gefährlich sein konnte, er war ein »Mann ohne Eigenschaften«, wie es sich schließlich für einen Menschen seines Berufes und seiner Vergangenheit gehörte.

Nach und nach bestätigten sich unsere Befürchtungen, was die politische Ausrichtung unseres Landes anging. Während das Erdöl reichlich sprudelte, stand die noch nicht den Kinderschuhen entwachsene russische Demokratie still. Am schärfsten reagierte meine Mutter darauf, sie regte sich sehr über die immer schlechter werdenden politischen Nachrichten auf. »Ich bin nicht Putin«, sagte mein Vater jetzt oft zu ihr, »warum schreist du mich so an?«

2007 feierten wir den achtzigsten Geburtstag meiner Mutter im Restaurant des Hauses der Schriftsteller mit allen Kindern, Enkeln und vielen Freunden. Ich hatte ihr ein Kleid gekauft, es war August, und es schien uns, als hätten wir noch viele gemeinsame Jahre vor uns. Aber schon im Sommer des folgenden Jahres bekam sie Schmerzen im Rücken und sehr bald stellte sich heraus, dass es etwas Böses war. Am 1. September ging meine Mutter noch einmal in die Schule, obwohl die Schmerzen schon sehr stark waren. »Ich muss diese Klasse auf jeden Fall bis zum Abschluss begleiten«, sagte sie. Doch der Krebs war sehr aggressiv, auch die Ärzte in Israel, wo meine Schwester sie hingebracht hatte, konnten nicht helfen. Solange sie noch irgendwie in der Lage dazu war, kamen ihre Schüler zu uns nach Hause, um sich

Meine Mutter in den Nullerjahren

Aufgaben abzuholen, obwohl sie offiziell längst einen anderen Lehrer hatten. Später kamen sie einfach so vorbei und fragten, wie sie helfen könnten.

Meine Mutter hatte seit Jahren davon gesprochen, dass sie den Schuldienst endlich quittieren müsse: »Es ist genug, ich sollte aufhören, der Altersunterschied zwischen mir und den Schülern ist doch viel zu groß.« Aber jedes Jahr hatte man sie zum Bleiben überredet. Sie hat fast sechzig Jahre lang russische Literatur unterrichtet, aber wie viele Schüler sie gehabt und geprägt hatte, erkannten wir erst bei ihrem Begräbnis. Sehr viele Menschen verschiedenster Generationen kamen – auch jene Schülerinnen, die ich 1954 bei der Neujahrsfeier im Kreml aus den Augen verloren hatte und die inzwischen längst Großmütter waren. Nach Mutters Tod baten mich ihre Schüler (diejenigen, die sie »bis zum Abschluss begleiten« wollte), in die Schule zu kommen und von ihr zu erzählen. Sie haben ihr zu Ehren sogar die »Dreigroschenoper« nochmals aufgeführt. Es hat mich berührt, dass sie versuchten, Ähnlichkeiten zwischen mir und meiner Mutter zu suchen, im Tonfall, in der Intonation, in der Art, zu reden. Aber ich war viel mehr nach meinem Vater geraten.

Eines der letzten Bilder meines Vaters, 2009

Mein Vater lebte nach dem Tod meiner Mutter noch genau ein Jahr. Ihr Tod hat ihn sehr mitgenommen, man konnte zusehen, wie er langsam verfiel. Doch als Mensch mit eiserner Disziplin begab er sich trotzdem jeden Tag in seine Zeitschriftenredaktion, wohin wir ihn abwechselnd begleiteten, als er gebrechlicher wurde. Jeden Tag aber nahm er ein bisschen mehr Abschied von uns und seiner Welt. Er stand immer später auf und legte sich früher schlafen und genau ein Jahr nach dem Tod meiner Mutter wachte er eines Morgens einfach nicht mehr auf.
Es verging ein weiteres Jahr, bis meine Schwester und ich die Kraft aufbrachten, unser Familienarchiv durchzusehen, womit wir uns dann fast zwei Jahre lang beschäftigten. Vielleicht haben wir das auch unbewusst hinausgezögert, denn während wir die Papiere durchgingen, wurde es uns ein wenig leichter ums Herz. Wir waren unseren Eltern und Großeltern sehr nahe, als wir Dokumente, Briefe und Fotografien durchsahen, alte Zeitungsartikel meines Vaters – mit einem Wort alles, was sich seit 1944 in dieser Wohnung angesammelt hatte.

Wir erinnerten uns daran, dass meine Mutter jeden Tag um sechs Uhr früh, während wir alle noch schliefen, in der Küche saß und

Meine Schwester Katja mit meinen Eltern auf der Datscha

Hefte korrigierte oder den Unterricht vorbereitete. Wie konsequent sie das in all den Jahren getan hatte, bestätigte uns der Berg an Notizen, Unterrichtsplänen und Aufzeichnungen, die wir fanden.

Und erst als wir alles durchgesehen und das Archiv meines Vaters ins Literaturarchiv gebracht hatten, dessen Direktorin eine ehemalige Schülerin meiner Mutter war, fühlten wir beide so etwas wie Erleichterung. Aber von nun an wussten wir, dass wir jetzt wirklich alleine leben mussten. Dass wir nun in die Rolle schlüpfen mussten, die zuvor unsere Urgroßmutter, unsere Großmutter und unsere Mutter eingenommen hatten.

Seitdem sind schon wieder viele Jahre vergangen. Aber es vergeht kein Tag, an dem ich – und meine Schwester wahrscheinlich sogar noch mehr als ich – nicht an meine Eltern denken und mich fragen würde, was sie zu diesem oder jenem sagen würden. Und an dem ich es nicht bedauern würde, dass ich sie so vieles nicht gefragt habe. Als besonders traurig empfinde ich es, dass sie ihre Urenkel nicht mehr kennenlernen konnten.

Aber in letzter Zeit denke ich immer öfter, dass sie es nicht ertragen hätten, was jetzt bei uns geschieht. Den Krieg gegen die Ukraine, das harte Vorgehen gegen Demonstranten, unter denen

Mit meiner Tochter Mascha und der Enkelin Mura in New York

ich so viele Schüler meiner Mutter aller Generationen getroffen habe, die Verhaftungen und Verfolgungen. Und mein Vater hätte es nicht verwunden, was man aus der Erinnerung an den Krieg gemacht hat.

Nach und nach hat sich unsere ganze Familie in aller Welt verstreut. Die Kinder meiner Schwester gingen eins nach dem anderen nach Israel, dort leben jetzt sogar schon fünf Urenkel. Meine ältere Tochter und meine zwei Enkelinnen sind noch weiter weg, in New York. Sie alle sprechen Russisch mit verschiedenen Akzenten – während die Nachkommen der Schwester meiner Mutter, meiner Tante, die nach dem Krieg nach Deutschland gegangen war, nur Deutsch sprechen.

Aus unserer großen Familie sind nur noch sehr wenige in Moskau. Unsere Datscha wirkt verwaist, die Wohnungen stehen leer und ich weiß nicht, ob die Jungen irgendwann jenes Land und jenes Haus sehen werden, in dem ihre Urgroßmutter und ihr Urgroßvater lebten. Vielleicht werden nur Bücher und Fotografien sie daran erinnern, in welchem Land ihre Vorfahren einst gelebt haben. Oder vielleicht wird einer von ihnen hier einmal wieder von Neuem beginnen? Und damit jenen Plan meiner Urgroßmutter Etlja wieder mit Leben füllen, die beschlossen hatte, dass ihre ganze große Familie in Russland bleiben sollte. Wer weiß …

Anhang

Bildnachweis

AKG-Images: S. 400; AKG-Images / Archive Photos: S. 271; Archiv Internationale Gesellschaft Memorial: S. 33, 219, 267, 384, 385; Hamburger Institut für Sozialforschung: S. 151; picture alliance (pa): ddrbildarchiv.de / Manfred Uhlenhut S. 191, TASS S. 277, AKG-Images S. 284, dpa S. 313, 325, AP Photo / fls / Peter Winterbach S. 323; the inge morath foundation / Magnum Photos / Agentur Focus: S. 300; alle anderen Abbildungen: Archiv Irina Scherbakowa

Literaturverzeichnis

1 Ernst Fischer: »Erinnerungen und Reflexionen«, Hamburg 1969, S. 298 f.

2 Elisabeth Markstein: »Moskau ist viel schöner als Paris«, Wien 2010, S. 18

3 Ebenda, S. 19

4 Wasil Bykow: »Dolgaja doroga domoi« (»Der lange Weg nach Hause«), Moskau 2005, S. 72

5 Wasil Bykow: »Dolgaja doroga domoi« (»Der lange Weg nach Hause«), Moskau 2005, S. 73

6 Alexander Solschenizyn: »Zweihundert Jahre zusammen. Die Juden in der Sowjetunion«, München 2003, S. 373 f.

7 Übersetzt nach Jewgeni Tschasow: »Sdorowje i wlast. Wospominanija kremlewskogo wratscha«, Moskau 1992, S. 149